Norbert Groeben, Bettina Hurrelmann (Hrsg.)
Lesekompetenz

Lesesozialisation und Medien

Herausgegeben von
Bettina Hurrelmann und Gisela Wilkending

Norbert Groeben, Bettina Hurrelmann (Hrsg.)

Lesekompetenz

Bedingungen, Dimensionen, Funktionen

3. Auflage 2009

Juventa Verlag Weinheim und München

Bibliografische Information Der Deutschen Bibliothek

Die Deutsche Bibliothek verzeichnet diese Publikation in der Deutschen Nationalbibliographie; detaillierte bibliographische Daten sind im Internet über http://dnb.ddb.de abrufbar.

1. Auflage 2002
2. Auflage 2006
3. Auflage 2009

Das Werk einschließlich aller seiner Teile ist urheberrechtlich geschützt. Jede Verwertung außerhalb der engen Grenzen des Urheberrechtsgesetzes ist ohne Zustimmung des Verlags unzulässig und strafbar. Das gilt insbesondere für Vervielfältigungen, Übersetzungen, Mikroverfilmungen und die Einspeicherung und Verarbeitung in elektronischen Systemen.

© 2002 Juventa Verlag Weinheim und München
Umschlaggestaltung: Atelier Warminski, 63654 Büdingen
Umschlagabbildung: Engel-Haas, Heidelberg
Printed in Germany

ISBN 978-3-7799-1349-8

Vorwort

Der vorliegende Band entstammt der interdisziplinären Kooperation innerhalb des DFG-Schwerpunktprogramms „Lesesozialisation in der Mediengesellschaft". Die Komplexität des Gegenstandsbereichs *Lesen* erfordert eine solche Interdisziplinarität, in der sozial- und kulturwissenschaftliche Disziplinen von der Psychologie über die Kommunikationswissenschaft (einschließlich Journalistik etc.) bis zur Literaturwissenschaft und -didaktik vernetzt zusammenarbeiten, um den vielfältigen Aspekten des Lesens literarischer wie nicht-literarischer Texte (und eventueller Mischformen) gerecht zu werden. Das umfasst auch eine Verbindung von historisch-diachronen mit systematisch-synchronen Analyseperspektiven, von empiriewissenschaftlichen und kulturwissenschaftlich-hermeneutischen Methoden, von nationaler und internationaler Forschung. Diese integrativen objekttheoretischen und methodologischen Rahmenperspektiven sind in den beiden ersten Überblickspublikationen zum Schwerpunktprogramm nachzulesen: N. Groeben (Hrsg.). (1999). Lesesozialisation in der Mediengesellschaft. Internationales Archiv für Sozialgeschichte der deutschen Literatur, 10. Sonderheft. Tübingen: Niemeyer; N. Groeben (Hrsg.). (1999). Interdisziplinäre Methodik der Lesesozialisationsforschung. SPIEL (Siegener Periodikum zur Internationalen Literaturwissenschaft), 18 (1). Frankfurt/M.: P. Lang.

Innerhalb dieses theoretischen und methodologischen Rahmens widmet sich der vorliegende Band dem Konzept der *Lesekompetenz*, indem in Überblicksartikeln der – nationale wie internationale – Stand der Forschung aufgearbeitet wird, jeweils veranschaulicht durch empirische Beispieluntersuchungen aus den Projekten des Schwerpunktprogramms. Dabei werden neben der Beschreibung und Erhebung von Lesekompetenz auch deren Rahmenbedingungen und Einflussfaktoren thematisiert einschließlich der Ziele und Funktionen des (kompetenten) Lesens im Zusammenhang mit bisherigen und potenziellen, zukünftigen Prozessen des medialen Wandels. Die Ergebnisse der vorgestellten theoretischen und empirischen Analysen werden abschließend zusammengefasst in einem Konzept der prototypischen Merkmale von Lesekompetenz.

Wir danken der Deutschen Forschungsgemeinschaft und dem Ministerium für Schule und Weiterbildung, Wissenschaft und Forschung des Landes NRW für ihre Förderung, ohne die die dargestellte Forschung und die Publikation dieses Bandes nicht möglich gewesen wäre.

Köln, Juni 2001　　　　　　　　　　　　　　　　　　　　　　　　　N. Groeben

Inhalt

Teil I: Einleitung

Norbert Groeben
Zur konzeptuellen Struktur des Konstrukts „Lesekompetenz"...................11

Teil II: Die Beschreibung/Erhebung von Lesekompetenz

Tobias Richter & Ursula Christmann
Lesekompetenz: Prozessebenen und interindividuelle Unterschiede...............25

Jürgen Flender & Johannes Naumann
Empirisches Beispiel: Erfassung allgemeiner Lesefähigkeiten und
Rezeption nicht-linearer Texte: „PL-Lesen" und Logfile-Analyse............59

Tilmann Sutter
Anschlusskommunikation und die kommunikative Verarbeitung von
Medienangeboten. Ein Aufriss im Rahmen einer konstruktivistischen
Theorie der Mediensozialisation........................80

Gerhard Rupp
Empirisches Beispiel: Interpretation im Literaturunterricht.............106

Teil III: Rahmenbedingungen und Einflussfaktoren

Bettina Hurrelmann
Sozialhistorische Rahmenbedingungen von Lesekompetenz sowie
soziale und personale Einflussfaktoren......................123

Ursula Christmann & Norbert Groeben
Anforderungen und Einflussfaktoren bei
Sach- und Informationstexten..........................150

Günther Rager, Lars Rinsdorf & Petra Werner
Empirisches Beispiel: Wenn Jugendliche Zeitung lesen. Nutzungsmuster
und Rezeptionsinteressen von jungen Zeitungslesern und -nichtlesern........174

Hartmut Eggert
Literarische Texte und ihre Anforderungen an die Lesekompetenz...........186

Corinna Pette & Michael Charlton
Empirisches Beispiel: Differenzielle Strategien des Romanlesens:
Formen, Funktionen und Entstehungsbedingungen..................195

Peter Vorderer & Christoph Klimmt
Lesekompetenz im medialen Spannungsfeld von
Informations- und Unterhaltungsangeboten 215

Marco Ennemoser, Kathrin Schiffer & Wolfgang Schneider
Empirisches Beispiel: Die Rolle des Fernsehkonsums
bei der Entwicklung von Lesekompetenzen 236

Teil IV: Ausblick

Margrit Schreier & Gerhard Rupp
Ziele/Funktionen der Lesekompetenz im medialen Umbruch 251

Bettina Hurrelmann
Prototypische Merkmale der Lesekompetenz 275

Autorenverzeichnis 287

Teil I: Einleitung

Norbert Groeben

Zur konzeptuellen Struktur des Konstrukts „Lesekompetenz"

1 Problemstellung: die Binnen- und Außendifferenzierung des Konstrukts

Das zwanzigste Jahrhundert ist durch eine – zunehmend schnellere – Abfolge des Auftretens neuer Medien geprägt worden, so dass man heutzutage mit Recht von der „Mediengesellschaft" sprechen kann (Hurrelmann, Hammer & Stelberg, 1996). Dabei wurde lange Zeit jedes neue Medium (vom Film über das Fernsehen bis zum Computer) als Todfeind des klassischen Print-Mediums gesehen, verbunden mit der Befürchtung, dass das jeweils neue Medium die Bedeutung des alten massiv minimieren könnte. Vor allem kulturpessimistische Positionen haben – ohne zureichende empirische Basis – diese Verdrängungsthese vertreten, das heißt die Annahme, dass das (Bücher-)Lesen durch die Nutzung der neu(er)en Medien verdrängt wird (vgl. Schreier & Groeben, 1991). Diese zunächst primär quantitativ gemeinte Verdrängungsthese ist durch die einschlägigen empirischen Untersuchungen zur Mediennutzung weitgehend falsifiziert worden; danach sind vielmehr unterschiedliche Mediennutzungsmuster zu unterscheiden, in denen das Lesen eine mehr oder minder konstitutive Rolle spielt (Groeben & Vorderer, 1988; Hurrelmann, Hammer & Nieß, 1993). Dementsprechend hat sich die Fragestellung dann auch mehr vom quantitativen auf den qualitativen Aspekt verlagert, das heißt auf die Frage, ob sich die Art bzw. Qualität des Lesens in Interaktion mit den anderen Medien verändert (hat). Dies ist die Frage nach der Lesekompetenz innerhalb der Mediengesellschaft (vgl. Groeben, Hurrelmann, Eggert & Garbe, 1999).

Darin ist eine Fülle unterschiedlicher Teilprobleme enthalten, von der Frage, ob sich die Verarbeitungstiefe beim Lesen verringert, über das Problem, ob Lesen eine reduzierte oder sogar erweiterte Funktion in der heutigen Mediengesellschaft inne hat, bis hin zu der generellen Grundsatzfrage, ob Lesekompetenz eine Schlüsselqualifikation in der Mediengesellschaft bleibt. Die Beantwortung all dieser Fragen- und Problemstellungen setzt einen brauchbaren Begriff von „Lesekompetenz" voraus. Das Kriterium der Brauchbarkeit macht dabei deutlich, dass es nicht alleine darum gehen kann, eine theoretisch möglichst differenzierte Konstruktexplikation vorzunehmen; vielmehr müssen auch die empirischen Bedingungen des medialen Wandels im zwanzigsten Jahrhundert mitberücksichtigt werden, um ein Konzept von „Lesekompetenz" zu entwerfen und auszuarbeiten, das für einschlägige empirische Forschung über die Relation zwischen Lesen und der Rezeption anderer Medien geeignet ist. Die Elaboration eines solchen theoretisch differenzierten und empirisch brauchbaren Konzepts von „Lesekompetenz" ist die zentrale Zielsetzung dieses Bandes.

Daraus folgt, dass für die Konstruktexplikation nicht nur die Binnen-, sondern auch die Außendifferenzierung des Konstrukts relevant ist. Unter der Binnendifferenzierung sind die zentralen Dimensionen oder Teilkomponenten zu verstehen, die als konstitutive Merkmale des Konzepts „Lesekompetenz" anzusetzen sind; die Außendifferenzierung thematisiert die empirischen Beziehungen des Konstrukts zu den Rahmenbedingungen, Einflussfaktoren und Funktionen im Gesamt der möglichen Medienverbünde. Wegen des angesprochenen medialen Wandels ist dabei auf jeden Fall auch die historische Dimension zu berücksichtigen, die erst die Rekonstruktion bisheriger und zukünftiger Funktionen des Lesens in der Mediengesellschaft erlaubt (Groeben, Hurrelmann, Eggert & Garbe, 1999).

Es ist die Aufgabe dieses Einleitungskapitels, zu begründen, welche Aspekte der Binnen- und Außendifferenzierung des Konstrukts „Lesekompetenz" im Folgenden ausgearbeitet werden sollen. Dabei stellt in diesem Zusammenhang beim Kompositum „Lesekompetenz" das „Lesen" das geringere Problem dar: Es handelt sich in Verbindung mit dem Kompetenzbegriff natürlich nicht lediglich um basale, spezielle Fertigkeiten der Kulturtechnik „Lesen", wie sie z.B. im (Erst-)Leseunterricht erlernt werden. Vielmehr geht es um komplexere Fähigkeiten (vgl. Christmann & Groeben, 1999), die auch bestimmte Qualitätsstandards zu erfüllen in der Lage sind. Des Gleichen ist es nicht sinnvoll, prinzipiell zwischen dem Lesen literarischer und nicht-literarischer Texte zu unterscheiden – eventuell noch mit einer unterschwelligen Höherwertung der literarischen Rezeptionsprozesse (Groeben & Vorderer, 1988). Vielmehr geht es beim Konzept der Lesekompetenz um das Lesen generell, also aller möglichen Lektürestoffe, wenn auch für die von den Texten ausgehenden Rezeptionsanforderungen bisweilen eine heuristische Spezifizierung von unterschiedlichen Textsorten aus sinnvoll sein kann (Eggert & Garbe, 1995). Dies impliziert das Problem, inwieweit mit dem Kompetenz-Begriff normative Präskriptionen verbunden sind (s.u. 3). Auf jeden Fall stellt das Kompetenz-Konzept den problematischeren, schwierigeren Teil des Konstrukts dar, der dementsprechend auch im Mittelpunkt der folgenden Ausführungen stehen soll. Dabei sind die identifizierbaren relevanten Aspekte des Kompetenz-Begriffs selbstverständlich inhaltlich auf den Gegenstandsbereich des Lesens zu beziehen, so dass die Bestimmung der für das Konstrukt „Lesekompetenz" zentralen Beschreibungs- und Erklärungsperspektiven möglich wird (s.u. 2).

2 Dimensionen und Einflussfaktoren der Lesekompetenz

Eines der zentralen Probleme mit dem Kompetenz-Konzept liegt in dessen Geschichte, die vor allem durch die Kompetenz/Performanz-Gegenüberstellung von Chomsky (1965) gekennzeichnet ist (vgl. auch Fischer, Bullock, Rotenberg & Rayer, 1993, S. 94). Chomsky trennte bei seiner die Linguistik lange Zeit beherrschenden Theorie der Generativen Transformationsgrammatik zwischen der linguistischen Kompetenz eines idealen Sprechers und den konkreten Sprachleistungen in realen Kommunikationssituationen des Alltags (Performanz). Das in unserem Zusammenhang Entscheidende ist dabei die Annahme, dass konstitutive Voraussetzungen dieser (idealen) linguistischen Kompetenz angeboren sind (vgl. das Konzept des LAD – Language Acquisition Device: 1965). Damit ist der Kompetenz-Begriff von seiner Provenienz her mit einer bestimmten Position innerhalb der Anlage-Umwelt-Kontroverse (für einen Überblick vgl. Amelang, 2000; Rustemeyer, 2001) belastet. Allerdings kann das nur der Ausgangspunkt dafür sein, diese Belastung möglichst explizit zu überwinden. Denn zum einen wird diese Anlage-These auch für die linguistische Kompetenz heute nicht mehr (so dezidiert) aufrecht erhalten (vgl. schon Kutschera, 1972, S. 112ff.), zum anderen ist diese Annahme bei Fähigkeiten, die nicht so basal für die Entwicklung in den ersten Lebensjahren sind, schon theoretisch weniger plausibel. Daher ist als Erstes festzuhalten, dass bei der Lesekompetenz konzeptuell keine Hereditätsannahmen mitschwingen, sondern im Gegenteil davon ausgegangen wird, dass diese Kompetenz im Laufe der Sozialisation erworben wird.

Damit ergibt sich allerdings auch eine nicht unwichtige Modifikation in Bezug auf den Allgemeinheitsgrad der darunter zu subsumierenden Teilkomponenten. *Kompetenz* bleibt selbstverständlich ein „molares" Konzept, das auf einem relativ hohen Abstraktionsniveau angesiedelt ist (Gale & Pol, 1975, S. 20). Es geht bei Kompetenzen um ein individuelles Potenzial dessen, was eine Person unter idealen Umständen zu leisten im Stande ist (Messick, 1984; Norris, 1991, S. 373), wobei sich dieses Potenzial in konkreten Situationen als spezifisches Verhalten bzw. Handeln manifestiert. Damit umfasst das Konzept der Kompetenz sowohl die Ebene der Fertigkeiten als auch der Fähigkeiten. Fertigkeiten werden schon in der Bewegungslehre als konkrete, situations- bzw. aufgabenbezogene Verhaltensweisen („Klavierspielen": Zimmermann & Kaul, 1989, S. 16f.) angesehen, während Fähigkeiten „generelle (für mehrere Aufgaben geltende), universelle (für mehrere Menschen geltende) und eher stabile (über einen längeren Zeitraum geltende) Konstrukte" darstellen (Kleine, 1984, S. 12). Für die Fertigkeit des Klavierspielens z.B. müssen übergeordnete Fähigkeiten wie Musikalität, Gedächtnis und Feinmotorik (der Finger) „angezapft" werden (Zimmermann & Kaul, 1989, S. 17). Das Konstrukt der Lesekompetenz umfasst also sowohl das – im Gegenstandsbereich Lesen – relevante aufgabenorientierte Fertigkeits- als auch das übersituative, generelle Fähigkeitsniveau im Sinne einer (relativ) zeitüberdauernden Handlungsdisposition.

Im Kompetenz-Konzept ist damit die – vom Fertigkeits- wie Fähigkeitsbegriff unterstellte – Implikation einer (zeitlich) relativ stabilen, interindividuell unterschiedlichen Disposition („trait" oder menschliche Eigenschaft) enthalten. Dadurch aber ist eine weitere klassische Kontroverse berührt, nämlich die zwischen Dispositionismus und Situationismus. Der Dispositionismus versucht, menschliche Verhaltens- und Handlungsweisen vor allem unter Rückgriff auf menschliche Eigenschaften (eben Dispositionen) zu erklären, und stimmt darin mit den meisten alltagspsychologischen Erklärungen überein; Heckhausen hat diese Erklärungsperspektive deshalb als „Erklärung auf den ersten Blick" bezeichnet (1989, S. 5, 17). Dem hat der Situationismus die vor allem empirisch begründete Alternative gegenübergestellt, dass das jeweilige, konkrete menschliche Handeln (fast) vollständig durch Situationsbedingungen erklärbar ist (vgl. die klassischen Untersuchungen von Hartshorne und May (1928) über die Tendenz zum „Schummeln" in der Schule bei allen Schülern/innen, wenn sie keine Entdeckung zu befürchten haben); diese auch in der Alltagspsychologie vorkommende, aber sehr viel seltenere Erklärungsrichtung nennt Heckhausen daher die „Erklärung auf den zweiten Blick" (1989, S. 17). Es ist hier nicht nötig, die Kontroverse in all ihren theoretischen Entwicklungsstadien und vor allem empirischen Überprüfungen nachzuzeichnen; entscheidend ist, dass heute als Auflösung der Kontroverse der interaktionstheoretische Ansatz praktisch durchgehend akzeptiert ist, nach dem menschliche Verhaltens- und Handlungsweisen durch eine Wechselwirkung zwischen individuellen Dispositionen und situationalen Bedingungen zu erklären sind (vgl. als Überblick z.B. Hoefert, 1982; Lantermann, 1980). Das impliziert auch für das Konzept der Lesekompetenz, dass dispositionale wie situationsbezogene Dimensionen zu explizieren sind, einschließlich ihrer Beziehung untereinander in Form einer Wechselwirkung (für die es allerdings wieder unterschiedliche Konzeptualisierungen gibt; vgl. unten).

Auf jeden Fall folgt daraus, dass das Konstrukt der Lesekompetenz diejenigen Dimensionen explizieren muss, die für diese Gegenstandsdomäne relevant bzw. konstitutiv sind. Diese Multidimensionalität (vgl. Salthouse, 1997, S. 52) wird vom Grundansatz her natürlich schon von der oben entwickelten Unterscheidung zwischen Fertigkeiten und Fähigkeiten erfüllt. Bei diesen – vor allem kognitiven – Dimensionen sind darüber hinaus auch bereits die potenziellen Verbindungen thematisch, die zwischen solchen Teilkomponenten bzw. -ebenen herauszuarbeiten sind. Für den kognitiven Bereich kommt unter der Perspektive der Dispositions-Situations-Interaktion noch das reflexive Wissen über die Situation hinzu; beim Lesen dürfte es sich um Aspekte der (reflexiven) Kenntnis von Textsorten, -strukturen, -genres etc. handeln, die es im Folgenden sowohl für den Bereich des literarischen wie des nicht-literarischen Lesens zu elaborieren gilt.

Die Interaktionsperspektive bedeutet außerdem aber auch, dass die dispositionellen Dimensionen in ihrer Ausprägung nicht ohne Bezug auf den situationalen Kontext zu sehen sind. Vielmehr wird Kompetenz als Charakteristikum einer Person in einem (situationalen) Kontext gesehen (Fischer et al., 1993, S. 94f.), d.h. die Kompetenz ändert sich, wenn sich der Kontext ändert; es geht also um die „Zusammenarbeit" zwischen Person und Kontext (l.c.). Das bedeutet zumindest, dass auch die emotionale und motivationale Situationsorientierung bzw. -angepasstheit als Dimensionen der Lesekompetenz mit einbezogen werden müssen. Diese emotionalen und motivationalen Teilkomponenten der Situationsanpassung verbinden sich mit kognitiven Aspekten, die notwendig sind, um sich auf die jeweiligen text- bzw. medienseitigen Anforderungen (der Rezeptionssituation) einzustellen. Hier wird zu prüfen sein, inwiefern literarische versus nicht-literarische Texte unterschiedliche Anforderungen an die kognitiven, emotionalen und motivationalen Aspekte der Lesekompetenz stellen und ob innerhalb dieser Oberkategorien noch einmal zwischen verschiedenen Textsorten bzw. -genres und ihren Anforderungen an die Lesekompetenz zu differenzieren ist. Das betrifft selbstverständlich auch die Relation zwischen Texten bzw. Textsorten etc., d.h. die Perspektive der Intertextualität in Interaktion mit der Lesekompetenz.

Damit ist im Prinzip schon die Interaktionsperspektive im engeren Sinn als „Erklärung auf den dritten Blick" (Heckhausen, 1989, S. 5, 17f.) angesprochen. Hier nun ist zunächst festzuhalten, dass der Interaktionsbegriff selbst in der Theoriegeschichte eine nicht unwesentliche Differenzierung erfahren hat. In der Dispositionismus-Situationismus-Kontroverse wurde unter Interaktion zunächst unter Rückgriff auf das varianzanalytische Modell der Erklärung von individuellem Verhalten die Wechselwirkung von den beiden unabhängigen Variablen (Persönlichkeits-)Disposition und (Kontext-)Situation verstanden. Dies bedeutet eine „unidirektionale" Interaktion ausschließlich auf Seiten der unabhängigen Variablen, von denen aus das Verhalten bzw. das Handeln des Individuums als abhängig angesetzt wird (Olweus, 1976; Buxbaum, 1981). Das deckt aber nicht die „bidirektionale" Wechselwirkung zwischen Disposition und Situation ab, die primär von der sozialpsychologischen Perspektive aus konzipiert worden ist und die Dynamik betrifft, dass Individuen auch bestimmte Situationen aktiv aufsuchen, ja gegebenenfalls auch verändern oder sogar schaffen können (vgl. zum Überblick Groeben, 1989). Dieser dynamische Interaktionsbegriff einer bidirektionalen Wechselwirkung ist in die theoretische Konzeptualisierung der Kompetenz-Explikation unbedingt einzubeziehen, auch wenn die empirische Erhebungsmethodik dafür noch keineswegs so ausgefeilt ist wie die zur Überprüfung unidirektionaler Interaktion (vgl. Amelang & Bartussek, 1981, S. 463ff.).

Für die Konzeptualisierung des Konstrukts „Lesekompetenz" bedeutet das zunächst einmal, dass im Sinne der unidirektionalen Interaktion die Text- und Mediencharakteristika auch als potenzielle Einflussfaktoren auf das Niveau der Lesekompetenz mit einbezogen werden müssen. Neben diesen medialen Einflussfaktoren sind aber ebenso auch weitere soziale und personale Rahmenbedingungen zu berücksichtigen, die einen Einfluss auf die (ontogenetische) Entwicklung und die (interindividuell unterschiedliche) Ausprägung der Lesekompetenz besitzen (können). Diese Variante der Interaktionsperspektive bedeutet also die Verortung des Konstrukts *Lesekompetenz* im nomologischen Netzwerk der potenziellen Einflussfaktoren, durch die ihre Entwicklung und Ausprägung erklärt werden kann. Zu ergänzen ist diese Perspektive durch die Frage danach, welche Situationen, d.h. bei der Lesekompetenz Textsorten, -inhalte, Rezeptionskontexte etc., im Sinne der bidirektionalen Interaktion vom jeweiligen Individuum ausgewählt werden. Darüber hinaus ist unter der Perspektive der bidirektionalen Wechselwirkung aber auch das Phänomen zu subsumieren, dass die Leser/innen nach der unmittelbaren Rezeption weiter aktiv mit dem Lesestoff umgehen, und zwar durchaus im Sinne einer sozialen Interaktion. Das heißt, es geht hier um Möglichkeiten der Anschlusskommunikation(en) als – soziale – Dimension der Lesekompetenz.

3 Normativ-historische Perspektiven

Die Rede von den text- bzw. medienseitigen Anforderungen, denen die Lesekompetenz *gerecht* werden *sollte*, macht deutlich, dass der Kompetenz-Begriff als ein Wertkonzept anzusehen ist – wissenschaftstheoretisch korrekter: als wertendes Konzept benutzt wird. Das gilt auch für die aus der Entwicklung des Interaktionsbegriffs hergeleitete Vorgabe, dass die Lesekompetenz emotional-motivationale Dimensionen der Anpassung an und (aktiven) Auswahl von Situationen enthalten *sollte*, und ebenso für das Postulat der Anschlusskommunikation im engeren Sinne von Interaktionsfähigkeit als Teilkomponente der Lesekompetenz. Damit ist eine dritte klassische Kontroverse thematisch, innerhalb derer die Konzeptualisierung des Lesekompetenz-Konstrukts Stellung beziehen muss, nämlich die Debatte um die Zulässigkeit oder Unzulässigkeit von Wertaussagen in den wissenschaftlichen Objektdisziplinen.

Es handelt sich hier um das Postulat der Werturteilsfreiheit, das von Max Weber für empirische Wissenschaften aufgestellt und vom Kritischen Rationalismus ausgearbeitet wurde (vgl. v.a. Albert, 1968). Dabei unterscheidet Albert drei Ebenen von potenziellen Wertaussagen, nämlich (a) metatheoretische (methodologische und wissenschaftstheoretische) Werturteile, (b) Werturteile als Gegenstand empirischer Forschung und (c) Werturteile als objekttheoretische Aussagen empirischer Wissenschaften. Die ersten beiden Fälle werden als unproblematisch angesehen, weil es sich zum einen (a) um im weiteren Sinne philosophisch-logische Aussagen *über* objekttheoretische Strukturen handelt, die von den unterstellten logischen (etc.) Normen aus zu rechtfertigen sind; zum anderen (b) werden intersubjektive objekttheoretische Aussagen über Werthaltungen etc. im Gegenstandsbereich der empirischen Disziplin(en) gemacht, die damit selbst keine Werturteile darstellen. Als problematisch gilt daher für den Kritischen Rationalismus nur der dritte Fall (c), weil hier wertende Aussagen mit einem Objektivitätsanspruch vorgebracht werden, der nicht einlösbar ist; denn aus deskriptiven Aussagen lassen sich keine präskriptiven Urteile ableiten (sogenannter naturalistischer Fehlschluss), weswegen objekttheoretische Werturteile als nicht falsifizierbar und nicht kritisierbar gelten müssen – und das heißt nach kritisch-rationalistischer Auffassung als unwissenschaftlich.

Die Diskussion des Werturteilsfreiheitspostulats in den letzten dreißig Jahren hat zumindest Argumente dafür zusammengetragen, dass diese Konsequenz nicht unbedingt zwingend ist, sondern auch Möglichkeiten rationaler Kritik für Wertaussagen existieren.

Zunächst einmal setzt die dezidierte und vollständige Ablehnung von Werturteilen auf der Ebene der objekttheoretischen Aussagen voraus, dass die unterschiedenen drei Ebenen (a, b, c) vollständig gegeneinander abschottbar sind. Diese Voraussetzung ist aber, wie wissenschaftstheoretische Analysen zeigen konnten, nicht immer durchzuhalten (vgl. Prim & Tilmann, 1973; Verdeutlichung am Beispiel des psychologischen Konstrukts „Kreativität": Groeben & Scheele, 1977, S. 129f.). Bei einer Fülle von wissenschaftlichen Konzepten, die in der Alltagskommunikation positiv oder negativ wertend genutzt werden, wird zwar von der metatheoretischen Selbstinterpretation her die Werturteilsfreiheit aufrecht erhalten, zugleich werden im Gegensatz dazu aber die präskriptiven Konotationen zum Teil auch auf objekttheoretischer Ebene weiter mitgeschleppt, was sich als kryptonormative Konzeptualisierung der Konstrukte bezeichnen lässt (vgl. Brandtstädter & Montada, 1977; Groeben & Scheele, 1977, S. 128). Eine solche kryptonormative Verwendung ist nicht zuletzt auch darauf zurückzuführen, dass der Kritische Rationalismus bei seiner Explikation und Verteidigung des Werturteilsfreiheitspostulats unterstellt, dass es überhaupt keine Möglichkeit einer rationalen Kritik präskriptiver Aussagen gibt. Dies ist aber (heute) nicht mehr zutreffend, weil Modelle wie die Ziel-Mittel-Argumentation zumindest eine negative Kritik von Normen, Zielen, Wertaussagen ermöglicht (vgl. König, 1975). Diese Kritikperspektive geht gerade von der Vermeidung des naturalistischen Fehlschlusses aus, d.h. sie setzt als Begründung für eine Wertaussage eine präskriptive Oberprämisse an, von der aus sich in Verbindung mit einem deskriptiven Satz die thematische Wertaussage herleiten lässt (in Form einer sogenannten praktischen Implikation: Gatzemeier, 1975). Die objekttheoretische Wertaussage *Anschlusskommunikationen sind konstruktiv* würde also begründet durch den deskriptiven Satz *Anschlusskommunikationen führen zum Bewusstsein interindividuell unterschiedlicher Textrezeptionen* und die präskriptive Oberprämisse *Das Bewusstsein interindividuell unterschiedlicher Textrezeptionen ist konstruktiv*. Bei Falsifikation des deskriptiven Satzes hätte man die untergeordnete Wertaussage (über die Anschlusskommunikation) als unbegründet nachgewiesen (und damit negativ kritisiert). Was die präskriptive Oberprämisse angeht, so lässt sich diese wiederum durch weitere, noch generellere gemischt präskriptiv-deskriptive Satzsysteme begründen – zumindest so lange, bis man zu empirisch nicht weiter begründbaren Grundwerturteilen kommt; für diese sind dann andere, z.B. transzendentalpragmatische Rechtfertigungsmodelle anzusetzen (vgl. i.E. Groeben, 1986). Daraus folgt zumindest, dass objekttheoretische Wertaussagen nicht als unvermeintlich irrational abzulehnen sind, sondern dass es bei einem adäquaten Problembewusstsein möglich und sinnvoll erscheint, auch auf objekttheoretischer Ebene Wertkonzepte zuzulassen, deren präskriptive Implikation dann allerdings möglichst explizit auszuarbeiten und zu begründen sind.

Vor diesem Hintergrund ist es nicht nur berechtigt, sondern höchst angemessen, das Konstrukt der Lesekompetenz (auch auf objekttheoretischer Ebene) explizit als Wertkonzept einzuführen. Dabei stellt die Tatsache, dass der Kompetenz-Begriff üblicherweise auch die Vorstellung enthält, Individuen bezüglich der interindividuell unterschlichen Kompetenzausprägung zu „bewerten" (diagnostische Evaluation), stellt kein Wertungsproblem dar, da dies nur die Relation zu einer empirisch erhobenen Eichstichprobe etc. ausdrückt (vgl. Gale & Pol, 1975, S. 21f.; Salthouse, 1997, S. 52; Norris, 1991, S. 335). Aber das Konzept der Lesekompetenz besitzt in der Alltagskommunikation durchaus eine Fülle von darüber hinaus gehenden Wertungsimplikationen, wie die kulturpessimistischen versus -optimistischen Debatten über die Rolle der Lesekompetenz in der Mediengesellschaft zeigen (vgl. Meyrowitz, 1990; Postman, 1992). Und die Nicht-Abschottbarkeit des Gegenstandsbereichs von der wissenschaftlichen Theorieebene manifestiert sich hier darin, dass es gerade keine Lösung ist, sich in diesem Streit einer wertenden Stellungnahme zu enthalten. Wie auch in anderen Lebensbereichen bedeutet, nicht Partei zu ergreifen, sehr wohl Partei zu ergreifen: Indem nämlich diejenige Seite, die ihre Position am lautesten oder am geschicktesten vertritt, schlussendlich für die Entscheidungen der Gesellschaft „Recht behalten" wird. Vergleichbares gilt für die Standards, deren Erfüllung (im Gegenstandsbereich Lesen) von einem als kompetent eingestuften Handeln *erwartet* wird (vgl. Eraut, 1998, S. 129). Nach dem Lösungsansatz des Kritischen Rationalismus könnte man diese Wertungsimplikationen auf objekttheoretischer Ebene dadurch vermeiden, dass man einfach empirisch erhebt, welche Erwartungen (von wem) mit dem Kompetenz-Begriff verbunden werden. In diesem Fall zeigt sich allerdings schnell, dass es in der Regel in der Gesellschaft sehr unterschiedliche Gruppen mit verschiedenen Erwartungen gibt (so auch Eraut, 1998, S. 132), bezüglich deren Berechtigung man sich auch objekttheoretisch entscheiden muss, wenn man nicht den Kompetenz-Begriff in eine unstrukturierte Vielzahl von Partialvarianten aufspalten will.

Da scheint es sehr viel sinnvoller, die mit dem Konzept der Lesekompetenz verbundenen Wertungsprobleme objekttheoretisch anzugehen und so weit wie möglich einer rationalen Kritik und Begründung zuzuführen. Dazu gehört zunächst einmal, die historische Genese auch gerade der Wertungsimplikationen von „Lesekompetenz" aufzuarbeiten, um so die historische Relativität von Wertungsimplikationen aufzuweisen. Ein solches Bewusstsein der historischen Relativität von Wertungsaspekten gerade auch im Zusammenhang mit dem Konstrukt Lesekompetenz sollte dann eine abgewogene, so weit wie möglich auch auf empirische Daten zurückgreifende Einschätzung der denk- und realisierbaren Funktionen der Lesekompetenz innerhalb der Mediengesellschaft ermöglichen – wobei unter dieser diachronen Perspektive die heutige Ist-Situation immer als Bindeglied zwischen Vergangenheit und Zukunft aufzufassen ist. Dementsprechend wird es unter der Wertungsperspektive nicht zuletzt auch darum gehen, potenzielle Funktionsverschiebungen wie -konstanzen für die Lesekompetenz im Rahmen einer sich weiterentwickelnden Mediengesellschaft zu entwerfen und zu begründen. Die (normative) Begründung wird dabei in letzter Konsequenz – das heißt auf der höchsten Abstraktionsebene – immer auf die Fähigkeit zur gesellschaftlichen Teilhabe hinauslaufen, das heißt die Zielidee des gesellschaftlich handlungsfähigen Subjekts verfolgen.

4 Aufbau des Bandes

In diesem Sinne ist der vorliegende Band so aufgebaut, dass zunächst im Teil II die Beschreibung und Erhebung von Lesekompetenz im Mittelpunkt stehen, und zwar zunächst in Bezug auf den Kernbereich der kognitiven Fertigkeiten und Fähigkeiten, für die ein Überblick über die bisherige empirisch-psychologische Forschung gegeben wird (Beitrag Richter & Christmann), gefolgt von einem empirischen Beispiel aus der Projektarbeit des Schwerpunktprogramms (zur Erhebung von Print-Literacy auch im Zusammenhang mit Hypertexten: Beitrag Flender & Naumann). Es folgt die konzeptuelle Explikation und Begründung der Anschlusskommunikationen als wichtige Teildimension der Lesekompetenz (Beitrag Sutter), ebenfalls verdeutlicht durch ein empirisches Beispiel aus dem Bereich der institutionalisierten Anschlusskommunikation, hier der Interpretation im Literaturunterricht (Beitrag Rupp). Der Teil III über Rahmenbedingungen und Einflussfaktoren beginnt mit einem Überblick zur sozialhistorischen Entwicklung der Konzeptionen und Funktionen von Lesekompetenz sowie ihrer Verbindung zu den sozialen und personalen Einflussfaktoren (Beitrag Hurrelmann). Es folgt eine ebenso komprimierte Zusammenfassung der bisherigen Forschung zu textseitigen Anforderungen und Einflussfaktoren bei Sach- und Informationstexten (Beitrag Christmann & Groeben), die durch ein empirisches Beispiel über Leseprozesse bei der Zeitungsrezeption veranschaulicht wird (Beitrag Rager, Rinsdorf & Werner). Aus heuristischen Gründen ist es an dieser Stelle sinnvoll, nicht zuletzt weil die Forschungstraditionen immer noch weitgehend neben einander herlaufen und bisher nicht befriedigend zusammengeführt werden konnten, einen parallelen, separaten Überblick zu textseitigen Anforderungen und Einflussfaktoren für literarische Texte anzuschließen (Beitrag Eggert); hier bezieht sich das empirische Beispiel auf Leseeinstellungen und Analyseprozesse (Beitrag Pette & Charlton). Der Teil schließt mit der Einbettung der Lesekompetenz in die medialen Rahmenbedingungen und Einflussfaktoren (Forschungsüberblick im Beitrag Vorderer & Klimmt), wofür als empirisches Beispiel die Relation von Fernseheinfluss und Lesefertigkeit darstellt wird (Beitrag Ennemoser, Schiffer & Schneider). Der Ausblick (Teil IV) bezieht sich zunächst in einem programmatischen Forschungsüberblick auf die potenziellen Ziele und Funktionen der Lesekompetenz in der sich weiterentwickelnden Mediengesellschaft (Beitrag Schreier & Rupp), um dann als Fazit die inhaltlichen Ausführungen der in diesem Einleitungskapitel begründeten Dimensionen, Rahmenbedingungen und Einflussfaktoren der Lesekompetenz zusammenzufassen: als prototypische Merkmale des Konstrukts „Lesekompetenz" (Beitrag Hurrelmann).

Literatur

Albert, (1968). *Traktat über kritische Vernunft.* Tübingen: Mohr.
Amelang, M. & Bartussek, D. (1981). *Differentielle Psychologie und Persönlichkeitsforschung.* Stuttgart u.a.: Kohlhammer.
Amelang, M. (2000). Anlage- (und Umwelt-)Faktoren bei Intelligenz- und Persönlichkeitsmerkmalen. In M. Amelang (Hrsg.), *Determinanten individueller Unterschiede. Enzyklopädie der Psychologie. Differentielle Psychologie und Persönlichkeitsforschung. Band 4.* (S. 49–128). Göttingen: Hogrefe.
Brandtstädter, J. & Montada, L. (1977). Erziehungsleitende Implikationen der Erziehungsstilforschung. *Trierer Psychologische Berichte, 4* (2).
Buxbaum, O. (1981). Mechanistischer Interaktionismus als Alternative zu empirisch fundierten Persönlichkeitsmerkmalen? *Psychologische Rundschau, 32,* 16-30.
Chomsky, N. (1965). *Aspects of the Theory of Syntax.* Cambridge/Mass.: MIT Press.
Christmann, U. & Groeben, N. (1999). Psychologie des Lesens. In B. Franzmann et al. (Hrsg.), *Handbuch Lesen* (S. 145–223). München: Saur.
Eggert, H. & Garbe, C. (1995). *Literarische Sozialisation.* Stuttgart: Metzler.
Eraut, M. (1998). Concepts of Competence. *Journal of Interprofessional Care, 12* (2), 127–139.
Fischer, K. W., Bullock, D. H., Rotenberg, E. J. & Raya, P. (1993). The Dynamics of Competence: How Context Contributes Directly to Skill. In R. H. Wozniak & K. W. Fischer (Eds.), *Development in Context. Acting and Thinking in Specific Environments* (pp. 93–117). Hillsdale, N.J.: Lawrence Erlbaum.
Gale, L. E. & Pol, G. (1975). Competence: A Definition and Conceptual Scheme. *Educational Technology, 15* (6), 19–25.
Gatzemeier, M. (1975). Wissenschaftstheoretische Probleme der Lernzieltheorie. Rechtfertigung – Deduktion – Kompatibilität. In R. Künzli (Hrsg.), *Curriculumentwicklung: Begründung und Legitimation* (S. 41–56). München: Kösel.
Groeben, N. (1986). Die Herleitung von Erziehungszielen. In W. Twellmann (Hrsg.), *Handbuch Schule und Unterricht* (Bd. 8.1.) (S. 49–128). Düsseldorf: Schwann.
Groeben, N. (1989). Das Konzept der Text-Leser-Interaktion in der Empirischen Literaturwissenschaft. *Spiel (Siegener Periodikum zur Internationalen Empirischen Literaturwissenschaft), 8* (2), 255–273.
Groeben, N., Hurrelmann, B., Eggert, H. & Garbe, C. (1999). Das Schwerpunktprogramm „Lesesozialisation in der Mediengesellschaft". In N. Groeben (Hrsg.), *Lesesozialisation in der Mediengesellschaft. Ein Schwerpunktprogramm* (IASL-Sonderheft) (S. 1–26). Tübingen: Niemeyer.
Groeben, N. & Scheele, B. (1977). *Argumente für eine Psychologie des reflexiven Subjekts. Paradigmawechsel vom behavioralen zum epistemologischen Menschenbild.* Darmstadt: Steinkopff.
Groeben, N. & Vorderer, P. (1988). *Leserpsychologie: Lesemotivation – Lektürewirkung.* Münster Aschendorff.
Hartshorne, H. & May, M. A. (1928). *Studies in the Nature of Character. Vol. 1. Studies in Deceit.* New York: Macmillan.
Heckhausen, H. (1989). *Motivation und Handeln* (2. Aufl.). Berlin u.a.: Springer.
Hoefert, H.-W. (Hrsg.). (1982). *Person und Situation.* Göttingen: Hogrefe.

Hurrelmann, B. Hammer, M. & Stelberg, K. (1996). *Familienmitglied Fernsehen. Fernsehgebrauch und Probleme der Fernseherziehung in verschiedenen Familienformen.* Opladen: Leske + Budrich.

Hurrelmann, B., Hammer, M. & Nieß, F. (1993). *Leseklima in der Familie.* Gütersloh: Bertelsmann Stiftung.

Kleine, D. (1984). *Psychomotorik und Intelligenz.* Berlin: Institut für Sportwissenschaft der Freien Universität.

König, E. (1975). *Theorie der Erziehungswissenschaften, Bd. 2: Normen und ihre Rechtfertigung.* München: Fink.

Kutschera, F. v. (1972). *Sprachphilosophie.* München: Fink.

Lantermann, E. B. (1980). *Interaktionen. Person, Situation und Handlung.* München: Urban & Schwarzenberg.

Messick, S. (1984). The Psychology of Educational Measurement. *Journal of Educational Measurement, 21,* 215–238.

Meyrowitz, J. (1990). *Überall und nirgends dabei. Die Fernsehgesellschaft I.* Weinheim/Basel: Beltz.

Meyrowitz, J. (1990). *Wie Medien unsere Welt verändern. Die Fernsehgesellschaft II.* Weinheim/Basel: Beltz.

Norris, N. (1991). The Trouble with Competence. *Cambridge Journal of Education, 21* (3), 331–341).

Olweus, D. (1976). Der „moderne" Interaktionismus von Person und Situation und seine varianzanalytische Sackgasse. *Zeitschrift für Entwicklungspsychologie und Pädagogische Psychologie, 8,* 171-186.

Postman, N. (1992). *Wir amüsieren uns zu Tode. Urteilsbildung im Zeitalter der Unterhaltungsindustrie.* Frankfurt/M.: Fischer.

Prim, R. & Tilmann, H. (1973). *Grundlagen einer kritisch-rationalen Sozialwissenschaft.* Heidelberg: Quelle & Meyer.

Rustemeyer, R. (2001). Das Anlage-Umwelt-Problem am Beispiel der Intelligenz- und Geschlechterforschung. In N. Groeben (Hrsg.), *Zur Programmatik einer sozialwissenschaftlichen Psychologie. Bd. II. Objekttheoretische Perspektiven, 1. Hlbbd.* (S. 17–75). Münster Aschendorff.

Salthouse, T. A. (1997). Psychological Issues Related to Competence. In S. L. Willis, K. W. Schaie & M. Hayward (Eds.), *Societal Mechanisms for Maintaining Competence in Old Age* (pp. 50–65). New York: Springer.

Schreier, M. & Groeben, N. (1991). ‚Death Enemy' or ‚Promoter'? On the Relation between Film-/Television Consumption and Motivation to Read. *SPIEL (Siegener Periodikum zur Internationalen Empirischen Literaturwissenschaft) 10* (1), 5–43.

Zimmermann, K. W. & Kaul, P. (1989). *Einführung in die Psychomotorik. Teil III: Strukturen – Dimensionen – Theorien – Modelle.* Kassel: Gesamthochschulbibliothek.

Teil II: Die Beschreibung/Erhebung von Lesekompetenz

Tobias Richter & Ursula Christmann

Lesekompetenz: Prozessebenen und interindividuelle Unterschiede

1 Einleitung

Lesen ist eine alte und basale Kulturtechnik, die in der modernen Informationsgesellschaft eher noch an Bedeutung gewinnt. Trotz aller schulischen Bemühungen existieren jedoch große interindividuelle Unterschiede in Lesefähigkeiten, und zwar selbst in Populationen mit einem hohen Bildungshintergrund. So reicht etwa bei Studierenden die Bandbreite der Lesegeschwindigkeit, mit der ein angemessenes Verständnis typischer Lehrtexte möglich ist, von 150 bis 400 Wörtern pro Minute (Perfetti, 1985).

Wie lässt sich der komplexe Prozess des Lesens beschreiben und erklären? Worin unterscheiden sich bessere und schlechtere Leser/innen? Wie sind diese Unterschiede zu erklären? Mit Fragen dieser Art setzt sich die kognitionspsychologische Forschung zur Lesekompetenz auseinander, zu der in diesem Beitrag ein (notwendig selektiver) Überblick gegeben werden soll (umfassendere Reviews finden sich bei Daneman, 1997; Perfetti, 1985, 1994). Wir konzentrieren uns dabei auf interindividuelle Unterschiede bei Jugendlichen und Erwachsenen ohne schwerwiegende Leseprobleme. Die besonderen Problembereiche des Lesenlernens und der Leseschwächen werden daher lediglich am Rande angesprochen (für einen Überblick dazu s. Scheerer-Neumann, 1996).

Im Folgenden werden zunächst Zielperspektiven und grundlegende Fragestellungen kognitionspsychologischer Lesekompetenzforschung in Abgrenzung zu psychometrischen Ansätzen erläutert. Im zweiten Teil werden die verschiedenen Ebenen des Leseprozesses einschließlich der empirischen Befundlage vorgestellt und diskutiert. Im dritten Teil präsentieren wir zentrale empirische Ergebnisse zu interindividuellen Unterschieden in den kognitionspsychologisch abgrenzbaren Teilprozessen des Lesens. Dieser Überblick wird im vierten Teil durch eine Skizze integrativer theoretischer Ansätze zur Erklärung von Lesefähigkeitsunterschieden ergänzt. Abschließend geben wir eine zusammenfassende Bewertung des Forschungsstands in der kognitionspsychologischen Forschung zu Lesefähigkeiten.

2 Grundlegende Fragestellungen der kognitionspsychologischen Lesekompetenzforschung

2.1 Leerstellen psychometrischer Lesefähigkeitsdiagnostik

Die kognitionspsychologische Forschung zu Lesefähigkeiten existiert erst seit gut drei Jahrzehnten (etwa so lange wie die Kognitionspsychologie selbst). Historisch älter ist die psychometrische Richtung, die sich seit etwa einem Jahrhundert mit der Messung von Lesekompetenz und ihren Korrelaten beschäftigt. Unter der angewandt-sozialtechnologischen Zielsetzung der Auslese und Zuordnung von Personen zu instruktionalen Maßnahmen wurde vor allem im angelsächsischen Bereich eine Fülle von Leseverständnistests entwickelt (für einen Überblick über aktuell verfügbare Testverfahren s. Flippo & Schumm, 2000; McLoughlin, 1997). Die Reliabilität und prädiktive Validität eines Teils dieser Instrumente ist zwar als hoch einzustufen, die theoretische Fundierung und damit die Konstruktvalidität sind im Allgemeinen jedoch sehr schwach (vgl. Daneman, 1982). Die gängigen Operationalisierungen – häufig Mehrfachwahl-Aufgaben im Anschluss an die Lektüre kurzer Texte – beruhen zumeist auf einem sehr allgemeinen Leseverständnisbegriff, der sich auf das Produkt des Leseverständnisses bezieht und nicht im Hinblick auf Merkmale zugrunde liegender Prozesse expliziert wird. Da weitgehend unklar bleibt, welche Prozesse an der Bearbeitung der Testaufgaben beteiligt sind, erlauben Leseverständnistests keine Aussagen darüber, worin sich gute und schlechte Leser/innen eigentlich unterscheiden.

2.2 Zielperspektiven kognitionspsychologischer Ansätze

An dieser Stelle knüpft die kognitionspsychologische Lesekompetenzforschung an, der es nicht primär um eine psychometrisch optimierte Erfassung von Lesekompetenz geht. Vielmehr sollen Unterschiede zwischen guten und schlechten Lesern/innen im Hinblick auf kognitionspsychologische Theorien des Lesens und Textverstehens transparent gemacht werden. In diesem Sinne füllt die kognitionspsychologische Forschung zu Lesefähigkeiten die theoretischen Lücken, die an den meisten psychometrischen Ansätzen zu verzeichnen sind, und trägt zu einer begrifflichen Präzisierung bei. Der Ausgangspunkt für die Forschung in diesem Bereich ist immer das Problem, welche der im Rahmen kognitionspsychologischer Modelle ausdifferenzierten Teilprozesse des Lesens (vgl. Abschnitt 3; vgl. auch Christmann & Groeben, 1999; Christmann & Groeben, in diesem Band) von guten Lesern/innen effizienter bewältigt werden als von schlechten Lesern/innen. Auf der Ebene der Buchstaben- und Worterkennung werden okulomotorische und perzeptuelle Prozesse angenommen, auf denen Prozesse der Worterkennung, der phonologischen Dekodierung und der lexikalischen Zuordnung aufbauen. Auf der Satz- und Textebene finden Prozesse statt, die die semantischen und syntaktischen Bezüge zwischen Teilausdrücken herstellen und durch die Integration von Vorwissen und Teilinformationen eine Gesamtinterpretation des Texts ermöglichen.

An die Aufgabe einer möglichst genauen Beschreibung interindividueller Unterschiede in der Bewältigung derartiger Teilprozesse des Lesens schließt sich die Frage nach ihrer Erklärung an. In beiden Bereichen hat die sehr umfangreiche Forschung der letzten drei Jahrzehnte bemerkenswerte Fortschritte erzielt. Einige Komponenten des Leseprozesses haben sich als zentrale Faktoren des allgemeinen Leseverständnisses erwiesen, während andere als Ursachen interindividueller Unterschiede praktisch ausgeschlossen werden konnten. So weiß man inzwischen etwa, dass die Leichtigkeit, mit der im individuellen Fall die phonologische Dekodierung bei der Worterkennung vonstatten geht, offenbar auch übergeordnete Verarbeitungsstufen beeinflusst, während die charakteristischen okulomotorischen Muster, die schlechte Leser/innen bei der Worterfassung zeigen, bestenfalls ein Symptom von Leseproblemen darstellen.

2.3 Theoretische Probleme

Allen modernen Theorien zur Lesekompetenz ist gemeinsam, dass sie mehr oder weniger explizit auf hierarchische Modelle des Lesens bzw. Textverstehens (z.B. van Dijk & Kintsch, 1983) bezogen sind. Derartige Modelle implizieren keine strikte Abfolge von niedrigeren zu höheren Verarbeitungsstufen, sondern gehen davon aus, dass Teilprozesse auf verschiedenen Ebenen (z.B. auf Wort- und Satzebene oder auf Satz- und Textebene) in vielfältiger Weise miteinander interagieren können. Die vorliegenden Theorien zur Lesekompetenz lassen sich jedoch danach gruppieren, ob sich die Erklärungsrichtung eher auf eine textgeleitete (*bottom up*) oder auf eine wissensgeleitete (*top down*) Verarbeitungsrichtung konzentriert. Die Theorie der verbalen Effizienz von Perfetti (1985) beispielsweise nimmt an, dass das allgemeine Lesefähigkeitsniveau von der Effizienz hierarchieniedriger Prozesse abhängt. Das interaktiv-kompensatorische Modell von Stanovich (1980) ist ein Beispiel für eine Theorie, die sich anhand der Nutzung des Satzkontexts bei der Enkodierung von Wortbedeutungen explizit mit Unterschieden im Zusammenwirken hierarchieniedriger und hierarchiehöherer Teilprozesse bei guten und schlechten Lesern/innen beschäftigt. Auf der anderen Seite existieren Ansätze wie die Schematheorien, die den leserseitig vorhandenen Vorwissensstrukturen auch für basale Prozesskomponenten eine entscheidende Bedeutung beimessen (Spiro, 1980a). Im Zusammenhang mit den Schematheorien stellt sich die prinzipielle Frage, ob es überhaupt lesespezifische Fähigkeiten gibt oder ob leseunspezifische Fähigkeitsaspekte wie das inhaltliche Vorwissen die Performanz beim Leseverstehen dominieren. Im letzteren Fall wäre es fraglich, ob der Lesefähigkeitsbegriff als solcher überhaupt sinnvoll ist. Aus kognitionspsychologischer Sicht lautet eine spezielle Formulierung der Frage nach einer autonomen Lesekompetenz, ob die beim Lesen ablaufenden Prozesse zumindest in Teilen modular, d.h. autonom und voneinander unabhängig, organisiert sind (Perfetti & McCutchen, 1987).

3 Ausgangspunkt: Die Ebenen des Leseprozesses

Der komplexe Prozess des Lesens wird üblicherweise in verschiedene Ebenen aufgegliedert, die von basalen analytischen Teilprozessen der Buchstaben- und Worterkennung über die syntaktische und semantische Analyse von Wortfolgen bis zum satzübergreifenden Aufbau einer kohärenten Textstruktur reichen. Die vorliegenden Theorien zur Erklärung des Lesevorgangs unterscheiden sich primär darin, wie das Zusammenspiel dieser Ebenen modelliert wird. In der derzeitigen Forschungslandschaft konkurrieren dabei zwei Modelltypen: modulare und interaktiv-konnektionistische Modelle (zum aktuellen Stand der Debatte und dem Versuch einer „Versöhnung" vgl. Markman & Dietrich, 2000). Während die auf Fodor (1983; s. auch Garfield, 1987) zurückgehenden modularen Theorien postulieren, dass die am Leseprozess beteiligten Teilsysteme autonom sind, grundsätzlich unabhängig voneinander arbeiten und höhere Teilprozesse erst dann einsetzen, wenn die Verarbeitung auf den niedrigeren Ebenen abgeschlossen ist, gehen interaktionistische Ansätze (z.B. das interaktive Aktivationsmodell von McClelland & Rumelhart, 1981) davon aus, dass die Ebenen parallel oder in zeitlicher Überlappung durchlaufen werden, dass also höhere Verarbeitungsprozesse bereits einsetzen können, bevor die Verarbeitung auf den unteren Ebenen abgeschlossen ist (vgl. Herrmann, 1990, S. 297). Da interaktionistische Ansätze derzeit gerade auch empirisch das deutlich stärkere Gewicht haben, werden wir im Folgenden die Ebenen des Leseprozesses nach dem Modell von van Dijk und Kintsch (1983) darstellen, wobei wir die dort unterschiedenen fünf Teilprozesse in hierarchieniedrige und hierarchiehohe Prozessebenen aufgliedern.

3.1 Hierarchieniedrige Prozesse

Aufbau einer propositionalen Textrepräsentation. Voraussetzung für den Aufbau einer propositionalen Textrepräsentation ist die Worterkennung sowie die Verbindung von Wortfolgen auf der Grundlage von semantischen und syntaktischen Relationen von Sätzen. Entsprechend setzt der Leseprozess auf der untersten Stufe mit der Identifikation von Buchstaben und Wörtern ein und ist primär als visueller Verarbeitungsvorgang aufzufassen (für einen Überblick vgl. Balota, 1994; zusammenfassend Christmann & Groeben, 1999). Die Vorstellung, dass in diesem Prozess einzelne Buchstaben seriell identifiziert und verarbeitet werden (z.B. Gough, 1972), gilt heute als ebenso überholt wie die Annahme, dass Wörter als ganzheitliche visuelle Muster verarbeitet werden (z.B. Smith, 1971). Gegen die erste Theorie spricht der sog. Wortüberlegenheitseffekt (vgl. bereits Cattell, 1886; für eine Replikation s. Reicher, 1969), nach dem Buchstaben leichter erkannt werden können, wenn sie als Teile von Wörtern dargeboten werden; der zweiten Theorie stehen Befunde entgegen, die belegen, dass Wörter genauso schnell identifiziert werden, wenn sie in typographischer Hinsicht von einem Standardformat abweichen (für einen Überblick vgl. Rayner & Pollatsek, 1989). Daher geht man heute davon aus, dass keine konkreten Buchstaben, sondern abstrakte Buchstabeneinheiten, die parallel verarbeitet werden können, die Basis für den Identifikationsprozess darstellen. Zusätzlich wird jedoch auch der Verfügbarkeit von Wörtern eine zentrale Rolle im Identifikationsprozess zugeschrieben. Entsprechend postuliert das interaktive Aktivationsmodell (McClelland & Rumelhart, 1981), dass im Gedächtnis sowohl Wörter als auch Buchstabeneinheiten gespeichert sind und beschreibt die Identifikation eines Wortes – vereinfacht formuliert – als Wechselspiel von gegenseitiger Hemmung und Aktivierung von Buchstaben und Wörtern. Das Modell kann sowohl den Wortüberlegenheitseffekt erklären wie auch das bekannte Phänomen, dass Wörter auch bei unvollständiger Buchstabenanalyse korrekt identifiziert werden. Die Erklärungskraft ist allerdings auf Wörter beschränkt, die bereits im Gedächtnis gespeichert sind; das bedeutet, dass die Identifikation neuer oder zusammengesetzter Wörter im Rahmen dieses Modells nicht erklärt werden kann (vgl. Rayner & Pollatsek, 1989). In diesen Fällen erfolgt die Wortidentifikation entweder indirekt über das phonologische System (Seidenberg, Tanenhaus, Leiman & Bienkowski, 1982) oder über ein sequentielles Zugangsmodell auf der Grundlage morphologischer Einheiten (z.B. Feldman, 1991; Taft, 1986; Zwitserlood, 1995).

Im natürlichen Leseprozess werden Wörter nicht isoliert, sondern in einem weiteren sprachlichen Kontext verarbeitet. Für eine Erleichterung der Wortidentifikation durch den Kontext sprechen Untersuchungen, die belegen, dass Wörter durch den Kontext schneller vorhersagbar sind, Fehler leichter überlesen werden und die Fixationsdauer geringer ist (für einen Überblick über empirische Studien s. Rayner & Pollatsek, 1989, S. 220ff.). Einen positiven Einfluss des Kontextes verdeutlichen auch Untersuchungen zur Verarbeitung ambiger Wörter, die zeigen, dass die zum Kontext passenden Bedeutungen schneller aktiviert werden als nicht passende Bedeutungen (für einen Überblick s. Simpson, 1994; für negative Evidenz z.B. Swinney, 1979). Eine Relativierung ergibt sich durch neuere Untersuchungen, die zeigen, dass der Effekt nur dann auftritt, wenn Kontext sowie Worthäufigkeit in der Tat genügend Unterstützung für eine Interpretation geben (Kawamoto, 1993; zusammenfassend Carpenter, Miyake & Just, 1995).

Zum Verstehen der Bedeutung eines Satzes reicht die Identifikation von Wörtern nicht aus. Übereinstimmend gehen kognitionspsychologische Theorien heute davon aus, dass Wortfolgen auf der Grundlage ihrer semantischen Relationen aufeinander bezogen und zu sog. Prädikat-Argument-Strukturen oder Propositionen integriert werden (linguistische Grundlage: Kasusgrammatik nach Fillmore, 1968, sowie Chafe, 1970; psychologische Ausarbeitung: Kintsch, 1974; van Dijk & Kintsch, 1983). Als empirische Belege für eine propositionale Verarbeitung von Satzelementen gelten Untersuchungen, die zeigen, dass Sätze mit identischer Oberflächenstruktur, aber unterschiedlicher propositionaler Tiefenstruktur in Abhängigkeit von Art und Anzahl der Argumente unterschiedlich gut gelesen und verarbeitet werden (z.B. Engelkamp, 1973; Kintsch & Keenan, 1973; van Dijk & Kintsch, 1983; zusammenfassend Christmann, 1989).

Zum Aufbau einer eindeutigen semantischen Textbasis muss die semantische Analyse in bestimmten Fällen durch die syntaktische Analyse ergänzt werden. Dies erfordert, dass Wörter identifiziert werden, denen eine bestimmte syntaktische Funktion zukommt. Bei einfachen Sätzen orientiert sich der/die Leser/in dabei an der Abfolge der Inhaltswörter im Satz (kanonische Sentoid-Strategie; vgl. Fodor, Bever & Garrett, 1974). Zur vollständigen syntaktischen Analyse auch komplexer Sätze wurde eine Fülle weiterer Segmentierungsvarianten (*parser*) entwickelt (für einen Überblick s. Flores d'Arcais, 1990), wobei unter der Perspektive einer Minimierung des Arbeitsaufwandes für den Leseprozess insbesondere die Varianten der „minimalen Anbindung" (durch Rückgriff auf möglichst wenige syntaktische Knoten) und der „späten Schließung" (ein neues Wort wird an die zuletzt eingelesene Phrasenstruktur angehängt) relevant sind (Rayner & Pollatsek, 1989; für empirische Belege s. Frazier & Rayner, 1982).

Unklar ist allerdings, ob Sätze im Leseprozess überhaupt vollständig syntaktisch analysiert werden (müssen). Plausibler erscheint die Annahme, dass eine vollständige grammatische Analyse nur dann angestrebt wird, wenn eine erste Analyse auf der Grundlage der Abfolge von Inhaltswörtern scheitert (vgl. Herrmann, 1990). Nach interaktionistischer Auffassung wird die syntaktische Analyse dabei vom semantischen und pragmatischen Kontext sowie dem Weltwissen beeinflusst (Altmann & Steedman, 1988; McClelland, St.John & Taraban, 1989). Demgegenüber postuliert die Modularitätstheorie, dass die syntaktische Verarbeitung vor der semantischen erfolgt und von dieser unabhängig ist. Empirische Untersuchungen zum Sackgassen-Effekt (eine im ersten Anlauf falsche syntaktische Strukturierung muss revidiert werden) mit syntaktisch ambigen Sätzen stützen zwar mehrheitlich diese Autonomie-Position (zusammenfassend Carpenter et al., 1995), allerdings zeigen neuere Untersuchungen, dass das Auftreten oder Ausbleiben des Effekts auch von Faktoren wie der Kapazität des Arbeitsgedächtnisses (Just & Carpenter, 1992) oder der Plausibilität der Satzkonstruktion (Taraban & McClelland, 1988) abhängt. Insgesamt wird daher heute die Auffassung vertreten (vgl. z.B. Rickheit & Strohner, 1993), dass beim Lesen vorrangig semantische Sinnstrukturen aufgebaut werden (für empirische Belege s. bereits Sachs, 1967). Dieser Aufbau erfolgt mit Unterstützung der Syntax, die umso wichtiger wird, je uneindeutiger der semantische Kontext ist.

Lokale Kohärenzbildung. Nach der Extraktion von Propositionen müssen im nächsten Schritt semantische Relationen zwischen aufeinanderfolgenden Sätzen (bzw. Propositionen) hergestellt werden, um zu einer kohärenten, zusammenhängenden Textrepräsentation zu gelangen. Diese Relationen können sowohl intensional als auch extensional, textbasiert oder wissensbasiert sein (vgl. van Dijk & Kintsch, 1983, S. 150). Der/die Leser/in muss also unter Rückgriff auf Hinweise aus dem Text oder auf das allgemeine Weltwissen Verknüpfungen zwischen Propositionen herstellen. Im einfachsten Fall gibt der Text in Form von koreferentiellen Relationen selbst Hinweise, wie die Sätze aufeinander zu beziehen sind. Koreferenz kann u.a. durch Wortwiederholung, Pronomina, Anaphora

(Rückverweise), Kataphora (Vorverweise), Wiederaufnahme von Satzsequenzen durch Pro-Formen, partielle Rekurrenz (Wiederholung eines Wortes mit Wortveränderung), Kontiguitätsrelationen (Verweis auf verschiedene, aber logisch zusammengehörende Sachverhalte) erzeugt werden (vgl. Dressler, 1972). Die Bedeutsamkeit solcher Hinweise für die reibungslose und schnelle Verknüpfung von Sätzen ist in einer Fülle von empirischen Untersuchungen belegt worden (für einen Überblick vgl. Garrod & Sanford, 1994; van Dijk & Kintsch, 1983).

Als weitere Möglichkeit zur Verbindung von Satzfolgen steht dem/der Leser/in die sog. Thema-Rhema-Strategie (auch: Topic-Comment-Strategie) zur Verfügung, nach der neue Satzinformationen (Rhema) stets an alte, bereits im Arbeitsgedächtnis gespeicherte Satzinformationen (Thema) angebunden werden (Grimes, 1975; Haviland & Clark, 1974). Empirisch konnte beispielsweise gezeigt werden, dass Sätze, in denen das Rhema des vorangegangenen Satzes zum Thema des nachfolgenden Satzes wird, schneller gelesen und verarbeitet werden als Sätze, die nur indirekt miteinander verknüpft sind (Haviland & Clark, 1974). Ein reibungsloses Lesen ist dabei umso eher möglich, je stärker die Beibehaltung eines Topics (z.B. durch Demonstrativpronomen, unbestimmte Artikel) und der Wechsel eines Topics (z.B. Spaltsatzkonstruktion) sprachlich markiert sind (zu verschiedenen Graden der Topic-Markierung vgl. Givón, 1983; zusammenfassend Schnotz, 1994).

Darüber hinaus können auch konzeptuelle Relationen zwischen Propositionen (z.B. Konzept-Evidenz, Konzept-Beispiel, Konzept-Begründung), die nicht notwendigerweise sprachlich signalisiert sein müssen, genutzt werden, um Sätze aufeinander zu beziehen (für ein Klassifikationssystem konzeptueller Relationen vgl. Sanders, Spooren & Noordman, 1992). In Fällen, in denen ein Text keine derartigen Hinweise gibt, muß der/die Leser/in durch eigene Schlussfolgerungsprozesse die fehlenden Verknüpfungen herstellen (s. Abschnitt 3.2).

3.2 Hierarchiehohe Prozesse

Während sich die Erforschung des Leseprozesses auf hierarchieniedrigen Ebenen auf weitgehend automatisierte Prozesse konzentriert, bezieht sie bei der Untersuchung von höherstufigen Prozessen das strategisch-zielbezogene Lesen mit ein. Dabei fokussiert die Lesekompetenzforschung fast ausschließlich die kognitive Seite dieses Bereichs. Motivationale und emotionale Einflussgrößen bleiben weitgehend ausgeblendet und werden eher von der anwendungsorientierten Textforschung thematisiert (Christmann & Groeben, in diesem Band).

Globale Kohärenzherstellung. Das Lesen von längeren und komplexeren Texten erfordert zusätzlich zur lokalen Kohärenzbildung (s. Abschnitt 3.1) auch die Verdichtung und Verknüpfung von Propositionssequenzen im Sinne größerer Textteile, um auf diese Weise den globalen Zusammenhang auch auf höherer Abstraktionsebene zu erfassen. Das Resultat solcher reduktiven Organisationsvorgänge beim Lesen wird als Makrostruktur bezeichnet (van Dijk, 1980). Die

Bildung einer Makrostruktur erfolgt dabei „online" während des Lesens, indem mit Hilfe bestimmter Makroregeln (Auslassen, Selegieren, Generalisieren, Konstruieren; vgl. van Dijk, 1980) Gruppen von Mikropropositionen zu Makropropositionen verdichtet werden. Dabei können bereits wenige Inhaltswörter ausreichen, um den/die Leser/in zu veranlassen, Hypothesen zu den globalen Textinhalten zu entwickeln, die dann im Zuge des Rezeptionsprozesses bestätigt oder verworfen werden (vgl. van Dijk & Kintsch, 1983). Makroregeln sind rekursiv, d.h. sie können immer wieder auf die gebildete Makrostruktur angewendet werden, so dass sich eine Hierarchie möglicher Makrostrukturen unterschiedlichen Abstraktionsniveaus ergibt. Ihre Anwendung erfolgt nicht ausschließlich auf der Grundlage des vorgegebenen Textes, sondern stets unter Beteiligung von text-, vorwissens-; interessens- und zielbasierten Inferenzen. Die empirische Forschung war dabei bislang primär darum bemüht nachzuweisen, dass im Verarbeitungsprozess tatsächlich Makropropositionen gebildet werden. Für diese Annahme sprechen Untersuchungen, die belegen, dass Makropropositionen auch über längere Zeitintervalle besser behalten werden als Mikropropositionen (Beyer, 1987) und dass Elemente aus Makropropositionen zu einem höheren Priming-(Voraktivations-)Effekt führen als Elemente aus Mikropropositionen. Das bedeutet, dass sie gedächtnismäßig besser verankert sind als die zugrunde liegenden Mikropropositionen (Guindon & Kintsch, 1984) und dass die Makropropositionsbildung ein integraler Bestandteil des Verstehensvorgangs ist (für einen Überblick vgl. Kintsch, 1998, 174ff.; van Dijk & Kintsch, 1983). So konnte beispielsweise auch nachgewiesen werden, dass die Lesezeit für Texte, die zwar auf lokaler Ebene kohärent waren, aber auf globaler Ebene Inkonsistenzen aufwiesen, signifikant länger war als für Texte, die diese Inkonsistenzen nicht enthielten (Albrecht, O'Brien, Mason & Myers, 1995).

Die Bildung von Makropropositionen kann durch Hinweise aus dem Text selbst gestützt werden. Als relevant haben sich vor allem Signale an der Textoberfläche erwiesen, die die Stellung eines Teilthemas im Gesamtkontext verdeutlichen (z.B. einführende Sätze, zusammenfassende Aussagen, Überschriften, Vergleiche, Abstraktionen, Beispiele etc., vgl. Meyer, 1975; zusammenfassend Schnotz, 1994). Empirisch konnte gezeigt werden, dass solche Signale zu einer kohärenteren Wissensstruktur führen (z.B. Lorch & Lorch, 1996), eine kürzere Lesezeit thematisch relevanter Sätze bewirken (z.B. Mross, 1989) und die qualitative Behaltensleistung nach dem Lesen verbessern (z.B. Loman & Mayer, 1983; Lorch, Lorch & Inman, 1993).

Fehlen diese expliziten Hinweise zur Selektion und Integration von Textteilen, muss der/die Leser/in die fehlenden Verknüpfungen selbst erschließen. Als minimale Schlussfolgerungen im Leseprozess gelten Inferenzen hinsichtlich der referenziellen Bezüge, der Kasusrollen sowie der kausalen Ursachen von Ereignissen (vgl. Strohner, 1995), die allerdings primär dem Aufbau der lokalen Kohärenz dienen. Nach der minimalistischen Inferenzposition (McKoon & Ratcliff, 1992) werden beim Lesen nur logisch zwingende, enge Inferenzen gebildet, die weitgehend automatisch ablaufen. Dem widerspricht die maximalistische Inferenztheorie, nach der beim Lesen auch sehr weite Schlussfolgerungen unterschiedlichster Art gezogen werden können (zur Abgrenzung verschiedener Inferenztypen beim Verstehen narrativer Texte s. Graesser, Singer & Trabasso, 1994; für eine Kritik an der Kontroverse der beiden Inferenztheorien s. Christmann & Groeben, 1999). Die empirische Befundlage ist zwar uneinheitlich (für einen Überblick vgl. Singer, 1994; für einen methodenkritischen Überblick Graesser, Bertus & Magliano, 1995), gleichwohl erscheint es mehr als plausibel, dass beim Lesen komplexerer Sprachphänomene wie Metapher, Ironie und Witz vielfältige Inferenzen höherer Art gebildet werden müssen, um deren Bedeutung verstehen zu können (vgl. Christmann & Scheele, 2001). Dem entspricht auch die eindeutige Befundlage, dass beim strategisch-zielbezogenen Lesen, wie es für die höheren Stufen des Verarbeitungsprozesses typisch ist, auf alle Fälle auch relativ weite (elaborative) Inferenzen gezogen werden.

Bildung von Superstrukturen. Superstrukturen beschreiben im Sinne eines Rasters oder abstrakten Schemas (zum Schemabegriff in der Textverarbeitung vgl. Mandl, Friedrich & Hron, 1988; Waldmann, 1990; s. auch Spiro, 1980a) die globale Ordnung von Texten, die eine spezifische, konventionalisierte Struktur haben wie beispielsweise Erzähltexte, Forschungsberichte, argumentative Texte, Werbetexte oder Gesetzestexte. Es wird angenommen, dass Superstrukturen in Form von Regeln und Kategorien im Kognitionssystem der Sprachbenutzer/innen gespeichert sind und im Sinne einer vorwissensgeleiteten Verarbeitung in Form von Erwartungen den Leseprozess, speziell die Makrostrukturbildung, steuern (für empirische Belege s. z.B. Kintsch & Yarbrough, 1982). Als eine spezielle Form solcher Superstrukturen sind insbesondere Erzähltexte intensiv empirisch untersucht worden (für einen Überblick vgl. Mandler, 1984; van den Broek, 1994). Dabei konnte u. a. gezeigt werden, dass die Lesezeit erhöht (Kintsch & Kozminsky, 1977) und die Verarbeitung erschwert ist (z.B. Thorndyke, 1977), wenn Erzähltexte von ihrer konventionalisierten Struktur abweichen.

Zwar hat sich die Annahme, dass Leser/innen solche Texte nur nach einem vorab spezifizierten Schema verarbeiten, nicht halten lassen (z.B. Yekovich & Thorndyke, 1981), vielmehr können sie in Abhängigkeit vom Erzähltext und den jeweiligen Rezeptionsbedingungen durchaus auch verschiedene Schemata alternierend anwenden. Gleichwohl belegen diese Ansätze eindrucksvoll die immens bedeutsame Rolle von Vorwissen und Zielsetzungen im Verarbeitungsprozess. Speziell konnten Yekovich und Walker (1987) zeigen, dass der Einfluss des Vorwissens im Leseprozess so stark sein kann, dass selbst bekannte (textbasierte) Gesetzmäßigkeiten der Wortidentifikation oder der Funktion anaphorischer Referenzen außer Kraft gesetzt werden können. Allerdings liegen bislang vergleichsweise wenig Untersuchungen vor, die den Einfluss von Wissensstrukturen im Allgemeinen und Superstrukturen im Besonderen auf den Leseprozess überprüfen.

Erkennen rhetorischer Strategien. Schließlich gehört zur Lesekompetenz auch das Verstehen von rhetorischen, stilistischen und argumentativen Strategien, die meist zur Akzentuierung bestimmter Inhaltselemente eingesetzt werden. Die Identifikation solcher Strategien und die jeweils damit verbundene Autorintention stellt dabei ein wichtiges Hilfsmittel für eine angemessene Interpretation der Textbedeutung dar, was besonders am Beispiel des Verstehens figurativer Sprache evident wird.

Nach van Dijk und Kintsch (1983) werden die genannten Teilprozesse größtenteils parallel durchlaufen, wobei zwischen hierarchieniedrigen und hierarchiehohen Prozessen Rückmeldungen stattfinden. Das interaktive Zusammenspiel der einzelnen Prozesse mündet schließlich in eine analoge, inhaltsspezifische und anschauliche Repräsentation des im Text beschriebenen Sachverhalts, die Textinformationen und Vorwissen in integrierter Form enthält und losgelöst ist von sprachlichen Strukturen. Sie wird als Situationsmodell bzw. mentales Modell (Johnson-Laird, 1983) bezeichnet und stellt das Endresultat des Verarbeitungsprozesses dar.

Insgesamt können die auf den fünf Ebenen unterschiedenen Prozesse als zentrale Komponenten des Konstrukts „Lesekompetenz" gelten, wobei unter normativer Perspektive ganz generell eine möglichst hohe Ausprägung der Lesefähigkeit auf den einzelnen Prozessebenen wünschenswert ist. Allerdings dürften für die hierarchieniedrigen Prozesse, soweit sie notwendige und automatisch ablaufende Teilkomponenten des Leseprozesses darstellen, nicht in jedem Fall interindividuelle Unterschiede zu erwarten sein (s. im Einzelnen Abschnitt 4). Gleichwohl sind generell solche möglichen Unterschiede (eventuell auf den höheren Ebenen) sowohl theoretisch als auch unter Anwendungsperspektive interessant, um die Binnenstruktur des Konzepts der Lesekompetenz weiter auszudifferenzieren. Außerdem kann die Frage nach den interindividuellen Unterschieden zur Klärung beitragen, mit welchen allgemein(er)en kognitiven Dispositionen die Lesekompetenz gegebenenfalls verbunden ist.

4 Interindividuelle Unterschiede in Teilprozessen

In diesem Abschnitt werden zentrale empirische Befunde zu interindividuellen Unterschieden in den dargestellten Teilprozessen berichtet. Im Mittelpunkt stehen die Fragen, hinsichtlich welcher Teilprozesse sich gute und schlechte Leser/innen unterscheiden, wie groß diese Unterschiede sind, und wie die Befundlage für bestimmte kausale Annahmen einzuschätzen ist.

4.1 Basale Wahrnehmungsprozesse

Beim Lesen müssen visuelle Reize (Grapheme) wahrgenommen und verarbeitet werden. Im Hinblick auf interindividuelle Differenzen in Merkmalen der dabei auftretenden Wahrnehmungsprozesse sind vor allem Augenbewegungen und die Wahrnehmungsspanne untersucht worden.

Okulomotorik. Die Messung von Augenbewegungen ist eine in der Lesepsychologie sehr verbreitete Methode zur Untersuchung der Aufmerksamkeitsfokussierung (für einen Überblick s. Rayner & Sereno, 1994). Beim normalen Lesen bewegen sich die Augen in sehr schnell ausgeführten sogenannten Sakkaden im Text vorwärts (in Schritten von ca. 8 aufeinanderfolgenden Zeichen), fixieren ein Wort für etwa 250 ms, um dann zum nächsten Wort zu springen. Etwa 10–15% der Fixationen sind Regressionen, bei denen im Text zurückgegangen wird. Das Fixationsmuster lässt auf eine gewisse Gründlichkeit visueller Prozesse schließen; beim normalen Lesen werden insbesondere längere Inhaltswörter (im Unterschied zu kurzen Funktionswörtern) nur selten übersprungen. Schon seit den Untersuchungen von Buswell (1922, 1937) ist bekannt, dass sich die Muster von Augenbewegungen bei guten und schlechten Lesern/innen systematisch unterscheiden: Schlechte Leser/innen fixieren Wörter länger (Everatt & Underwood, 1994) und weisen mehr Regressionen auf (Olson, Kliegl & Davidson, 1983). Die naheliegende Vermutung, dass zumindest gravierende Leseschwierigkeiten (im Zusammenhang mit der Lese-Rechtschreib-Schwäche) durch eine mangelhafte Koordination von Augenbewegungen beim Lesen zustande kommen (Nodine & Lang, 1971; Pavlidis, 1981), hat sich jedoch insgesamt nicht bestätigen lassen. Weder ließen sich in Trainingsstudien durch eine Veränderung von Fixationsmustern Leseschwierigkeiten positiv beeinflussen (Tinker, 1958), noch fanden sich konsistente Unterschiede zwischen den Augenbewegungen guter und schlechter Leser/innen bei nonverbalen Stimuli (Stanley, Smith & Howell, 1983). Okulomotorische Auffälligkeiten sind daher – zumindest in den meisten Fällen – offenbar lediglich Symptome, nicht aber Ursache geringer Lesekompetenz (Ausnahmen finden sich möglicherweise bei bestimmten Subgruppen von Lese-Rechtschreib-Schwachen, vgl. Lovegrove & Williams, 1993).

Wahrnehmungsspanne. Eine andere Hypothese, die sich ebenfalls auf basale perzeptuelle Parameter bezieht, führt Lesefähigkeit auf das Ausmaß der Wahrnehmungsspanne zurück. Die Wahrnehmungsspanne (*perceptual span*) ist der Bereich um einen Fixationspunkt, dem bestimmte Informationen entnommen werden können. Die Wahrnehmungsspanne umfasst im Zentrum der Fixation die foveale Region, d.h. den auf den retinalen Bereich des schärfsten Sehens projizierten Stimulusbereich (bei erwachsenen Lesern/innen in der Regel 3–4 Buchstaben), sowie Teile der umgebenden parafovealen Region (bis zu 3 Zeichen links und 10 Zeichen rechts des Fixationspunktes). Innerhalb der parafovealen Region kann ebenfalls noch Information wahrgenommen werden, die z.B. für die Wortidentifikation wichtig ist. Im übrigen Sehfeld, der peripheren Region, ist lediglich Information über die graphische Grobgliederung des Texts verfügbar. Wenn es richtig sein sollte, dass gute Leser/innen über eine größere Wahrnehmungsspanne verfügen, wäre dies auch eine Erklärung für ihre selteneren und kürzeren Fixationen gegenüber schlechteren Lesern/innen: Die überlegenen Leser/innen könnten innerhalb kürzerer Zeit mehr Information aus einem umfangreicheren Textausschnitt entnehmen. Eine Studie von Underwood und Zola (1986) konnte diese Hypothese jedoch nicht stützen: In den

Wahrnehmungsspannen von Schulkindern (Alter 10–11 Jahre) mit hohen vs. niedrigen Lesefähigkeiten zeigten sich keine Unterschiede – im Gegenteil glichen die Wahrnehmungsspannen in beiden Gruppen Werten, die man bei normalen erwachsenen Lesern/innen findet. In dieser Untersuchung wurde mit der „Moving Window"-Technik gearbeitet, bei der (computergesteuert) jeweils nur ein bestimmtes „Textfenster" um den gerade aktuellen Fixationspunkt lesbar gemacht wird. Die für das Lesen relevante Wahrnehmungsspanne lässt sich dabei valide erfassen, indem die Größe des Textfensters sukzessive so weit verkleinert wird, bis die Informationsentnahme beim Lesen behindert wird; dieser Punkt markiert die Größe der Wahrnehmungsspanne. Die Ergebnisse von Underwood und Zola (1986) werden durch eine Untersuchung von Rayner (1986) gestützt, aus der hervorgeht, dass der Unterschied in der Wahrnehmungsspanne von Leseanfängern/innen und erwachsenen Lesern/innen nur etwa 25% beträgt. Das Phänomen der Schnellleser/innen, die auf Lesegeschwindigkeiten von mehr als 1000 Wörtern pro Minute kommen (im Unterschied zu den üblichen 150–400 Worten), ist nicht auf eine größere Wahrnehmungsspanne zurückzuführen, sondern auf ein oberflächliches „Überfliegen" des Texts, das zu Lasten des Leseverständnisses geht (Carver, 1985).

Zusammenfassend kann man sagen, dass basale Wahrnehmungsprozesse nur wenig zur Erklärung von Unterschieden zwischen guten und schlechten Lesern/innen beitragen. In dieser Richtung fällt die Abgrenzung von Lesekompetenz gegenüber leseunspezifischen, allgemeinen Fähigkeiten demnach leicht: Die Teilprozesse, auf die sich Lesekompetenz zurückführen lässt, sind mindestens auf einer Verarbeitungsebene anzusetzen, auf der linguistische (syntaktische, semantische oder phonologische) Eigenschaften von Texten eine Rolle spielen.

4.2 Prozesse auf Wortebene: Lexikalische Prozesse, phonologische Rekodierung und Satzkontext

Teilprozesse des Lesens auf Wortebene bilden den am Besten erforschten Teilbereich der kognitionspsychologischen Lesekompetenzforschung. Einige der einflussreichsten Theorien zur Lesekompetenz, darunter die Theorie der verbalen Effizienz (Perfetti, 1985; vgl. Abschnitt 5.1) und das interaktiv-kompensatorische Modell von Stanovich (1980; vgl. Abschnitt 5.2), beruhen auf Evidenzen aus Studien, die sich in erster Linie auf die Wortebene beziehen. Drei übergreifende und miteinander zusammenhängende Problemstellungen sind interindividuelle Unterschiede im lexikalischen Zugriff, in der phonologischen Rekodierung und in der Nutzung des Satzkontexts bei der Worterkennung.

Lexikalische Prozesse. Eine grundlegende Anforderung beim Lesen besteht darin, den einzelnen Wörtern im Text Bedeutungen zuzuordnen. Dieser Vorgang wird *lexikalischer Zugriff* genannt, wobei die kognitionspsychologische Vorstellung zugrunde liegt, dass Wortbedeutungen in Form eines mentalen Lexikons im semantischen Gedächtnis niedergelegt sind (s. Abschnitt 3.1). Die Geschwindigkeit des lexikalischen Zugriffs wird häufig mit einer Variante der sogenannten Posner-Aufgabe geschätzt (vgl. Posner, Boies, Eichelman & Taylor, 1969), bei der die Entscheidungszeit für einen Vergleich der physikalischen Identität zweier schriftsprachlicher Reize (die Reize *Apfel-Apfel* z.B. sind physikalisch identisch) mit der Entscheidungszeit für einen Vergleich ihrer semantischen Identität (die Reize *Apfel*-Apfel z.B. sind physikalisch unterschiedlich, semantisch aber identisch) in Beziehung gesetzt wird. In dieser oder ähnlicher Weise ermittelte habituelle Unterschiede in der Geschwindigkeit des lexikalischen Zugriffs sind mit allgemeinen Lesefähigkeitsmaßen in der Regel korreliert, und zwar sogar in Studierendenpopulationen mit einer vergleichsweise kleinen Variationsbreite von Lesefähigkeitsmaßen (Hunt, Lunneborg & Lewis, 1975; Jackson & McClelland, 1979). Die Korrelationen sind hier allerdings eher moderat, und die Geschwindigkeit des lexikalischen Zugriffs hängt stärker mit der Lesegeschwindigkeit als mit dem Leseverständnis zusammen (zu Komponenten der Lesegeschwindigkeit bei guten und schlechten Lesern/innen s. auch Bisanz, Das, Varnhagen & Henderson, 1992). Für die Latenz bei der Benennung von Wörtern und allgemeinen Lesefähigkeitsmaßen wurden in Stichproben von Schulkindern zwar deutlich höhere Zusammenhänge ermittelt (vgl. z.B. Perfetti, Finger & Hogaboam, 1978; Perfetti & Hogaboam, 1975), vor allem für Latenzen bei der Benennung von seltenen und komplexen Wörtern. Bei diesem Aufgabentyp wird allerdings nicht nur die Geschwindigkeit des lexikalischen Zugriffs allein, sondern vermutlich in starkem Ausmaß auch die Geschwindigkeit phonologischer Rekodierungsprozesse erfasst (vgl. den nächsten Abschnitt). Ein kausaler Zusammenhang zwischen der Leichtigkeit des lexikalischen Zugriffs an sich und allgemeiner Lesekompetenz lässt sich aus den ausschließlich korrelativen Studien in keinem Fall ableiten.

Ähnliches gilt für eine verwandte Variable, den Wortschatz: Nur bei Wörtern, deren Bedeutung überhaupt bekannt ist, kann ein unmittelbarer lexikalischer Zugriff erfolgen. Erwartungsgemäß weisen Wortschatz-Maße hohe Zusammenhänge mit Lesefähigkeiten auf (z.B. Graves, 1989). Zudem lässt sich leicht experimentell nachweisen, dass ein Text mit einem höheren Anteil unbekannter Wörter schlechter verstanden wird als ein Text mit ausschließlich bekannten Wörtern (Beck, Perfetti & McKeown, 1982). Daraus folgt jedoch nicht, dass gute Leser/innen im Allgemeinen deshalb zu einem besseren Leseverständnis kommen, weil sie mehr Wörter kennen. Auch die umgekehrte Einflussrichtung ist plausibel: Gute Leser/innen könnten einen größeren Wortschatz haben, weil sie unbekannte Wörter leichter aus dem Kontext erschließen und auf diesem Wege Wortbedeutungen leichter erwerben können (Sternberg, 1987).

Phonologische Rekodierung. Unter phonologischer Rekodierung versteht man die „mentale Übersetzung" der graphemischen Struktur eines Worts in eine lautliche Repräsentation, die es z.B. ermöglicht, ein gelesenes Wort auszusprechen. Die Lesepsychologie der letzten zwei Jahrzehnte hat zwei prinzipiell verschiedene Prozessmodelle zum Zusammenwirken von phonologischer Rekodierung und lexikalischem Zugriff hervorgebracht. Nach einer übergreifenden Modellvorstellung (Sammelbegriff *dual route theory*, Paap & Noel, 1991) kann die phonologische Repräsentation entweder direkt aus der Textvorlage unter Nutzung von Graphem-Phonem-Korrespondenzregeln erzeugt werden (*assembled/prelexical code*) oder indirekt über den lexikalischen Zugriff – quasi als dessen Nebenprodukt (*addressed code*). Bevorzugt wird immer der effizientere der beiden Wege (bei vertrauten und häufigen Wörtern z.B. eher der indirekte, bei unvertrauten und seltenen Wörtern eher der direkte Weg). Die alternative Modellvorstellung geht zum Teil von konnektionistischen Annahmen aus, nämlich dass die Worterkennung auf einer Vielzahl parallel ablaufender Aktivationsprozesse beruht, die simultan sowohl auf lexikalische als auch auf phonologische Information zurückgreifen (Plaut, McClelland, Seidenberg & Patterson, 1996; van Orden, Pennington & Stone, 1990). Etliche neuere Studien sprechen allerdings dafür, dass phonologische Komponenten beim lexikalischen Zugriff regelmäßig aktiviert werden, was gegen ein striktes Zwei-Wege-Modell spricht (Perfetti & Bell, 1991; Shankweiler, 1999; van Orden, Johnston & Hale, 1988).

Unabhängig von dieser theoretischen Kontroverse hat die Forschung zu interindividuellen Unterschieden sehr überzeugend gezeigt, dass phonologische Rekodierungsprozesse eine potentielle Quelle von Lesefähigkeitsdifferenzen darstellen. Operationalisiert wird die Geschwindigkeit der phonologischen Rekodierung in der Regel über Aufgaben wie das Aussprechen sinnfreier Silbenkombinationen (Non-Wörter), was als annähernd Semantik-freie Erhebungstechnik (ohne Konfundierung mit anderen lexikalischen Prozessen) gelten kann. Die Leichtigkeit, mit der im individuellen Fall der graphemische Code in einen phonologischen Code übertragen wird, ist offenbar nicht nur ein wesentlicher Faktor beim Lesenlernen, wo die Funktion der phonologischen Rekodierung evident ist (LaBerge & Samuels, 1974; Vandervelden & Siegel, 1995). Auch bei jugendlichen und erwachsenen Lesern/innen haben Aussprechaufgaben unter Verwendung von Non-Wörtern bemerkenswerte Prädiktoren von Lesefähigkeiten geliefert, mit Korrelationen von .5 und höher (Frederiksen, 1982). Eine Reihe von Untersuchungen vor dem Hintergrund des Arbeitsgedächtnismodells von Baddeley macht in diesem Zusammenhang plausibel, dass die Qualität phonologischer Repräsentationen nicht nur für den lexikalischen Zugriff, sondern – vermittelt über phonologisch basierte Gedächtnisprozesse – auch für hierarchiehöhere Prozesse auf Satz- und Textebene relevant sein kann (für einen Überblick s. Gathercole & Baddeley, 1993).

Der kausale Status der phonologischen Rekodierung bezüglich interindividueller Unterschiede in den Lesefähigkeiten erwachsener Leser/innen ist insgesamt allerdings nicht eindeutig. Stanovich und West (1989) konnten für den lexikalischen Zugriff auf Basis einer Faktorenanalyse über eine Reihe verschiedener Aufgabentypen neben phonologischen auch visuell-orthographische Fähigkeitskomponenten identifizieren; die orthographischen Fähigkeitskomponenten standen mit Indikatoren der tatsächlichen Leseerfahrung in Zusammenhang. Mit zunehmender Leseerfahrung wird die Repräsentation von Wortbedeutungen also möglicherweise in einer Weise verbessert, dass direkte Assoziationen von graphemischen Merkmalen und Wortbedeutungen gestärkt werden (vgl. auch

Daneman & Reingold, 1993). Mit Sicherheit auszuschließen ist der Fall, dass die Bewältigung phonologischer Prozesse eine notwendige Voraussetzung für das Lesen-Können darstellt, da auch Taube Lesen lernen – offensichtlich über einen direkten visuell-orthographischen Zugriff auf Wortbedeutungen (vgl. z.B. Beech & Harris, 1997). Zudem weisen selbst auf dem alphabetischen System aufgebaute Schriftsprachen eine beträchtliche Irregularität in Graphem-Phonem-Korrespondenzen auf (vgl. Underwood & Batt, 1996, S. 75–78), und auf die Verhältnisse in logographischen Schriftsystemen lassen sich die Theorien und Befunde zur phonologischen Rekodierung ohnehin kaum verallgemeinern (für ein Schriftsystem-übergreifendes Modell s. aber Perfetti, Zhang & Berent, 1992).

Nutzung des Satzkontexts bei der Worterkennung. Gemäß einer in den 70er Jahren sehr einflussreichen Position, die nach ihren Proponenten Goodman-Smith-Modell genannt wird (Goodman, 1967, 1969; Smith, 1973), vollzieht sich Lesen als eine Art „psycholinguistisches Ratespiel" (*psycholinguistic guessing game*), bei dem Leser/innen anhand graphemischer, syntaktischer und vor allem semantischer Hinweise (*cues*) im Text Wortbedeutungen erschließen. Mit zunehmender Geübtheit im Lesen sollen dabei semantische cues aus dem Satzkontext immer wichtiger werden, während die visuell-graphemischen cues, die das Wort selbst bietet, in den Hintergrund treten. Die daraus ableitbare Hypothese, dass sich bessere Leser/innen beim lexikalischen Zugriff generell stärker auf den Satzkontext verlassen als schlechtere Leser/innen, ist aus heutiger Sicht jedoch mit großer Wahrscheinlichkeit falsch. Das Gegenteil scheint der Fall zu sein: Gute Lesefähigkeiten sind mit einem sicheren, schnellen und kontextunabhängigen Zugriff auf Wortbedeutungen assoziiert, während schlechte Leser/innen Schwierigkeiten beim lexikalischen Zugriff durch Nutzung des Satzkontexts teilweise kompensieren können (für eine ausführliche Diskussion s. Perfetti, 1989). Evidenzen für diese Annahmen konnten zuerst durch West und Stanovich (1978) erbracht werden, die Schüler/innen aus der vierten und sechsten Klasse und College-Studierende hinsichtlich einer Aufgabe verglichen, bei der Wörter in einem passenden, einem unpassenden und einem neutralen Satzkontext auszusprechen waren. Bei den jüngsten Probanden/innen zeigte sich ein Erleichterungseffekt durch den passenden Satzkontext gemeinsam mit einem Hemmungseffekt für den unpassenden Satzkontext, bei den ältesten Probanden/innen hingegen lediglich ein Erleichterungs-, aber kein Hemmungseffekt. In allen Altersgruppen ergab sich ein negativer Zusammenhang der individuell ermittelten Hemmungs-, aber auch der Erleichterungseffekte mit einem allgemeinen Lesefähigkeitsmaß. Die besseren Leser/innen wurden durch den Satzkontext bei der Aussprechaufgabe also insgesamt geringer beeinflusst; zudem war bei ihnen die Aufgabenbewältigung generell schneller. Eine mögliche Erklärung für dieses Ergebnismuster ist die Annahme zweier unabhängiger Prozesskomponenten bei der Worterkennung. Bei guten Lesern/innen funktioniert die Worterkennung vorwiegend über automatisierte, schnelle und kontextunabhängige Teilprozesse, während sich schlechtere Leser/innen mehr auf kontrollierte, langsame und kontextanfällige Teilprozesse verlassen müssen (vgl. das interaktiv-kompensatorische Modell von Stanovich, 1980, s. Abschnitt 4.2; für weitere Belege s. Stanovich & West, 1979, 1981). Über die automatisierte Prozesskomponente, die bei guten Lesern/innen effizient funktioniert, werden beim Lesen sehr schnell (beim normalen geübten Lesen innerhalb von etwa 200 ms) alle mit einem Wort assoziierten Bedeutungen aktiviert, während die Auswahl der kontextangemessenen Bedeutung erst kurze Zeit später – und bei guten Lesern/innen ebenfalls automatisiert – erfolgt (Till, Mross & Kintsch, 1988). Gernsbacher und Faust (1991) konnten in einer Untersuchung mit Erwachsenen zeigen, dass bessere Leser/innen auch bei der Auswahl der kontextangemessenen Bedeutung schlechteren Lesern/innen überlegen sind, insofern sie in der Lage sind, unpassende und irrelevante Bedeutungsaspekte schneller zu unterdrücken, sobald die passende Bedeutung etabliert ist (vgl. auch Gernsbacher, Varner & Faust, 1990).

Insgesamt gibt es bei Prozessen auf Wortebene also vielfältige Unterschiede zwischen guten und schlechten Lesern/innen. Gute Lesefähigkeiten zeichnen sich durch einen effizienten Zugriff auf Wortbedeutungen aus, der unabhängig vom Satzkontext funktioniert und vermutlich teilweise über effektive phonologische Rekodierungsprozesse vermittelt ist. Schlechtere Leser/innen können diesbezügliche Defizite teilweise durch eine adäquate Nutzung des Satzkontexts kompensieren, haben aber Schwierigkeiten, wenn der Satzkontext unpassende Bedeutungsassoziationen nahelegt. Bei geübten erwachsenen Lesern/innen sind hohe Lesefähigkeiten jedoch auch mit einer effektiveren Unterdrückung kontextunangemessener Bedeutungsaspekte assoziiert.

4.3 Prozesse auf Satzebene: lokale Kohärenzbildung, syntaktische und semantische Integration

Prozesse auf der Ebene von Sätzen, die primär der Herstellung lokaler Kohärenz dienen (s. Abschnitt 3.1), sind in der Lesekompetenzforschung eher selten untersucht worden. Die Forschung zu interindividuellen Unterschieden hat sich dabei insbesondere auf Teilaspekte der lokalen Kohärenzbildung, nämlich spezielle syntaktische Prozesse und die semantische Integration von Propositionen, konzentriert.

Syntaktische Prozesse. Die Sicherheit, mit denen die Oberflächengrammatik des Satzes syntaktisch-semantisch korrekt analysiert und in seine Konstituenten zerlegt wird (Parsing), kann z.B. mit syntaktisch ambigen bzw. irreführenden Sätzen untersucht werden (sog. „Sackgassen"-Sätze, z.B. „The linguists knew the solution of the problem would not be easy", vgl. Kintsch, 1988; vgl. Abschnitt 3.1). Unterschiede zwischen guten und schlechten Lesern/innen in der Bewältigung von Aufgaben dieser Art haben sich in allen Altersgruppen finden lassen (z.B. Cupples & Holmes, 1987; Fletcher, Satz & Scholes, 1981; Nation & Snowling, 2000; Willows & Ryan, 1986); es ist jedoch unklar, ob die schlechteren Leser/innen tatsächlich strukturelle Defizite in der syntaktischen Verarbeitung haben (z.B. Fletcher et al., 1981; Nation & Snowling, 2000), oder ob es sich nicht vielmehr um Epiphänomene der suboptimalen Bewältigung anderer Teilprozesse (z.B. der phonologischen Rekodierung, vgl. Gottardo, Stanovich & Siegel, 1996) bzw. allgemeiner Kapazitätsbeschränkungen handelt. Als ein guter Kandidat für einen solchen übergreifenden Faktor hat sich die dynamische Arbeitsgedächtniskapazität erwiesen (King & Just, 1991; Pearlmutter & MacDonald, 1995). Gute Leser/innen sind möglicherweise aufgrund einer höheren Arbeitsgedächtniskapazität eher in der Lage, mehrere Interpretationen syntaktisch ambiger Sätze simultan zu verarbeiten, bis die Mehrdeutigkeit aufgelöst werden kann. Die Arbeitsgedächtniskapazität wird üblicherweise mit der Lesespannen-Aufgabe erhoben (vgl. Daneman & Carpenter, 1981). Bei dieser Aufgabe werden den Probanden/innen nacheinander mehrere (zusammenhangslose) Sätze vorgegeben, die auf Verständnis hin gelesen werden sollen; zusätzlich sollen die jeweils letzten Wörter der Sätze im Gedächtnis behalten werden. Die Anzahl der Sätze, für die diese Doppelaufgabe erfolgreich ausgeführt werden kann, ist die Lesespanne. Das Maß variiert auch in Populationen mit einem recht hohen Fähigkeitsniveau, korreliert mit allgemeinen Lesefähigkeitsmaßen und steht nicht nur mit syntaktischen Prozessen, sondern auch mit einer Reihe weiterer hierarchiehöherer Prozesse in Zusammenhang (vgl. Just & Carpenter, 1992; Carpenter, Miyake & Just, 1994; s. Abschnitt 4.4 „Arbeitsgedächtniskapazität").

Semantische Integration. Belege für interindividuelle Unterschiede in syntaktischen Prozessen liegen auch aus Studien mit einem ganz anderen methodischen Zugang vor. Über Regressionsanalysen mit textseitigen mikro- und makrostrukturellen Variablen konnten Graesser, Hoffman und Clark (1980) zeigen, dass Lesezeiten bei tendenziell langsamen erwachsenen Lesern/innen (nicht aber schnellen Lesern/innen) in beträchtlichem Ausmaß von der syntaktischen Komplexität der gelesenen Sätze abhängen. Darüber hinaus stiegen die Lesezeiten jedoch ebenfalls mit der Anzahl der pro Satz zu integrierenden Propositionen an, und zwar bei langsamen Lesern/innen stärker als bei schnellen Lesern/innen. Dies spricht für interindividuelle Unterschiede nicht nur in syntaktischen, sondern auch in semantischen Integrationsprozesse auf Satzebene. In eine ähnliche Richtung weisen die Ergebnisse einer Studie, in der mit thematischem Priming und lexikalischen Entscheidungsaufgaben (Wort/Unwort-Entscheidungen) gearbeitet wurde (Long, Oppy & Seely, 1994). Bei guten Lesern/innen zeigten sich bereits bei kurzen Zeitintervallen (500 ms) zwischen der Darbietung von Primingreizen (Sätzen) und Targetreizen (Wörtern) Erleichterungseffekte für Worte, die zum Satzthema passten, bei schlechteren Leserinnen ergaben sich hingegen auch bei sehr viel längeren Zeitintervallen keine Erleichterungseffekte.

Die wenigen Studien, die bislang dazu vorliegen, deuten also auf interindividuelle Unterschiede in der Bewältigung von Prozessen auf Satzebene hin. Mit dem allgemeinen Leseverständnis und der Lesegeschwindigkeit stehen dabei sowohl syntaktische Prozesse als auch Prozesse der semantischen Integration von Wörtern und Propositionen in Verbindung. Allerdings ist die kausale Rolle der Prozesse auf Satzebene bislang nicht klar. Es ist nicht auszuschließen, dass die gefundenen Unterschiede auf interindividuelle Differenzen in Prozessen auf Wortebene zurückgehen. Auf der anderen Seite besteht auch die Möglichkeit, dass die Qualität der Verarbeitung auf Textebene Auswirkungen auf die syntaktische und semantische Integration auf der Satzebene hat. Nach einer dritten Hypothese, für die bereits Teilbelege vorliegen, hängt die Bewältigung von Prozessen auf der Satzebene von der individuell verfügbaren Arbeitsgedächtniskapazität ab.

4.4 Prozesse auf Textebene: Globale Kohärenz, Vorwissen, Arbeitsgedächtnis

Leseverständnis beschränkt sich offenkundig nicht auf die Zuordnung von Wortbedeutungen und die Verknüpfung elementarer Propositionen. Trotzdem sind Prozesse auf der Textebene in der Lesekompetenzforschung eher stiefmütterlich behandelt worden. Eine grundlegende theoretische und methodische Komplikation besteht darin, dass auf dieser Ebene eine Reihe nicht-sprachlicher Faktoren wie inhaltliches Vorwissen und allgemeine Denkfähigkeiten ins Spiel kommen.

Manche Theoretiker/innen lehnen die Einbeziehung hierarchiehöherer Prozesse in das Lesefähigkeitskonstrukt sogar explizit ab, da sich das Textverständnis bei der Rezeption schriftlich und mündlich dargebotener Texte nicht unterscheide (vgl. z.B. Crowder, 1982). In der Tat finden sich insbesondere in Populationen mit einem relativ hohen Lesefähigkeitsniveau (z.B. bei Studierenden) in der Regel hohe Korrelationen zwischen Lese- und Hörverständnis (Sticht & James, 1984), die jedoch mit etwa 50% gemeinsamer Varianz keineswegs auf die Identität der zugrundeliegenden Prozesse schließen lassen. Zudem wird schon bei oberflächlicher Betrachtung deutlich, dass sich die Bedingungen für die Bildung einer kohärenten Textrepräsentation beim Lesen und bei der mündlichen Kommunikation stark unterscheiden (vgl. z.B. Perfetti, 1985). So werden – um nur ein Beispiel zu nennen – durch den physisch und sozial dekontextualisierten Charakter typischer Lesesituationen an die Rezipienten/innen sehr viel höhere Anforderungen bei der Bestimmung der korrekten Referenz von Nominal- und Pronominalphasen gestellt.

Ein wichtiger Grund für die Berücksichtigung hierarchiehöherer Prozesse ist schließlich darin zu sehen, dass als Kriterium zur Unterscheidung guter und schlechter Leser/innen in der Regel Leseverständnistests herangezogen werden, deren typische Aufgaben in starkem Maße hierarchiehohe Verarbeitungsprozesse in Anspruch nehmen (vgl. Abschnitt 2.1). Für ein angemessenes Verständnis interindividueller Unterschiede im Leseverständnis müssen Antworten auf die Fragen gefunden werden, in welcher Weise globale Kohärenzbildungsprozesse mit basalen Lesefähigkeiten auf der Ebene der Worterkennung sowie mit lokalen Integrationsprozessen zusammenwirken, welchen Stellenwert dabei Top-Down-Prozesse auf der Basis des inhaltlichen Vorwissens einnehmen, und ob sich auch bei hierarchiehohen Verarbeitungsprozessen übergreifende Fähigkeitskomponenten identifizieren lassen.

Globale Kohärenzbildung. Unter Prozessen der globalen Kohärenzbildung kann man alle hierarchiehöheren Prozesse (also Makrostrukturbildung, schema- und superstrukturell-basierte Verarbeitung, Erkennen rhetorischer Strategien) zusammenfassen, die zu einem integrativen Verständnis des Textsinns im Ganzen führen (s. Abschnitt 3.2). Entscheidend ist dabei, dass kein Text alle Informationen explizit macht, die zu seinem Verständnis nötig sind. Vielmehr müssen Rezipienten/innen in mehr oder weniger starkem Ausmaß vorwissensgestützte Inferenzen vornehmen, um zu einer global-kohärenten Repräsentation des Textinhalts zu gelangen (für einen Überblick vgl. Singer, 1994). Das Verarbeitungsresultat der wesentlich konstruktiven globalen Kohärenzbildungsprozesse wird Situationsmodell oder mentales Modell genannt (Johnson-Laird, 1983; van Dijk & Kintsch, 1983). Interindividuelle Unterschiede in der Bewältigung dieser hierarchiehöheren Prozesse sind nicht annähernd so detailliert untersucht worden, wie es die theoretische Komplexität des Gegenstands nahelegt. Aus der bereits erwähnten Lesezeit-Studie von Graesser et al. (1980) mit Erwachsenen geht hervor, dass die Ressourcen von langsameren Lesern/innen von einer Steigerung mikrostruktureller textseitiger Anforderungen (Anzahl von Worten und Propositionen pro Satz, syntaktische Komplexität) stärker beansprucht werden als die Ressourcen schnellerer Leser/innen, während sich für makrostrukturelle Anforderungen (Narrativität, Vertrautheit, Topic-Wechsel) kein entsprechender Unterschied fand. Allerdings wurden bei Graesser et al. (1980) keine Interaktionen zwischen mikro- und makrostrukturellen Anforderungen betrachtet; entsprechende Interaktionsterme haben sich jedoch in anderen Studien als relevant bei der Vorhersage von Satzlesezeiten erwiesen (Haberlandt & Graesser, 1985). In der Tat fanden sich auch in der Studie von Bisanz et al. (1992) an Schulkindern (fünfte und siebte Klasse) Evidenzen dafür, dass sich hierarchiehöhere und hierarchieniedrige Prozesse auf die Ressourcenbelastung kompensativ statt additiv auswirken können: Bei schlechteren Lesern/innen in beiden Altersgruppen zeigte sich eine Abnahme der Lesezeiten, je mehr kausale Relationen eine Geschichte enthielt. Die jüngeren Leser/innen profitierten zudem in ihrer Behaltensleistung vom Ausmaß der kausalen Verknüpftheit der einzelnen Textaussagen. Der Nachvollzug der kausalen Organisation narrativer Texte (ein psychologisch gesehen zentrales Strukturprinzip von Geschichten, vgl. z.B. van den Broek, 1990) kann also Defizite in hierarchieniedrigen Prozessen teilweise ausgleichen.

Interindividuelle Unterschiede in Inferenzprozessen (nicht nur kausaler Art) bei Kindern sind im Kontext der Theorie mentaler Modelle erforscht worden (für einen Überblick s. Oakhill & Garnham, 1988). Schlechte Leser/innen zeigten z.B. bei Rekognitionstests weniger falsche Alarme, die auf elaborative Inferenzen hindeuten, als gute Leser/innen (Oakhill, 1982) und hatten Schwierigkeiten bei anaphorischen (rückverweisenden) Inferenzen (Oakhill & Yuill, 1986). Während für weniger geübte Leser/innen (im Grundschulalter) einiges darauf hindeutet, dass die automatisierte und sichere Bewältigung inferenzieller Prozesse eine eigenständige Fähigkeitskomponente darstellt (Cain & Oakhill, 1999; Oakhill, Yuill & Parkin, 1986; Thurlow & van den Broek, 1997), bleibt es für geübte Leser/innen insgesamt unklar, in welchem Ausmaß Probleme bei Inferenzprozessen aus Defiziten in hierarchieniedrigen Prozessen entstehen (vgl. z.B. Perfetti, 1994; für gegenteilige Evidenzen s. aber Long, Oppy & Seely, 1997). Auf der anderen Seite ist es denkbar, dass Probleme bei inferenziellen Prozessen auf das Fehlen bereichsspezifischen Vorwissens bzw. auf eine geringe Arbeitsgedächtniskapazität zurückzuführen sind.

Inhaltliches Vorwissen. Inferenzen und andere Prozesse auf Textebene sind auf die Verfügbarkeit entsprechenden Vorwissens (z.B. inhaltliches Vorwissen, Textschemata, pragmatisches Wissen) angewiesen. Situationsmodelle sind als Repräsentationen des Textinhalts definiert, in denen Textinformation und Vorwissen integriert sind (van Dijk & Kintsch, 1983). Daher liegt die Annahme nahe, dass zumindest die Performanz beim Leseverstehen auch davon abhängt, in welchem Ausmaß verstehensrelevantes Vorwissen individuell verfügbar ist. Dieser Zusammenhang ist inzwischen in sehr vielen Studien belegt worden. Die bekanntesten Untersuchungen dieser Art stammen von Voss und Mitarbeitern/innen (Chiesi, Spilich & Voss, 1979; Spilich, Vesonder, Chiesi & Voss, 1979; Voss, Fincher-Kiefer, Greene & Post, 1985). Auch bei Berücksichtigung des allgemeinen Lesefähigkeitsniveaus zeigten sich z.B. zwischen Baseball-„Experten" und Baseball-„Novizen" gravierende Unterschiede in der Qualität der Wiedergabe eines Texts über Baseball, und zwar in dem Maße, in dem zur Integration der im Text genannten Informationen Inferenzen nötig waren. Besonders bemerkenswert ist die Tatsache, dass Defizite in hierarchieniedrigen Lesefähigkeitskomponenten durch angemessenes inhaltliches Vorwissen vollständig ausgeglichen werden können (Adams, Bell & Perfetti, 1995; Schneider, Körkel & Weinert, 1989; Voss & Silfies, 1996). Eine Untersuchung von Moravcsik und Kintsch (1993) konnte diese Befunde noch weiter qualifizieren. Hier ergab sich auf der Ebene der Textbasis kein Kompensationseffekt von Lesefähigkeiten und Vorwissen, es zeigte sich aber, dass Probanden/innen mit niedrigem Vorwissen in der Akkuratheit ihrer elaborativen Inferenzen Probanden/innen mit niedrigem Vorwissen generell unterlegen waren.

Als Erklärungsmodell kann die Schema-Theorie dienen (Spiro, 1980a), in der vorwissensgeleiteten Top-Down-Prozessen eine sehr zentrale Stellung in der Erklärung von Lesefähigkeitsdifferenzen (also nicht nur Unterschieden in der Performanz beim Leseverstehen) zugeschrieben wird. Neben der bloßen Verfügbarkeit von Vorwissen (in Form adäquater Schemata) wird hier vor allem die Auswahl relevanter Schemata in einer gegebenen Lesesituation als eine Quelle interindividueller Unterschiede in Lesefähigkeiten gesehen. Derartige Unterschiede könnten nach Spiro (1980a) zudem darauf zurückzuführen sein, dass schlechtere Leser/innen nicht in der Lage sind, ihre Schemata aufgrund von Textinformationen umzustrukturieren oder während der Textlektüre das Schema zu wechseln, was in beiden Fällen auf eine zu starke Nutzung von Top-Down-Prozessen zurückzuführen ist vgl. auch Spiro, 1980b; Spiro & Tirre, 1980). Um diese Schema-theoretischen Annahmen zu belegen, müsste allerdings der sehr schwierige Nachweis geführt werden, dass die interindividuellen Unterschiede in Lesefähigkeiten tatsächlich auf vorwissensgestützte Top-Down-Prozesse reduzierbar und nicht als Nebenprodukt hierarchieniedriger Prozesse zu betrachten sind. Gegen eine Verabsolutierung des Vorwissens in der Lesekompetenzforschung – und vielleicht gegen eine Einbeziehung von Vorwissen in das Lesefähigkeitskonstrukt überhaupt – spricht im Übrigen eine konzeptuelle Überlegung, die man „Wissensparadoxon" nennen kann (vgl. Perfetti & McCutchen, 1987): Wenn gute Leser/innen sich vor allem dadurch auszeichnen, dass sie in einer großen Bandbreite von Inhaltsgebieten adäquatere Wissensbestände aufweisen, wie ist dieses überlegene Wissen zuallererst zustande gekommen? Zumindest in großen Teilen – so kann man annehmen – durch effizientere Informationsaufnahme beim Lesen. Aus dieser genetischen Betrachtung folgt zumindest, dass die Annahme wissensunabhängiger Lesefähigkeitskomponenten sinnvoll ist. Neben hierarchieniedrigen Prozessen stellt die Kapazität des Arbeitsgedächtnisses eine solche Komponente dar.

Arbeitsgedächtniskapazität. In neueren Gedächtnismodellen wird das Kurzzeitgedächtnis als Arbeitsgedächtnis konzeptualisiert, das nicht nur für die passivtemporäre Speicherung von Informationen zuständig ist, sondern zugleich zentrale Verarbeitungsfunktionen enthält (vgl. Carpenter et al., 1994, S. 1076–1079). Damit kommt dem Arbeitsgedächtnis eine zentrale Rolle für Prozesse der globalen Kohärenzbildung zu, bei denen Teilinformationen an verschiedenen Stellen im Text und Informationen aus dem Langzeitgedächtnis durch aktive Inferenzprozesse integriert werden und das Verarbeitungsergebnis für weitere Inferenzprozesse verfügbar gehalten wird. In der Tat hat sich ein Maß für die Arbeitsgedächtniskapazität, die bereits erwähnte Lesespanne von Daneman und Carpenter (1981; vgl. Abschnitt 4.3 „Syntaktische Prozesse"), auch als sehr guter Prädiktor für eine Reihe von Aufgaben erwiesen, bei der neue Textinformationen zu Informationen in Beziehung gesetzt werden müssen, die sehr viel früher im Text genannt wurden. Beispiele hierfür sind die Bestimmung der Referenz von Pronomina oder elaborative Inferenzen (Masson & Miller, 1983; für einen Überblick s. Carpenter et al., 1994; Just & Carpenter, 1992).

Zusammenfassend lässt sich festhalten, dass Prozesse auf Textebene wesentlich zu interindividuellen Unterschieden im Textverständnis beitragen. Besonders bemerkenswert ist die Tatsache, dass Defizite in der Bewältigung hierarchieniedriger Prozesse durch effiziente globale Kohärenzbildungsprozesse zumindest teilweise ausgeglichen werden können. Weitgehend offen bleibt jedoch die Frage, ob wie bei den basalen Prozessen auch bei den hierarchiehohen Prozessen lesespezifische Fähigkeitskomponenten identifizierbar sind. Vorwissen und Kapazität des Arbeitsgedächtnisses haben sich als äußerst wichtige Faktoren für die Effizienz hierarchiehoher Prozesse beim Verstehen schriftlicher Texte erwiesen. Beide sind aber auch für andere Fähigkeitsbereiche (z.B. Problemlösen oder Hörverstehen) zentral. Nur unzureichend erforscht sind bislang auch die Wechselwirkungen zwischen hierarchiehöheren und hierarchieniedrigeren Prozessen. Aus schematheoretischer Perspektive wären z.B. Top-Down-Einflüsse des individuell verfügbaren Vorwissens anzunehmen, die zumindest bis auf satzbezogene Prozesse zurückwirken. Empirische Belege dafür existieren allerdings nicht.

5 Theorien zur Lesekompetenz

In diesem Abschnitt sollen noch einmal im Überblick vier integrative theoretische Ansätze skizziert werden, die einen engen Bezug zu den in den vorangegangenen Abschnitten berichteten empirischen Befunde aufweisen. Die Theorie der verbalen Effizienz, das interaktiv-kompensatorische Modell, die Kapazitätstheorie des Verstehens und Modelle zu Integrations-Prozessen auf Textebene sind natürlich nicht die einzigen kognitionspsychologischen Theorien zur Lesekompetenz (für einen Überblick über weitere Ansätze vgl. Perfetti, 1994). Sie markieren jedoch gewissermaßen Eckpunkte des Forschungsgebiets, insofern sie komplementäre Erklärungsperspektiven formulieren, die auf eine vergleichsweise breite Belegbasis zurückgreifen können.

5.1 Theorie der verbalen Effizienz

Die Theorie der verbalen Effizienz von Perfetti (1985) lokalisiert die Ursachen interindividueller Unterschiede in Lesefähigkeiten auf der Ebene von Prozessen auf Wortebene. Sie nimmt an, dass die Effizienz vor allem des lexikalischen Zugriffs auch die Bewältigung hierarchiehöherer Prozesse beeinflusst. Als vermittelnde Größe werden individuell verfügbare Verarbeitungsressourcen angesetzt: Je besser Worterkennungsprozesse automatisiert sind, desto mehr Ressourcen stehen für ressourcenintensive hierarchiehöhere Prozesse wie Inferenzen zur Verfügung. Der Grad der Automatisierung bei der Worterkennung hängt von der Qualität der lexikalischen Repräsentationen (Elaborationsgrad und Redundanz) im semantischen Gedächtnis und ihrer Zugänglichkeit ab, die durch Übung gefördert werden können. Die Theorie der verbalen Effizienz steht damit im Gegensatz zur Schematheorie Spiros (1980a), die die Rolle wissensgeleiteter Top-Down-Prozesse beim Lesen betont. Perfetti nimmt vielmehr an, dass es lesespezifische Fähigkeitskomponenten gibt, die auf modular organisierten Prozessen bei der Worterkennung und möglicherweise auch beim syntaktischen Parsing beruhen und aufgrund der Modularität der zugrunde liegenden Prozesse durch die Ergebnisse höherer Verarbeitungsstufen nicht beeinflussbar sind (vgl. Perfetti, 1989; Perfetti & McCutchen, 1987; zur Modularitätsthese vgl. Fodor, 1983).

5.2 Kapazitätstheorie

In der Kapazitätstheorie des Verstehens von Just und Carpenter (1992; Just, Carpenter & Keller, 1996) wird eine Reihe interindividueller Unterschiede in hierarchiehöheren Prozessen (von syntaktischen Prozessen bis hin zu elaborativen Inferenzen) auf die Kapazität des Arbeitsgedächtnisses zurückgeführt. Die Kapazität des Arbeitsgedächtnisses limitiert dabei sowohl die Informationsmenge, die simultan im Arbeitsgedächtnis verfügbar gehalten werden kann, als auch die Ressourcen, die zu einem bestimmten Zeitpunkt für die Informationsverarbeitung zur Verfügung stehen. Die Interaktion von deklarativen und prozeduralen Gedächtniskomponenten wird über ein Produktionssystem modelliert, wobei die Ausführung von Produktionen vom Aktivationslevel der Gedächtniselemente abhängt. Umgekehrt verändert die Ausführung von Produktionen den Aktivationslevel von deklarativen Gedächtniselementen. Das Ausmaß an Aktivation, das dabei insgesamt verteilt werden kann, ist interindividuell variabel und bestimmt im Einzelfall die Kapazität des Arbeitsgedächtnisses, wie sie mit der Lesespanne gemessen werden kann.

5.3 Interaktiv-kompensatorisches Modell

Das interaktiv-kompensatorische Modell von Stanovich (1980) teilt mit der Theorie der verbalen Effizienz die Annahme, dass schlechtere Leser/innen Defizite im lexikalischen Zugriff haben. Darüber hinaus wird angenommen, dass diese Defizite teilweise über eine Nutzung des Satzkontexts ausgeglichen werden können. Während der lexikalische Zugriff bei geübten Lesern/innen automatisiert und kontextfrei erfolgt, sind bei weniger geübten Lesern/innen kontrollierte Prozesse beteiligt, die auch auf den Satzkontext zurückgreifen. Aus der Theorie lassen sich nicht nur Vorhersagen zu querschnittlichen Vergleichen guter und schlechter Leser/innen ableiten, sondern auch längsschnittliche Vorhersagen: Die Nutzung des Satzkontexts bei der Worterkennung sollte im Zuge der Leseentwicklung abnehmen, da kontrollierte Prozesse zunehmend routinisiert werden.

5.4 Integrationsprozesse auf Textebene

Der Ansatz von Oakhill und Garnham (1988) konzentriert sich bei der Erklärung von Lesefähigkeitsdifferenzen als einziger übergreifender Ansatz (neben Spiro, 1980a) auf hierarchiehohe Prozesse der globalen Kohärenzbildung. In Abgrenzung zu Ansätzen wie der Theorie der verbalen Effizienz, die auf Unterschiede in hierarchieniedrigen Prozessen abheben, wird angenommen, dass es spezifische Fähigkeitskomponenten gibt, die entscheidend für die Qualität des Situationsmodells oder mentalen Modells sind, das aus der Textlektüre resultiert. Dazu gehören Fähigkeiten, die dazu beitragen, die explizit gegebene Textinformation mit verstehensrelevanten Inferenzen anzureichern, sowie Fähigkeiten, die Leser/innen in die Lage versetzen, die übergreifende Struktur eines Texts zu erkennen und die wesentlichen Textaussagen zu extrahieren. Schließlich muss – als zentrale metakognitive Fähigkeitskomponente – der Verstehensprozess kontinuierlich überwacht werden (*comprehension monitoring*), um Verstehenslücken möglichst rasch zu bemerken, da ansonsten der inkrementelle Aufbau eines mentalen Modells des Textinhalts behindert werden kann. Der Ansatz von Oakhill und Garnham (1988) beruht bislang allerdings vor allem auf Evidenzen aus Studien mit Kindern.

6 Zusammenfassende Bewertung

Die insgesamt sehr produktive kognitionspsychologische Lesekompetenzforschung der letzten drei Jahrzehnte hat Fortschritte sowohl bei der Beschreibung als auch bei der Erklärung von Lesefähigkeiten gebracht.

Der komplexe Vorgang des Lesens ließ sich dabei in unterschiedliche Teilprozesse aufgliedern, die nach der derzeit gängigen Vorstellung in weiten Teilen parallel bzw. zeitlich überlappend durchlaufen werden. Als zentrale Komponenten des Konstrukts Lesekompetenz können die in hierarchischen Modellen des Textverstehens (van Dijk & Kintsch, 1983) unterschiedenen Ebenen, einschließlich der dort angesiedelten Teilprozesse, gelten: (1) Aufbau einer propositionalen Textrepräsentation; (2) lokale Kohärenzbildung; (3) globale Kohärenzbildung; (4) Bildung von Superstrukturen; (5) Erkennen rhetorischer Strategien. Dabei hat sich die Forschung bislang stärker mit der Untersuchung hierarchieniedriger als mit der Erforschung hierarchiehoher Prozesse befasst.

Interindividuelle Unterschiede in allgemeinen Lesefähigkeiten sind nicht mit Unterschieden in einer einzigen Prozesskomponente assoziiert. Vielmehr beruhen die Lesefähigkeiten kompetenter erwachsener Leser/innen auf der effizienten Bewältigung einer ganzen Reihe von Teilprozessen auf verschiedenen Ebenen, wie sie oben unterschieden wurden.

Nicht alle Prozesskomponenten haben sich jedoch als plausible Kandidaten für die Erklärung von Lesefähigkeitsdifferenzen erwiesen. Schlechtere Lesefähigkeiten gehen in aller Regel nicht auf Merkmale von Wahrnehmungsprozessen zurück, die unterhalb einer linguistischen Beschreibungsebene anzusetzen sind. Drei Gruppen von Faktoren scheinen nach heutigem Kenntnisstand besonders relevant zu sein:

- *Worterkennungsprozesse.* Ein sicherer und schneller lexikalischer Zugriff – möglicherweise vermittelt über effiziente phonologische Rekodierungsprozesse – ist vermutlich eine Grundvoraussetzung für gute Lesefähigkeiten (vgl. die Theorie der verbalen Effizienz von Perfetti, 1985; s. Abschnitt 5.1).
- *Arbeitsgedächtniskapazität.* Die Bewältigung von Prozessen auf Satz- und Textebene erfordert die Integration einer Vielzahl von Teilinformationen. Es ist anzunehmen, dass die interindividuell variable Arbeitsgedächtniskapazität hier einen wesentlichen limitierenden Faktor darstellt (vgl. die Kapazitätstheorie von Just & Carpenter, 1992; s. Abschnitt 5.3).
- *Vorwissen.* Nur mit einem adäquaten inhaltlichen Vorwissen kann ein echtes Textverständnis erreicht, d.h. ein qualitativ hochwertiges Situationsmodell konstruiert werden. Während Vorwissen keine lesespezifische und domänenübergreifende Fähigkeitskomponente darstellt (und insofern nicht zur Lesekompetenz im engeren Sinn zu rechnen ist), sind darüber hinaus möglicherweise lese- oder zumindest textverstehensspezifische inferenzielle Fähigkeiten anzunehmen (vgl. den Ansatz von Oakhill & Garnham, 1988; s. Abschnitt 5.4).

Die drei Erklärungsperspektiven schließen sich keineswegs aus, sondern ergänzen einander. Das interaktiv-kompensatorische Modell von Stanovich (1980) und eine Vielzahl von Untersuchungen zur Rolle des Vorwissens haben dabei deutlich gemacht, dass Defizite in hierarchieniedrigeren Prozessen durch hierarchiehöhere Prozesse teilweise ausgeglichen werden können – das Umgekehrte gilt jedoch nicht. Die Evidenzen für eine kompensatorische Funktion hierarchiehöherer Prozesse implizieren nicht, dass die Modularitätsthese, die der Theorie der verbalen Effizienz inhärent ist, unzutreffend ist. Ineffiziente Prozesse auf Wortebene können durch ein überlegenes Vorwissen nicht „repariert" werden, lediglich ihre negativen Auswirkungen auf hierarchiehöhere Prozesse sind weniger gravierend.

Lesekompetenz stellt sich insgesamt also nicht als ein monolithisches Fähigkeitskonstrukt dar, sondern als ein Bündel von Teilfähigkeiten des Lesens, die sich verschiedenen Prozessebenen zuordnen lassen und – in bestimmten Grenzen und nur in einer Richtung – miteinander interagieren können. Für die Messung von Lesefähigkeiten bei erwachsenen Lesern/innen ergibt sich daraus die Konsequenz, dass entsprechend differenzierte diagnostische Instrumente entwickelt werden müssen (vgl. Flender & Naumann, in diesem Band; Naumann, Richter & van Holt, 2000; Richter & Naumann, 2000).

In der Lesekompetenzforschung sind Fortschritte vor allem von einer intensiveren Untersuchung der Wechselwirkungen zwischen einzelnen Teilfähigkeiten, einer stärkeren Berücksichtigung genetischer Erklärungsperspektiven und der Einbeziehung leseunspezifischer Fähigkeitsaspekte zu erwarten. Bislang noch kaum untersucht wurde z.B. die Frage, inwieweit Kapazitätsbeschränkungen des Arbeitsgedächtnisses durch inferenzielle oder metakognitive Strategien ausgeglichen werden können. Ein anderes Beispiel ist das Problem, ob die Annahme domänenübergreifender inferenzieller Fähigkeiten gerechtfertigt ist. Allgemein wird ein besseres Verständnis von Lesekompetenz nicht allein durch die Suche nach lesespezifischen Fähigkeitskomponenten zu erreichen sein. Lesen ist eine komplexe kognitive Aktivität, die sich vielleicht am zutreffendsten als textgeleitetes und textbezogenes Problemlösen beschreiben lässt (Stanovich & Cunningham, 1991), dem allerdings bei einer ineffizienten Verarbeitung des schriftsprachlichen Inputs auf Wort- und Satzebene enge Grenzen gesetzt sind.

Literatur

Adams, B. C., Bell, L. C. & Perfetti, C. A. (1995). A trading relationship between reading skill and domain knowledge in children's text comprehension. *Discourse Processes, 20*, 307–323.
Albrecht, J. E., O'Brien, E. J., Mason, R. A. & Myers, J. L. (1995). The role of perspective in the accessibility of goals during reading. *Journal of Experimental Psychology: Learning, Memory, and Cognition, 21*, 364–372.
Altmann, G. T. M. & Steedman, M. (1988). Interaction with context during human sentence processing. *Cognition, 30*, 191–238.
Balota, D. A. (1994). Visual word recognition: The journey for features for meaning. In M. A. Gernsbacher (Ed.), *Handbook of psycholinguistics* (pp. 308–358). San Diego, CA: Academic Press.

Beck, I. L., Perfetti, C. A. & McKeown, M. G. (1982). Effects of long-term vocabulary instruction on lexical access and reading comprehension. *Journal of Educational Psychology, 74*, 506–521.

Beech, J. R. & Harris, M. (1997). The prelingually deaf young reader: A case of reliance on direct lexical access? *Journal of Research in Reading, 20*, 105–121.

Beyer, R. (1987). Psychologische Untersuchungen zur Textverarbeitung unter besonderer Berücksichtigung des Modells von Kintsch und van Dijk (1978). *Zeitschrift für Psychologie, Supplement 8*, 1–80.

Bisanz, G. L., Das, J. P., Varnhagen, C. K. & Henderson, H. R. (1992). Structural components of reading times and recall for sentences in narratives: Exploring changes with age and reading ability. *Journal of Educational Psychology, 84*, 103–114.

Buswell, G. T. (1922). *Fundamental reading habits: A study of their development*. Chicago, ILL: Chicago University Press.

Buswell, G. T. (1937). *How adults read*. Chicago, IL: University of Chicago Press.

Cain, K. & Oakhill, J. (1999). Inference making ability and its relation to comprehension failure in young children. *Reading and Writing, 11*, 489–503.

Carpenter, P. A., Miyake, A. & Just, M. A. (1994). Working memory constraints in comprehension: Evidence from individual differences, aphasia, and aging. In M. A. Gernsbacher (Ed.), *Handbook of psycholinguistics* (pp. 699–719). San Diego, CA: Academic Press.

Carpenter, P.A., Miyake, A. & Just, M.A. (1995). Language comprehension: Sentence and discourse processing. *Annual Review of Psychology, 46*, 91–120.

Carver, R. P. (1985). How good are some of the world's best readers? *Reading Research Quarterly, 20*, 389–419.

Cattell, J M. (1886). The time it takes to see and name objects. *Mind, 11*, 63–65.

Chafe, W.L. (1970). *Meaning and the structure of language.* Chicago: University of Chicago Press.

Chiesi, H. L., Spilich, G. J. & Voss, J. F. (1979). Acquisition of domain-related information in relation to high- and low-domain knowledge. *Journal of Verbal Learning and Verbal Behavior, 18*, 257–274.

Christmann, U. (1989). *Modelle der Textverarbeitung: Textbeschreibung als Textverstehen.* Münster: Aschendorff.

Christmann, U. & Groeben, N. (1999). Psychologie des Lesens. In B. Franzmann, K. Hasemann, D. Löffler & E. Schön (Hrsg.), *Handbuch Lesen* (S. 145–223). München: Saur.

Christmann, U. & Scheele, B. (2001). Kognitive Konstruktivität am Beispiel von Ironie und Metapher. In N. Groeben (Hrsg.), *Zur Programmatik einer sozialwissenschaftlichen Psychologie.* Münster: Aschendorff (im Druck).

Crowder, R. G. (1982). *The psychology of reading.* New York, NY: Oxford University Press.

Cupples, L. & Holmes, V. M. (1987). Reading skill and interpretation of temporary structural ambiguity. *Language and Cognitive Processes, 2*, 179–203.

Daneman, M. (1982). The measurement of reading comprehension: How not to trade construct validity for predictive power. *Intelligence, 6*, 331–345.

Daneman, M. (1997). Individual differences in reading skills. In R. Barr, M. L. Kamil, P. B. Mosenthal & P. D. Pearson (Eds.), *Handbook of reading research*, (Vol. 2, 2nd ed., pp. 512–538). Mawah, NJ: Erlbaum.

Daneman, M. & Carpenter, P. A. (1981). Individual differences in working memory and reading. *Journal of Verbal Learning and Verbal Behavior, 19*, 450–466.
Daneman, M. & Reingold, E. (1993). What eye fixations tell us about phonological recoding during reading. *Canadian Journal of Experimental Psychology, 47*, 153–178.
Dressler, W. U. (1972). *Einführung in die Textlinguistik*. Tübingen: Niemeyer.
Engelkamp, J. (1973). *Semantische Strukturen und die Verarbeitung von Sätzen*. Bern: Huber.
Everatt, J. & Underwood, G. (1994). Individual differences in reading subprocesses: Relationships between reading ability, lexical access, and eye movement control. *Language and Speech, 37*, 283–297.
Feldman, L.B. (1991). The contribution of morphology to word recognition. *Psychological Research 53*, 33–41.
Fillmore, C. J. (1968). The case for case. In E. Bach & T. T. Harms (Eds.), *Universals in linguistic theory* (pp. 1–88). New York, NY: Holt, Rinehart & Winston.
Fletcher, J. M., Satz, P. & Scholes, R. J. (1981). Developmental changes in the linguistic performance correlates of reading achievement. *Brain and Language, 13*, 78–90.
Flippo, R. F. & Schumm, J. S. (2000). Reading tests. In R. F. Flippo & D. C. Caverley (Eds.), *Handbook of college reading and study strategy research* (pp. 403–472). Mawah, NJ: Erlbaum.
Flores d'Arcais, G. B. (1990). Parsing principles and language comprehension during reading. In D. A. Balota, G. B. Flores d'Arcais & K. Rayner (Hrsg.), *Comprehension processes in reading* (pp. 345–357). Hillsdale, NJ: Erlbaum.
Fodor, J. A. (1983). *The modularity of mind*. Cambridge, MA: MIT Press.
Fodor, J. A., Bever, T. G. & Garrett, M. F. (1974). *The psychology of language*. New York, NY: Mac Graw-Hill.
Frazier, L. & Rayner, K. (1982). Making and correcting errors during sentence comprehension: Eye movements in the analysis of structurally ambiguous sentences. *Cognitive Psychology, 14*, 178–210.
Frederiksen, J. R. (1982). A componential theory of reading skills and their interactions. In R. J. Sternberg (Ed.), *Advances in the psychology of human intelligence* (Vol. 1, pp. 125–180). Hillsdale, NJ: Erlbaum.
Garfield, J. L. (Ed.) (1987). *Modularity in knowledge representation and natural-language understanding*. Cambridge, MA: MIT Press.
Garrod, S. C. & Sanford, J. A. (1994). How discourse representation affects language processing. In M. A. Gernsbacher (Ed.), *Handbook of psycholinguistics* (pp. 675–698). San Diego, CA: Academic Press.
Gathercole, S. E. & Baddeley, A. D. (1993). *Working memory and language*. Hove: Erlbaum.
Gernsbacher, M. A. & Faust, M. E. (1991). The mechanism of suppression: A component of general comprehension. *Journal of Experimental Psychology: Learning, Memory, and Cognition, 17*, 245–262.
Gernsbacher, M. A., Varner, K. E. & Faust, M. E. (1990). Investigating differences in general comprehension skill. *Journal of Experimental Psychology: Learning, Memory, and Cognition, 16*, 430–445.
Givón, T. (1983). Deductive vs. pragmatic processing in natural language. W. Kintsch, J. Miller & P. Polson (Eds.), *Methods and tactics in cognitive science* (pp. 137–190). Hillsdale, NJ: Erlbaum.

Goodman, K. S. (1967). Reading: a psycholinguistic guessing game. *Journal of the Reading Specialist, 4*, 126–135.

Goodman, K. S. (1969). Analysis of oral reading miscues: applied psycholinguistics. *Reading Research Quarterly, 5*, 9–30.

Gottardo, A., Stanovich, K. E. & Siegel, L. (1996). The relationships between phonological sensitivity, syntactic processing, and verbal working memory in the reading performance of third-grade children. *Journal of Experimental Child Psychology, 63*, 563–582.

Gough, P. B. (1972). One second of reading. In J. F. Kavanagh & I.G. Mattingly (Ed.), *Language by ear and by eye* (pp. 331–358). Cambridge, MA: MIT Press.

Graesser, A. C., Bertus, E. L. & Magliano, J. P. (1995). Inference generation during the comprehension of narrative text. In R. F. Lorch & E. J. O'Brien, (Eds.), *Sources of coherence in reading* (pp. 295–320). Hillsdale, NJ: Erlbaum.

Graesser, A. C., Hoffman, N. L. & Clark, L. F. (1980). Structural components of reading time. *Journal of Verbal Learning and Verbal Behavior, 19*, 135–151.

Graesser, A. C., Singer, M. & Trabasso, T. (1994). Constructing inferences during narrative text comprehension. *Psychological Review, 101*, 371–347.

Graves, M. F. (1989). A quantitative and qualitative study of elementary school children's vocabularies. *Journal of Educational Research, 82*, 203–209.

Grimes, J. (1975). *The thread of discourse.* The Hague: Mouton.

Guindon, R. & Kintsch, W. (1984). Priming macropropositions: Evidence for the primacy of macropropositions in the memory for text. *Journal of Verbal Learning and Verbal Behavior, 23*, 508–518.

Haberlandt, K. F. & Graesser, A. C. (1985). Component processes in text comprehension and some of their interactions. *Journal of Experimental Psychology: General, 114*, 357–374.

Haviland, S. E. & Clark, H. H. (1974). What's new? Acquiring new information as a process in comprehension. *Journal of Verbal Learning and Verbal Behavior, 13*, 512–521.

Herrmann, T. (1990). Sprechen und Sprachverstehen. In H. Spada (Hrsg.), *Lehrbuch Allgemeine Psychologie* (S. 281–322). Bern: Huber.

Hunt, E. B., Lunneborg, C. & Lewis, J. (1975). What does it mean to be high verbal? *Cognitive Psychology, 2*, 194–227.

Jackson, M. D. & McClelland, J. L. (1979). Processing determinants of reading speed. *Journal of Experimental Psychology: General, 108*, 151–181.

Johnson-Laird, P. N. (1983). *Mental models.* Cambridge, MA: Harvard University Press.

Just, M. & Carpenter, P. A. (1992). A capacity theory of comprehension: Individual differences in working memory. *Psychological Review, 99*, 122–149.

Just, M. A., Carpenter, P. A. & Keller, T. A. (1996). The capacity theory of comprehension: New frontiers of evidence and argument. *Psychological Review, 103*, 773–780.

Kawamoto, A. H. (1993). Nonlinear dynamics in the resolution of lexical ambiguity: A parallel distributed processing account. *Journal of Memory and Language, 32*, 474–516.

King, J. & Just, M. A. (1991). Individual differences in syntactic processing. *Journal of Memory and Language, 30*, 580–602.

Kintsch, W. (1974). *The representation of meaning in memory.* Hillsdale, NJ: Erlbaum.

Kintsch, W. (1988). The use of knowledge in discourse processing: A construction-integration model. *Psychological Review, 95*, 163–182.

Kintsch, W. (1998). *Comprehension: A paradigm for cognition.* Cambridge: Cambridge University Press.

Kintsch, W. & Keenan, J. (1973). Reading rate and retention as a function of the number of the propositions in the base structure of sentences. *Cognitive Psychology, 5*, 257–274.

Kintsch, W. & Kozminsky, E. (1977). Summarizing stories after reading and listening. *Journal of Educational Psychology, 69*, 491–499.

Kintsch, W. & Yarbrough, J. C. (1982). The role of rhetorical structure in text comprehension. *Journal of Educational Psychology, 74*, 828–834.

LaBerge, D. & Samuels, S. J. (1974). Toward a theory of automatic information processing in reading. *Cognitive Psychology, 6*, 293–323.

Loman, N. L. & Mayer, R. E. (1983). Signaling techniques that increase the understandability of expository prose. *Journal of Educational Psychology, 75*, 402–412.

Long, D. L., Oppy, B. J. & Seely, M. R. (1994). Individual differences in the time course of inferential processing. *Journal of Experimental Psychology: Learning, Memory, and Cognition, 20*, 1456–1470.

Long, D. L., Oppy, B. J. & Seely, M. R. (1997). Individual differences in readers' sentence and text-level representations. *Journal of Memory and Language, 36*, 129–145.

Lorch, R. F. Jr. & Lorch, E. P. (1996). Effects of organizational signals on free recall of expository text. *Journal of Educational Psychology, 88*, 38–48.

Lorch, R. F. Jr., Lorch, E. P. & Inman, W. E. (1993). Effects of signaling topic structure on text recall. *Journal of Educational Psychology, 85*, 281–290.

Lovegrove, W. J. & Williams, M. C. (1993). Visual temporal processing deficits in specific reading disability. In D. M. Willows, R. S. Kruk & E. Corcos (Eds.), *Visual processes in reading and reading disabilities* (pp. 311–329). Hillsdale, NJ: Erlbaum.

Mandl, H., Friedrich, H. F. & Hron, A. (1988). Theoretische Ansätze zum Wissenserwerb. In H. Mandl & H. Spada (Hrsg.), *Wissenspsychologie* (S. 123–160). München: Psychologie-Verlags-Union.

Mandler, J.M. (1984). Stories, scripts and scenes. Hillsdale, NJ: Erlbaum.

Markman, A.B. & Dietrich, E. (2000). In defense of representation. *Cognitive Psychology, 40*, 138–171.

Masson, M. E. & Miller, J. A. (1983). Working memory and individual differences in comprehension and memory for text. *Journal of Educational Psychology, 75*, 314–318.

McClelland, J. L. & Rumelhart, D. E. (1981). An interactive activation model of context effects in letter perception: Part 1. An account of basic findings. *Psychological Review, 88*, 375–407.

McClelland, J. L., St.John, M. & Taraban, R. (1989). Sentence comprehension: A parallel distributed processing approach. *Language and Cognitive Processes, 4*, 287–335.

McKoon, G. & Ratcliff, R. (1992). Inference during reading. *Psychological Review, 99*, 440–466.

McLoughlin, D. (1997). Assessment of adult reading skills. In J. R. Beech & C. Singleton (Eds.), *The psychological assessment of reading* (pp. 224–237). London: Routledge.

Meyer, B. J. F. (1975). *The organization of prose and its effects on memory.* Amsterdam: North Holland.

Moravcsik, J. E. & Kintsch, W. (1993). Writing quality, reading skills, and domain knowledge as factors in text comprehension. *Canadian Journal of Experimental Psychology, 47,* 360–374.

Mross, E. F. (1989). *Macroprocessing in expository text comprehension.* Unveröffentlichte Dissertation, University of Colorado, Boulder.

Nation, K. & Snowling, M. J. (2000). Factors influencing syntactic awareness skills in normal readers and poor comprehenders. *Applied Psycholinguistics, 21,* 229–241.

Naumann, J., Richter, T. & van Holt, N. (2000). Teilfähigkeiten des Lesens bei geübten Lesern/innen: Validierung eines computergestützten Diagnostikums [Abstract]. In Deutsche Gesellschaft für Psychologie (DGPs) (Hrsg.), *Abstract-CD-ROM zum 42. Kongreß der Deutschen Gesellschaft für Psychologie, Friedrich-Schiller-Universität Jena, 24.–28. September 2000* [CD-ROM]. Lengerich: Pabst.

Nodine, C. F. & Lang, N. J. (1971). The development of visual scanning strategies for differentiating words. *Developmental Psychology, 5,* 221–232.

Oakhill, J. (1982). Constructive processes in skilled and less skilled comprehenders' memory for sentences. *British Journal of Psychology, 73,* 13–20.

Oakhill, J. & Garnham, A. (1988). *Becoming a skilled reader.* New York, NY: Blackwell.

Oakhill, J. & Yuill, N. (1986). Pronoun resolution in skilled and less-skilled comprehenders: Effects of memory load and inferential complexity. *Language and Speech, 29,* 25–37.

Oakhill, J., Yuill, N. & Parkin, A. (1986). On the nature of the difference between skilled and less-skilled comprehenders. *Journal of Research in Reading, 9,* 80–91.

Olson, R. K., Kliegl, R. & Davidson, B. J. (1983). Dyslexic and normal readers' eye movements. *Journal of Experimental Psychology: Human Perception and Performance, 9,* 816–825.

Paap, K. R. & Noel, R. W. (1991). Dual-route models of print and sound: Still a good horse race. *Psychological Research, 53,* 13–24.

Pavlidis, G. T. (1981). Do eye movements hold the key to dyslexia? *Neuropsychologia, 19,* 57–64.

Pearlmutter, N. J. & MacDonald, M. C. (1995). Individual differences and probabilistic constraints in syntactic ambiguity resolution. *Journal of Memory and Language, 34,* 521–542.

Perfetti, C. A. (1985). *Reading ability.* New York, NY: Oxford University Press.

Perfetti, C. A. (1989). There are generalized abilities and one of them is reading. In L. B. Resnick (Ed.), *Knowing, learning, and instruction: Essays in honor of Robert Glaser* (pp. 307–335). Hillsdale, NJ: Erlbaum.

Perfetti, C. A. (1994). Psycholinguistics and reading ability. M. A. Gernsbacher (Ed.), *Handbook of psycholinguistics* (pp. 849–894). San Diego, CA: Academic Press.

Perfetti, C. A. & Bell, L. (1991). Phonemic activation during the first 40 ms of word identification: Evidence from backward masking and masked priming. *Journal of Memory and Language, 30,* 473–485.

Perfetti, C. A., Finger, E. & Hogaboam, T. W. (1978). Sources of vocalization differences between skilled and less skilled young readers. *Journal of Educational Psychology, 70*, 730–739.

Perfetti, C. A. & Hogaboam, T. W. (1975). Relationship between single word decoding and reading comprehension skill. *Journal of Educational Psychology, 67*, 461–469.

Perfetti, C. A. & McCutchen, D. (1987). Schooled language competence: Linguistic abilities in reading and writing. In S. Rosenberg (Ed.), *Reading, writing, and language learning. Advances in applied psycholinguistics* (Vol. 2, pp. 105–141). Cambridge, MA: Cambridge University Press.

Perfetti, C. A., Zhang, S. & Berent, I. (1992). Reading in English and Chinese: Evidence for a „universal" phonological principle. In R. Frost & L. Katz (Eds.), *Orthography, phonology, morphology, and meaning* (pp. 227–248). Amsterdam: North Holland.

Plaut, D. C., McClelland, J. L., Seidenberg, M. S. & Patterson, K. (1996). Understanding normal and impaired word reading: Computational principles in quasi-regular domains. *Psychological Review, 103*, 56–115.

Posner, M. I., Boies, S. J., Eichelman, W. H. & Taylor, R. L. (1969). Retention of visual name codes of single letters. *Journal of Experimental Psychology, 79* (1, Pt. 2), 1–16.

Rayner, K. (1986). Eye movements and the perceptual span in beginning and skilled readers. *Journal of Experimental Child Psychology, 41*, 211–236.

Rayner, K. & Pollatsek, A. (1989). *The psychology of reading*. London: Prentice Hall.

Rayner, K. & Sereno, S. C. (1994). Eye movements in reading. In M. A. Gernsbacher (Ed.), *Handbook of psycholinguistics* (pp. 57–82). San Diego, CA: Academic Press.

Reicher, G. M. (1969). Perceptual recognition as a function of meaningfulness of stimulus material. *Journal of Experimental Psychology, 81*, 275–280.

Richter, T. & Naumann, J. (2000, March). *Computer-based assessment of reading skills*. Paper presented at the Computers in Psychology Conference (CiP 2000), York [WWW-document]. Available URL: http://cti-psy.york.ac.uk/cip2000-online/papers/fra_paper4.htm [4. 3. 2001]

Rickheit, G. & Strohner, H. (1993). *Grundlagen der kognitiven Sprachverarbeitung*. Tübingen: Francke.

Sachs, J. S. (1967). Recognition memory for syntactic and semantic aspects of connected discourse. *Perception and Psychophysics, 2*, 437–442.

Sanders, T. J., Spooren, W. P. & Noordman, L. G. (1992). Towards a taxonomy of coherence relations. *Discourse Processes, 15*, 1–35.

Scheerer-Neumann, G. (1996). Lesen und Leseschwierigkeiten. In F. E. Weinert (Hrsg.), *Psychologie des Unterrichts und der Schule. Enzyklopädie der Psychologie, Themenbereich D: Praxisgebiete, Serie I: Pädagogische Psychologie, Bd. 3* (S. 279–325). Göttingen: Hogrefe.

Schneider, W., Körkel, J. & Weinert, F. E. (1989). Domain-specific knowledge and memory performance: A comparison of high- and low-aptitude children. *Journal of Educational Psychology, 81*, 306–312.

Schnotz, W. (1994). *Aufbau von Wissensstrukturen*. Weinheim: PVU.

Seidenberg, M. S., Tanenhaus, M. K., Leiman, J. M. & Bienkowski, M. (1982). Automatic access of the meanings of ambiguous words in context: Some limitations of knowledge-based processing. *Cognitive Psychology, 14*, 489–537.

Shankweiler, D. (1999). Words to meanings. *Scientific Studies of Reading, 3,* 113–127.
Simpson, G. B. (1994). Context and the processing of ambiguous words. In M. A. Gernsbacher (Ed.), *Handbook of psycholinguistics* (pp. 359–374). San Diego, CA: Academic Press.
Singer, M. (1994). Discourse inference processes. In M. A. Gernsbacher (Ed.), *Handbook of psycholinguistics* (pp. 479–515). San Diego, CA: Academic Press.
Smith, F. (1971). *Understanding reading: A psycholinguistic analysis of reading and learning to read.* New York: Holt, Rinehart and Winston.
Smith, F. (1973). *Psycholinguistics and reading.* New York, NY: Holt, Rinehart & Winston.
Spilich, G. J., Vesonder, G. T., Chiesi, H. L. & Voss, J. F. (1979). Text processing of domain-related information for individuals with high- and low-domain knowledge. *Journal of Verbal Learning and Verbal Behavior, 18,* 275–290.
Spiro, R. J. (1980a). Constructive processes in prose comprehension and recall. In R. J. Spiro, B. C. Bruce & W. F. Brewer (Eds.), *Theoretical issues in reading comprehension: Perspectives from cognitive psychology, linguistics, artificial intelligence, and education* (pp. 245–278). Hillsdale, NJ: Erlbaum.
Spiro, R. J. (1980b). Accomodative reconstruction in prose recall. *Journal of Verbal Learning and Verbal Learning, 19,* 84–95.
Spiro, R. J. & Tirre, W. C. (1980). Individual differences in schema utilization during discourse processing. *Journal of Educational Psychology, 72,* 204–208.
Stanley, G., Smith, G. & Howell, E. (1983). Eye movements and sequential tracking in dyslexic and control children. *British Journal of Psychology, 74,* 181–187.
Stanovich, K. E. (1980). Toward an interactive-compensatory model of individual differences in the development of reading fluency. *Reading Research Quarterly, 16,* 32–71.
Stanovich, K. & Cunningham, A. E. (1991). Reading as constraint reasoning. In R. J. Sternberg & P. A. Frensch (Eds.), *Complex problem solving: Principles and mechanisms* (pp. 3–60). Hillsdale, NJ: Erlbaum.
Stanovich, K. E. & West, R. F. (1979). Mechanisms of sentence context effects in reading: Automatic activation and conscious attention. *Memory and Cognition, 7,* 77–85.
Stanovich, K. E. & West, R. F. (1981). The effect of sentence context on ongoing word recognition: Test of a two-process theory. *Journal of Experimental Psychology: Human Perception and Performance, 7,* 638–678.
Stanovich, K. E. & West, R. F. (1989). Exposure to print and orthographic processing. *Reading Research Quarterly, 24,* 402–433.
Sternberg, R. J. (1987). Most vocabulary is learned from context. In M. G. McKeown & M. E. Curtis (Eds.), *The nature of vocabulary acquisition* (pp. 89–105). Hillsdale, NJ: Erlbaum.
Sticht, T. G. & James, J. H. (1984). Listening and reading. In P. D. Pearson, R. Barr, M. L. Kamil & P. Mosenthal (Eds.), *Handbook of reading research* (Vol. 1, pp. 293–317). White Plains, NY: Longman.
Strohner, H. (1995). Semantische Verarbeitung beim Lesen. In B. Spillner (Hrsg.), *Sprache: Verstehen und Verständlichkeit. Kongreßbeiträge der 25. Jahrestagung der Gesellschaft für Angewandte Linguistik, GAL e.V.* (S. 129–137). Frankfurt/M.: Lang.

Swinney, D. A. (1979). Lexical access during sentence comprehension: (Re)consideration of context effects. *Journal of Verbal Learning and Verbal Behavior, 18,* 645–659.
Taft, M. (1986). Lexical access codes in visual and auditory word recognition. *Language and Cognitive Processes, 4,* 297–308.
Taraban, R. & McClelland, J. L. (1988). Constituent attachment and thematic role assignment in sentence processing: Influences of content-based expectation. *Journal of Memory and Language, 27,* 597–632.
Thorndyke, P.W. (1977). Cognitive structures in comprehension of memory and narrative discourse. *Cognitive Psychology, 9,* 77–110.
Thurlow, R. & van den Broek, P. (1997). Automaticity and inference generation during reading comprehension. *Reading and Writing Quarterly: Overcoming Learning Difficulties, 13,* 165–181.
Till, R. E., Mross, E. F. & Kintsch, W. (1988). Time course of priming for associate and inference words in a discourse context. *Memory & Cognition, 16,* 283–298.
Tinker, M. A. (1958). Recent studies of eye movements in reading. *Psychological Bulletin, 55,* 215–231.
Underwood, G. & Batt, V. (1996). *Reading and understanding.* Oxford: Blackwell.
Underwood, N. R. & Zola, D. (1986). The span of letter recognition of good and poor readers. *Reading Research Quarterly, 21,* 6–19.
van den Broek, P. (1990). The causal inference maker: Towards a process model of inference generation in text comprehension. In D. A. Balota, G. B. Flores D'Arcais & K. Rayner (Eds.), *Comprehension processes in reading* (pp.423–445). Hillsdale, NJ: Erlbaum.
van den Broek, P. (1994). Comprehension and memory of narrative texts. In M. A. Gernsbacher (Ed.), *Handbook of psycholinguistics* (pp. 539–588). San Diego, CA: Academic Press.
Vandervelden, M. C. & Siegel, L. S. (1995). Phonological recoding and phoneme awareness in early literacy: A developmental approach. *Reading Research Quarterly, 30,* 854–875.
van Dijk, T. A. (1980). *Macrostructures: An interdisciplinary study of global structures in discourse, interaction, and cognition.* Hillsdale, NJ: Erlbaum.
van Dijk, T. A. & Kintsch, W. (1983). *Strategies of discourse comprehension.* New York, NY: Academic Press.
van Orden, G. C., Johnston, J. C. & Hale, B. L. (1988). Word identification in reading proceeds from spelling to sound to meaning. *Journal of Experimental Psychology: Learning, Memory, and Cognition, 14,* 371–385.
van Orden, G. C., Pennington, B. F. & Stone, G. O. (1990). Word identification in reading and the promise of subsymbolic psycholinguistics. *Psychological Review, 97,* 488–522.
Voss, J. F., Fincher-Kiefer, R. H., Greene, T. R. & Post, T. A. (1985). Individual differences in performance: The contrast approach to knowledge. In R. J. Sternberg (Ed.), *Advances in the psychology of human intelligence* (Vol. 3, pp. 297–334). Hillsdale, NJ: Erlbaum.
Voss, J. F. & Silfies, L. N. (1996). Learning from history text: The interaction of knowledge and comprehension skill with text structure. *Cognition and Instruction, 14,* 45–68.

Waldmann, M. R. (1990). *Schema und Gedächtnis. Das Zusammenwirken von Raum- und Ereignisschemata beim Gedächtnis für Alltagsroutinen.* Heidelberg: Asanger.

West, R. F. & Stanovich, K. E. (1978). Automatic contextual facilitation in readers of three ages. *Child Development, 49*, 717–727.

Willows, D. M. & Ryan, E. B. (1986). The development of grammatical sensitivity and its relationship to early reading achievement. *Reading Research Quarterly, 21*, 253–266.

Yekovich, F.R. & Thorndyke, P. W. (1981). An evaluation of alternative functional models of narrative schemata. *Journal of Verbal Learning and Verbal Behavior, 20*, 454–469.

Yekovich, F. R., Walker, C. H., Blackman, H. S. (1979). The role of presupposed and focal information in integrating sentences. *Journal of Verbal Learning and Verbal Behavior, 18*, 535–548.

Zwitserlood, P. (1995). Prozesse und lexikalische Repräsentationen bei der visuellen Worterkennung. B. Spillner (Hrsg.), *Sprache: Verstehen und Verständlichkeit. Kongreßbeiträge der 25. Jahrestagung der Gesellschaft für Angewandte Linguistik, GAL e.V.* (S. 115–118). Frankfurt/M.: Lang.

Jürgen Flender & Johannes Naumann

Empirisches Beispiel: Erfassung allgemeiner Lesefähigkeiten und Rezeption nicht-linearer Texte: „PL-Lesen" und Logfile-Analyse

1 Einleitung

In der Forschung zum Lernen mit neuen Medien werden häufig „alte" und „neue" Medien hinsichtlich ihrer Verarbeitungseffizienz verglichen (vgl. z.b. Chen & Rada, 1996; Christmann, Groeben, Flender, Naumann & Richter, 1999). Aus methodologischer Sicht ist dabei zu berücksichtigen, dass die Lernenden über unterschiedliche Voraussetzungen und Rezeptionsstrategien verfügen, die sie unter Umständen medienunabhängig einsetzen. Diesbezüglich relevante Personeneigenschaften sollten daher zur statistischen Kontrolle erhoben werden. Dazu gehören neben der Computer Literacy der Lernenden (vgl. Richter, Naumann & Groeben, 2001) vor allem auch (allgemeine) Lesefähigkeiten sowie hypertextspezifische Rezeptionsstrategien. Im vorliegenden Beitrag beschreiben wir in einem ersten Schritt Möglichkeiten der Erfassung von Lesekompetenz als einer generellen Fähigkeit. Dabei stellen wir zunächst kurz den Stand der Forschung zur Lesefähigkeitsdiagnostik bei kompetenten Lesern/innen dar und skizzieren dann den Aufbau eines für diesen Bereich der Lesediagnostik neu entwickelten Messinstruments mit dem Arbeitstitel „PL-Lesen". PL steht dabei für Print Literacy; das Instrument PL-Lesen wird ergänzt durch ein Instrument zur Erfassung von Schreibstrategien, das die produktive Komponente von Print Literacy abbildet, in diesem Beitrag jedoch nicht thematisch ist.

In einem zweiten Schritt verdeutlichen wir an Beispielen aus eigenen Untersuchungen, wie mit Hilfe von Logfile-Analysen Indikatoren für solche Rezeptionsprozesse gewonnen werden können, die spezifisch für den Umgang mit nicht-linearen Texten sind. Wir diskutieren dabei unter anderem auch die Frage, inwieweit Daten über individuelle Navigationsverläufe in Hypertexten als individualdiagnostisch zu interpretierende Kompetenzindikatoren aufgefasst werden können.

2 Erfassung allgemeiner Lesekompetenz

Forschung zum Umgang mit elektronischen Informationsmedien im Allgemeinen und Hypertexten im Besonderen wird in den meisten Fällen mit erwachsenen Probanden/innen, häufig mit Studierenden durchgeführt, mit Personen also, denen im Allgemeinen eine *hohe* Lesekompetenz unterstellt werden kann. Zur Erfassung dieser wichtigen personenseitigen Variable, die den Rezeptionsprozess ebenso wie das Rezeptionsprodukt beeinflusst, sind bislang aber ausschließlich Instrumente entwickelt worden, die zur Diagnose von Lesefähigkeiten bei Kindern oder zur Diagnose von Lese*schwächen* konzipiert sind. Diese Instrumente sind daher differenzierungsfähig nur in solchen Populationen, in denen ein allgemein *niedriges* Lesefähigkeitsniveau anzutreffen ist. Eine andere Gruppe von Instrumenten, insbesondere solche, die im US-amerikanischen Bildungswesen als College-Eingangstests Verwendung finden (zusammenfassend: Flippo & Schumm, 2000), zeichnet sich zwar durch bemerkenswerte prädiktive Validitäten aus, ihre Konstruktvalidität ist jedoch unklar. Zwar können spätere akademische Leistungen mit den entsprechenden Testwerten gut vorhergesagt werden (prädiktive Validität); es ist jedoch undurchsichtig, was die Tests eigentlich messen (Konstruktvalidität): Die Güte, mit der die entsprechenden Aufgaben bewältigt werden, dürfte von einem Amalgam ganz unterschiedlicher Fähigkeiten – von sprachlicher Intelligenz bis hin zu basalen Fähigkeiten der Muster- und Worterkennung – abhängig sein.

Umgekehrt sind zwischenzeitlich wenigstens einige kognitionspsychologische Maße gefunden worden, die reliabel messbar sind und zugleich substanziell bis hoch mit klassischen Leseverständnismaßen korrelieren. Ein Beispiel ist die sogenannte *Lesespanne* (Just & Carpenter, 1992). Bei der Lesespannenaufgabe sind die Probanden/innen gebeten, eine Reihe thematisch unverbundener Sätze zu lesen und sich jeweils das letzte Wort des Satzes zu merken. Die Anzahl der Sätze, bei denen dies gelingt, ist als die Lesespanne definiert. Insofern die Lesespanne ein Indikator für die Kapazität des Arbeitsgedächtnisses zu sein scheint, liegt hiermit eine kognitionspsychologisch plausible Operationalisierung für die Güte vor, mit der wichtige Teile des Leseprozesses bewältigt werden können. Ein anderes möglicherweise mit interindividuellen Differenzen in der Lesefähigkeit assoziiertes Maß ist der Grad, in dem Worterkennungsprozesse automatisiert sind (z.B. Perfetti, 1989; vgl. Richter & Christmann, in diesem Band). Derartige Größen, die zwar kognitionspsychologisch plausibel sind und auch zwischen „guten" und „schlechten" Lesern und Leserinnen differenzieren, erlauben dennoch keine befriedigende Diagnose *der* Lesekompetenz, da eben immer nur einzelne Prozesscharakteristika angesprochen sind und insbesondere hierarchiehöhere Komponenten des Leseprozesses Defizite, die auf hierarchieniedrigeren Stufen bestehen, teilweise kompensieren können (Richter & Christmann, in diesem Band).

2.1 Konstruktionsprinzipien von „PL-Lesen"

Das von uns entwickelte Instrument „PL-Lesen" ist explizit mit dem Ziel konstruiert, differenzierungsfähig in Populationen mit einer durchschnittlich hohen Ausprägung des Merkmals „Lesefähigkeit" zu sein. Gleichzeitig sollte ein Instrument entwickelt werden, das nicht nur hinsichtlich der erfassten Komponenten des Leseprozesses durchsichtig ist, sondern das auch eine breite Erfassung von sowohl hierarchiehohen als auch hierarchieniedrigen Komponenten des Leseprozesses gewährleistet. Bei der Konstruktion des Instruments lag das Prozessmodell von van Dijk und Kintsch (1983) zu Grunde, das unterschiedliche Typen von Strategien unterscheidet, die beim Lesen eines Textes veranschlagt werden (müssen): *Propositionale Strategien* dienen zunächst dazu, den propositionalen Gehalt eines Textteils (z.B. eines Satzes) zu identifizieren, indem Worte erkannt, Wortbedeutungen disambiguiert und Begriffe zu Propositionen zusammengefügt werden (vgl. im Einzelnen Christmann & Groeben, 1999; Richter & Christmann, in diesem Band). Als Nächstes greifen *Strategien der lokalen Kohärenzbildung*, bei denen die Propositionen so verbunden werden, dass eine propositionale Textbasis etabliert wird. Propositionale Strategien und Strategien der lokalen Kohärenzbildung können als (vergleichsweise) hierarchieniedrige Komponenten des Leseprozesses gelten. Auf der Ebene hierarchiehöherer Prozesse geht es dann zunächst darum, Wichtiges von Unwichtigem zu trennen, d.h. sogenannte Makropropositionen zu etablieren, die gleichsam das Wesentliche des Textes enthalten. Die Effizienz, mit der *makropropositionale Strategien* in Anschlag gebracht werden können, ist zu einem wesentlichen Teil vom Vorwissen des Lesers oder der Leserin abhängig. Demgegenüber sind die beiden anderen hierarchiehöheren Prozesskomponenten, *schematische* und *rhetorische* Strategien, vergleichsweise wenig von domänenspezifischem Vorwissen abhängig. Bei schematischen Strategien handelt es sich um solche, bei denen zum Verständnis des Textes auf bekannte „Grammatiken" einer bestimmten Textsorte, beispielsweise eines Märchens, eines Lehrbuchs oder eines Artikels in einer Fachzeitschrift, zurückgegriffen wird. Mit rhetorischen Strategien sind solche Strategien gemeint, die auf die Identifikation von rhetorischen Qualitäten des Textes abzielen: Was ist die Intention des Autors? Versucht er, den Leser zu überzeugen? Bemüht er sich, einen Sachverhalt möglichst neutral darzulegen? Vermischt er – beispielsweise in einem journalistischen Text – Darstellung und Analyse? etc.

Das Instrument PL-Lesen umfasst insgesamt 7 Subtests, die alle so angelegt sind, dass bei der Bearbeitung höchstens zwei der Strategietypen, die das van Dijk und Kintsch-Modell vorsieht, fokal sind. Sämtliche Subtests werden computergestützt vorgegeben; registriert werden die Antwort auf das jeweilige Item und die für die Lösung benötigte Zeit. Die Entscheidungszeit zu registrieren ist deswegen zentral, weil insbesondere bei den hierarchieniedrigen Prozessen interindividuelle Differenzen weniger bezüglich ihrer Akkuratheit als bezüglich ihrer Geschwindigkeit bestehen. Gleichwohl ist die Akkuratheit der Bearbeitung in die Auswertung einzubeziehen, da ansonsten diejenigen Personen, die besonders schnell, aber auch besonders ungründlich arbeiten, bevorzugt würden. Daher wird als

„richtig" jede Antwort gewertet, die (a) korrekt und (b) „überdurchschnittlich schnell" (technisch: innerhalb der ersten beiden Quartile der itemspezifischen Antwortzeit-Verteilung) erfolgt ist. Der folgende Abschnitt beschreibt die einzelnen Subtests von PL-Lesen und gibt zu jedem Subtest ein Itembeispiel, bei dem jeweils die Antwortkategorie mit angegeben wird. Anschließend berichten wir erste Daten zur Reliabilität und Validität des Instruments.

2.2 Subtests des Instruments „PL-Lesen"

Die Subtests 1–4 des Instruments zielen auf hierarchieniedrige Prozesse im Sinne des van Dijk und Kintsch-Modells, wohingegen die Subtests 5–7 sich auf hierarchiehohe Prozesse beziehen.

Beim Subtest 1 „Satzverifikation" (15 Items) soll die Richtigkeit von 15 einfachen Prädikationen beurteilt werden. Die in den Prädikationen vorkommenden Begriffe sind dabei so ausgewählt, dass Unterschiede im Wortschatz möglichst keine Rolle spielen, d.h. die Begriffe allen zur Zielpopulation des Instruments gehörigen Personen gleichermaßen geläufig sind. Der Subtest zielt auf die Erfassung propositionaler Strategien.

- Itembeispiel: Erdbeeren sind eine rote, süß schmeckende Gemüsesorte. (wahr / falsch)

Im Subtest 2 „Sinnhaftigkeit von Sätzen" (15 Items) soll nicht die *Wahrheit*, sondern die *Sinnhaftigkeit* von Sätzen beurteilt werden. Der Subtest zielt ebenso wie Subtest 1 auf die Güte, mit der propositionale Strategien bewältigt werden; außerdem sind in die Bearbeitung dieser Aufgabe Strategien der lokalen Kohärenzbildung involviert.

- Itembeispiel: Wenn man verdorbene Speisen isst, verfärbt sich die Haut oft klangvoll. (sinnvoll / sinnlos)

Mit dem Subtest 3 „Wortschatz" (15 Items) soll ebenfalls eine Lesefähigkeitskomponente erfasst werden, die für die Bewältigung propositionaler Strategien zentral ist. Im Unterschied zu Wortschatztests mit offenem Antwortformat, wie sie etwa im HAWIE (Tewes, 1991) Verwendung finden, sind im Subtest „Wortschatz" beim PL-Lesen Begriffserläuterungen auf ihre Richtigkeit hin zu prüfen.

- Itembeispiel: Der Ausdruck „Determinante" bedeutet unter anderem „bestimmender Faktor". (richtig / falsch)

Der Subtest 4 „Sinnhaftigkeit von Satzfolgen" (14 Items) ist dagegen hauptsächlich darauf angelegt, die Güte der Bewältigung von *Strategien der lokalen Kohärenzbildung* zu erfassen. Hier wird den Probanden/innen eine Sequenz von zwei Sätzen präsentiert. Wenn der erste Satz gelesen und verstanden wurde, soll eine Taste gedrückt werden, darauf erscheint der zweite Satz, und es soll beurteilt werden, ob dieser eine sinnvolle Fortsetzung des ersten Satzes darstellt.

- Itembeispiel: Der Psychologe Dietrich Dörner hat sich um die Problemlöseforschung verdient gemacht. (Satz 1) Dafür hat sie den begehrten Leibniz-Wissenschaftspreis erhalten. (Satz 2) (sinnvoll / sinnlos)

Im Unterschied zu den Subtests 1–4 zielt der Subtest 5 „Textverständnis" auf einen hierarchiehöheren Prozess, nämlich den der *makropropositionalen Strategien*. In diesem Subtest sind zwei kurze, soziologische Texte zu lesen und je sieben Aussagen daraufhin zu beurteilen, *ob sie im Text vorkommen oder aus ihm hervorgehen*. Bei den Aussagen handelt es sich jeweils um Aussagen auf Makropropositionsniveau.

- Itembeispiel: Erträge aus Aktiengewinnen gelten nicht als Einkommen. (Im Text enthalten / nicht enthalten)

Der Subtest 6 „Identifikation von Fakten und Meinungen" bezieht sich im Wesentlichen auf rhetorische Strategien. In diesem Subtest ist ein populärwissenschaftlicher Text zu lesen, und im Anschluss ist eine Reihe von Aussagen daraufhin zu beurteilen, ob es sich um Meinungsäußerungen des Autors oder um die Darstellung von Fakten handelt.

- Itembeispiel: Vererbung und Umwelt sind beide an der Entwicklung des Phänotyps beteiligt. (Faktum / Meinung)

Bei der Bearbeitung von Subtest 7 „Textimplikationen" sind wiederum im Wesentlichen makropropositionale Strategien involviert. Hier sollen die Probanden/innen insgesamt zehn Aussagen daraufhin beurteilen, ob sie aus dem zuvor (bei der Bearbeitung von Subtest 6) gelesenen Text hervorgehen oder zu ihm in Widerspruch stehen.

- Itembeispiel: Große Teile der Gesellschaft sind durch die Biologie determiniert. (Implikation / keine Implikation)

3 Psychometrische Eigenschaften von PL-Lesen

3.1 Reliabilität

Die Erprobung des Instruments PL-Lesen an einer größeren Stichprobe sowie eine Normierung stehen noch aus. Gleichwohl liegen einige Daten vor, die eine erste Abschätzung der Reliabilität und Konstruktvalidität des Instruments erlauben. Insgesamt 151 Studierende der Universität zu Köln bearbeiteten PL-Lesen im Rahmen zweier Untersuchungen zur Ersterprobung des Instruments (zur genaueren Stichprobenbeschreibung vgl. Naumann, Richter & van Holt, 2000). Es zeigen sich in der Regel zufriedenstellende interne Konsistenzen für die Testwerte (Cronbach's $\alpha > .80$); lediglich der Subtest „Wortschatz" weist mit $\alpha = .68$ in der Ersterprobungs-Stichprobe eine inakzeptabel niedrige Reliabilität auf (vgl. Tabelle 1). Sollte sich dieser Befund in weiteren Untersuchungen bestätigen, ist eine Revision der Skala erforderlich.

Tabelle 1: Reliabilitäten der Subtests von PL-Lesen ($N = 116$)

	\multicolumn{7}{c}{Subtest}						
	SV (15)	SiS (15)	Wo (15)	SiF (14)	Tv (14)	FM (18)	Ti (10)
M	8.22	8.02	6.94	8.31	5.02	8.49	3.17
SD	4.46	4.60	3.11	3.92	3.69	6.64	2.89
α	.87	.88	.68	.85	.84	.89	.83

Anmerkungen. SV: Satzverifikation. SiS: Sinnhaftigkeit Sätze. Wo: Wortschatz. SiF: Sinnhaftigkeit Satzfolgen. Tv: Textverständnis. FM: Unterscheiden von Fakten und Meinungen. Ti: Textimplikationen. In Klammern die Anzahl der Items.

3.2 Validität

Erste Hinweise auf die Konstruktvalidität des Instruments ergeben sich aus einer konfirmatorischen Faktorenanalyse über die Skalen des Instruments.

3.2.1 Methode

Zur Überprüfung der Konstruktvalidität wurde zunächst die Güte eines Messmodells bestimmt, das alle vier Strategietypen, die PL-Lesen abdeckt, als latente Variablen enthält. Mit latenten Variablen sind solche Variablen gemeint, deren Ausprägung bei einer Person nicht direkt beobachtbar ist – in diesem Sinne sind die allermeisten psychologischen Variablen, etwa Einstellungen, Fähigkeiten oder Motive als latente Variabeln anzusehen, und eben auch die Fähigkeiten, die durch das Instrument PL-Lesen erfasst werden sollen. Allerdings kann im Rahmen von sogenannten *Strukturgleichungsmodellen* (zum Überblick vgl. Bollen, 1989; Hayduk, 1987) spezifiziert werden, dass eine bestimmte latente Variable durch eine bestimmte *Indikatorvariable* (kurz: Indikator) erfasst werden soll. Die Idee ist dabei die, dass die Ausprägung der latenten Variable für die Ausprägung der Indikatorvariable kausal verantwortlich ist. Eine Person löst also eine Aufgabe in einem Intelligenztest deswegen gut, weil die nicht beobachtbare, latente Variable *Intelligenz* bei dieser Person hoch ausgeprägt ist. Als Indikatoren wurden in unserem Falle die Subtests des Instruments angesetzt, wobei in Fällen, in denen ein Strategietyp durch nur einen Subtest abgedeckt wird, Halbtests gebildet wurden, um die Identifizierbarkeit des Modells zu gewährleisten. Ladungen der Indikatoren auf den latenten Variablen wurden immer dann zugelassen, wenn ein bestimmter Subtest zur Erfassung eines Konstrukts konzipiert war. Alle anderen Faktorladungen wurden zu Null restringiert. Mit anderen Worten: Immer dann, wenn ein bestimmter Subtest *nicht* zur Operationalisierung einer bestimmten Lesefähigkeitskomponente konzipiert war, wurde qua Modell behauptet, dass die entsprechende (latente) Lesefähigkeitskomponente die Leistung in dem jeweiligen Subtest *nicht* beeinflusst. Technisch lässt sich diese Annahme dann so umsetzen, dass dem Koeffizienten, der den Einfluss der entsprechenden latenten Variable auf den Indikator abbildet, der Wert Null zugewiesen wird. Allgemein bestehen Parameterrestriktionen stets darin, dass bestimmten Koeffizienten bestimmte Werte zugewiesen werden. Durch eine solche Restriktion lässt sich z.B. die Hypothese prüfen, dass *kein* Zusammenhang zwischen zwei Variablen besteht; es kann allerdings auch überprüft werden, ob ein *perfekter* Zusammenhang besteht, ob ein Zusammenhang genau einem bestimmten Wert entspricht oder ob ein bestimmter Zusammenhang genauso hoch ist wie ein anderer, ob eine Indikatorvariable einen Messfehler einer definierten Höhe aufweist, ob eine latente Variable eine bestimmte Varianz hat etc.

In einem zweiten Schritt wurde geprüft, ob sich die Modellgüte verschlechtert, wenn Interkorrelationen zwischen Strategietypen zu 1 restringiert werden – was auf einen Test der Annahme hinausläuft, dass zwischen den beiden entsprechenden Strategien nicht differenziert zu werden braucht. Hiermit sollte die differenzierte Skalenkonzeption von PL-Lesen einem Test unterworfen werden: Wenn ein Modell, das solche Indikatorvariablen, die zur Erfassung unterschiedlicher Strategietypen konzipiert sind, auf einem Faktor vereinigt, genauso gut oder nur unwesentlich schlechter an die Daten angepasst ist als das Hypothesenmodell, dann ist die differenzierte Erfassung einzelner Prozesstypen offensichtlich nicht gelungen. Auf diese Weise wurden insgesamt 6 Alternativmodelle konstruiert, so dass – unter Einschluss des Hypothesenmodells – insgesamt 7 Modelle überprüft wurden.

Tabelle 2: Hypothesenmodell und Alternativmodelle

Modell	Restringierte Korrelation
1	keine restringierten Korrelationen (Hypothesen-Modell)
2	Propositionale Strategien – Lokale Kohärenzbildung
3	Propositionale Strategien – Makropropositionale Strategien
4	Propositionale Strategien – Rhetorische Strategien
5	Lokale Kohärenzbildung – Makropropositionale Strategien
6	Lokale Kohärenzbildung – Rhetorische Strategien
7	Makropropositionale Strategien – Rhetorische Strategien

Anmerkung. „Restringierte" Korrelationen sind stets zu 1 restringiert.

Zur Beurteilung der Modellgüte wurden unterschiedliche Fit-Indices herangezogen, um eine möglichst umfassende Beurteilung des Modells zu gewährleisten (vgl. Bollen & Long, 1993). Zunächst wurde der χ^2-Wert sowie, wegen der Abhängigkeit der χ^2-Statistik von der Stichprobengröße, das Verhältnis χ^2/df, das für gut passende Modelle 2 nicht überschreiten sollte, herangezogen. Weiterhin wurden der Goodness of Fit- (GFI) sowie der Normed Fit-Index (NFI) berechnet, die bei passenden Modellen Werte größer oder gleich .95 annehmen sollten. GFI ist ein Maß für die durch das Modell insgesamt erklärte Variation in den Indikatorvariablen, NFI eignet sich besonders zum Vergleich unterschiedlicher Modelle. Da weder GFI noch NFI sensitiv gegenüber der Komplexität des

Modells sind, wurde zusätzlich der Adjusted Goodness of Fit-Index (AGFI) herangezogen, der die Modellkomplexität berücksichtigt (Modelle mit vielen freien Parametern werden strenger geprüft). Schließlich wurde der Root Mean Square Error of Approximation (RMSEA) bestimmt, mit dem überprüft werden kann, wie gut die Anpassung der modellimplizierten Varianz-Kovarianzmatrix an die empirische Varianz-Kovarianzmatrix gelungen ist. Für akzeptable Modelle sollte der RMSEA Werte $\leq .10$, für gut passende Modelle Werte $\leq .05$ annehmen. Die Parameterschätzungen erfolgten mit Hilfe der Maximum-Likelihood-Prozedur von LISREL 8 (Jöreskog & Sörbom, 1996).[1]

3.2.2 Ergebnisse

Die Parameterschätzungen für das Hypothesenmodell können aus Abbildung 1 entnommen werden.

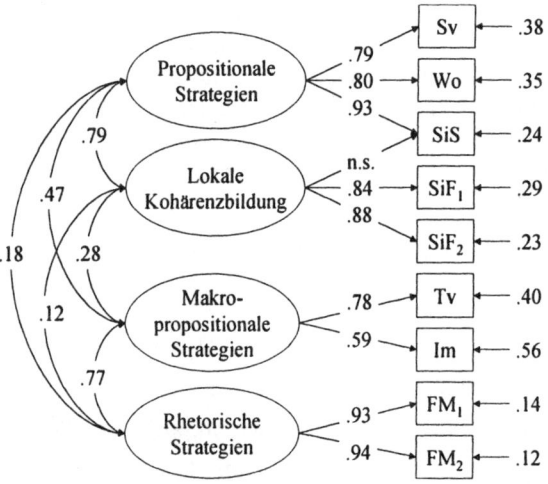

Abbildung 1: Parameterschätzungen für das Hypothesenmodell (ML-Schätzung, vollstandardisierte Lösung). Abkürzungen vgl. Tabelle 1.

Für das Hypothesenmodell ergibt sich eine insgesamt akzeptable bis gute Modellpassung, der χ^2-Wert ist insignifikant und kleiner als $2 \times df$ ($\chi^2(18, N = 151) = 28.35$, $p = .06$) und alle Fit-Indices erreichen zufriedenstellende Werte (GFI = .96, AGFI = .90, NFI = .97, RMSEA = .06). Bei Restriktion der freigesetzten Fehlerinterkorrelationen ändert sich wenig an der Modellgüte, lediglich der χ^2-Wert wird bei $\alpha = 5\%$ signifikant mit $\chi^2(20, N = 151) = 32.28$. Ansonsten ergibt sich: GFI = .95, AGFI = .90, NFI = .96, RMSEA = .06. Bei Restriktion von Faktorinterkorrelationen ergibt sich folgendes Bild: Alle Modellrestriktionen führen zu einem deutlich verschlechterten Modellfit (vgl. Tabelle 2), die einzige Aus-

---

[1] Aus Platzgründen können wir hier die Varianz-Kovarianzmatrix der Indikatorvariablen leider nicht wiedergeben. Die Matrix kann, ebenso wie die LISREL-Input-Dateien, bei den Autoren angefordert werden.

nahme bildet die Interkorrelation zwischen den beiden hierarchiehohen Strategietypen *makropropositionale Strategien* und *rhetorische Strategien* (Modell 7). Hier ergibt sich bei Restriktion der Interkorrelation der beiden Faktoren χ^2_{diff} (1, $N = 151$) = 2.64, p = .10. Dieses Modell weist auch hinsichtlich der anderen Gütekriterien eine zufriedenstellende und nicht wesentlich vom Hypothesenmodell verschiedene Modellpassung auf, wohingegen alle anderen Alternativmodelle nach Maßgabe aller berechneten Indices verworfen werden müssen.

Tabelle 3: Fit-Indices für das Hypothesenmodell und die sechs Alternativmodelle

Modell	χ^2	df	GFI	AGFI	NFI	RMSEA	χ^2_{diff}	ΔNFI
Modell 1	28.35	18	.96	.90	.97	.06		
Modell 2	67.34***	19	.91	.79	.92	.13		
2 vs. 1		1					38.99***	.07
Modell 3	53.88***	19	.93	.83	.93	.11		
3 vs. 1		1					25.53***	.05
Modell 4	235.84***	19	.83	.60	.72	.28		
4 vs. 1		1					207.49***	.22
Modell 5	60.74***	19	.92	.81	.93	.12		
5 vs. 1		1					32.39***	.06
Modell 6	145.62***	19	.87	.67	.83	.21		
6 vs. 1		1					117.27***	.15
Modell 7	30.99*	19	.96	.90	.96	.06		
7 vs. 1		1					2.64	.00

Anmerkungen. Modell 1 ist das Hypothesenmodell. Zur weitern Erläuterung der Modelle und Parameterrestriktionen s. Tabelle 2.
* $p < .05$, *** $p < .001$.

Die beschriebenen Ergebnisse sprechen insgesamt für die Reliabilität und Konstruktvalidität von PL-Lesen. Es zeigt sich, dass (nahezu) alle Modelle, in denen nicht zwischen einzelnen Strategietypen differenziert wird, deutlich schlechter an die Daten angepasst sind als das Hypothesenmodell. Besonders bemerkenswert ist dabei, dass – mit einer Ausnahme – schon die Restriktion einer *einzelnen* Faktorinterkorrelation zu einer signifikanten Verschlechterung der Modellpassung gegenüber dem Hypothesenmodell sowie zu durchweg inakzeptablen Fit-Indices führt.

Weitere Validierungsstudien sind geplant, insbesondere soll die Kriteriumsvalidität des Instruments über den Nachweis gesichert werden, dass PL-Lesen auch bei Auspartialisierung domänenspezifischen Vorwissens Leistungen in klassischen Leseverständnistests vorhersagen kann. Wenn diese Validierungen erfolgreich verlaufen, steht mit PL-Lesen ein neues Instrument zur Verfügung, das die differenzierte Erfassung von Lesefähigkeiten auch bei Personen mit hoher Lesekompetenz ermöglicht. Die diagnostizierten unterschiedlichen Lesefähigkeiten interagieren vermutlich in vielfältiger Weise mit Rezeptionsstrategien für elektronische Medien. Zunächst sollten allgemeine Lesefähigkeiten auch für den Umgang mit elektronischen Informationssystemen zentral sein; schließlich handelt es sich auch bei diesen um Texte, wenn auch einer speziellen Sorte. Und auch ein Hypertextsystem ist vermutlich von einer Person dann gut bedienbar, wenn sie sich, nachdem sie einem Link gefolgt ist, schnell einen Überblick über die angesteuerte Seite verschaffen kann, um festzustellen, ob diese die gesuchten Informationen tatsächlich enthält etc. Zusätzlich könnten bei Personen mit niedrigen allgemeinen Lesefähigkeiten im Umgang mit nichtlinearen Medien verstärkt Orientierungsprobleme auftreten. Diese Hypothese wird dadurch nahe gelegt, dass die Navigation in einem nichtlinearen Text in hohem Maße kognitive Ressourcen beansprucht. Wenn solche Ressourcen nicht zur Verfügung stehen, weil schon basale Leseprozesse aufmerksamkeitsintensiv sind, ist die Gefahr gegeben, dass das sogenannte „lost in hyperspace"-Phänomen auftritt. Derartige Fragen lassen sich mit Hilfe von Logfile-Analysen untersuchen.

4 Logfile-Analyse

Die Auswertung von automatisch erstellten Protokollen der Interaktion eines Nutzers oder einer Nutzerin mit einem elektronischen Informationsmedium (Logfiles) ist seit etwa 10 bis 15 Jahren in der Forschung zur auch im deutschen Sprachraum häufig so genannten *Human-Computer-Interaction* (HCI) etabliert. Dabei ist eine große Heterogenität nicht nur der eingesetzten Aufzeichnungs- und Auswertungsmethoden festzustellen; auch der Erkenntnisgegenstand bzw. das Erkenntnisziel unterscheidet sich häufig von Studie zu Studie. Insbesondere müssen solche Analysen, die sich mit dem Nutzer bzw. der Nutzerin auseinandersetzen, von jenen Arbeiten unterschieden werden, in denen es um eine Evaluation des Informationsmediums selbst geht (z.B. Babiker, Fujihara & Boyle, 1991). Dabei ist klar, dass eine solche Trennung zunächst eine analytische ist: Welche Eigenschaften eines Logfiles auf Eigenschaften des Informationsmediums zurückgehen – etwa seine mehr oder weniger gute Bedienbarkeit –, welche auf Eigenschaften des Nutzers – etwa mehr oder weniger gute Kompetenzen im Umgang mit dem Medium – und welche Eigenschaften schließlich aus einer Interaktion von Nutzer und Medium resultieren – vielleicht ist ein bestimmtes

Medium für eine Nutzerin gut, für eine andere aber schlecht bedienbar –, ist im Allgemeinen schwer zu entscheiden. In vielen Fällen psychologisch oder arbeitswissenschaftlich orientierter HCI-Forschung wird daher, wenn es um Eigenschaften der Nutzer/innen gehen soll, das Medium konstant gehalten (vgl. z.B. Christmann et al., 1999), so dass wenigstens *Unterschiede* zwischen den Logfiles für einzelne Nutzer/innen nicht auf Unterschiede der Medien zurückführbar sind. Bezüglich der genannten zwei Verwendungsmöglichkeiten von Logfiles werden wir im Folgenden ausschließlich die zuerst genannte berücksichtigen. Bei allen der folgenden Ausführungen zu Möglichkeiten der Analyse von Logfiles wird es also ausschließlich um solche Analysen gehen, in denen Rückschlüsse auf die Nutzer/innen beabsichtigt sind.

4.1 Möglichkeiten und Grenzen der Logfile-Analyse

Elektronische Informationssysteme im Allgemeinen und Hypertexte im Besonderen bieten Rezipienten/innen umfassende Möglichkeiten, den eigenen Rezeptionsprozess individuell zu gestalten; dies gilt insbesondere hinsichtlich der Auswahl und Sequenzierung von Textteilen (Kuhlen, 1991; Nielsen, 1995). Die damit verbundenen Anforderungen (vgl. z.B. Storrer, 1999; Wright, 1993) werden von den Rezipienten/innen auf unterschiedliche Weise bewältigt (vgl. z.B. Verheij, Stoutjesdijk & Beishuizen, 1996). Eine Analyse von Navigationsverläufen kann dementsprechend darauf ausgerichtet sein, in der Vielfalt der individuellen Rezeptionsverläufe typische Rezeptionsmuster sowie – unter einer präskriptiven Perspektive – Merkmale optimaler bzw. weniger optimaler Rezeptionsverläufe zu identifizieren. Ausgangsfragen können dabei sein: Verschaffen sich die Rezipienten/innen zunächst einen Überblick über die angebotenen Inhalte und Funktionen? Bei welchen Textteilen verweilen sie besonders lange? Folgen sie bei der Sequenzierung der Textteile einem erkennbaren Prinzip? Welche Orientierungshilfen nutzen sie? Finden sich Hinweise auf Orientierungsverlust (vgl. Edwards & Hardman, 1989)? Grundsätzlich stehen zur Analyse von Rezeptionsprozessen verschiedene Methoden zur Verfügung, beispielsweise Techniken der Verhaltensbeobachtung, des Lauten Denkens (vgl. Ericsson & Simon, 1994) oder die Befragung der Rezipienten/innen.

Die Logfile-Analyse stellt eine besondere Möglichkeit für computerbasierte Dokumente dar. Ausgangspunkt sind dabei die vom Computer automatisch erstellten Interaktionsprotokolle, in denen ausgewählte Aktionen der Rezipienten/innen (insbesondere Seitenaufrufe) in chronologischer Reihenfolge, eventuell zusammen mit genauen Zeitangaben, aufgelistet sind. Diese basalen Daten lassen sich mit Hilfe spezieller Auswertungsprogramme wie beispielsweise EDASEQ (Niegemann, 2000) oder LOGPAT (Noller, Naumann & Richter, 2001, s.u.) aufbereiten. Zu den Vorteilen der Logfile-Analyse gehören neben der Ökonomie der Datenerhebung die Exaktheit der erfassten Daten sowie die Tatsache, dass der Rezeptionsprozess – und damit die Ergebnisse der Erhebung – durch die Erhebung nicht beeinflusst werden. Diesen Vorteilen steht der

Nachteil gegenüber, dass die registrierten Daten nur indirekt Rückschlüsse auf die tatsächlichen Verarbeitungsprozesse der Rezipienten und Rezipientinnen zulassen (Misanchuk & Schwier, 1992): Aus welchem Grund ein bestimmter Nutzer zu einem bestimmten Zeitpunkt eine bestimmte Aktion ausgeführt hat, geht aus den Daten selbst nicht hervor. Daher wird die Logfile-Analyse häufig mit anderen Methoden kombiniert, insbesondere mit Methoden der schriftlichen oder mündlichen Befragung im unmittelbaren Anschluss an die Rezeption (vgl. Schroeder & Grabowski, 1995). Die Analyse von Logfile-Daten beginnt mit der Aufbereitung der Daten. Diese kann entweder auf graphischem oder auf numerischem Wege geschehen; bezüglich der numerischen Aufbereitung ist zwischen der Beschreibung des Navigationsverlaufs in Form einer Distanzmatrix und der Ableitung skalarer Kennwerte zu unterscheiden. Innerhalb der skalaren Kennwerte sind *atomistische* Kennwerte von *Sequenz*kennwerten, d.h. solchen Maßzahlen, die Informationen über den Navigationsverlauf beinhalten, zu unterscheiden. Abbildung 1 gibt einen Überblick.

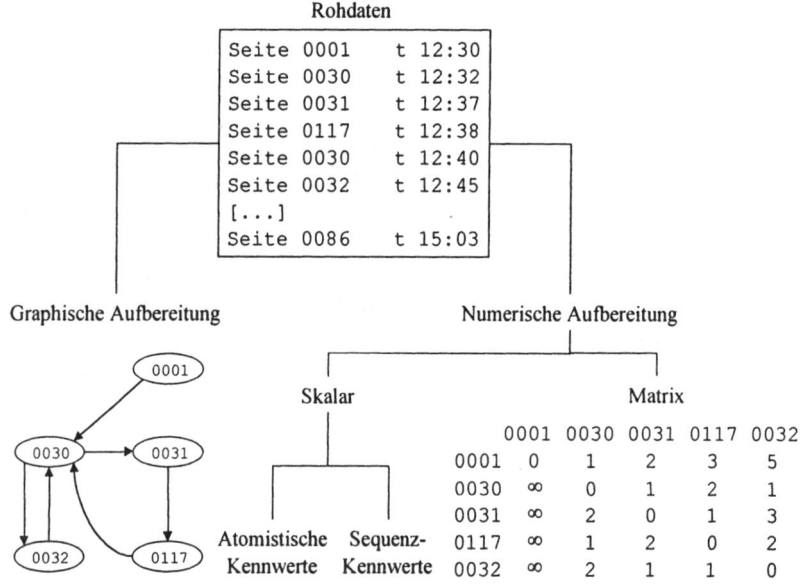

Abbildung 1: Möglichkeiten der Aufbereitung von Logfile-Daten

Atomistische Kennwerte können sich auf die Häufigkeit von Seitenaufrufen oder die Verweildauer auf den aufgerufenen Seiten beziehen (vgl. z.B. Lawless & Kulikowich, 1996). Diese Kennwerte lassen sich sowohl *global* bezogen auf die gesamte Rezeption als auch bezogen auf einzelne („lokale") *Objekte* wie beispielsweise Seiten oder Funktionen berechnen. Beispiele globaler Kennwerte sind die Gesamtdauer der Rezeption, die Anzahl der aufgerufenen unterschiedlichen Seiten oder auch die Anzahl der Seitenaufrufe insgesamt (einschließlich der mehrfach aufgerufenen Seiten). Objektbezogene Kennwerte lassen sich in Abhängigkeit von der jeweiligen inhaltlichen Fragestellung nach Kriterien wie den folgenden festlegen (vgl. z.B. Barab, Bowdish & Lawless, 1997): *Aufgabenrelevanz* (Kennwerte bezogen auf Seiten, die im Hinblick auf die jeweilige Aufgabenstellung inhaltlich zentral/nicht zentral sind), *Position innerhalb der Texthierarchie* (Kennwerte bezogen auf hierarchiehohe Seiten wie z.B. Überblicksseiten bzw. Kennwerte bezogen auf hierarchieniedrige Seiten wie z.B. Seiten mit Zusatzinformationen), *Funktion* (Kennwerte bezogen z.B. auf die Nutzung von Hilfefunktionen).

Eine weitergehende Analyse der Logfile-Daten kann sich dann auf die Analyse von Sequenzkennwerten, beispielsweise auf Sprünge und Subsequenzen, richten (vgl. z.B. Schmidt & Meseke, 1991; Fjeld, Schluep & Rauterberg, 1998). Dabei lassen sich beispielsweise Kennwerte berechnen für Sprünge insgesamt, Rücksprünge, inhaltlich nicht naheliegende Sprünge, Exkurse, Übergänge zwischen benachbarten Seiten (vorwärts- bzw. rückwärtsgerichtetes „Blättern") oder auch Übergänge zwischen Ebenen der Konzepthierarchie (aufsteigend, absteigend, innerhalb der gleichen Ebene). Weiterhin können die Logfiles in Distanzmatrizen transformiert werden (vgl. das Beispiel in Abbildung 1), aus denen wiederum komplexe Indikatoren der Linearität bzw. Vernetztheit des Navigationspfades abgeleitet werden können, beispielsweise *Stratum* (Linearität) und *Compactness* (Vernetztheit). Hierbei handelt es sich um Maße, die zunächst entwickelt wurden, um Eigenschaften von Hypertexten in uniformer und damit zwischen verschiedenen Analysen vergleichbarer Weise zu beschreiben, insbesondere hinsichtlich der Frage, wie stark die Vernetzung zwischen den einzelnen Knoten des Hypertextes ist (vgl. Botafogo, Rivlin & Shneiderman, 1992). *Stratum* und *Compactness* können aber auch als Kennwerte für die Charakterisierung von Navigationsverläufen herangezogen werden, wobei gleichsam der Navigationspfad als eigene Realisierung eines Hypertexts und dessen Vernetzungsgrades aufgefasst wird (vgl. McEnearney, 1999).

Ein letzter Auswertungsschritt besteht schließlich in der Aggregierung von Kennwerten. Dazu werden unterschiedliche Methoden verwendet, insbesondere Clusteranalyse (vgl. Barab et al., 1997; Lawless & Kulikowich, 1997), Multidimensionale Skalierung (vgl. z.B. Schmidt & Meseke, 1991) oder auch graphentheoretische Verfahren (Shaw, Effken, Fajen, Garrett & Morris, 1997). Auf der Grundlage der aggregierten Daten lassen sich beispielsweise charakteristische Rezeptionsmuster von Individuen bzw. von Gruppen identifizieren und miteinander vergleichen. Von Interesse kann dabei etwa ein Vergleich von Experten/innen und Novizen/innen hinsichtlich ihrer durchschnittlichen Rezeptionsverläufe sein oder auch – sofern möglich – ein Vergleich von empirisch vorfindbaren mit konstruierten idealen Rezeptionswegen (vgl. Schmidt & Meseke, 1991; Shaw et al., 1997).

4.2 Psychometrische und normative Aspekte der Logfile-Analyse

Logfiles können zum einen – dies ist gleichsam die „traditionelle" Behandlung des Themas – als reine Deskriptionen des Nutzerverhaltens im Umgang mit einem nicht-linearen Text in einer definierten Rezeptionssituation aufgefasst werden. In einem zweiten – riskanteren – Schritt kann man versuchen, die aus den Logfiles rekonstruierbaren Kennwerte diagnostisch zu interpretieren. Mit anderen Worten, man kann den Versuch unternehmen, aus den Logfiles Rückschlüsse auf mehr oder weniger stabile *Eigenschaften* der Rezipienten/innen zu ziehen. Riskant sind solche Schlüsse deswegen, weil über psychometrische Kennwerte von Logfiles bzw. aus solchen ableitbare Kennwerte des Navigationsverhaltens – z.B. ihre interne Konsistenz – nichts bekannt ist. Ebenfalls noch ausstehend, aber für diagnostische Schlüsse wie die geschilderten langfristig unerlässlich, sind Analysen der Retest-Reliabilität von Logfiles. In einem dritten, noch einmal riskanteren Schritt kann dann der Versuch unternommen werden, aus Logfiles Indikatoren der *Kompetenz* der Hypertext-Nutzer/innen zu rekonstruieren, d.h. Logfiles vor dem normativen Hintergrund eines „guten" Hypertextnutzers zu interpretieren. Während für die Interpretation der Logfiles als diagnostisch für Rezeptionsstrategien im Wesentlichen Aspekte ihrer Reliabilität entscheidend sind, wäre für die Interpretation als Indikatoren für mehr oder weniger *gute* Rezeptionsweisen zusätzlich der Nachweis zu führen, dass Logfiles *valide* Indikatoren der Rezeptionskompetenz darstellen. Insbesondere wäre zu zeigen, dass aus Logfiles extrahierbare Indikatoren der Rezeptions*strategien* in zufriedenstellender Höhe mit Indikatoren der Rezeptionsqualität korrelieren.

Inzwischen zeigen einige (wenn auch wenige und zu replizierende) Studien, dass es systematische und theoretisch durchsichtige Zusammenhänge zwischen bestimmten Eigenschaften des Nutzungsverhaltens, so wie sie sich durch Logfiles abbilden lassen, und der Qualität des Umgangs mit dem Medium gibt. In einer Untersuchung von Noller (2000) beispielsweise sollten Versuchspersonen insgesamt sechs Fragen mit Hilfe der Website des deutschen Bundestags beantworten. Bei der genannten Website handelt es sich um eine vergleichsweise komplexe, hoch vernetzte Seite, und die Aufgaben waren so gestellt, dass sie sich nur durch in hohem Maße nicht-lineares Navigieren adäquat lösen ließen. Es zeigte sich, dass *Compactness* positiv und *Stratum* negativ mit der Anzahl gelöster Aufgaben korrelierten. Dieser Befund blieb auch dann bestehen, wenn den Probanden/innen umfangreiche Navigationshilfen zur Orientierung zur Verfügung standen. Die Zusammenhänge waren in dieser Untersuchung sogar noch etwas höher ($|r| = .25$ bis $.50$) als die von McEnearney (1999) erstmals berichteten Korrelationen ($|r| \approx .20$) zwischen Stratum und Compactness einerseits und Lösungsgüte andererseits. McDonald und Stevenson (1998), die unter anderem die Effektivität eines Navigationstools beim Informationsabruf untersuchen, verwenden ganz selbstverständlich z.B. basale, aus Logfiles generierbare Kennwerte wie die Anzahl der aufgerufenen Knoten oder die Anzahl der *unterschiedlichen* aufgerufenen Knoten als abhängige Variablen (leider berichten die Autoren keine Korrelationen dieser Maße mit Maßen der Lösungsgüte).

4.3 Logfile-Analyse am Beispiel

Im Folgenden soll die Logfile-Analyse an Beispielen aus einer Untersuchung demonstriert werden, die wir im Rahmen des Projekts zum Lernen mit Text und Hypertext durchgeführt haben (vgl. Christmann et al., 1999). Zunächst wird der Hypertext „Visuelle Wahrnehmung" mit seinen variablen Rezeptionsmöglichkeiten skizziert (ausführlicher: Flender & Christmann, 2000). Anschließend folgt eine kurze Beschreibung der Verarbeitungsaufgabe, unter der die Untersuchungsteilnehmer/innen den Hypertext bearbeiten sollten. Vor diesem Hintergrund werden anschließend die verschiedenen Auswertungsschritte sowie exemplarisch einige Ergebnisse der Logfile-Analyse beschrieben.

4.3.1 Textgrundlage und Aufgabe

Der Hypertext „Visuelle Wahrnehmung" enthält acht klar voneinander abgegrenzte Inhaltsbereiche (Form-, Farb-, Raum- und Bewegungswahrnehmung, Konstanzphänomene, Wahrnehmungstäuschungen, psychologische Erklärungsmodelle sowie anatomisch-physiologische Grundlagen). Diese Inhaltsbereiche sind ihrerseits in zahlreiche Teilphänomene und Teiltheorien ausdifferenziert, die im Hypertext als autonome Textmodule realisiert sind und variabel abgerufen werden können. Die Textmodule sind durch ein dichtes Netz eingebetteter Verknüpfungen inhaltlich aufeinander bezogen und insbesondere durch nicht-lineare Navigationshilfen (dynamisches Inhaltsverzeichnis, Übersichtskarten, graphischer Browser) miteinander verknüpft; darüber hinaus stehen übliche Navigationshilfen (Backtrack-Funktion und History-List) zur Verfügung. Für die Rezeption des Hypertextes erhielten die Teilnehmer/innen klare Verarbeitungsziele, die über das Auffinden von Einzelinformationen hinaus auf das Verstehen von Zusammenhängen ausgerichtet waren: Die Versuchspersonen sollten sich in die Situation eines/r Studierenden versetzen, der/die zur Prüfungsvorbereitung ein Skript zum Thema „visuelle Wahrnehmung" verfasst. Die Bearbeitung dieser Aufgabe erfolgte zunächst in einer dreistündigen Rezeptionsphase, an die sich eine dreistündige Ausarbeitungsphase anschloss.

Die Logfile-Analyse bezieht sich auf Daten aus der Rezeptionsphase. Instrument für die Aufbereitung der Logfiles war LOGPAT. Bei LOGPAT handelt es sich um ein in PHP programmiertes WWW-basiertes Tool, mit dem sich alle wichtigen atomistischen und sequenziellen Kennwerte (s. oben Abschnitt 4.1) aus den Logfiles extrahieren lassen. Weiterhin erstellt LOGPAT auf Wunsch komplette Distanzmatrizen und berechnet graphentheoretisch ableitbare Maße, die die (Nicht-)Linearität des Navigationspfades kennzeichnen, zum gegenwärtigen Zeitpunkt vor allem *Stratum* und *Compactness*. Wenn die Logfiles einigermaßen reliable Zeitangaben enthalten, kann LOGPAT auch dazu verwendet werden, Indikatoren der Verweildauer auf bestimmten Seiten oder Seitentypen zu berechnen. Dies ist z.B. dann sinnvoll, wenn kontrolliert werden soll, ob bei den Leserinnen und Lesern eine gründliche Verarbeitung des Gelesenen stattgefunden haben kann – was beispielsweise dann nicht der

Fall ist, wenn die durchschnittliche Verweildauer auf einer Seite sehr kurz war. Zeitmessungen können auch dann sinnvoll sein, wenn in Experimenten zur Informationssuche im WWW (vgl. z.B. Hölscher, 1999; Noller, 2000) die zur Aufgabenlösung benötigte Zeit in einen Index für die Qualität der Aufgabenbewältigung einbezogen werden soll. Mit einer entsprechenden Zugangsberechtigung kann unter der WWW-Adresse http://www.log-pat.de eine persönliche Analyseumgebung eingerichtet werden. Nach einem Redesign, das vor allem auf eine stärkere Modularisierung zielen wird, soll auch der Quellcode unter der GPL-Lizenz veröffentlicht werden. Dies soll es Forscherinnen und Forschern, die an Rezeptionsprozessen beim Umgang mit nicht-linearen Medien interessiert sind, ermöglichen, LOGPAT auf ihre speziellen Bedürfnisse zuzuschneiden.

4.3.2 Explorative Fragestellung, Kennwerte, Ergebnisse

Im Folgenden beschreiben wir zu Illustrationszwecken einige Auswertungen der Logdateien, die in der oben beschriebenen Untersuchung vorgenommen wurden. Wir skizzieren zunächst die Ziele der Auswertungen, um dann kurz auf die Resultate, soweit sie bislang vorliegen, einzugehen. Ziel der Logfile-Analyse war in unserem Fall zunächst, zu möglichst erschöpfenden Deskriptionen des Rezeptionsverhaltens der Leser/-innen zu gelangen und die Reliabilität dieser Kennwerte sowie Zusammenhänge mit anderen personenseitigen Variablen abschätzen zu können. Tabelle 4 gibt Mittelwerte und Standardabweichungen für eine Reihe objektbezogener Kennwerte wieder.

Tabelle 4: Basale Navigations-Kennwerte ($N = 49$)

	Hilfe	Inhalt	Überblick	Literatur	Linear	Backtrack
M	10.71	183.06	55.82	1.45	47.60	13.27
SD	5.85	66.47	37.67	4.21	18.89	6.24

Anmerkungen. Hilfe: Häufigkeit des Aufrufs der Online-Hilfe. Inhalt: Häufigkeit des Aufrufs von inhaltlichen Seiten. Überblick: Häufigkeit des Aufrufs von Überblicksseiten. Literatur: Häufigkeit des Aufrufs des Literaturverzeichnisses. Linear: Häufigkeit 2-schrittiger linearer Sequenzen. Backtrack: Häufigkeit 2-schrittiger Backtracks.

Es stellt sich dabei allerdings die Frage, ob die Unterschiedlichkeit in den Rezeptionen, die sich aus den relativ hohen Standardabweichungen ablesen lässt, tatsächlich auf unterschiedliche Rezeptionsweisen zurückzuführen ist oder ob die Unterschiede nicht vor allem dadurch zustande kommen, dass die Versuchspersonen den Text unterschiedlich intensiv rezipiert haben. Dass dies nicht der Fall ist, geht aus Tabelle 5 hervor.

Tabelle 5: Korrelationen zwischen Kennwerten des Navigationsverhaltens

	Hilfe	Inhalt	Überblick	Literatur	Linear
Inhalt	.39				
Überblick	.37	.42			
Literatur	.08	-.14	-.10		
Linear	.22	.50	-.15	-.15	
Backtrack	.13	.68	.52	-.19	.02

Anmerkung. Variablenbezeichnungen vgl. Tabelle 4.

Ersichtlich korrelieren Häufigkeiten des Aufrufs bestimmter Seitentypen substanziell miteinander, was den Schluss nahe legt, dass hier zunächst die Länge der Logdatei eine Rolle spielt – wer insgesamt mehr Seiten aufruft, ruft auch mehr Überblicks- und Inhaltsseiten auf. Weiterhin ist die Häufigkeit, mit der Backtracks und lineare Sequenzen vorkommen, mit der Häufigkeit des Aufrufs von Inhaltsseiten korreliert. Die Häufigkeiten, mit der Backtracks oder lineare Sequenzen vorkommen, korrelieren dabei nicht miteinander, hierbei scheint es sich also um – zumindest im vorliegenden Fall – voneinander unabhängige Eigenschaften eines Rezeptionsweges zu handeln. *Dass* die berechneten Maßzahlen wenigstens zum Teil *Eigenschaften* des Navigationspfades abbilden, zeigt die Tatsache, dass zumindest die „atomistischen" Kennwerte (Häufigkeit des Aufrufs von Inhalts- und Überblicksseiten) substanziell ($r \approx .50$) zwischen benachbarten Zeitabschnitten der Rezeption korrelieren. Fasst man jede einzelne halbe Stunde der insgesamt dreistündigen Rezeption als Messung der Häufigkeit von Inhalts- bzw. Überblicksseitenaufrufen auf, ergeben sich durchaus befriedigende interne Konsistenzen von $\alpha = .88$ für die Häufigkeit des Aufrufs von Inhaltsseiten und $\alpha = .76$ für die Häufigkeit des Aufrufs von Überblicksseiten.

Vor diesem Hintergrund ist es nicht trivial, weil nicht auf mangelnde Reliabilität der Navigationskennwerte zurückzuführen, dass sich in unseren Daten *keine* systematischen Zusammenhänge zwischen aus den Logfiles extrahierbaren Kennwerten und Maßen der Computererfahrung finden lassen: Vereinzelt korrelieren zwar bestimmte Kennwerte signifikant mit der einen oder anderen Computer-Literacy Variable, z.B. findet sich ein positiver Zusammenhang ($r = .32, p < .05$) zwischen der Anzahl genutzter Internetanwendungen und der Zahl linearer Schritte; die Anzahl solcher Korrelationen ist allerdings nicht überzufällig. Nicht trivial ist dieser Befund auch deswegen, weil in der Literatur z.T. entsprechende Zusammenhänge berichtet werden (z.B. Reed, Oughthon, Ayersman, Erwin & Geissler, 2000).

Ob Logfiles und allgemeine Lesefähigkeiten tatsächlich in der Weise aufeinander bezogen werden können, dass gut ausgeprägte allgemeine Lesefähigkeiten eine Voraussetzung für den kompetenten Umgang mit nichtlinearen Medien darstellen, müssen zukünftige Untersuchungen zeigen. Hier wird es insbesondere vonnöten sein, valide Indikatoren für Orientierungsverlust bei der Rezeption von Hypertext oder Hypermedia zu konstruieren – was jedoch erst dann geschehen kann, wenn die Reliabilität von aus Logfiles extrahierten Kennwerten gesichert ist. Die hier vorgestellten Analysen sind dabei nur ein erster Schritt.

5 Schluss

Insgesamt muss man konstatieren, dass die Entwicklung von Instrumenten zur Erfassung von Lese- und Rezeptionsfähigkeiten, die für den Umgang mit elektronischen Informationsmedien zentral sind, einer Baustelle gleicht. Die Rohbauten stehen zum Teil (Erfassung allgemeiner Lesefähigkeiten bei kompetenten Lesern/-innen), zum Teil ist auch erst das Gerüst errichtet: Bevor Logfiles zur Generierung von Indikatoren für Rezeptionskompetenz verwendet werden können, ist noch einiges zu tun, vor allem hinsichtlich der psychometrischen Absicherung der entsprechenden Kennwerte; auch die Datenlage bezüglich des Zusammenhangs zwischen Navigationsverhalten und anderen personenseitigen Variablen, vor allem Computer-Erfahrung und -Literacy, harrt noch der Klärung. Die hier vorgestellten Daten legen es allerdings nahe, den Rohbau zu beginnen, zumal die wenigen und verstreuten Ergebnisse, die zum Zusammenhang von Rezeptionsgüte und Eigenschaften des Navigationsverlaufs bereits vorliegen, hoffen lassen, dass sich auch langfristig Zusammenhänge werden finden lassen. Dabei gilt momentan, dass ein großer Teil der Untersuchungen auf diesem Gebiet eher explorativen Charakter hat; wenn sich Logfiles psychometrisch bewähren, sollten sie sich auch als abhängige Variablen in hypothesenprüfenden Untersuchungen heranziehen lassen. Eine entsprechende Hypothese in unserem Fall könnte z.B. wie folgt lauten: Gute Rezeptionsergebnisse erbringen diejenigen, die sich zunächst einen Überblick über die Struktur des Texts verschaffen und die ausgehend von diesem Überblick gezielt aufgabenrelevante Seiten ansteuern, wobei sie mit inhaltlich naheliegenden Sprüngen und Exkursen die Möglichkeiten des Mediums Hypertext differenziert ausnutzen.

Literatur

Babiker, E. M., Fujihara, H. & Boyle, C. D. (1991). A metric for hypertext usability. *Communication of the ACM, 34,* 95–104.

Barab, S. A., Bowdish, B. E. & Lawless, K. A. (1997). Hypermedia navigation: profiles of hypermedia users. *Educational Technology Research & Development, 45,* 23–41.

Bollen, K. A. (1989). *Structural equations with latent variables.* New York, NY: Wiley.

Bollen, K. A. & Long, J. S. (1993). *Testing structural equation models.* Newbury Park, CA: Sage.
Botafogo, R. A., Rivlin, E. & Shneiderman, B. (1992). Structural analysis of hypertexts: Identifying hierarchies and useful metrics. *ACM Transactions on Information Systems, 10,* 142–180.
Chen, C. & Rada, R. (1996). Interacting with hypertext: A meta-analysis of experimental studies. *Human-Computer Interaction, 11,* 125–156.
Christmann, U. & Groeben, N. (1999). Psychologie des Lesens. In B. Franzmann, K. Hasemann, D. Löffler & E. Schön (Hrsg.), *Handbuch Lesen* (S. 145–223). München: Saur.
Christmann, U., Groeben, N., Flender, J., Naumann, J. & Richter, T. (1999). Verarbeitungsstrategien von traditionellen (linearen) Buchtexten und zukünftigen (nicht-linearen) Hypertexten. In N. Groeben (Hrsg.), *Lesesozialisation in der Mediengesellschaft. Ein Schwerpunktprogramm (10. Sonderheft IASL)* (S. 175–189). Tübingen: Niemeyer.
Van Dijk, T. A. & Kintsch, W. (1983). *Strategies of discourse comprehension.* New York, NY: Academic Press.
Edwards, D. M. & Hardman, L. (1989). ‚Lost in hyperspace': cognitive mapping and navigation in a hypertext environment. In R. McAleese (Ed.), *Hypertext: theory into practice* (pp. 105–125). Oxford: Intellect Books.
Ericsson, K. A. & Simon, H. A. (1994). *Protocol analysis. Verbal reports as data.* Cambridge, MA: MIT Press.
Flender, J. & Christmann, U. (2000). Hypertext: prototypische Merkmale und deren Realisierung im Hypertext „Visuelle Wahrnehmung". *Medienpsychologie, 12,* 94–116.
Fjeld, M., Schluep, S. & Rauterberg, M. (1998). Automatic, action driven classification of user problem solving strategies by statistical and analytical methods: a comparative study. In F. E. Ritter & R. M. Young (Eds.), *Proceedings of the second european conference on cognitive Modelling* (pp. 98–103). Nottingham: Nottingham University Press.
Flippo, R. F. & Schumm, J. F. (2000). Reading tests. In R. F. Flippo & D. C. Caverley (Eds.), *Handbook of college reading and study strategy research* (pp. 403–472). Mahwah, NJ: Erlbaum.
Hayduk, L. (1987). *Structural equation modeling with LISREL.* Baltimore, MD: John Hopkins University Press.
Hölscher, C. (1999). Informationssuche im World Wide Web – Messung von Benutzerverhalten. In U.-D. Reips, W. Bandilla, M. Bosnjak, L. Gräf, K. Moser & A. Werner (Hrsg.), *Aktuelle Online-Forschung* [WWW-Dokument]. Verfügbar unter: http://www.gor.de/tband99/ [28. 2. 01].
Jöreskog, K. G. & Sörbom, D. (1996). *LISREL 8.12 for Windows* [computer program]. Chicago: Scientific Software.
Just, M. A. & Carpenter, P. A. (1992). A capacity theory of comprehension: Individual differences in working memory. *Psychological Review, 99,* 122–149.
Kuhlen, R. (1991). *Hypertext: Ein nicht-lineares Medium zwischen Buch und Wissensbank.* Berlin: Springer.
Lawless, K. A. & Kulikowich, J. M. (1996). Understanding hypertext navigation through cluster analysis. *Journal of Educational Computing Research, 14,* 385–399.

McDonald, S. & Stevenson, R. J. (1998). Navigation in hypertext: An evaluation of the effects of navigational tools and subject matter experience on browsing and information retrieval in hypertext. *Interacting With Computers, 10*, 129–142.

McEnearney, J. D. (1999). Visualizing and assessing navigation in hypertext. *Proceedings of the 10th ACM Conference on Hypertext and Hypermedia* (pp. 61–70).

Misanchuk, E. R. & Schwier, R. A. (1992). Representing interactive multimedia and hypermedia audit trails. *Journal of Educational Multimedia and Hypermedia, 1*, 355–372.

Naumann, J., Richter, T. & van Holt, N. (2000). Erfassung von Lesefähigkeiten bei Erwachsenen: Validierung eines computergestützten Diagnostikums [Abstract]. In Deutsche Gesellschaft für Psychologie (Hrsg.), *Abstract-CD-ROM zum 42. Kongress der deutschen Gesellschaft für Psychologie, 26.–29. September 2000, Jena* [CD-ROM]. Lengerich: Pabst.

Niegemann, H. M. (2000). EDASEQ – A log file analysis program for assessing navigation processes. In S. S.-C. Young, J. Greer, H. Maurer & Y. S. Chee (Eds.), *Learning societies in the new millenium: Creativity, caring and commitments. Proceedings of the 8th International Conference on Computers in Education. Taipei, Taiwan* (pp. 514–518) [WWW document]. Verfügbar unter: http://www.createach.de/publist.html [6. 3. 01].

Nielsen, J. (1995). *Multimedia and hypertext: the internet and beyond.* Boston, MA: AP Professional.

Noller, S. (2000). *Mentale Modelle und Webnavigation.* Unveröffentlichte Diplomarbeit, Universität zu Köln.

Noller, S., Naumann, J. & Richter, T. (2001, Mai). *LOGPAT – ein webbasiertes Tool zur Analyse von Navigationsverläufen in Hypertexten.* Vortrag auf der 4. German Online Research Konferenz, 17.–18. Mai 2001, Göttingen.

Perfetti, C. A. (1989). There are generalized abilities and one of them is reading. In L. B. Resnick (Ed.), *Knowing, learning, and instruction: Essays in honor of Robert Glaser* (pp. 307–335). Hillsdale, NJ: Erlbaum.

Reed, W. M., Oughthon, J. M., Ayersman, D. J., Erwin, J. R. & Geissler, S. F. (2000). Computer experience, learning style and hypermedia navigation. *Computers in Human Behavior, 16*, 609–628.

Richter, T., Naumann, J. & Groeben, N. (2001). Das Inventar zur Computerbildung (INCOBI): Ein Instrument zur Erfassung von Computer Literacy und computerbezogenen Einstellungen bei Studierenden der Geistes- und Sozialwissenschaften. *Psychologie in Erziehung und Unterricht, 48*, 1–13.

Schmidt, U. & Meseke, B. (1991). Deskription und Analyse komplexer Verhaltenssequenzen: Benutzerstrategien beim Arbeiten mit CAD-Systemen. *Zeitschrift für experimentelle und angewandte Psychologie, 38*, 307–320.

Schroeder, E. E. & Grabowski, B. L. (1995). Patterns of exploration and learning with hypermedia. *Journal of Educational Computing Research, 13*, 313–335.

Shaw, R. E., Effken, J. A., Fajen, B. R., Garrett, S. R. & Morris, A. (1997). An ecological approach to the online-assessment of problem-solving paths: principles and applications. *Instructional Science, 25*, 151–166.

Storrer, A. (1999). Kohärenz in Text und Hypertext. In H. Lobin (Hrsg.), *Text im digitalen Medium: Linguistische Aspekte von Textdesign, Texttechnologie und Hypertext Engineering* (S. 33–65). Opladen: Westdeutscher Verlag.

Tewes, U. (1991). *HAWIE-R. Hamburg Wechsler Intelligenztest für Erwachsene*. Göttingen: Hogrefe.
Verheij, J., Stoutjesdijk, E. & Beishuizen, J. (1996). Search and study strategies in hypertext. *Computers in Human Behavior, 12,* 1–15.
Wright, P. (1993). To jump or not to jump: strategy selection while reading electronic texts. In C. McKnight, A. Dillon, A. & J. Richardson (Eds.), *Hypertext: a psychological perspective* (pp. 137–152). New York: Horwood.

Tilmann Sutter

Anschlusskommunikation und die kommunikative Verarbeitung von Medienangeboten

Ein Aufriss im Rahmen einer konstruktivistischen Theorie der Mediensozialisation

1 Einleitung: Zur Ausdifferenzierung des Gegenstandsbereichs

Die Ausdifferenzierung der Medienforschungen, die zunächst vor allem auf Medienwirkungen gerichtet waren, hat neue Gegenstandsbereiche ins Blickfeld der Analysen gerückt: Neben den mittlerweile recht breit untersuchten subjektiven Rezeptionsprozessen (vgl. Großmann, 1999) sind hier insbesondere Prozesse der Anschlusskommunikation und kommunikativen Verarbeitung von Medienangeboten zu nennen (vgl. Charlton & Klemm, 1998; Holly & Püschel, 1993; Sutter & Charlton, 1999). Diese Prozesse werden zwar allgemein seit Mitte der 70er Jahre, als eigenständiger Bereich der Aneignung von Medienangeboten aber erst wieder in den letzten Jahren eingehender erforscht. Wie sieht die Ausdifferenzierung der Medienforschung und die daraus resultierende Abgrenzung des genannten Gegenstandsbereichs aus?

Eine Gegenüberstellung, die die Medienforschungen seit langem prägt, kann als medienzentrierte versus publikumszentrierte Perspektive beschrieben werden (vgl. Renckstorf, 1989). Die medienzentrierte Perspektive wurde sowohl aus optimistischen als auch aus kulturkritischen Quellen gespeist: Faszinierend waren aus optimistischer Sicht über lange Jahre die Verheißungen direkter medialer Beeinflussungen von Wählern, Kunden usw. in verschiedenen gesellschaftlichen Bereichen wie Politik oder Wirtschaft (vgl. Schenk, 1987). Diese Verheißungen hielten trotz aller sich aufdrängender Zweifel ein einfaches Modell der Medienwirkung aufrecht, das in vielen Varianten über Jahrzehnte modifiziert und verfeinert wurde, ohne die grundlegenden Mängel und Verkürzungen beseitigen zu können (vgl. Merten, 1994). Aus kulturkritischer Sicht wurden dagegen die Macht der Medien und die Ohnmacht der Medienrezipienten als Bedrohungen beschworen (vgl. Adorno, 1996; Bourdieu, 1998; Oevermann, 1996). Auch wenn hier kein einfaches Medienwirkungsmodell zugrunde gelegt wurde, blieb die analytische Perspektive ganz auf die Medien selbst gerichtet, wobei die massenmediale Manipulation und Überwältigung des Publikums ohne eingehende empirische Überprüfung von Rezeptionsprozessen unterstellt wurde.

Ebenso einseitig wie diese beiden Linien medienzentrierter Forschungen stellte sich zunächst die publikumszentrierte Perspektive dar, die sich als uses and gratifications approach etablierte. Das Bezugsproblem wechselte von der Leitfrage „Was machen die Medien mit den Menschen?" zur Leitfrage „Was machen die Menschen mit den Medien?". Mehr und mehr wurden in der Folge vor allem in zunehmend differenzierteren qualitativen Forschungen die aktiv deutenden Nutzer und Rezipienten der Medien[1] entdeckt (vgl. Charlton, 1997). Wie die medienzentrierten können auch die rezipientenorientierten Forschungen in zwei Linien unterteilt werden: Rezeption kann erstens als *individueller Prozess* beschrieben werden, wie die kognitiven Rezeptionsmodelle zeigen (vgl. Charlton & Barth, 1999, S. 83ff.). Hier treten die individuellen Wissensbestände der Subjekte als Grundlage von Rezeptionsprozessen in den Vordergrund. Subjekte gehen mit Medien nicht nur auf der Grundlage ontogenetisch erworbener Fähigkeiten um, sondern auch in bestimmten sozialen Kontexten und mittels bestimmter Rezeptionsstrategien (vgl. Charlton & Neumann, 1990). Prozesse der Medienrezeption müssen deshalb zweitens in ihre sozialen und kulturellen Kontexte eingebettet werden. Darauf hat vor allem die „strukturanalytische Rezeptionsforschung" aufmerksam gemacht: Sie untersucht die Regeln, die dem Umgang der Rezipienten mit Medien zugrunde liegen (vgl. Charlton & Neumann-Braun, 1992). Dabei werden drei Ebenen der Handlungskoordination unterschieden: a) der Rezeptionsprozess, d.h. die Auseinandersetzung des Rezipienten mit dem Medienangebot; b) der situative und kulturelle Kontext, in dem die Rezeption stattfindet; c) der übergeordnete Zusammenhang der Lebensbewältigung und der Identitätsbildung. Auch auf dieser zweiten, die relevanten Kontexte einbeziehenden Linie der Rezeptionsforschung stellen sich Rezeptionsprozesse vor allem als individuelle Prozesse dar.

Sehr oft vollziehen sich indessen Prozesse der Rezeption nicht im Umgang eines einzelnen Individuums mit dem medialen Text, sondern in sozialen Gruppen (Familien, Freundeskreisen usw.). Dies führt zu einer weiteren Differenzierung des Gegenstandsbereichs, die uns zum Thema Anschlusskommunikation bzw. kommunikative Verarbeitung führt: Die gemeinsam mit anderen vollzogene Rezeption von Medienangeboten stellt sich als ein sozialer, kommunikativer Prozess dar. Mit der strukturanalytischen Rezeptionsforschung kann die Anschlusskommunikation zunächst als eine von mehreren Phasen des Rezeptionsprozesses begriffen werden. Der Rezeptionsprozess verläuft in einem sozia-

---

[1] Die Gegenüberstellung von medien- versus publikumszentrierten Perspektiven schlägt sich bis heute in Auseinandersetzungen um die Autonomie versus die Manipulierbarkeit des Publikums nieder (vgl. Sutter, 1995; Charlton, 1997).

len Kontext, in dem sich die Rezipienten in Beziehung zu den Medienangeboten setzen, und er lässt sich dabei in unterschiedliche Phasen gliedern: Zunächst wird eine soziale Situation eingerichtet, die eine Auseinandersetzung mit Medien ermöglicht. Dann findet eine thematische Selektion statt, d.h. Rezipienten nehmen Medienangebote stets thematisch voreingenommen wahr. Mehr oder weniger bewusst setzen die Rezipienten ihre Lebenssituation in Beziehung zu den Medienangeboten (vgl. Charlton & Neumann, 1990). Dieser Vorgang setzt sich in Verarbeitungsprozessen nach der eigentlichen Rezeption fort, was allein oder in interaktiven Anschlusskommunikationen geschehen kann.

Aus dieser Sicht erscheint Anschlusskommunikation als eine kommunikative Verarbeitung bzw. „Aneignung" (Holly & Püschel, 1993) von Medienangeboten, die subjektive Rezeptionsprozesse begleitet und ergänzt. Man kann jedoch auch auf die *eigenständige Rolle* der Anschlusskommunikation in Prozessen der Medienkommunikation und -rezeption abheben (vgl. Hepp, 1998; Holly & Habscheid, 2001; Keppler, 1994): Wenn in Familien, Freundeskreisen usw. über Medienerfahrungen geredet wird, so entstehen besondere Bedeutungen, die von den Bedeutungen der Medienangebote und der subjektiven Aneignungen unterschieden werden müssen. Medienangebote wirken nicht an sich, sondern werden nur im sozialen Gebrauch[2] bedeutsam: In diese Richtung weisen insbesondere jene Medienforschungen, die an die Traditionen der Cultural Studies und der Ethnomethodologie anschließen (vgl. Hörning & Winter, 1999; Hepp & Winter, 1997). Die interaktiven Verhandlungen von Medienangeboten folgen eigenen Regeln, konstruieren eigene Bedeutungen und schaffen Raum für vielfältige Formen der Distanzierung von der Medienkommunikation (vgl. Charlton & Barth, 1999; Keppler, 2001). Darüber hinaus wird in Anschlusskommunikationen auch über die Medien diskutiert (vgl. Stauff, 1999): Sie werden bewertet, kritisiert, sie passen mehr oder weniger gut in den eigenen Tagesablauf, man muss den Umgang der Kinder mit Medien steuern usw.

Anschlusskommunikationen beobachten wir nicht nur in *interaktiv* vollzogenen Prozessen der kommunikativen Verhandlung und Aneignung von Medienangeboten, sondern ebenso grundlegend in *gesellschaftlichen Bereichen* wie Politik, Recht, Wissenschaft oder Wirtschaft, in denen massenmedial verbreitete Kommunikationen weitere Kommunikationen anregen. Aus funktionaler Perspektive sind die ausdifferenzierte, hoch komplexe Gesellschaft und ihre Teilbereiche auf die Massenkommunikation angewiesen (vgl. Luhmann, 1996; Wehner, 1997): Verbreitungsmedien der Kommunikation können als „evoluti-

---

[2] Neben den in den Sozialwissenschaften dominierenden Orientierungen an (modernen) Fragen der Produktion und (vorgeblich „postmodernen") Fragen der Zirkulation wurde der ebenso wichtige Aspekt der Gebrauchsweisen vernachlässigt: Vor allem die Analysen Michel de Certeaus (1988) zeigen, in welcher Weise in Prozessen des Gebrauchs und Konsums von Dingen eigenständige Bedeutungen konstruiert werden. So entsteht in Alltagspraktiken eine Alltagskultur, die die bedeutungsgenerierende Aktivität und Autonomie der Subjekte nicht nur in deren Rolle als Produzenten, sondern auch Konsumenten aufzeigt.

onäre Errungenschaften" (Luhmann, 1997, S. 505ff.) angesehen werden, die Prozesse der gesellschaftlichen Ausdifferenzierung begleiten. Trotz zunehmender gesellschaftlicher Komplexität müssen die Möglichkeiten der Selbstbeschreibung der Gesellschaft und der kommunikativen Erreichbarkeit der Personen gewahrt bleiben; eben darin bestehen die Leistungen der Massenkommunikation. Sie erzeugt einen gesellschaftsweit verbreiteten Wirklichkeitsentwurf, an dem sich sowohl die Individuen als auch die funktional ausdifferenzierten gesellschaftlichen Teilbereiche orientieren können.

Kommunikationen in unterschiedlichen gesellschaftlichen Organisationen schließen an massenmedial verbreitete Kommunikationen an, wobei sich verschiedene wechselseitige Leistungsbeziehungen zwischen gesellschaftlichen Teilbereichen und Massenkommunikation etablieren. Werbung etwa steht in enger Beziehung zum ökonomischen System. Besonders auffällig ist die Angewiesenheit der Politik auf das System der Massenmedien (und hier insbesondere die Nachrichten und Kommentare), denn sie benötigt den Spiegel der öffentlichen Meinung, um sich selbst zu beobachten und sich zu orientieren (vgl. Gerhards & Neidhard, 1991; Luhmann, 1990). Anschlusskommunikationen in gesellschaftlichen Teilbereichen erfüllen im Verbund mit massenmedial verbreiteten Kommunikationen die Funktion der Integration, genauer: der *Systemintegration*. Zum einen können Kommunikationen in anderen gesellschaftlichen Teilsystemen an massenmedial verbreitete Kommunikationen anschließen. Zum anderen können diese Anschlusskommunikationen wiederum die Massenkommunikation mit Informationen versorgen. In dieser Weise etablieren sich vielfältige *wechselseitige Leistungsbeziehungen* zwischen Massenkommunikation und gesellschaftlichen Teilsystemen. Damit sind keine normativen Maßgaben gesellschaftlicher Sozialintegration durch Medienkommunikation (vgl. dazu Jarren, 2000) verknüpft. Obwohl die gesellschaftlichen Prozesse der Anschlusskommunikation in Organisationen und Institutionen relevante Bedingungszusammenhänge für Prozesse der Medien- bzw. Lesesozialisation darstellen, stehen sie nicht im Fokus der folgenden Überlegungen, die sich im Zusammenhang des vorliegenden Bandes auf interaktiv vollzogene Anschlusskommunikationen und Prozesse kommunikativer Aneignung beschränken.

Nach diesen Vorklärungen können wir nun die unterschiedlichen Gegenstandsbereiche der Medienforschung festhalten, die bei der Betrachtung des Verhältnisses von Medien- bzw. Lesesozialisation[3] und Anschlusskommunikation relevant sind: a) die Prozesse der Medienkommunikation selbst, b) die verschiedenen, eben umrissenen sozialen Bereiche, in denen Prozesse der

---

[3] Wenn im Folgenden von Mediensozialisation die Rede ist, so umfasst dies auch Prozesse der Lesesozialisation (vgl. Oerter, 1999), die einen bereichsspezifischen Ausschnitt der Mediensozialisation darstellt (vgl. Hurrelmann, 1999). Die folgenden Überlegungen drehen sich allgemein um Prozesse der Mediensozialisation, wobei Untersuchungen von Anschlusskommunikationen und kommunikativen Aneignungsprozessen vor allem im Bereich des Fernsehens unternommen wurden.

Anschlusskommunikation und der kommunikativen Aneignung zu beobachten sind, und c) subjektive Rezeptionsprozesse von Medienangeboten.[4] In einem ersten Schritt werden diese drei Bereiche genauer voneinander abgegrenzt und als drei Ebenen einer konstruktivistischen Theorie der Mediensozialisation umrissen (2).[5] Die wechselseitigen Beziehungen zwischen diesen Ebenen werden anschließend als strukturelle Kopplungen beschrieben, wobei sowohl konstruktivistische als auch interaktionistische Annahmen zur Geltung kommen (3). Damit wird eine grundlegende Unterscheidung zwischen kommunikativen und subjektiven Aneignungsprozessen vollzogen, die allerdings umstritten und daher eingehender zu diskutieren ist (4). In den letzten Schritten werden einige Strukturen und Funktionen von Anschlusskommunikation in den Bereichen Fernsehen und Lektüre von Büchern dargelegt (5) und abschließend künftige Forschungsdesiderata erörtert (6).

2 Medienkommunikation, Anschlusskommunikation und Rezeption: Drei Dimensionen einer Theorie der Mediensozialisation

Im Folgenden ist zunächst das *Verhältnis von Medienkommunikation und Anschlusskommunikation* zu klären. In der älteren Medienwirkungsforschung wurde dieses Verhältnis vor allem im Modell des Two-step-flow der Massenkommunikation über die Instanz der Meinungsführerschaft untersucht (vgl. Maletzke, 1998, S. 111ff.). Der Hintergrund dieses Modells ist die Beobachtung, dass Menschen nicht isoliert und direkt den Wirkungen der Medienangebote ausgesetzt sind, sondern Medienkommunikation im Kontext ihrer alltäglichen sozialen Beziehungen rezipieren. Face-to-face-Interaktionen sind dabei wirksamer als massenmedial verbreitete Kommunikationen, so dass gut informierte und Medien intensiv nutzende Personen ein großes Einflusspotenzial entfalten können, dessen Realisierung sie zu Meinungsführern macht. Allerdings handelt es sich bei Meinungsführern und -nachfolgern oftmals um keine stabilen, sondern kontext- und themenabhängige Konstellationen, die darüber hinaus der Dynamik von Individualisierungsprozessen (vgl. Beck, 1986) und der Auflösung allgemeiner Sozialstrukturen wie Schichten und Milieus (vgl. Hradil, 1992; Müller, 1992) unterliegen (vgl. Schneider, 2001). Auch wenn das Modell des Zwei-Stufen-Flusses der Massenkommunikation

---

[4] Neben der eben markierten Einschränkung des Gegenstandsbereichs unterschiedlicher Anschlusskommunikationen sind natürlich noch weitere Untersuchungsfelder der Medienforschung zu nennen, auf die hier nicht weiter eingegangen wird: etwa die institutionellen Regelungen und die technischen Vorrichtungen der Massenkommunikation.

[5] Diese drei Bereiche werden in medien- und kulturtheoretischen Untersuchungen unterschiedlich bezeichnet: Etwa als das Globale der Massenkommunikation, das auf das Lokale bestimmter Aneignungskulturen und -praktiken trifft (vgl. Morley, 1999), wobei diese Beziehung auf subjektive Aneignungsprozesse angewiesen ist (vgl. Keppler, 2000, S. 149f.).

keine allgemeine Beschreibung von Medienwirkungen leistet (vgl. Merten, 1994), liefert es einen ersten, freilich noch sehr differenzierungsbedürftigen Ansatzpunkt für die Rolle von Anschlusskommunikationen im Verhältnis von Massenkommunikation und Rezeption.

Eine grundlegende Klärung des Verhältnisses von Massenkommunikation und interaktiv vollzogenen Anschlusskommunikationen muss mit dem *zentralen Merkmal* massenmedial verbreiteter Kommunikation beginnen, nämlich ihrer *Ablösung* von den *Beschränkungen sozialer Interaktionen*. In sozialen Interaktionen verlaufen Kommunikationen unter Anwesenden: Anwesenheit der beteiligten Personen ist mithin konstitutiv für Interaktionen.[6] In zweiseitigen Interaktionen können sich die Personen wechselseitig wahrnehmen und ihre Handlungen koordinieren. Wechselseitig wahrnehmbare Reaktionen schaffen Möglichkeiten der direkten Verstehenskontrolle (was oftmals mit dem etwas unglücklichen Begriff der „Intersubjektivität" bezeichnet wird). In der einseitigen Form der Massenkommunikation sind diese Möglichkeiten direkter, wechselseitig wahrnehmbarer Reaktionen durch technische Vorrichtungen wirksam ausgeschlossen. Ohne die Ablösung von interaktiven Beschränkungen könnte die Massenkommunikation ihre oben genannten Funktionen in der modernen, ausdifferenzierten Gesellschaft nicht erfüllen: Erst die einseitige, interaktionsfreie Form ermöglicht die gesellschaftsweite Generalisierung der Kommunikation. Zugleich entstehen im Vergleich zu sozialen Interaktionen hohe Freiheitsgrade eines individuellen Umgangs mit den Kommunikationsangeboten (vgl. Esposito, 1995).

Damit wird eine grundlegende Grenze zwischen Massenkommunikation und interaktiv vollzogenen Prozessen der Anschlusskommunikation bzw. kommunikativen Verarbeitung von Medienangeboten deutlich, wie in breiter Übereinstimmung festgehalten wird. Mit Unterschieden zwischen den verschiedenen Grenzziehungen muss allerdings gerechnet werden, d.h. das Verhältnis von Massenkommunikation und interpersonaler bzw. interaktiv vollzogener Kommunikation ist durchaus klärungsbedürftig (vgl. Schenk, 1989; Sutter, 2000). Neben theoretischen Vorbehalten kann man naheliegende empirische Zweifel hegen, ob Massenkommunikation, wie eben behauptet, tatsächlich interaktionsfrei abläuft. Die Medienangebote enthalten vielerlei Interaktionen, also Gespräche, Interviews, Dialoge usw. Darüber hinaus sind vielfältige Möglichkeiten von Publikumsreaktionen und -beteiligungen gegeben: Ein- und Ausschalten, Telefonate, Zuschauerbriefe, zunehmend auch Netzkommunikationen usw. Die Bedeutung dieser Beobachtungen kann sehr unterschiedlich aufgeschlüsselt

---

[6] Von sozialen Interaktionen selbst aus betrachtet! Denn schiere Anwesenheit von Personen reicht nicht aus, sondern Personen müssen interaktiv als Anwesende behandelt werden: Wenn sich z.B. zwei Personen an einer Haltestelle unterhalten, mögen noch viele andere Personen anwesend sein und das Gespräch beobachten, sie stehen doch außerhalb des Interaktionssystems. Schon deshalb macht es guten Sinn, zwischen sozialen Interaktionen und der Versammlungsöffentlichkeit anwesender, sich wechselseitig wahrnehmender, aber nicht in interaktivem Austausch stehender Personen zu unterscheiden (vgl. Gerhards & Neidhard, 1991).

werden: Auf der Grundlage allgemeiner, Massenkommunikation und Interaktion erst ermöglichender Strukturen sozialen Handelns kann einerseits von einer (und sei es: verdeckten) Wechselseitigkeit auch massenmedial verbreiteter Kommunikationen ausgegangen werden. Sowohl soziale Interaktionen als auch Massenkommunikationen vollziehen sich als soziale Handlungen, für die die Wechselseitigkeit von Perspektiven konstitutiv ist. Andererseits kann auf der Grundlage eines allgemeinen Begriffs der Kommunikation die jeweilige Eigenständigkeit von Interaktion und Massenkommunikation hervorgehoben werden (für beide Positionen vgl. Sutter & Charlton, 1999). Aus dieser Sicht tragen soziale Interaktionen auf vielfältige Weise sowohl zur Produktion als auch zur Verarbeitung von Medienangeboten bei, ohne allerdings selbst Massenkommunikation zu sein.[7]

Diese letztere Position, die im Folgenden favorisiert wird, hat eine grundlegende Konsequenz für das Verständnis von interaktiven Anschlusskommunikationen: Sie werden ebenso wie Prozesse der Massenkommunikation als *eigenständige soziale Prozesse* mit eigenen Strukturen und Regeln betrachtet. Das heißt ganz allgemein, dass die Bedeutungen der Medienangebote und die Bedeutungen, die in Anschlusskommunikationen und kommunikativen Verarbeitungsprozessen gebildet werden, sehr unterschiedlich sein können. Man kann diese Konsequenz mit dem Begriff der *Offenheit medialer Texte* genauer beschreiben (vgl. o.c.). Die Offenheit medialer Texte resultiert aus dem Umstand, dass Medienangebote auf unterschiedlichste Weise beobachtet und verstanden werden können. Zwar etablieren Medienangebote einen Raum möglicher Bedeutungen, sie determinieren allerdings nicht die subjektiven und kommunikativen Verstehensprozesse.[8] Textoffenheit des Gesendeten, Gehörten und Gelesenen und Freiheit des Umgangs mit Medienangeboten werden aus ganz unterschiedlichen theoretischen Perspektiven hervorgehoben: in handlungstheoretischen Rezeptionsforschungen und in an Cultural Studies orientierten Ansätzen (vgl. Fiske, 1987) ebenso wie in der soziologischen Systemtheorie (vgl. Luhmann, 1996, S. 112f.). Insbesondere die Unterhaltung, die zu einem dominierenden Motiv der Mediennutzung geworden ist (vgl. Vorderer & Knobloch, 1998), hängt eng mit der Offenheit des Medienangebots zusammen, die eine Spannung erzeugende Ungewissheit schafft. Textoffenheit darf jedoch nicht lediglich als ein Merkmal medialer Texte verstanden werden, sondern sie charakterisiert die *Beziehung zwischen Lesern bzw. Lesergruppen und Texten*, die auf beiden Seiten offene Bedeutungen etabliert.

---

[7] Die Grenze des Interaktionssystems umfasst alle potenziell aktiven Beteiligungsrollen: Denken wir an ein Saalpublikum einer Unterhaltungssendung, aus dem heraus sich Personen in das Geschehen einschalten können (auch wenn es kaum einmal geschieht bzw. gesendet wird); jenseits dieser Grenze liegen die passiven Rollen eines anonymen, dispersen Publikums ohne direkte Reaktionsmöglichkeiten.

[8] Eben dieses Merkmal der Offenheit medialer Texte wird in den eingangs genannten kulturkritischen Medientheorien systematisch übersehen, wenn behauptet wird, Massenkommunikation manipuliere und überwältige die Rezipienten.

Diese *konstruktivistische* Auffassung wird aus kulturwissenschaftlicher Sicht mit *interaktionistischen* Analysen ergänzt, die sowohl die Entstehung als auch die Reduktion offener Bedeutungen von Texten beschreiben: Neben intertextuellen Bezügen[9] treten dabei „interpretative" bzw. „auslegende Gemeinschaften" ins Blickfeld (vgl. Charlton & Barth, 1999; Hepp, 1998). Im regelmäßigen gemeinsamen Mediengebrauch bilden sich „Interpretive Communities" (Jensen, 1990), die eine gemeinsame Diskursform bei der Auslegung von Medienangeboten ausbilden und damit eine spezifische Rahmung der individuellen Rezeptionsprozesse etablieren (vgl. Sutter & Charlton, 1999). Es handelt sich hierbei um Anschlusskommunikationen, die jenseits der Grenzen der Massenkommunikation ablaufen und wiederum nur sehr indirekt an massenmediale Kommunikationen anschließen können. Die Reduktion der Offenheit von Texten vollzieht sich also sowohl in subjektiven als auch in kommunikativen Aneignungsprozessen (vgl. Pette & Charlton, 1997 und in diesem Band).

Damit tritt die Frage in den Vordergrund, in welchem *Verhältnis subjektive und kommunikative Aneignungsprozesse* zueinander stehen. Im Rahmen einer *Theorie der Mediensozialisation* können *sozialisatorische Interaktionen* von Prozessen der Massenkommunikation und der subjektiven Rezeption abgegrenzt und auf der Ebene von Anschluss- bzw. Begleitkommunikation verortet werden (vgl. Sutter, 1999). Generell entwickeln Subjekte ihre Fähigkeiten in sozialen Beziehungen, in die sie eingebunden sind. In gleicher Weise wird die Fähigkeit, mit Medien umzugehen, in Kooperation mit anderen Personen erworben. Das beginnt bereits mit dem gemeinsamen Bilderbuchlesen von Eltern und Kindern (vgl. Braun, 1995; Schneider, 1995; Wieler, 1997). Als den Mediengebrauch begleitende oder ihm nachfolgende Anschlusskommunikationen können sozialisatorische Interaktionen als soziale Bedingungen des Erwerbs von Medien- bzw. Lesekompetenz betrachtet werden. Voraussetzung für den Erwerb von Medienkompetenz ist somit die Fähigkeit, an Prozessen der Anschlusskommunikation und der kommunikativen Verarbeitung von Medienangeboten teilzunehmen (mehr dazu weiter unten). Das schließt freilich nicht aus, dass Nachwachsende zunehmend vor die Aufgabe gestellt sind, allein und eigenständig den Umgang mit Medien zu erlernen: Denken wir nur im Falle von Computern an das Gefälle zwischen kompetenten Kindern und mehr oder weniger hilflosen Eltern. Nicht zufällig ist in letzter Zeit öfters von Selbstsozialisation im Umgang mit Medien die Rede (vgl. Fromme u.a., 1999; Groeben et al., 1999; Schell u.a., 1999). Allgemein wird damit die Eigenaktivität und die autoregulative Konstruktivität der sich sozialisierenden Subjekte hervorgehoben (vgl.

---

[9] Die Verknüpfungen von Texten untereinander und von Texten mit den unterschiedlichen Aneignungskontexten können als „Reading Formations" (Bennett & Woollacott, 1988) beschrieben werden. Die Strukturen der Texte selbst und der Prozesse ihrer Rezeption setzen der Textoffenheit in Leser-Text-Beziehungen Grenzen: Schon seit langem wird debattiert, wie diese Verhältnisse von Texten und ihren möglichen und realisierten Lesarten angemessen zu analysieren sind (zum Überblick vgl. Hepp, 1998, S. 118ff.).

Hurrelmann, 1999, S. 106f.), wobei insbesondere an die Entwicklungstheorien in der Tradition Jean Piagets angeschlossen werden kann (vgl. Sutter, 1999a).

Den bisherigen Überlegungen zufolge ist es von entscheidender Bedeutung, den jeweils eigenständigen Stellenwert von Anschlusskommunikationen bzw. kommunikativen Aneignungsprozessen, von subjektiven Rezeptionsprozessen und den Prozessen der Medienkommunikation zu sehen. Die Beziehungen zwischen diesen drei Bereichen kann man im Sinne des „interaktionistischen Konstruktivismus" (o.c.) beschreiben: Es geht dabei um eine differenzierte, die einseitige Betonung entweder der medialen Überwältigung oder aber der Autonomie der Subjekte bzw. der Rezipientengruppen überwindende Analyse des Umgangs mit Medien. Eine konstruktivistische Betrachtung dieser drei Bereiche bringt ihre jeweilige Eigenständigkeit zur Geltung, der aus interaktionistischer Sicht allerdings Grenzen gesetzt sind. Diese Relationen werden im Folgenden als strukturelle Kopplungen zwischen den drei Bereichen dargelegt.

3 Strukturelle Kopplungen von Medienkommunikation, Anschlusskommunikation und Rezeption

Mit dem Begriff der strukturellen Kopplung bezeichnet die soziologische Systemtheorie Beziehungen zwischen verschiedenen sinnhaft operierenden, d.h. psychischen und sozialen Systemen. Strukturelle Kopplung meint allgemein, dass verschiedene Systeme sich wechselseitig Komplexität zur Verfügung stellen, die zum systeminternen Aufbau von Strukturen genutzt wird. Die genauere Bedeutung dieses Begriffs erschließt sich nur, wenn man sowohl die *Geschlossenheit* als auch die *Offenheit* sinnhaft operierender Systeme beachtet: Geschlossen sind die Systeme insofern, als ihre internen Operationen niemals über die einmal gebildeten Systemgrenzen hinausgreifen können. Systeme prozessieren aus der Sicht des „operativen Konstruktivismus" (Luhmann, 1991, S. 68) ohne wechselseitige Überschneidungsbereiche. Für unsere drei Bereiche heißt dies: Prozesse der Massenkommunikation, der Anschlusskommunikation und der subjektiven Rezeption sind operativ geschlossen, füreinander unerreichbar und sie verlaufen überschneidungsfrei. Sie konstruieren jeweils eigenständige Realitäten nach Maßgabe interner Strukturen: Eine massenmedial konstruierte Wirklichkeit stellt gesellschaftsweit verbreitete Themen und ein kollektives Gedächtnis nicht als gemeinsam geteilte Realität, sondern als generalisierten Horizont zur Verfügung, auf den die operativ geschlossenen kommunikativen und subjektiven Aneignungsprozesse Bezug nehmen können.[10]

---

[10] Damit kann die Frage, ob und wie Massenmedien die Wirklichkeit manipulieren oder verzerren, nicht mehr mit Verweis auf eine eigentliche, unverstellt beobachtbare Wirklichkeit beantwortet werden (umfassend hierzu: Merten, Schmidt & Weischenberg, 1994; Schmidt, 1994). Systeme müssen Fremdreferenz selbst herstellen. „Die These des operativen Konstruktivismus führt also nicht zu einem ‚Weltverlust', sie bestreitet nicht, dass es Realität gibt. Aber sie setzt Welt nicht als Gegenstand, son-

Eines kann man angesichts hartnäckiger Vorurteile und Missverständnisse in der Rezeption der Systemtheorie gar nicht oft genug wiederholen: Ebenso grundlegend wie die operative Geschlossenheit sind die Offenheit und wechselseitigen konstitutiven Abhängigkeiten unterschiedlicher Systeme.[11] Allgemein zeigen sie sich zunächst in *Sinn* als dem gemeinsamen Medium von Bewusstsein und Kommunikation: Psychische und kommunikative Operationen operieren überschneidungsfrei, aber in einem gemeinsamen Medium (vgl. Luhmann, 1984, S. 141). In Beziehungen struktureller Kopplung stellen sich Systeme wechselseitig Komplexität für den Aufbau und Erhalt von Systemgrenzen zur Verfügung. Auf diese Weise machen sie sich beim Aufbau und der Aktualisierung ihrer Strukturen voneinander abhängig: Ohne Bewusstsein keine Kommunikation (vgl. Luhmann 1987), ohne Rezeption keine Massenkommunikation (vgl. Luhmann, 1996). Die Beziehungen struktureller Kopplung zwischen Massenkommunikation, Anschlusskommunikation und subjektiver Rezeption können in drei Formen unterschieden werden: Inklusion, Sozialisation und Integration. Das ergibt folgendes Bild möglicher struktureller Kopplungsbeziehungen:

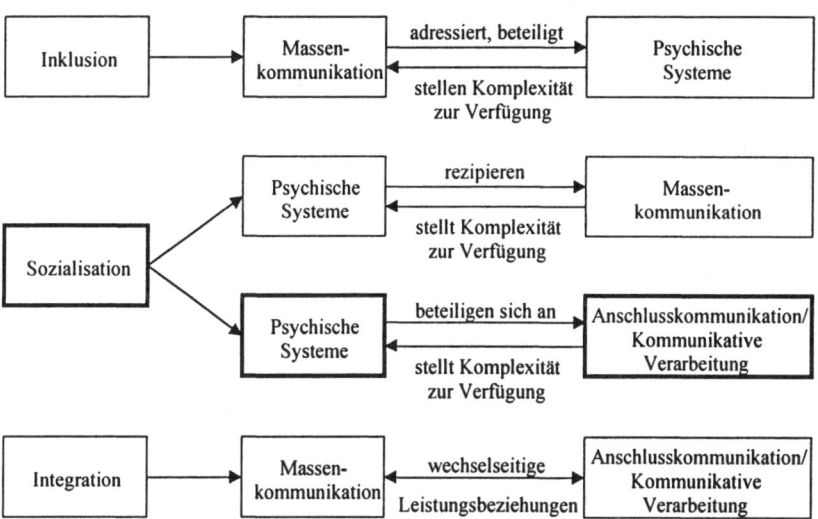

Abbildung 1: Strukturelle Kopplungen von Massenkommunikation, Anschlusskommunikation und Rezeption

---

dern im Sinne der Phänomenologie als Horizont voraus. Also als unerreichbar. Und deshalb bleibt keine andere Möglichkeit als: Realität zu konstruieren und eventuell: Beobachter zu beobachten, wie sie die Realität konstruieren." (Luhmann, 1996, S. 18f.)

[11] Auch aus differenztheoretischem Lager kommen Einwände gegen die vermeintlich totalisiert gefasste Geschlossenheit von sinnhaft prozessierenden Systemen (zum Überblick etwa Schmidt, 1994), die Kommunikation und Individuum strikt voneinander isoliert: Diese Einwände gehen an der prominenten (und künftig sicherlich noch klarer herauszustellenden) Rolle von Offenheit und struktureller Kopplung in Intersystembeziehungen vorbei (vgl. Sutter, 2000a; 2001).

Um dieses recht komplexe Bild zu erläutern, muss der methodische Hinweis vorangestellt werden, dass die Systemtheorie Aussagen immer nur relativ zu bestimmten Systemreferenzen macht. Wenn wir also Massenkommunikation, Anschlusskommunikation und subjektive Rezeption unterscheiden, so haben wir drei mögliche Systemreferenzen vor uns, von denen aus Beziehungen struktureller Kopplung rekonstruiert werden können. Das wird gleich im ersten Schritt deutlich: In Inklusionsbeziehungen stellen psychische Systeme ihre Eigenkomplexität für das Operieren sozialer Systeme zu Verfügung. Damit sind bezogen auf unseren Gegenstandsbereich keine subjektiven Rezeptionsprozesse von Medienangeboten gemeint. Vielmehr muss man von der Systemreferenz der (Massen-)Kommunikation ausgehen: Soziale, mit Kommunikationen operierende Systeme inkludieren psychische Systeme, indem sie diese als kommunikativ adressierbare Personen beobachten und behandeln (vgl. Luhmann, 1997, S. 618ff.). Dies geschieht auch in Prozessen der Massenkommunikation: Hier werden psychische Systeme auf vielfältige Weise als Personen identifiziert und behandelt. Sie werden in passiven Rollen angesprochen oder in aktiven Rollen beteiligt (in Telefonaten, Interviews etc.). Inklusion ist zwar ein rein kommunikativer Prozess, in dessen Operationen die psychischen Systeme nicht eingreifen können, die aber dennoch per kommunikativer Adressierung der Massenkommunikation Komplexität zur Verfügung stellen.

Auf Integrationsbeziehungen als strukturelle Kopplung von kommunikativen Systemen sind wir schon oben zu sprechen gekommen: Integration liegt vor, wenn soziale Systeme sich in wechselseitigen Leistungsbeziehungen mit Komplexität versorgen (vgl. Bora 1999, S. 58ff.). Nur in dieser Form struktureller Kopplung werden ausschließlich kommunikative Systeme verknüpft, in unserem Fall Massenkommunikation und daran anschließende Kommunikationen in anderen gesellschaftlichen und sozialen Bereichen. Die in unserem Zusammenhang zentrale Relation ist die (Selbst-)*Sozialisation*. Diese Relation muss von psychischen Systemen ausgehend konzipiert werden, und zwar auf zwei Ebenen: Allgemein haben wir strukturelle Kopplungen zwischen sozialen und psychischen Systemen vor uns, in denen soziale Systeme ihre Eigenkomplexität dem Aufbau psychischer Systeme zur Verfügung stellen (vgl. Luhmann, 1989, S. 162f.). Selbstsozialisation bedeutet im vorliegenden Zusammenhang erstens, dass Massenkommunikation ihre Eigenkomplexität den rezipierenden psychischen Systemen zur Verfügung stellt: Subjekte nutzen die Rezeption von Medienangeboten zum selbstreferenziellen Aufbau ihrer Strukturen. Selbstsozialisation bedeutet zweitens, dass Anschlusskommunikationen und kommunikative Aneignungsprozesse den rezipierenden Subjekten Komplexität zur Verfügung stellen. Kommunikative Aneignungsprozesse fungieren als Kontexte der Mediensozialisation, d.h. soziale Verhandlungen der Bedeutungen von Medienangeboten bieten erweiterte Möglichkeiten der strukturellen Kopplung zwischen Massenkommunikation und Rezeption. Mit dem Verhältnis von Mediensozialisation und Anschlusskommunikation kommt, wie der hervorgehobene Bereich des Schaubildes verdeutlicht, ein begrenzter Ausschnitt aus einem breiten Netz struktureller Kopplungen in den Blick.

Dieser Ausschnitt kann mit zwei Untersuchungslinien ausgeleuchtet werden: auf der subjektiven Seite mit einer konstruktivistischen Theorie der Selbstsozialisation im Umgang mit Medienangeboten und auf der sozialen Seite mit einer Theorie sozialisatorischer Interaktionen, die den Rezeptionsprozess begleitende oder aber auf ihn folgende Kommunikationsprozesse umfasst. Im Sinne des interaktionistischen Konstruktivismus kann die Beziehung zwischen Medienselbstsozialisation und (sozialisatorischen) Anschlusskommunikationen als strukturelle Kopplung gefasst werden, womit sowohl die operative Eigenständigkeit als auch die wechselseitige Abhängigkeit dieser Bereiche auf struktureller Ebene berücksichtigt werden. Diese Vorgehensweise basiert auf Kooperationsmöglichkeiten zwischen traditionellen strukturgenetischen und handlungstheoretischen Entwicklungs- und Sozialisationstheorien einerseits, wie sie insbesondere von der strukturanalytischen Rezeptionsforschung für die Analyse der Mediensozialisation aufgenommen wurden, und der soziologischen Systemtheorie andererseits (vgl. Sutter, 2000). Die Notwendigkeit dieser Vorgehensweise drängt sich insbesondere auf, wenn man den Umgang kleiner Kinder mit Medien im Kontext sozialisatorischer Interaktionen beobachtet: Es ist ganz offensichtlich, dass sich Bedeutungsverhandlungen nicht vollziehen könnten, wenn sie konstitutiv von der Vermittlung der Bedeutungen des medialen Textes, des subjektiven Verstehens und der kommunikativen Aneignung abhängen würden. Die Pointe sozialisatorischer Prozesse allgemein und entsprechend auch der Mediensozialisation liegt vielmehr darin, dass sich die Bedeutungen auf den Ebenen des medialen Textes, der kommunikativen Aneignung und der subjektiven Rezeption selbstreferenziell, aber strukturell miteinander gekoppelt ausbilden.[12]

Diese selbstreferenzielle Eigenständigkeit der drei Bereiche zeigt sich in vielfältigen Medienforschungen: a) Die Autonomie und der Einfluss der Medien werden aus medienzentrierter Sicht in einer bemerkenswerten Allianz von kritischer Kulturtheorie und poststrukturalistischen Theorien neuer Medien festgehalten (vgl. Sutter, 1995). Darüber hinaus wird die eigenständige Form der Medienangebote zunehmend auch in rezeptionsorientierten Untersuchungen berücksichtigt (vgl. Ayaß, 2001). b) Analysen der kommunikativen Aneignung und Weiterverarbeitung von Medienangeboten heben die offensichtliche Eigensinnigkeit dieser Prozesse hervor (vgl. Klemm, 1998). c) Rezeptionsstudien zeigen, wie Sinngehalte von Medienangeboten zum Teil kräftig gegen den Strich gebürstet werden (etwa im Dienst der subjektiven Lebensbewältigung und Identitätssicherung, vgl. Charlton & Neumann, 1990). In Zukunft wird es auf Anstrengungen ankommen, die herrschenden Reduktionismen und Vereinseitigungen in den Medienforschungen zu überwinden: Den erstgenannten Stu-

---

[12] Dies zeigt der von einigen Kolleg(inn)en und mir eingehend analysierte „Fall Georg", der sowohl strukturgenetisch und interaktionslogisch rekonstruiert (vgl. Braun u.a., 1994) als auch systemtheoretisch beobachtet wurde (vgl. Sutter, 1999a, S. 246ff.).

dien fehlt die Subjekt- und Rezeptionsdimension, den zweit- und drittgenannten Analysen fehlt zumindest tendenziell der Blick für die Rolle der Medien selbst. Erfreulicherweise werden diese Aufgabenstellungen zunehmend wahrgenommen, etwa wenn aus rezeptionstheoretischer Sicht auf die Bedeutung von Produktanalysen verwiesen wird (vgl. etwa Keppler, 2001). Vor diesem Hintergrund erscheint der Versuch aussichtsreich zu sein, mit der noch weiter auszuarbeitenden Konzeption der strukturellen Kopplung die fraglichen Relationen weiter auszuleuchten.

4 Die Differenz zwischen kommunikativen und subjektiven Aneignungsprozessen

Die an dieser Stelle vertretene *grundlegende Unterscheidung zwischen kommunikativen und subjektiven Aneignungsprozessen* von Medienangeboten stellt keineswegs einen common sense dar: Gerade im Forschungsfeld der kommunikativen Aneignung des Fernsehens werden mit dem Begriff des sozialen Handelns sowohl soziale als auch subjektive Prozesse beschrieben – Fernsehen als soziale Handlung. Besonders markant in diese Richtung zielt der Begriff der *parasozialen Interaktion* (vgl. Horton & Wohl, 1956), der in den letzten Jahren wiederentdeckt wurde (vgl. Vorderer, 1996). Zuschauer können zu Medienfiguren parasoziale Interaktionen aufbauen, indem sie sich in Beziehung zu diesen Figuren setzen: Dies geschieht unter den Bedingungen der einseitigen Form der Massenkommunikation, die Face-to-face-Interaktionen wirksam ausschließt. Deshalb muss auf den Unterschied zwischen interaktiven Beziehungen zu Medienfiguren und zu wirklichen Personen geachtet werden (vgl. Keppler, 1996). Dennoch können Zuschauer und Medienakteure so tun, als ob sie in einer direkten sozialen Beziehung zueinander stünden. Der Begriff der parasozialen Interaktion löst die Grenze zwischen subjektiven und sozialen Konstruktionen auf, wenn er die Wechselseitigkeit interaktiver Handlungskoordinationen auch Prozessen massenmedialer Kommunikation unterstellt. Der subjektive wird unter der Hand zum kommunikativen Aneignungsprozess, wenn nicht deutlich wird, dass auch parasoziale Interaktionen den doppelten Spiegel nicht durchbrechen, der von der Form der Massenkommunikation aufgestellt wird und in den Medienakteure und Zuschauer blicken.

Ähnlich gelagert sind Verweise auf Prozesse der inneren Rede oder des inneren Dialogs bei der Medienrezeption (vgl. Charlton & Klemm, 1998, S. 713ff.; Krotz, 1996). Damit lassen sich soziale und subjektive Aneignungen von Medienangeboten gewissermaßen in einem Zug analysieren, wobei allerdings ein stark personenbezogener Begriff von Kommunikation zugrunde gelegt wird: „Wenn sich der Zuschauer angeregt durch das Medienangebot mit seiner Identität und seiner Lebenssituation auseinandersetzt, dann kommuniziert er mit sich selbst." (Charlton & Klemm, 1998, S. 714) Diese Engführung sozialer und psychischer Prozesse kann in den Kontext der sozialen Handlungstheorie George

H. Meads (1973) gestellt werden, die soziale Beziehungen im Modell der Rollen- bzw. Perspektivenübernahme beschreibt.[13] Das ist soziologisch unbefriedigend, weil in dieser Weise die Eigenständigkeit von Kommunikation (vgl. dazu Sutter, 2000b) nicht erfasst werden kann. Diese Eigenständigkeit kann ebenfalls auf Meads Handlungstheorie zurückgeführt werden, wenn sie genuin soziologisch rekonstruiert wird (vgl. Schneider, 1994; Sutter, 1999a, S. 180ff.). Entscheidend ist dabei zweierlei: Soziale Interaktionen und soziales Handeln prozessieren erstens selbstreferenziell, lassen sich also nicht lediglich als Produkte intentionaler Akte oder als Koordination von Einzelhandlungen begreifen. Handlungsbedeutungen entstehen zweitens in einer (der Rekonstruktion Meads folgend: dreistelligen) Handlungssequenz, in der sich die soziale Struktur des Handelns ausbildet: An eine Äußerung von A schließt eine Reaktion von B an, die wiederum von A beantwortet wird. Bedeutungen entstehen in einer Abfolge von Handlungen, die sich in der wechselseitigen Bezugnahme selbst organisieren.[14] Soziales Handeln als sozialwissenschaftliche Analyseeinheit umfasst also immer eine Sequenz von Handlungen, in denen eine Bedeutung festgelegt wird.[15] Es wird somit deutlich, wie den Handlungen in ihrem Ablauf bestimmte Bedeutungen *sozial* zugewiesen werden, und zwar unabhängig davon, welche Bedeutungen die Handelnden oder die Beobachter konstruieren.[16]

---

[13] Dieser Gedanke ist in der Entwicklungs- und Sozialisationsforschung nach wie vor aktuell: Im sozialen Konstruktivismus wird er mit dem Begriff der Ko-Konstruktion weiter ausgebaut (vgl. Bruner & Haste, 1987; Krappmann & Oswald, 1992; Youniss, 1994).

[14] Um dies mit einem alltäglichen Beispiel zu veranschaulichen: Wenn ich eine andere Person begrüße, diese Person meinen Gruß nicht erwidert, so legt erst meine an diese Reaktion anschließende Handlung fest, was die vorlaufenden Handlungen bedeuten: Ich entschuldige mich, weil ich die Person mit jemandem verwechselt habe, ich wiederhole den Gruß, weil der Person mein Gruß entgangen ist oder sie ihn ignoriert hat usw.

[15] Das lässt sich ohne weiteres auch als methodologische und methodische Faustregel festhalten: Man kann nicht, es sei denn im Zuge wilder Spekulation, die Bedeutung einer Einzelhandlung rekonstruieren; man muss auf die vorlaufende Entstehungsgeschichte des Handlungskontextes und die weiteren Verlaufsmöglichkeiten der Handlungssequenz rekurrieren (vgl. Sutter, 1999a, S. 193f.).

[16] Obwohl konstruktivistisch vorgehende Sozialtheorien als Reaktionen auf ungelöste Probleme soziologischer Theorien anzusehen sind, sehen sie sich vielfältigen Einwände ausgesetzt. Diese Einwände bestehen zu weiten Teilen darauf, dass man Soziales nicht zu stark von individuellem Bewusstsein und Handeln abkoppeln dürfe; oder es entsteht der in Teilen berechtigte Eindruck, die Menschen würden von soziozentrischen Theorien aus dem Gegenstandsbereich der Sozialwissenschaften ausgeschlossen. Die Gesellschaftsanalyse stößt aber regelmäßig auf hoch komplexe, eigenständige, auf individuelle Handlungsvollzüge gerade nicht reduzierbare soziale Gebilde, so dass sie sich diesen Bedenken nicht beugen sollte. Eher müsste man diese Unbeugsamkeit weiterhin fordern, ohne dass empirische Subjekte unter die Räder soziozentrischer Reduktionismen kommen. Für die Fruchtbarkeit der vorgeschlagenen Perspektive spricht, dass mit ihr auf ganz unterschiedliche Theorien zurückgegriffen werden kann: Meads Handlungstheorie, die Konversationsanalyse (vgl. Hausendorf, 1992), die Systemtheorie, im Kontext der Kritischen Theorie stehende Interaktionstheorien wie die von Ulrich Oevermann (vgl. Bora, 1994) usw.

Es spricht nichts dagegen, Bilder der parasozialen Interaktion, des inneren Dialogs oder der inneren Rede als Metaphern für *sozial-kognitive Prozesse* bei der Rezeption von Medienangeboten zu verwenden, solange klar bleibt, dass ein Verstehensprozess nicht zugleich kognitiv und kommunikativ sein kann.[17] Gerade hier entstehen aber immer wieder Unklarheiten: So spricht Ulrich Püschel (1993) von drei Kommunikationskreisen, nämlich dem Geschehen auf dem Bildschirm selbst, den (wir fügen hinzu: parasozialen) Interaktionen zwischen Medienangeboten und Zuschauern und den Interaktionen zwischen den Zuschauern. Der erste Kreis wird von interaktionsfrei prozessierenden, massenmedial verbreiteten Kommunikationen gebildet. Der letzte, dritte Kreis umfasst Face-to-face-Interaktionen, in denen sich Zuschauer während oder nach der Rezeption über Medienangebote unterhalten. Viele Analysen verorten Prozesse der kommunikativen Aneignung von Medienangeboten indessen auch im zweiten Kreis, in dem Zuschauer sich in Beziehung zu den Medienangeboten setzen. Wenn Zuschauer jedoch nicht mit anderen, sondern für sich allein rezeptionsbegleitend sprechen, dann handelt es sich um einen *subjektiven* Aneignungs- und Verarbeitungsprozess. Auch wenn Zuschauer sich selbst und ihre Alltagserfahrungen in Beziehung zu Medienfiguren setzen, handelt es sich um subjektive Prozesse und nicht um soziale Interaktionen. Es führt also nicht weiter, hier von „para"sozialen Interaktionen zu sprechen: Der mediale Text und die Medienfiguren können auf die Rede des Rezipienten nicht antworten, und wenn man die Antwort ins Intrasubjektive verlegt, verwischt man die Grenze zwischen subjektiven und sozialen Prozessen.[18]

5 Strukturen und Funktionen von Anschlusskommunikation

Einem verbreiteten Vorurteil zufolge verhindert der Mediengebrauch interaktiv vollzogene Kommunikationen: Vor allem das Fernsehen soll Kommunikationen insbesondere in Familien blockieren. Nicht nur die eingangs dargelegten Differenzierungen des Forschungsfeldes, sondern auch die empirischen Widerlegungen dieses Vorurteils (vgl. Charlton & Klemm, 1998, S. 711) haben zur eingehenderen Beschäftigung mit Strukturen und Funktionen von Anschlusskommunikationen und kommunikativen Aneignungsprozessen vor allem im

---

[17] Eben hierin scheint der schon erwähnte (v.a. in Habermas' Theorie kommunikativen Handelns zentrale) Begriff der Intersubjektivität unglücklich zu sein: Indem Subjekte verstehen, also intern etwas konstruieren, soll zugleich etwas Gemeinsames zwischen den Subjekten entstehen – aber wie? Für die soziologische Systemtheorie wird der Begriff absurd, weil jedes Subjekt bestenfalls seine eigene Intersubjektivität konstruiert (vgl. dazu Sutter, 1999a, S. 78 und 197ff.).

[18] Michael Klemm (1998, S. 63) versucht, diesem Umstand durch eine Unterscheidung von drei Phasen der Fernsehaneignung gerecht zu werden: Die erste Phase wird durch individuelle Prozesse des inneren Dialogs gebildet, während in der zweiten und dritten Phase rezeptionsbegleitende und anschließende Kommunikationen in der Zuschauergruppe und in anderen sozialen Gruppen verortet werden.

Bereich des Fernsehens geführt. Es gibt vielfältige Formen und Muster der kommunikativen Fernsehaneignung, die mediale Texte in Relation zur Alltagswelt und zum eigenen Erleben setzen und Interpretationen der medialen Texte konstruieren (vgl. Hepp, 1998): Die Alltagswelt wird z.b. mit Erzählungen, Bewertungen und spielerischen Projektionen in Beziehung zu Medienangeboten gesetzt. Die Offenheit der Texte wird durch Konstruktionen intertextueller Bezüge, Austausch von Kontextwissen, Verhandlungen möglicher Bedeutungen usw. kommunikativ reduziert. Während des Fernsehens wird erstaunlich viel und kontinuierlich, dabei aber knapp und thematisch komprimiert kommuniziert. Diese Bruchstückhaftigkeit rezeptionsbegleitender Anschlusskommunikationen ist im gegebenen Kontext funktional: Man tauscht sich aus, ohne mehr als nötig zu verpassen. Dabei bedingen die Zusammensetzung der kommunizierenden Zuschauergruppe, situative Kontexte und bestimmte Stile die Art und Weise der kommunikativen Aneignung: von der distanzierten, sachlichen und konzentrierten Rezeption bis hin zu Blödeleien, die Medienangebote nur zum Anlass für vergnüglichen Austausch in der Gruppe nutzen (vgl. Charlton & Klemm, 1998, S. 720f.). Daneben haben aber auch die Medientexte Einfluss auf die Gestaltung der kommunikativen Aneignung: So werden bestimmte Gattungen von Fernsehsendungen (Unterhaltungsshows, Quizsendungen, Magazine usw.) auf spezifische Weise rezipiert, es gibt mit anderen Worten gattungsspezifische kommunikative Aneignungsweisen (vgl. Holly & Habscheid, 2001; Ayaß, 2001).

Im Rahmen des vorliegenden Bandes zur Lesekompetenz ist schließlich auf die Bedingungen und Funktionen der Anschlusskommunikation an das Lesen einzugehen. Kommunikationen, die sich an die Lektüre von schriftlichen Texten anschließen, sind ja ein alltägliches und weitverbreitetes Phänomen. Zwar wurden sie bislang unseres Wissens nicht systematisch untersucht, jedoch lassen sich zahlreiche empirische Arbeiten zur kommunikativen Praxis in verschiedenen Lebensbereichen finden.

Die Untersuchungen zur Anschlusskommunikation nach der Lektüre kann man nach den mit dem Diskurs verfolgten Zwecken einteilen in:

- Gespräche, die vorwiegend der Vermittlung oder Festigung der Kulturtechnik Lesen dienen;
- Gespräche, die vorwiegend dem Verstehen (literarischer) Texte dienen;
- Gespräche, die vorwiegend der Persönlichkeitsbildung dienen, sowie
- Gespräche, die vorwiegend der Unterhaltung und dem Genusserlebnis dienen.

Gespräche, die vorwiegend der Vermittlung oder Festigung der Kulturtechnik Lesen dienen:
In ihrem Beitrag zum Vorlesen von Bilderbüchern und Texten für Vorschulkinder vermerkt Cochran-Smith:

For the group of preschoolers I studied, the negotiated, socially interactive, and oral aspects of early storyreadings seemed to introduce and allow opportunities for practice in the solitary, unilateral, and silent process of decontextualized book reading. Hence story reading was intermediate between making sense of contextualized language and making sense of decontextualized language. As such, it served in the community as a part of the children's transition from oral to written culture. (1986, S. 53)

Empirische Beispiele für die Vermittlung zwischen lebensweltlich erfahrbarem und sozial situiertem Sinn auf der einen Seite und dekontextualisiertem, durch die Schriftform vermitteltem Sinnangebot auf der anderen Seite liefern zum Beispiel die Untersuchungen von Braun (1995) zum Vorlesen im Säuglings- und Kleinkindalter, von Feneberg (1994) und Wieler (1997a) zum Vorlesen im Vorschulalter. Hierbei geht es primär nicht darum, Kinder in das Zeichensystem Schrift einzuführen, sondern darum, dass Kinder im Gespräch die Fähigkeit erwerben, eigene Erfahrungen und medial angebotene, kulturelle Deutungsmuster aufeinander zu beziehen. Damit wird zugleich die Voraussetzung für die Teilhabe an den nachfolgend beschriebenen Anschlusskommunikationen geschaffen.

Gespräche, die vorwiegend dem Verstehen von literarischen Texten dienen: Andringa (2000, S. 96) bemerkt:

> Zur literarischen Kompetenz gehört die Fähigkeit, über Gelesenes reflektieren und kommunizieren zu können. Ein wirkliches Gespräch über Gelesenes kann nicht nur die Leseerfahrungen vermitteln, sondern auch das Verstehen im Dialog vertiefen.

In seiner sprachanalytischen Untersuchung mit dem Titel „Konversationen über Literatur" führt Ihwe (1985) darüber hinaus den Nachweis, dass jede wissenschaftliche Literaturinterpretation einen konversationellen Charakter hat, der lediglich an der Textoberfläche durch den üblicherweise monologisierenden und individualisierenden Präsentationsmodus der Literaturkritik überdeckt wird (S. 120). Hurrelmann (1987) erklärt dieses Phänomen unter Berufung auf die „Dialektik" von Schleiermacher durch die erkenntnistheoretischen Prämissen jeglicher Hermeneutik. Erkennen wird nach dieser Auffassung

> an einen Kommunikationsprozess unter Gesprächspartnern gebunden, die – trotz ihrer Teilhabe an der Sprache, die die Richtung auf Allgemeingültigkeit des Wissens verbürgt - niemals a priori sicher sein können, dass ihre Auffassungsschemata für die Wirklichkeit bei ihnen selbst (zu verschiedenen Zeiten) und im Vergleich zu anderen identisch sind. (S. 70)

Die Lese- und Schreiberziehung breiter Bevölkerungskreise, die in der Mitte des 18. Jahrhunderts in Europa einsetzte (vgl. z.B. Messerli, 2000; Hurrelmann, in diesem Band), hatte zur Folge, dass bald das Bedürfnis aufkam, neben Gebrauchstexten auch literarische Texte verstehen zu lernen. Für die erwachsene Bevölkerung übernahmen in vielen Orten im 18. und 19. Jahrhundert Lesegesellschaften die Funktion, Lesestoffe bereitzustellen und Gespräche über die Lektüre zu fördern (Bachmann, 1993; Habitzel und Mühlberger, 2001; Kaufmann, 1994; Krispin, 1999; Müller, 1990; Prüsener, 1972). Einige Lesegesellschaften setzen ihre Vereinsaktivitäten bis in die Gegenwart hinein fort und werben zum Beispiel auch für ihr Programm im Internet (vgl. www.lesegesellschaft.ch; www.waedenswil.ch). Vielerorts werden aber auch von den Volkshochschulen Literaturgesprächskreise angeboten oder es haben sich Literatur-Häuser (z.B. in Hamburg-St.Georg) oder Literatur-Cafés (z.B. in Stuttgart) gebildet.

Neben diesen Angeboten auf freiwilliger Basis, die sich an erwachsene Literaturinteressierte richten, versuchen traditionell die Schulen im Muttersprachen- und Fremdsprachenunterricht das Verstehen literarischer Texte durch Unterrichtsgespräche zu fördern. Textbeispiele für literaturbezogene Lehrgespräche finden sich etwa bei Christ (1995) sowie Wieler (1998) oder unter gesprächsanalytischer Perspektive bei Ehlich und Rehbein (1986).

Gespräche, die vorwiegend der Persönlichkeitsbildung dienen:
Die im Gefolge der Aufklärung entstandenen Lesegesellschaften erfüllten nicht nur den Zweck, Literatur in der Bevölkerung bekannt zu machen und das literarische Verständnis zu fördern, vielmehr ging es häufig auch um eine gezielte Persönlichkeitsbildung bzw. um die Entwicklung eines politischen (Selbst-) Bewusstseins, das dem Bürger eine Teilhabe an der politischen Willensbildung ermöglichen sollte (vgl. Bachmann, 1993). Neben diesem selbstverordneten emanzipatorischen Auftrag der Lesegesellschaften finden sich aber auch Belege dafür, dass die Lektüreauswahl und die Anschlusskommunikation in diesen Einrichtungen von männlichen Mitgliedern dazu benutzt wurden, die teilnehmenden Frauen in die Ideologie einer patriarchalisch organisierten Gesellschaft einzubinden (vgl. Brandes, 1994), ihre Emotionen zu kontrollieren und ihre „Lesewut" zu zügeln (vgl. Schön, 1994; Kaufmann, 1994). Da die literarische Lektüre inzwischen zunehmend zu einer Domäne von Leserinnen geworden ist, finden sich in Vergangenheit und Gegenwart jedoch häufig auch Lesekreise mit ausschließlich weiblichen Mitgliedern (siehe etwa bei Long, 2001), die der gesellschaftlichen Bewusstseinsbildung von Frauen dienen sollen.

Gespräche, die vorwiegend der Unterhaltung und dem Genusserlebnis dienen:
In der empirisch orientierten wissenschaftlichen Literatur wird der Aspekt der Unterhaltung durch Unterhaltung über Lesestoffe eher als Marginalie behandelt, obwohl dieser Aspekt in den offiziellen Mitgliedstatuten der früheren und gegenwärtigen Lesegesellschaften nicht verschwiegen wird (der intendierte Unterhaltungswert der Lesegesellschaften zeigte sich zum Beispiel darin, dass mancher Orts neben den Konversationszimmern auch ergänzende Spiel- und Billardräume eingerichtet wurden; vgl. Müller, 1990, S. 153). Auch die aktuellen Ausschreibungstexte zu literarischen Volkshochschulkursen betonen häufig den Lust- und Erlebnisfaktor, der mit der Anschlusskommunikation verbunden werden soll.

6 Schluss: Künftige Forschungsdesiderata

Insgesamt ergibt sich ein komplexes Bild von Anschlusskommunikationen und kommunikativen Aneignungen. Es handelt sich dabei um komplizierte Prozesse, die nicht einfach von den Mediennutzern erfragt werden können, sondern *methodisch* möglichst genaue Beobachtungen in alltäglichen Handlungssituationen erfordern: Aus diesen Gründen hat sich insbesondere die ethnomethodologische Konversationsanalyse als Untersuchungsverfahren etabliert, wobei in Verbindung mit den Cultural Studies vor allem die Funktion der Vermittlung von Alltagswirklichkeit und Mediengebrauch hervorgehoben wird (vgl. Keppler, 1994). Insgesamt sind die Studien eher deskriptiv ausgerichtet, d.h. es werden vielfältige Strategien, Muster und Kontexte der Anschlusskommunikationen und kommunikativen Aneignungen dargestellt, wobei sich die Beziehungen zwischen Texten, Lesern bzw. Rezipientengruppen sowie den sozialen und kulturellen Kontexten zunehmend komplex darstellen. Potenziell kann man eine kaum überschaubare Fülle von Beziehungen zwischen unterschiedlichen Medienangeboten, Rezipientengruppen und Kontexten nachzeichnen (vgl. Charlton & Klemm, 1998, S. 103), so dass sich die Frage stellt, nach welchen allgemeinen Regeln und Gesichtspunkten man diese Beziehungen ordnet.

Hier hat die strukturanalytische Rezeptionsforschung methodisch vor allem im Bereich des individuellen Umgangs mit Medien Maßstäbe gesetzt, indem sie nicht nur verschiedene Phasen, sondern auch allgemeine Regeln und Strukturen des Umgangs mit Medien rekonstruiert hat. In Zukunft wird eine vergleichbare rekonstruktive Untersuchungsstrategie im Gegenstandsbereich der Anschlusskommunikation und kommunikativer Aneignungsprozesse anzustreben sein, wobei durch Produktanalysen auch die Sinnstrukturen der Medienangebote und die formalen Merkmale unterschiedlicher Medien zu berücksichtigen sind (vgl. Charlton & Neumann, 1990, S. 61ff.). So wie einzelne Rezipienten Medienangebote thematisch voreingenommen und vor dem Hintergrund eigener Probleme und Anforderungen wahrnehmen und verarbeiten (vgl. o.c., S. 103ff.), bilden sich bestimmte Publikums- und Rezipientenkreise als eigenständige soziale Formationen (vgl. Fiske, 1999). Nicht nur subjektive, sondern auch kommunikative Anschlüsse und Verarbeitungsprozesse selegieren aus einem von dem Medienangebot eröffneten Raum möglicher Bedeutungen: Diese soziale Konstitution der Bedeutung von Medienangeboten kann mit einzelfallbezogenen Sequenzanalysen beschrieben und rekonstruiert werden. Die bereits vorliegenden und genannten Untersuchungen bilden dafür eine gute deskriptive Ausgangsbasis, die künftig rekonstruktiv zu vertiefen ist.

Im heterogenen Untersuchungsfeld der Beziehungen zwischen Medienkommunikation, Mediensozialisation und Anschlusskommunikation wird ein dauerhaftes Problem sein, dass man auf eine interdisziplinäre Vielfalt von Vorgehensweisen trifft. Neben rekonstruktiven empirischen Methoden wird deshalb ein möglichst breites theoretisches Ordnungsmodell nötig sein, mit dem auf unterschiedliche Perspektiven zurückgegriffen werden kann: Möglicherweise führt hier der vorlaufend umrissene Vorschlag weiter, handlungs- und systemtheoretische Sichtweisen in einer Verbindung konstruktivistischer und interaktionistischer Annahmen fruchtbar zu machen. Gerade wenn man aus konstruktivistischer Sicht auf die Eigenständigkeit der drei Bereiche Medienkommunikation, Mediensozialisation und Anschlusskommunikation abhebt, ohne den Interaktionismus der wechselseitigen konstitutiven Abhängigkeit dieser Bereiche aus dem Blick zu verlieren, kann man auf unterschiedlichste Forschungen zugreifen, die für sich genommen reduktionistisch bzw. begrenzt, im Zusammenspiel mit anderen Zugangsweisen aber wertvoll sind: So kann man z.B. die eingangs kritisierten medienzentrierten, aber auch systemtheoretische Ansätze beiziehen, um die Eigenlogik massenmedialer Kommunikation zu zeigen; oder man kann mit sprach- und handlungstheoretischen Forschungen deutlich machen, dass Medienangebote kommunikativ angeeignet, in verschiedene soziale und kulturelle Kontexte eingebettet und erst dadurch bedeutsam werden.

Insgesamt muss die Vorgehensweise in Anlehnung an die Systemtheorie darauf angelegt werden, mit einem Wechsel relevanter Systemreferenzen zu arbeiten: Das vor allem wird mit dem Vorschlag angesteuert, die Relationen zwischen Medienkommunikation, Anschlusskommunikation und Rezeption als strukturelle Kopplungen zu analysieren. Das Risiko handlungs- und identitätstheoretischer Strategien ist es, mit Modellen der Vermittlung oder der sozialen Wechselseitigkeit doch wieder eine der drei genannten Systemreferenzen in Führung zu bringen: Allgemeine, von subjektiven Prozessen ausgehende Rezeptionsmodelle können den Zugang zu Anschlusskommunikationen erschweren, wenn nicht klar zwischen subjektiven und kommunikativen Prozessen unterschieden wird. Ebenso können allgemeine, von sozial-interaktiven Prozessen ausgehende Modelle der Anschlusskommunikation bzw. der kommunikativen Aneignung den Zugang zu massenmedial verbreiteten Kommunikationen erschweren, wenn nicht deutlich zwischen interaktiven und interaktionsfreien (medial verbreiteten) Kommunikationsprozessen unterschieden wird. Und schließlich können die Defizite medienzentrierter Forschungsstrategien in gleicher Weise dargelegt werden. Wie die vorlaufenden Darlegungen gezeigt haben, orientieren sich die meisten empirischen Untersuchungen zu Prozessen der Anschlusskommunikation (im Bereich des Fernsehens und des Lesens) an Handlungstheorien. Wenn man die vorgeschlagenen theoretischen Neuorientierungen vornimmt, entstehen daraus zum Teil erhebliche Spannungen zwischen Handlungs- und Systemtheorie, die künftig im Schwerpunktprogramm „Lesesozialisation in der Mediengesellschaft" diskutiert und (auf-)gelöst werden sollen. Sicherlich wird man system- und handlungstheoretische bzw. identitäts- und differenzlogische Positionen nicht so einfach in ein Boot bekommen, aber zumindest könnte der wechselseitige Informationswert der verschiedenen Untersuchungen gesteigert werden. Mehr wird man bis auf weiteres in einem derart komplexen und heterogenen Gegenstandsbereich nicht erwarten können.

Literatur

Adorno, Th. W. (1996). *Eingriffe. Neun kritische Modelle* (1963). Frankfurt/M.: Suhrkamp.
Andringa, E. (2000). The „dialogic imagination". Literarische Komplexität und Lesekompetenz. In H. Witte (Hrsg.), *Deutschunterricht zwischen Kompetenzerwerb und Persönlichkeitsbildung* (S. 85–97). Baltmannsweiler: Schneider-Verlag Hohengehren.
Ayaß, R. (2001). Fernsehgattungen in der Aneignung. In J. R. Bergmann, W. Holly & U. Püschel (Hrsg.), *Der sprechende Zuschauer. Wie wir uns Fernsehen kommunikativ aneignen* (in Druck). Opladen/Wiesbaden: Westdeutscher Verlag.
Bachmann, M. (1993). *Lektüre, Politik und Bildung: die schweizerischen Lesegesellschaften des 19. Jahrhunderts unter besonderer Berücksichtigung des Kantons Zürich.* Bern: Lang.
Beck, U. (1986). *Risikogesellschaft. Auf dem Weg in eine andere Moderne.* Frankfurt/M.: Suhrkamp.
Bennett, T. & Woollacott, J. (1988). *Bond and beyond. The political career of a popular hero.* Houndmills & London: Macmillan Education.
Bora, A. (1994). Konstruktion und Rekonstruktion. Zum Verhältnis von Systemtheorie und objektiver Hermeneutik. In G. Rusch & S. J. Schmidt (Hrsg.), *Konstruktivismus und Sozialtheorie* (S. 282–330). DELFIN 1993. Frankfurt/M.: Suhrkamp.
Bora, A. (1999). *Differenzierung und Inklusion. Partizipative Öffentlichkeit im Rechtssystem moderner Gesellschaften.* Baden-Baden: Nomos.
Bourdieu, P. (1998). *Über das Fernsehen.* Frankfurt/M.: Suhrkamp.
Brandes, K. (1994). Die Entstehung eines weiblichen Lesepublikums im 18. Jahrhundert. In P. Goetsch (Hrsg.), *Lesen und Schreiben im 17. und 18. Jahrhundert: Studien zu ihrer Bewertung in Deutschland, England, Frankreich.* Tübingen: Narr.
Braun, B. (1995). *Vorläufer der literarischen Sozialisation in der frühen Kindheit – eine entwicklungspsychologische Fallstudie.* Frankfurt/M.: Peter Lang.
Braun, B., Charlton M., Orlik, W., Schneider, S. & Sutter, T. (1994). Fallanalyse: die Sozialisation des Erzählens. In T. Sutter & M. Charlton (Hrsg.), *Soziale Kognition und Sinnstruktur* (S. 113–171). Oldenburg: Bibliotheks- und Informationssystem der Universität Oldenburg (bis).
Bruner, J. S. & Haste, H. (1987). Introduction. In dies. (eds.), *Making sense. The childs construction of the world* (pp. 1–25). London/New York: Methuen.
Charlton, M. (1997). Rezeptionsforschung als Aufgabe einer interdisziplinären Medienwissenschaft. In M. Charlton & S. Schneider (Hrsg.), *Rezeptionsforschung. Theorien und Untersuchungen zum Umgang mit Massenmedien* (S. 16–39). Opladen: Westdeutscher Verlag.
Charlton, M. & Barth, M. (1999). Grundlagen der empirischen Rezeptionsforschung in der Medienwissenschaft. In J.-F. Leonhard, H.-W. Ludwig, D. Schwarze & E. Straßner (Hrsg.), *Medienwissenschaft. Ein Handbuch zur Entwicklung der Medien und Kommunikationsformen.* 1. Teilband (S. 82–110). Berlin/New York: Walter de Gruyter.
Charlton, M. & Klemm, M. (1998). Fernsehen und Anschlußkommunikation. In W. Klingler, G. Roters & O. Zöllner (Hrsg.), *Fernsehforschung in*

Deutschland: Themen – Akteure – Methoden. Bd. 2 (S. 709–727). Baden-Baden: Nomos.
Charlton, M. & Neumann, K. (1990). *Medienrezeption und Identitätsbildung.* Tübingen: Narr.
Charlton, M. & Neumann-Braun, K. (1992). *Medienkindheit, Medienjugend. Eine Einführung in die aktuelle kommunikationswissenschaftliche Forschung.* München: Quintessenz.
Christ, H., Fischer, E., Fuchs, C., Merkelbach, V. & Reuschling, G. (1995). *„Ja aber es kann doch sein ...": in der Schule literarische Gespräche führen.* Frankfurt/M.: Lang.
Cochran-Smith, M. (1986). Reading to children: A model for understanding texts. In B. B. Schieffelin & P. Gilmore (eds.), *The acquisition of literacy: ethnographic perspectives.* Norwood, N.J.: ABLEX Publ. Corp.
de Certeau, M. (1988). *Kunst des Handelns.* Berlin: Merve.
Ehlich, K. & Rehbein, J. (1986). *Muster und Institution: Untersuchungen zur schulischen Kommunikation.* Tübingen: Narr.
Esposito, E. (1995). Interaktion, Interaktivität und die Personalisierung der Massenmedien. *Soziale Systeme, 1* (2), 225–260.
Feneberg, S. (1994). *Wie kommt das Kind zum Buch?: die Bedeutung des Geschichtenvorlesens im Vorschulalter für die Leseentwicklung von Kindern.* Neuried: ars una.
Fiske, J. (1987). *Television culture.* London: Methuen.
Fiske, J. (1999). Wie ein Publikum entsteht. Kulturelle Praxis und Cultural Studies. In K. H. Hörning & R. Winter (Hrsg.), *Widerspenstige Kulturen. Cultural Studies als Herausforderung* (S. 238–263). Frankfurt/M.: Suhrkamp.
Fromme, J., Kommer, S., Mansel, J. & Treumann, K. P. (Hrsg.). (1999). *Selbstsozialisation, Kinderkultur und Mediennutzung.* Opladen: Leske & Budrich.
Gerhards, J. & Neidhardt, F. (1991). Strukturen und Funktionen moderner Öffentlichkeit. Fragestellungen und Ansätze. In St. Müller-Doohm & K. Neumann-Braun (Hrsg.), *Öffentlichkeit, Kultur, Massenkommunikation* (S. 31–89). Oldenburg: Bibliotheks- und Informationssystem der Universität Oldenburg (bis).
Groeben, N., Hurrelmann, B., Eggert, H. & Garbe, Ch. (1999). Das Schwerpunktprogramm „Lesesozialisation in der Mediengesellschaft". In N. Groeben (Hrsg.), *Lesesozialisation in der Mediengesellschaft. Ein Schwerpunktprogramm.* 10. Sonderheft Internationales Archiv für Sozialgeschichte der deutschen Literatur (S. 1–26). Tübingen: Niemeyer.
Großmann, B. (1999). *Medienrezeption.* Opladen/Wiesbaden: Westdeutscher Verlag.
Habitzel, K. & Mühlberger, G. (2001). *Die Leihbibliotheksforschung in Deutschland, Österreich und der Schweiz: Ergebnisse und Perspektiven.* [Online] Verfügbar unter: http://germ2.uibk.ac.at/hr/docs/leihbib.html [3/2001].
Hausendorf, H. (1992). Das Gespräch als selbstreferentielles System. Ein Beitrag zum empirischen Konstruktivismus der ethnomethodologischen Konversationsanalyse. *Zeitschrift für Soziologie, 21* (2), 83–95.

Hepp, A. (1998). *Fernsehaneignung und Alltagsgespräche. Fernsehnutzung aus der Perspektive der Cultural Studies.* Opladen/Wiesbaden: Westdeutscher Verlag.

Hepp, A. & Winter, R. (Hrsg.). (1997). *Kultur – Medien – Macht. Cultural Studies und Medienanalyse.* Opladen: Westdeutscher Verlag.

Hörning, K. H. & Winter, R. (Hrsg.). (1999). *Widerspenstige Kulturen. Cultural Studies als Herausforderung.* Frankfurt/M.: Suhrkamp.

Holly, W. & Habscheid, S. (2001, in Druck). Gattungen als soziale Muster der Fernsehkommunikation. Zur Vermittlung von Massen- und Individualkommunikation. In T. Sutter & M. Charlton (Hrsg.), *Massenkommunikation, Interaktion und soziales Handeln.* Opladen/Wiesbaden: Westdeutscher Verlag.

Holly, W. & Püschel, U. (Hrsg.). (1993). *Medienrezeption als Aneignung.* Opladen: Westdeutscher Verlag.

Horton, D. & Wohl, R. R. (1956). Mass communication and para-social interaction: Observations on intimacy at a distance. *Psychiatry, 19* (3), 215–229.

Hradil, S. (1992). Alte Begriffe und neue Strukturen. Die Milieu-, Subkultur- und Lebensstilforschung der 80er Jahre. In ders. (Hrsg.), *Zwischen Bewußtsein und Sein* (S. 15–55). Opladen: Leske + Budrich.

Hurrelmann, B. (1987). Textverstehen im Gesprächsprozeß – Zur Empirie und Hermeneutik von Gesprächen über die „Geschlechtertausch" – Erzählungen. In dies., M. Kublitz & B. Röttger (Hrsg.), *Man müsste ein Mann sein ...?: Interpretationen und Kontroversen zu Geschlechtertausch-Geschichten in der Frauenliteratur.* Düsseldorf: Schwann.

Hurrelmann, B. (1999). Sozialisation: (individuelle) Entwicklung, Sozialisationstheorien, Enkulturation, Mediensozialisation, Lesesozialisation (-erziehung), literarische Sozialisation. In N. Groeben (Hrsg.), Lesesozialisation in der Mediengesellschaft: Zentrale Begriffsexplikationen. *Kölner Psychologische Studien. Beiträge zur natur-, kultur-, sozialwissenschaftlichen Psychologie, IV* (1), 105–115.

Ihwe, J. F. (1985). *Konversationen über Literatur: Literatur u. Wissenschaft aus nominalistischer Sicht.* Braunschweig: Vieweg

Jarren, O. (2000). Gesellschaftliche Integration durch Medien? Zur Begründung normativer Anforderungen an Medien. *Medien und Kommunikationswissenschaft, 48* (1), 22–41.

Jensen, K. (1990). Television futures: Social action methodology for studying interpretive communities. *Critical Studies in Mass Communication, 7* (2), 1–18.

Kaufmann, S. (1994). *Henriette von Pogwisch und ihre Französische Lesegesellschaft: ein Beitrag zur Weimarer Kultur in der ersten Hälfte des 19. Jahrhunderts; mit einem Exkurs zum Wirken Goethes in der Lesegesellschaft.* Marburg: Tectum.

Keppler, A. (1994). *Tischgespräche.* Frankfurt/M.: Suhrkamp.

Keppler, A. (1996). Interaktion ohne reales Gegenüber. Zur Wahrnehmung medialer Akteure im Fernsehen. In P. Vorderer (Hrsg.), *Fernsehen als „Beziehungskiste": parasoziale Beziehungen und Interaktionen mit TV-Personen* (S. 11–24). Opladen: Westdeutscher Verlag.

Keppler A. (2000). Medien – und Kommunikationssoziologie: Verschränkte Gegenwarten. Die Untersuchung kultureller Transformationen. In R. Münch, C. Jauß & C. Stark (Hrsg.), *Soziologie 2000: kritische Bestandsaufnahmen zu einer Soziologie für das 21. Jahrhundert* (S. 140–153). München: Oldenbourg.

Keppler, A. (2001, in Druck). Mediales Produkt und sozialer Gebrauch. Stichworte zu einer inklusiven Medienforschung. In T. Sutter & M. Charlton (Hrsg.), *Massenkommunikation, Interaktion und soziales Handeln*. Opladen/Wiesbaden: Westdeutscher Verlag.

Klemm, M. (1998). *Kommunikation unter Fernsehzuschauern. Formen und Funktionen der kommunikativen Aneignung von Fernsehtexten*. Unveröffentlichte Dissertation, Technische Universität Chemnitz.

Krappmann, L. & Oswald, H. (1992). Auf der Suche nach den Bedingungen entwicklungsförderlicher Ko-Konstruktionen in der Interaktion gleichaltriger Kinder. *Sozialer Konstruktivismus. Beiträge des Forschungsbereichs Entwicklung und Sozialisation, 40* (S. 87–102). Berlin: Max-Planck-Institut für Bildungsforschung.

Krispin, St. (1999). *„Bei seinem Vergnügen in müßigen Stunden unterhalten seyn": Lesegesellschaften in Detmold um 1800*. Bielefeld: Aisthesis-Verlag.

Krotz, F. (1996). Parasoziale Interaktion und Identität im elektronisch mediatisierten Kommunikationsraum. In P. Vorderer (Hrsg.), *Fernsehen als „Beziehungskiste": parasoziale Beziehungen und Interaktionen mit TV-Personen* (S. 73–90). Opladen: Westdeutscher Verlag.

Liesegang, T. (2000). *Lesegesellschaften in Baden 1780 – 1850: ein Beitrag zum Strukturwandel in der literarischen Öffentlichkeit*. Berlin: Rhombos.

Long, E. (2001). *Literature as a spur to collective action*. Unpublished manuscript: Dallas/Texas, Rice University.

Luhmann, N. (1984). *Soziale Systeme. Grundriß einer allgemeinen Theorie*. Frankfurt/M.: Suhrkamp.

Luhmann, N. (1987). Die Autopoiesis des Bewußtseins. In A. Hahn & V. Kapp (Hrsg.), *Selbstthematisierung und Selbstzeugnis: Bekenntnis und Geständnis* (S. 25–94). Frankfurt/M.: Suhrkamp.

Luhmann, N. (1989). *Gesellschaftsstruktur und Semantik. Studien zur Wissenssoziologie der modernen Gesellschaft, Bd. 3*. Frankfurt/M.: Suhrkamp.

Luhmann, N. (1990). *Soziologische Aufklärung, Bd. 5: Konstruktivistische Perspektiven*. Opladen: Westdeutscher Verlag.

Luhmann, N. (1991). Wie lassen sich latente Strukturen beobachten? In P. Watzlawick & P. Krieg (Hrsg.), *Das Auge des Betrachters. Beiträge zum Konstruktivismus* (S. 61–74). München/Zürich: Piper.

Luhmann, N. (1996). *Die Realität der Massenmedien* (2. erweiterte Aufl.). Opladen: Westdeutscher Verlag.

Luhmann, N. (1997). *Die Gesellschaft der Gesellschaft*. Frankfurt/M.: Suhrkamp.

Maletzke, G. (1998). *Kommunikationswissenschaft im Überblick. Grundlagen, Probleme, Perspektiven*. Opladen/Wiesbaden: Westdeutscher Verlag.

Mead, G. H. (1973). *Geist, Identität und Gesellschaft* (1934). Frankfurt/M.: Suhrkamp.

Merten, K., Schmidt, S. J. & Weischenberg, S. (Hrsg.). (1994). *Die Wirklichkeit der Medien. Eine Einführung in die Kommunikationswissenschaft*. Opladen: Westdeutscher Verlag.

Merten, K. (1994). Wirkungen von Kommunikation. In K. Merten, S. J. Schmidt & S. Weischenberg (Hrsg.), *Die Wirklichkeit der Medien. Eine Einführung in die Kommunikationswissenschaft* (S. 291–328). Opladen: Westdeutscher Verlag.

Messerli, A. (Hrsg.). (2000). *Lesen und Schreiben in Europa 1500 – 1900: vergleichende Perspektiven*. Basel: Schwabe.

Morley, D. (1999). Wo das Globale auf das Lokale trifft. Zur Politik des Alltags. In K. H. Hörning & R. Winter (Hrsg.), *Widerspenstige Kulturen. Cultural Studies als Herausforderung* (S. 442–475). Frankfurt/M.: Suhrkamp.

Müller, H. P. (1992). *Sozialstruktur und Lebensstile. Der neuere theoretische Diskurs über soziale Ungleichheit.* Frankfurt/M.: Suhrkamp.

Müller, R. (1990). *Von Patrioten, Jakobinern und anderen Lesehungrigen: Lesegesellschaften der „Inteligens"-Stadt Marburg.* Marburg: Hitzeroth.

Oerter, R. (1999). Theorien der Lesesozialisation – Zur Ontogenese des Lesens. In N. Groeben (Hrsg.), *Lesesozialisation in der Mediengesellschaft. Ein Schwerpunktprogramm. 10. Sonderheft Internationales Archiv für Sozialgeschichte der deutschen Literatur* (S. 27–55). Tübingen: Niemeyer.

Oevermann, U. (1996). Der Strukturwandel der Öffentlichkeit durch die Selbstinszenierungslogik des Fernsehens. In C. Honegger, J. H. Gabriel, R. Hirsig, J. Pfaff-Czarnecka & E. Poglia (Hrsg.), *Gesellschaften im Umbau. Identitäten, Konflikte, Differenzen* (S. 197–228). Zürich: Seismo.

Pette, C. & Charlton, M. (1997). Videosessions – ritualisierter Rahmen zur Konstruktion von Gefühlen. In M. Charlton & S. Schneider (Hrsg.), *Rezeptionsforschung* (S. 219–240). Opladen: Westdeutscher Verlag.

Prüsener, M. (1972). *Lesegesellschaften im achtzehnten Jahrhundert: ein Beitrag zur Lesergeschichte.* Frankfurt/M.: Buchhändler-Vereinigung.

Püschel, U. (1993). „du mußt gucken nicht soviel reden". Verbale Aktivitäten bei der Fernsehrezeption. In W. Holly & U. Püschel (Hrsg.), *Medienrezeption als Aneignung* (S. 115–135). Opladen: Westdeutscher Verlag.

Renckstorf, K. (1989). Mediennutzung als soziales Handeln. In M. Kaase & W. Schulz (Hrsg.), *Massenkommunikation. Theorien, Methoden, Befunde.* Sonderheft 30 der Kölner Zeitschrift für Soziologie und Sozialpsychologie (S. 314–336). Opladen: Westdeutscher Verlag.

Schell, F., Stolzenburg, E. & Theunert, H. (Hrsg.). (1999). *Medienkompetenz: Grundlagen und pädagogisches Handeln.* Reihe Medienpädagogik, Bd. 11. München: KoPäd-Verlag.

Schenk, M. (1987). *Medienwirkungsforschung.* Tübingen: Enke.

Schenk, M. (1989). Massenkommunikation und interpersonale Kommunikation. In M. Kaase & W. Schulz (Hrsg.), *Massenkommunikation. Thorien, Methoden, Befunde.* Sonderheft 30 der Kölner Zeitschrift für Soziologie und Sozialpsychologie (S. 406–417). Opladen: Westdeutscher Verlag.

Schmidt, S. J. (1994). *Kognitive Autonomie und soziale Orientierung. Konstruktivistische Bemerkungen zum Zusammenhang von Kognition, Kommunikation, Medien und Kultur.* Frankfurt/M.: Suhrkamp.

Schneider, S. (1995). *Entwicklungsbedingungen sozialer Handlungsfähigkeit.* Frankfurt/M.: Lang.

Schneider, W. L. (1994). *Die Beobachtung von Kommunikation. Zur kommunikativen Konstruktion sozialen Handelns.* Opladen: Westdeutscher Verlag.

Schneider, W. L. (2001, in Druck). Intersubjektivitätsproduktion in Interaktion und Massenkommunikation. In T. Sutter & M. Charlton (Hrsg.), *Massenkommunikation, Interaktion und soziales Handeln.* Opladen/Wiesbaden: Westdeutscher Verlag.

Schön, E. (1993). *Der Verlust der Sinnlichkeit oder die Verwandlungen des Lesers: Mentalitätswandel um 1800.* Stuttgart: Klett-Cotta.

Stauff, M. (1999). Digitalisierung und Individualisierung. Fernsehrezeption als diskursiver Effekt. In E. Hebecker, F. Kleemann, H. Neymanns & M. Stauff (Hrsg.), *Neue Medienumwelten. Zwischen Regulierungsprozessen und alltäglicher Aneignung* (S. 219–235). Frankfurt/M. & New York: Campus.

Sutter, T. (1995). Zwischen medialer Überwältigung und kritischer Rezeption. *Publizistik, 40* (3), 345–355.

Sutter, T. (1999). Bausteine einer konstruktivistischen Theorie der Mediensozialisation. In J. Fromme, S. Kommer, J. Mansel & K. P. Treumann (Hrsg.), *Selbstsozialisation, Kinderkultur und Mediennutzung* (S. 126–138). Opladen: Leske & Budrich.

Sutter, T. (1999a). *Systeme und Subjektstrukturen. Zur Konstitutionstheorie des interaktionistischen Konstruktivismus.* Opladen/Wiesbaden: Westdeutscher Verlag.

Sutter, T. (2000). Medienkommunikation, Mediensozialisation und die „Interaktivität" neuer Medien. Ein konstruktivistisches Forschungsprogramm. *Forschungsberichte des Psychologischen Instituts der Albert-Ludwigs-Universität Freiburg i.Br., Nr. 149.*

Sutter, T. (2000a). Belehrung versus Kooperation: Arbeiten mit der soziologischen Systemtheorie. *Ethik und Sozialwissenschaften, 11* (2), 274–276.

Sutter, T. (2000b). Haben wir es in der Hand? Über Rationalität und Unsicherheit der Organisation kommunikativer Prozesse. In: M. Bruhn, S. J. Schmidt & J. Tropp (Hrsg.), *Integrierte Kommunikation in Theorie und Praxis. Betriebswirtschaftliche und kommunikationswissenschaftliche Perspektiven. Mit Meinungen und Beispielen aus der Praxis* (S. 143–159). Wiesbaden: Gabler.

Sutter, T. (2001, in Druck). Sinnstrukturen der Medienkommunikation. In ders. & M. Charlton (Hrsg.), *Massenkommunikation, Interaktion und soziales Handeln.* Opladen/Wiesbaden: Westdeutscher Verlag.

Sutter, T. & Charlton, M. (1999). Die Bedeutung einer konstruktivistischen Theorie sozialen Handelns für die Medienforschung. In G. Rusch & S. J. Schmidt (Hrsg.), *Konstruktivismus in der Medien- und Kommunikationswissenschaft.* DELFIN 1997 (S. 79–113). Frankfurt/M.: Suhrkamp.

Vorderer, P. (Hrsg.) (1996). *Fernsehen als „Beziehungskiste". Parasoziale Beziehungen und Interaktionen mit TV-Personen.* Opladen: Westdeutscher Verlag.

Vorderer, P. & Knobloch, S. (1998). Ist interaktive Fernsehunterhaltung spannend? *SPIEL, 17* (1), 58–80.

Wehner, J. (1997). Interaktive Medien – Ende der Massenkommunikation? *Zeitschrift für Soziologie, 26* (2), 96–114.

Wieler, P. (1997). „Man muß sagen, was man meint": Das Buch als ein besonderes Medium in der primären (literarischen) Sozialisation von Kindern. *SPIEL, 16* (1/2), 372–376.

Wieler, P. (1997a). *Vorlesen in der Familie: Fallstudien zur literarisch-kulturellen Sozialisation von Vierjährigen.* Weinheim/München: Juventa.

Wieler, P. (1998). Gespräche über Literatur im Unterricht. *Der Deutschunterricht, 50* (1), 26–37.

Youniss, J. (1994). *Soziale Konstruktion und psychische Entwicklung.* Frankfurt/M.: Suhrkamp.

Gerhard Rupp

Empirisches Beispiel: Interpretation im Literaturunterricht

1 Einleitung

Das empirische Beispiel zur Interpretation im Literaturunterricht wird im Rahmen unseres Projekts „Literarisches Lesen und Medienkonsum in der produktiven Selbstreflexion von Schüler/innen im Unterricht" dargestellt. Interpretation wird dabei als eine Form von Anschlusskommunikation, d.h. als Form der Textverarbeitung im Sinn von Wienold (1974) aufgefasst. Während Textverarbeitung alle Formen alltäglicher, institutioneller und wissenschaftlicher Arten des Umgangs mit Texten umfasst, geht es bei der Interpretation im Literaturunterricht als Spielart der Anschlusskommunikation um eine wissenschaftspropädeutische Form des angeleiteten Umgangs mit literarischen Texten.

Wir untersuchen in unserem Projekt, wie sich das Lesen bzw. der Fernsehkonsum sowie der übrige Mediengebrauch gegenwärtig verändern und wie Schüler/innen diese Veränderungen verarbeiten und in eigenen ästhetischen Produkten darstellen. Wir haben herausgefunden, dass sich durch den gegenwärtigen Wechsel von den Buch- zu den Bildmedien die gesamte literarische Sozialisation und vor allem ein Leitbegriff wie Intellektualität erheblich verändern. Das intellektuelle Profil der Schüler/innen, ihr Weltwissen und ihre Weltorientierung werden nicht mehr primär über die Printmedien und die Buchlektüre gebildet, sondern sehr stark und zum Teil auch ausschließlich im Rahmen der Nutzung audiovisueller Medien durch eine Synthese aus Sprach- und Bildverstehen bei erheblicher Veränderung der Rezeptionssituation und damit einhergehend der Realitätskonzepte und der grundlegenden kulturellen Orientierungen (vgl. Gross, 1994). Zur Zeit sind wir dabei, einzelne intellektuelle Profile und Typen herauszudestillieren, die wir durch die Rekonstruktion des Unterrichts, die Dokumentenanalyse der Schülertexte und leitfadenorientierte Interviews zur Medien- und Lektürebiographie einzelner Schüler/innen im Rahmen unserer Datenerhebungen und -auswertungen erschließen. Der schulische Literaturunterricht und die außerschulischen Befragungssituationen sind die hauptsächlichen Datenerhebungssituationen in unserem Projekt.

Wir haben mit den Schüler/innen eines Leistungskurses Deutsch der 12. Jahrgangsstufe an einem Düsseldorfer Gymnasium die Kurzgeschichte „Olympia Zwo" von Günter Kunert (1984) gelesen. Darin wird der allein lebende Rentner

Wilhelm Zwart eines Abends plötzlich von der Fernsehsprecherin persönlich begrüßt. Zwart versucht durch Verschönerung seiner Wohnung und seines Äußeren diesen „Kontakt" aufrechtzuerhalten, allerdings ohne Erfolg. In der Sendeanstalt hält er der Angebeteten im Studio eine Rede. Dabei entdeckt er ihren eisernen Unterleib. An die Stelle realer Interaktion tritt Halluzination, und umgekehrt ersetzen maschinenartige Apparaturen den menschlichen Körper, wie das schon in E. T. A. Hoffmanns „Der Sandmann" mit seiner automatischen Puppe Olimpia vorweggenommen ist, auf den Kunert durch die Titelgebung „Olympia Zwo" anspielt. Kunerts Kurzgeschichte thematisiert in kulturkritischer Weise, aber in einer komplexen narrativen Struktur, den zunehmenden Einfluss medialer Vermittlung auf die Alltagspraxis. Diese Vermittlung wird gleich zu Anfang durch direkte Ansprache Zwarts aufgehoben, und da die fast durchgehend personale Erzählperspektive aus der Sicht Wilhelm Zwarts nur punktuell durch den distanzierenden Kommentar aus der auktorialen Sicht des Erzählers unterbrochen wird, bleibt die Spannung bezüglich dieses Geschehens bis zum letzten Absatz der Erzählung gewahrt. Erst dieser Abschnitt über die wahre Roboternatur der Fernsehansagerin hält für Zwart eine doppelte Enttäuschung bereit: einmal die Künstlichkeit seines Idols, zum anderen die endgültige Gewissheit, dass er sich das Angesprochenwerden „wirklich" nur eingebildet hat.

Das Konzept „Interpretation literarischer Texte" durch Schüler/innen im Literaturunterricht umgreift alle Phasen und Formen von Anschlusskommunikationen. Während der mit der Interpretation verwandte Begriff der Analyse sich auf den formalen, semantischen und strukturellen Teil von Anschlusskommunikationen bezieht, treten bei der Interpretation insbesondere Intentionsbestimmung und die Textbewertung hinzu (vgl. dazu Rupp, 1999b, S. 105ff.). Im Folgenden wird „Interpretation" institutionenspezifisch auf die mündlichen Deutungsleistungen im sogenannten freien Unterrichtsgespräch bezogen.

Das Konzept „Interpretation literarischer Texte" kommt im Rahmen unseres Projekts an verschiedenen Stellen vor: jeweils im Anschluss an den in Abschnitten präsentierten Text in der Unterrichtskommunikation und dann in den Fortsetzungstexten, in denen über das gegebene Ende des Originals hinaus die Geschichte weitergeführt wurde. Unterschwellig wirkt die „Interpretation" des Medienthemas sicherlich in den darauffolgenden Unterrichtsreihen zum lyrischen Schreiben sowie auch zum Videokurzfilm nach, weil sich im Material noch immer Spuren der Motivik und der Thematik auffinden lassen, bis hin zu den Fragebogenantworten und den Antworten in den Leitfadeninterviews. Zusammengefasst lässt sich das Setting der Datenerhebung unseres Projekts wie folgt darstellen (s. Abbildung 1):

Unterrichtsbezogen		Unterrichtsbegleitend	
1. Fortsetzungstexte	FORTS	5. Fragebogen	FRGB
2. lyrische Schreibtexte	LYRS	6. Leitfaden-Interview	INTVW
3. Erstellung Videokurzfilm	VIDEO		
4. Unterrichtskommunikation	U-KOMM		

Abbildung 1: Datenerhebung

2 Kontext der Interpretation im Literaturunterricht: Herleitung der Gesamt-Kernkategorie „Modalisierung"

In unserem bisherigem Auswertungsgang haben wir[1] die Kategorienbildung von den Fortsetzungstexten aus betrieben und folgten hierbei dem Kodierparadigma der Grounded Theory (Glaser & Strauss, 1967, Boehm, 1994, vgl. auch Rupp, 1999b). Inhaltsanalytisch vollzieht sich die Kategorienbildung nach der *Explikation* von Unverständlichkeiten des Materials durch die *Strukturierung*. Durch die Strukturierung wird ein Kategoriensystem aus dem Material herausgefiltert. Diese Kategorien werden durch Definitionen, Ankerbeispiele und Kodierungsregeln gefestigt, um danach ausgewertet zu werden. Bis Kategorien als oberste und abstrakte Deutungseinheiten von Dokumenten erreicht sind, werden einzelne ausdifferenzierte Kodes (benannt mit Konzepten) und koderelevante Einheiten bestimmt. Die Kategorien werden aus Querbeziehungen zwischen den Kodes gefunden. Das gleiche gilt für Querbeziehungen zwischen den Kategorien, die Relationen genannt werden. Diese erschließen das Gesamtmaterial und ermöglichen eine gegenstandsverankerte („grounded") Theoriebildung.

Wir haben die Fortsetzungstexte per konstruktivem Kommentar analysiert (vgl. dazu Rupp, 1998). Nach der Übersicht über Einzelkonzepte und -kodes, die sich in den Figuren- bzw. Handlungsbereichen abzeichnen, sind wir zu drei Relationen gelangt, die sich auf *alle Datentypen* beziehen, wenn auch in unterschiedlicher Verteilung:

- die *Selbstidentifikation*,
- die *kommunikative Praxis* und
- die *Realitätsverarbeitung*.

Durch diese drei Relationen ist das Zielkonzept unseres Projekts – die produktive (Selbst-)Reflexion von literarischem Lesen und Medienkonsum – operationalisiert.

Zentral gilt dies für die *(Selbst-)Identifikation*. Selbstidentifikation kommt in unseren Datentypen zweimal vor: einmal direkt in der ungesteuerten Datenerhebung über das freie lyrische Schreiben, in dem die Schüler ihre lebensweltlichen Thematiken ausdrücken und ihre ästhetischen Darstellungstechniken anwenden. Zum anderen bezieht sich die Selbstidentifikation aber auch auf die von Schüler/innen selbst geleistete bzw. auf die in Auseinandersetzung mit dem Protagonisten des literarischen Textes projizierte Realitätsverarbeitung und auf die jeweilige *kommunikative Praxis*, wie sie in den gebundenen Schreibtexten

---

[1] Der Projektgruppe gehören an: Petra Heyer als Mitarbeiterin und Helge Bonholt als wissenschaftliche Hilfskraft. An den Ergebnissen hat in einer vorausgegangenen Projektphase Angie Franke als wissenschaftliche Hilfskraft mitgearbeitet. Wir danken an dieser Stelle der Deutschen Forschungsgemeinschaft für die großzügige Unterstützung unseres Projekts (Az Ru 354/5-2).

(FORTS) und in der Unterrichtskommunikation (U-KOMM) zum Ausdruck kommt, und zwar als aktive oder passive Gestaltung der eigenen kulturellen und/oder kommunikativen Praxis, als positives oder negatives Selbstbild etc.

Die Relation der *kommunikativen Praxis* ist ihrerseits zu spezifizieren. Sie kommt indirekt in den Datentypen als Auswertungskategorie der Fortsetzungstexte (FORTS) vor, wenn der Plot des literarischen Textes fortgesetzt wird und verschiedene Lösungsmöglichkeiten entworfen werden. Die kommunikative Praxis ist hier der kategoriale Oberbegriff für diejenigen Ausdifferenzierungen, unter die als kulturelle Praktiken die Zieloperationen unseres Projektes fallen, nämlich „literarisches Lesen" und „Medienkonsum". Die Relation der *kommunikativen Praxis* kommt aber auch direkt als Kategorie in den Leitfadeninterviews vor, wenn sich die interviewten Schüler/innen mit ihrer Hilfe im Bereich der sozialen und kulturellen Praktiken verorten und selbst definieren.

Zentral ist die dritte und letzte Relation, die *Realitätsverarbeitung* bzw. *-konstruktion* (d.h. der jeweils als dominant gesetzte Modus von „Realität", vgl. dazu Schreier, Groeben, Nickel-Bacon & Rothmund, 1999). Diese Relation ist deswegen zentral, weil auf sie als Folie alle Interpretationsleistungen der Schüler/innen bezogen werden können und weil sie sich damit in einer noch zu spezifizierenden Begrifflichkeit als Ober-Relation für die beiden vorher explizierten Relationen erweist. Realitätsverarbeitung mit Bezug auf die Verarbeitung des literarischen Textes zielt nicht allein auf die fraglos gegebene, ‚unvermittelte' Realität, sondern sie zielt auch auf Formen wie Simulation und Virtualität als realitätsähnliche und realitätsersetzende Modi. Die Kategorie der Virtualität ist besonders relevant, da es hier um digitalisierte Formen von Realitätskonstitution geht und damit (mit Rekurs auf Oli/ympia als Protagonistin unseres literarischen Textes und als kulturellem Symbol[2]) um die Alternative zwischen Olympia als Mensch und als Maschine (damit zusammenhängend um die Opposition zwischen Leben und Tod). Digitalisierte bzw. analog konstituierte Realitätsmodi können als bloße Simulation (Vorstellung, Evokation), als den Sanktionszwängen enthobene Fiktion oder als Traum(-erzählung) bzw. in kalkulatorischer Absicht als Täuschung vorkommen. Traum und Fiktion stehen in einem Konkurrenz-, zumindest in einem Appellfunktions-Verhältnis zur Realität. Wird nicht nur eine andere, sondern eine kalkulatorisch falsche Realitätspräsentation wie bei der Täuschung erstellt, dann liegt der schädigende Einfluss auf der Hand. Die verschiedenen Spielarten von *Realitätsverarbeitung* bzw. *-konstruktion* lassen sich schematisch darstellen (s. Abbildung 2).

Die Eintragungen in dieser Abbildung folgen phänomenologisch angenommenen Dominanzen. Die „naive" „neutrale" Realitätsdarbietung dient als Basiskonzept der empirisch häufiger anzutreffenden Formen von Realitäts-Ersetzung. Schließ-

---

[2] Oli/ympia ist eine Maschinenfrau und eine Hauptfigur der (im Unterricht gelesenen) Erzählung „Der Sandmann" von E.T.A. Hoffmann. Hoffmann benutzt die italienische Schreibweise „Olimpia", die in späteren Erzählungen u.a. bei Kunert zu „Olympia" wird.

lich können die Kategorien auf unterschiedliche Ebenen des literarischen Textes bezogen werden (Figur, Erzähler, Autor, vgl. dazu unten und Nünning, 1997).

„neutral"	zu künstlerischen, wissenschaftlichen, technischen Zwecken			
Realitäts-Darbietung	Realitäts-Ersetzung			
„*Realität*"	kollektive Ebene		individuelle Ebene	
Realitätsdarbietung objektiv, unbefragt, „direkt"	modellhaft	digital	subjektiv geleitete Produktion von Realität	
	Simulation = nachgestellte Realität	*Virtualität* = künstlich erzeugte Realität	kreativ-produktive Ebene	passiv-rezeptive Ebene
	Fiktion = imaginäre Realität		Einbildung, Phantasie, Trance, *Traum*	*Täuschung* = kalkulatorische Herstellung von Realität

Abbildung 2: Modi der Realitätsverarbeitung und -konstruktion

Bei der Explikation der Relation der Realitätsverarbeitung und -konstruktion fällt die Elaboriertheit der Spalte „Realitäts-Ersetzung" ins Auge. Hierdurch zeigt sich der determinierende Einfluss der Medien, den wir als *Ober-Relation des gesamten Materials* begrifflich fassen als die *Modalisierung* oder die *Medialisierung* aller in den Relationen und Kategorien gefassten Bereiche (vgl. dazu Feldmann, 1969).

Unter Modalisierung wird die Vermittlung i.S. der Ausdifferenzierung der Formen von Realitätskonstruktion verstanden, unter Medialisierung (terminologisch in Anlehnung an diese Modalisierung) die Realisierung solcher Realitätskonstruktion durch die Neuen Medien Fernsehen, Video, Computer und Internet. Der gemeinte Sachverhalt wurde schon 1969 durch Erich Feldmann zwar unter kulturkritischer Färbung, aber sachlich angemessen, wie folgt unter dem Terminus „Mediatisation" formuliert:

> Ich bezeichne die Schaffung von Erfahrung durch die technischen Medien als Mediatisation des Weltbildes und den von ihr betroffenen Menschen als ein durch Kommunikation künstlich kanalisiertes Sinnenwesen. Die fortschreitende Bevorzugung der optischen Kanäle der Medien gegenüber der sprachlichen Kommunikation, die leichte Aufnahmefähigkeit des Menschen für optische Gegebenheiten der Wahrnehmung, die Vorliebe für die visuelle Perzeption als Ersatz der Sprache gehören zu den besonderen Folgen der Mediatisation. Ich nenne diese vorwiegend optische Vermittlung in der Welt der Phänomene in ihrer subjektiven Wirkung deren Visualisation. (Feldmann, 1969, S. 167)

Die durch uns herausgestellte Ober-Relation *Modalisierung von Kommunikation* steht heute im Mittelpunkt computertechnischer Innovationen und kann insbesondere mit der Virtualität von Kommunikation sowie mit dem Cyberspace in Verbindung gebracht werden. Unter den so gegebenen Computerbedingungen relativiert sich vor allem der Rückgang auf eine primär gegebene Realität bzw. auf die nur im Rahmen dieses Konzepts sinnvollen (Sub-)Kategorien wie Täuschung, Einbildung etc.

Die Modalisierung erlaubt die Theoriebildung im Gegenstandsbereich unseres Projekts, der durch die Rezeption des gegenwärtigen Medienwechsels durch die Schüler/innen im Unterricht gebildet wird. Durch diese Theoriebildung werden die Auswirkungen der Medienentwicklung und ihrer Vermittlungsfunktionen auf die menschliche Praxis erfasst. Diese Praxis stellt sich differenziert je nach Individuum und Situation dar, kann aber durch Aggregierung (vgl. dazu Schreier, 1997) in über den Einzelfall hinausweisenden Tendenzen erfasst werden, die die bisher vorliegenden quantitativ-statistischen Erhebungen z.B. deswegen überschreiten, weil in der jeweiligen subjektiven Tiefe kognitive Gehalte der Verarbeitung aufscheinen.

3 „Realität" vs. „Realitäts-Ersetzung" als Konzepte der Interpretation

Im Folgenden wird exemplarisch für den Datentyp Unterrichtskommunikation (U-KOMM) ein Ausschnitt aus der Interpretation des literarischen Textes besprochen, die der Erhebung der Fortsetzungstexte vorausgeht (FORTS). Damit ist das Konzept der „Interpretation" unmittelbar angesprochen.

Zweifellos u.a. gesteuert durch die Unterrichtsleitung und nicht zuletzt durch den literarischen Text, der mehrere Formen der Realitätsdarbietung und der Realitäts-Ersetzung enthält und der zwischen auktorialer und personaler Erzählperspektive hin- und herwechselt, wird das Hauptthema des Datentyps Unterrichtskommunikation von den folgenden beiden Deutungs-Alternativen bestimmt:

1. Bei „Olympia Zwo" handelt es sich um „Realität" und/oder um „Realitäts-Ersetzung" mit Schwerpunkt auf der kollektiv-digitalen Ebene (Virtualität) bzw. auf der individuell-kreativen Ebene (Einbildung, Trance oder Täuschung).

2. Die o.g. Deutungs-Alternative bezieht sich auf die ganze Geschichte oder nur auf bestimmte Ausschnitte (Schluss) und Perspektiven etc.

Für die erste Deutungs-Alternative ist es entscheidend, auf welcher Ebene Realitäts- bzw. Realitäts-Ersetzungs-Prädikate erteilt werden. Nach Nünning (1997)[3]

---

[3] Den Hinweis auf Nünning verdanke ich der Düsseldorfer Staatsarbeit von Thörner (2000).

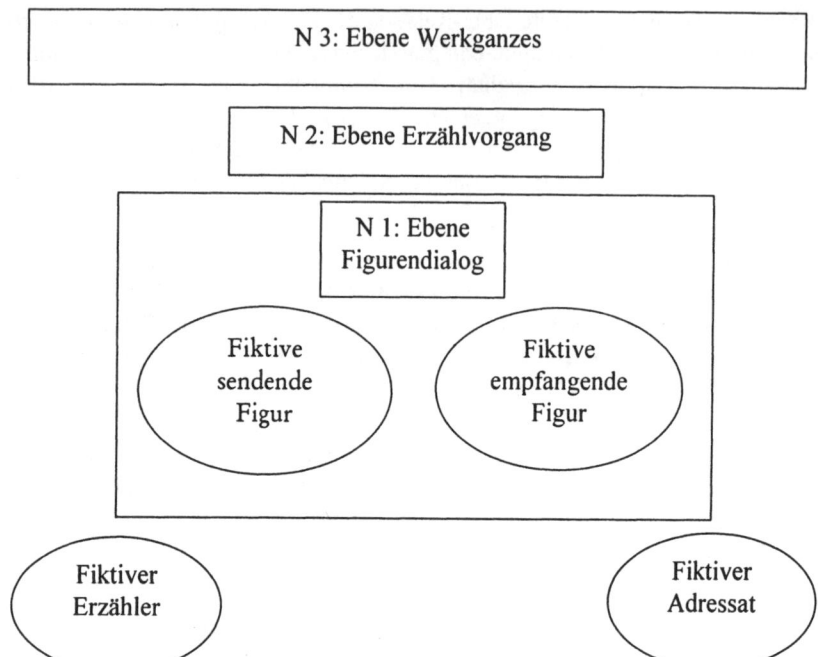

Abbildung 3: Kommunikationsmodell narrativer Texte

lassen sich dabei folgende mindestens drei (und sogar noch eine vierte zusätzliche, hier nicht berücksichtigte) Erzählebenen in einem Kommunikationsmodell narrativer Texte voneinander unterscheiden (s. Abbildung 3): die Ebene des Figurendialogs (N 1), die der erzählerischen Vermittlung (N 2) und die des Werkganzen (N 3); man könnte von den aufeinander aufbauenden Perspektiven der Figuren, des Erzählers und des Autors/ Lesers sprechen. Auf den Ebenen N 1 und N 2 kann sich der Konflikt zwischen den beiden Deutungs-Alternativen abspielen. Die Unterrichtskommunikation sucht nach Lösungen der Deutungs-Alternativen und damit nach der Klärung der Modus-Frage; aber was m.E. noch wichtiger ist, sie fragt nach der Bedeutung dieses Modus für die Aussageintention bezüglich des Medienthemas. Hinter den jeweiligen Konzepten liegen somit determinierende Haltungen auf Grund des hohen Gültigkeits-Koeffizienten für das Konzept „Realität" und auf Grund des geringen Gültigkeitskoeffizienten für das Konzept „Realitäts-Ersetzung".

So stehen sich in der Unterrichtskommunikation zwei Lösungen der Deutungs-Alternativen diametral gegenüber:

- die eine ist die unvermittelte sog. *Realitäts-These*,
- die andere ist die auf der reinen Vorstellungsentfaltung basierende *Realitäts-Ersetzungs-These* (oder auch Möglichkeits- bzw. Phantasie-These).

Beide Lösungen werden semantisch ausdifferenziert:

Unter der Prämisse der *Realitäts-These* kann das rätselhafte Geschehen der parasozialen Interaktion laut Schülermeinung auf den folgenden beiden Annahmen beruhen:

- auf dem quasi-futuristischen interaktiven Fernsehen (Ebene N 3),
- auf Zwarts Einbildung oder auf einer Art Trancezustand (Ebene N 1).[4]

Unter der Prämisse der *Realitäts-Ersetzungs-These* kann das Geschehen laut Schülermeinung auf den folgenden beiden Annahmen beruhen:

- auf einem Traum bzw. der Einbildung Zwarts (aber hier auf der Ebene N 3),
- auf der Auffassung der Gesamterzählung als „unrealistische Geschichte" (Ebene N 3: nicht gelungene Simulation oder Täuschung).

Die einzelnen Schüler-Positionen kreisen immer wieder um diese Grundopposition der beiden o.g. einander diametral gegenüberstehenden Hypothesen, die ihrerseits auf unsere Kernkategorie der *Modalisierung von Realitätsverarbeitung* beziehbar ist.

Die Abbildung 4 zeigt, dass Konzepte zur Realitäts-Ersetzungs-These (und damit zur Modalisierung von Realitätsverarbeitung) eindeutig überwiegen, weil sie auf verschiedenen Ebenen N 1 und N 3 formuliert werden. Im Vergleich zur „naiven" eindimensionalen Realitätsthese erweist sich die Realitäts-Ersetzungs-These als komplexer und erklärungsstärker.

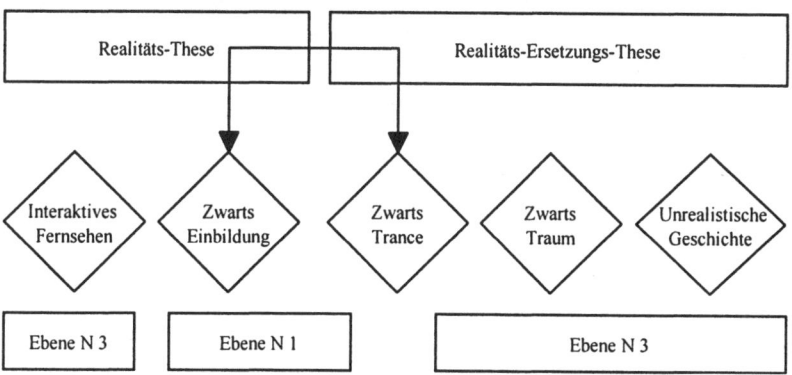

Abbildung 4: Deutungskonflikt zwischen Realitätsmodi

Die Konfliktlösung geschieht in der Unterrichtskommunikation neben dieser kognitiv orientierten Deutungsarbeit auch durch andere Strategien, die im Folgenden an zwei ausgewählten Beispiele erläutert werden sollen. Zielpunkt ist es zu zeigen, dass in dieser Art der Konfliktlösung das Spezifikum von Interpreta-

---

[4] Damit wird die Realitätsverarbeitung von der Ebene der Gesamtgeschichte in den Kontext der Figur selbst hineingenommen (von N 2 nach N 1).

tion im Literaturunterricht liegt, d.h. in der Herausarbeitung einer dominanten Leitlinie innerhalb konkurrierender Deutungshypothesen, und dass diese Konfliktlösung durch kognitive und durch kommunikative Strategien herbeigeführt wird, die unauflöslich miteinander verbunden sind.

In den folgenden beiden Beispielen überwiegt im ersten die Diskussion der kognitiven, im zweiten die der kommunikativen Strategien.

3.1 Erstes Beispiel: Konfliktlösung zwischen konkurrierenden Deutungshypothesen durch kognitive Strategien

Das Gemeinte lässt sich am Beispiel eines Unterrichtsausschnitts verdeutlichen: In diesem Ausschnitt aus der Unterrichtskommunikation über „Olympia Zwo" geht es zentral um die Realitätsverarbeitung, und zwar wiederum um die Deutungs-Alternativen zwischen der Realitäts- und der Realitäts-Ersetzungs-These. Das Unterrichtsgespräch hat die Deutung der Geschichte bis zum ausgelassenen Schluss zum Gegenstand und dient der Vorbereitung der Schüler/innen für das Verfassen eines Fortsetzungstextes über den gegebenen Schluss hinaus, nachdem dieser vor der Aufgabenstellung offengelegt worden ist.

LEHRERIN: Dann, ääh ... Jetzt stehen wir immer noch vor der Frage, was ist jetzt eigentlich wirklich an dieser Geschichte und was nicht. Spricht die Ansagerin wirklich zu ihm und ist sie dann eine Maschine? Das lässt sich ja schlecht miteinander vereinbaren! Oder ist es einfach nur ein Traum? Er ist eingeschlafen, wacht auf ... Davon sind wir ja eigentlich abgerückt. Da war keiner mehr so der Meinung, obwohl das ja durchaus auch möglich ist. Oder, was denkt Ihr? .... Ja, Daphne!

DAPHNE: Na ja! Am Anfang, da hatte ich auch gedacht, das ist halt 'n Traum. Doch jetzt am Ende, wenn er da wirklich hineingegangen ist, kann ich mir nicht vorstellen, dass er doch so 'n Ort träumt. Naja, ich weiß es nicht...

LEHRERIN: Jaa, du weißt es nicht genau ... Rose!

ROSE: Ich bin der Meinung, dass das Einbildung ist, weil er ein alter, einsamer Mann ist. Doch jetzt, wenn er ins Studio geht, das ist halt keine Einbildung mehr. Da wird er praktisch in die Realität zurückgeführt ... Er merkt, dass sie in Realität 'n Roboter is', und das ist keine Einbildung mehr ...

LEHRERIN: Hhmm! Ja! ... Clara!

CLARA: Hier steht ja auch: „In Zwarts Einbildung besaß der dunkle Raum den Umfang seines Wohnzimmers [...]". Und jetzt sieht er halt, dass das 'n anderer Raum ist, in dem er sie [danach unverständlich]

LEHRERIN: Jaa! ... Benny!

BENNY: Ja, ich mein', das kann man so nicht sagen. Es könnt' ja auch alles 'n Traum sein. Es gibt keinen eindeutigen Beweis irgendwie, dass er wach ist. Man kann das so nicht sagen, finde ich [unverständlich]

LEHRERIN: Hmm! Gary!

GARY: Die Frage ist doch, ob wir überhaupt unterscheiden wollen zwischen Einbildung und Traum, weil ich mein, 'n Traum is' immer etwas Eingebildetes. Und wie jetzt eben der Textbeleg kam, dass der Raum seiner Einbildung ähnlich erschien, das kann auch wieder auf 'n Traum hindeuten. Obwohl ich das Traummotiv eigentlich gar nicht verfolge. Aber ich muss sagen, dass die Argumentation von Daphne mit dem Traum, das kann stimmen. Weil, es gibt kein Beleg, wie gesagt, dass es kein Traum is'. [unverständlich] Deswegen können wa eigentlich 'mal Abstand davon nehmen, zu differenzieren zwischen Einbildung und Traum, weil das ist schon schwerer. Vielleicht müssen wir anfangen, zu differenzieren zwischen Realität und Phantasie. Dann ist das, glaub' ich, leichter zu trennen, als zwischen Traum und Einbildung.

LEHRERIN: Hmm! Ja, gut! Was meinst du denn dann? Also, du wärst dann eher für den Bereich der Phantasie ....

GARY: Ja! Ja! Genau! Ich mein', zwischen Traum und Einbildung zu unterscheiden, dazu gibt der Text nicht genügend her, würd' ich sagen. Vielleicht hab' ich da irgend 'ne super Textstelle überlesen. Aber zwischen Phantasie und Realität, da könnt' ich mich schon einer Partei anschließen.

In diesem Abschnitt bringen Daphne, Rose, Clara und Benny Beiträge mit Belegen für das Konzept „Traum" bzw. „Einbildung". Die Schüler/innen arbeiten textorientiert, beziehen sich auf den eigenen Deutungsgang (Daphne) oder führen – wie Clara – sogar Zitate an.

Ganz anders geht Gary vor, was zunächst durch die Länge seines Beitrags auffällt. Gary vollzieht einen *Rollenwechsel*: Bei seiner Äußerung handelt es sich nicht um einen weiteren Beitrag, sondern er *moderiert* alle vier vorhergegangenen Beiträge, einschließlich der Beiträge der Lehrerin, mit der er sich unausgesprochen auf eine Stufe stellt. Er sucht eine *kommunikative Synthese* auf einer *Meta-Ebene*, indem er selber ein neues Konzeptpaar, nämlich Phantasie und Realität, terminologisch einführt. Gary führt damit den Unterrichtsdiskurs deswegen auf eine höhere Stufe, weil er die Konzepte *innerhalb* der Realitäts-Ersetzung ersetzt durch die übergeordnete Opposition zwischen Realität und Realitäts-Ersetzung, die das gesamte Material strukturiert. Diese Opposition hatte die Lehrerin in ihrer ersten Äußerung implizit gemeint, in dieser Äußerung aber nur „Traum" begrifflich genannt. Garys kognitive Kommunikationsstrategie gelingt: Das zeigt sich daran, dass die Lehrerin mit ihm eine *quasi-symmetrische Kommunikation* eröffnet und ihn um eine Erläuterung bittet. Das nutzt Gary zum Ausbau seiner Strategie: In deren „Vollbild" übersteigt er die Ebene von isolierten, einzelnen Deutungskonzepten und legt einen Vermittlungsvorschlag vor, weist er die Arbeitsmethode kleinschrittiger Einzelbelege zurück, gelangt er zu einer eigenständigen Bewertung der vorgelegten Deutungsvorschläge und damit indirekt auch zu einer eigenständigen Bewertung des literarischen Textes.

3.2 Zweites Beispiel: Konfliktlösung zwischen konkurrierenden Deutungshypothesen durch dialogisch-kooperative Kommunikationsstrategien

Im vorigen Beispiel hat sich schon angedeutet, dass kommunikative Strategien zusammen mit den kognitiven Strategien im Unterrichtsgespräch eine entscheidende Bedeutung besitzen. Das vorige Beispiel hat gezeigt, dass der Unterricht zu einem greifbaren Ergebnis gelangt ist, weil durch Garys die bisher einander ausschließenden Konzepte übersteigende metakognitive Strategie die gesamte Deutungsarbeit der Lerngruppe zusammengeführt wurde. Dies gilt aber wie gesagt nicht nur auf der kognitiven, sondern auch auf der kommunikativen Ebene.

Dies wird im Folgenden nochmals verdeutlicht, indem die beiden im Unterricht vorkommenden kommunikativen Strategien einander gegenübergestellt werden, nämlich

- die *dialogisch-kooperative Kommunikationsstrategie,* die kennzeichnend ist für die Jungen Gary (wie soeben gezeigt), Robert und Ray.

Dieser gegenüber steht

- die monologisch-kontrastive Kommunikationsstrategie (kennzeichnend u.a. für Isabel).

Da die dialogisch-kooperative Kommunikationsstrategie bereits durch Beispiele von Äußerungen Garys erläutert worden ist, wird im Folgenden der Schwerpunkt auf die monologisch-kontrastive Kommunikationsstrategie gelegt. Wie schon die Terminologie nahe legt, geht es hier um Kommunikationsstrategien, die jeweils von einer einzigen Perspektive aus entwickelt und in konfrontativer Weise vorgebracht werden.

Zur Erläuterung bringe ich ein Beispiel, das *vor* der Phase abschließender Deutung liegt, aus dem zuvor zitiert wurde. Hier liegt also kein Ergebnis vor, sondern nur die Vorstufe dazu. Die im betreffenden Abschnitt zitierte Daphne favorisiert hier noch als Kategorie der Realitäts-Ersetzung den „Traum", was sie später aufgibt.

> ISABEL: „Also, deswegen glaub' ich nicht, dass das 'n Traum is .... Das wär' ja auch total doof. Dann wär' der ganze Sinn von dem Text weg (Zwischenrufe: Das find ich auch. Genau! – Zwischenruf Daphne: Wieso?). Da (Isabel hebt die Stimme an, wird lauter) kann ich auch sagen, da wär'n Alien in seiner Wohnung und hat sich in den Fernseher gebeamt und hat gesagt: ‚Hallo Herr Zwart!', und (zu Daphne gewandt) jetzt such 'mal 'n Gegenbeleg dafür [...]."

Isabels Äußerung bezieht sich mit dem ersten „das" auf das Werkganze, auf die Ebene N 3. Entscheidend ist ihr Zugang, die gesamte Äußerung mit der Sinn-Forderung zu verknüpfen und mit einem hohen Gültigkeits-Koeffizienten zu versehen. Damit wird das quasi-moralische Literaturverständnis Isabels deutlich. Es zeichnet sich ab, dass sie das Konzept „naiver" Realität als Modus der Realitätskonstruktion deswegen präferiert, weil dadurch die moralische Relevanz des Textes abgesichert wird. Dies ist der kognitive Hintergrund ihrer Äußerung.

Die begleitende Kommunikationsstrategie liegt darin, dass Isabel ihr Interpretament konfrontativ und provokativ vorbringt. Sie greift auf Ausdrücke aus der technischen Fachsprache und aus der Jugendsprache zurück, um Daphnes Beharren auf der Traumposition letztlich lächerlich zu machen. Isabels Mitschüler/innen sollten nach ihrer Meinung offensichtlich ihre Positionen aufgeben und ihr – Isabel – Recht geben, aber so gelangt die gemeinsame Interpretation im Literaturunterricht zu keinem Ergebnis. Dies zeigt sich – auch körpersprachlich – an dem Resümee, das Rose aus diesem Abschnitt der Unterrichtsarbeit zieht:

> ROSE: „Also, aber da sind so ganz unterschiedliche Meinungen. Jeder hat da so seine eigene Einstellung ..." (Rose hat sich während des Hinweises auf die Relativität der Ansichten in ihrem Stuhl zurückgelehnt und die Arme vor der Brust gekreuzt.)

Rose macht noch einmal deutlich, wie Isabel vorgegangen ist: Sie hat ihre Deutung nicht kooperativ mit anderen zusammen ausgearbeitet, sondern explizit sogar *gegen* Daphne abgesetzt. Damit handelt es sich bei ihr und Isabel einerseits, bei Ray und Gary andererseits nicht nur um eine inhaltliche, sondern um eine stilistische Differenz, die sich in ihrem monologisch-kontrastiven Verarbeitungsstil des literarischen Textes niederschlägt.

4 Schluss: literarische Rezeptionskompetenz als reflexivproduktive kulturelle Mündigkeit

„Interpretation im Literaturunterricht" zeigt sich in der Unterrichtskommunikation, im gemeinsamen „Aushandeln" von Bedeutungsansprüchen literarischer Texte. Obwohl Interpretationshandlungen im Literaturunterricht ständig bei anderen Operationen und Situationen vorkommen, lassen sich die für diesen Handlungstyp kennzeichnenden Komponenten bei diesem Datentyp deutlich machen.

Zum Handlungstyp „Interpretation im Literaturunterricht" gehört zentral die adäquate Moduseinschätzung, d.h. die implizite Realisierung, dass es sich auf der Ebene des Werkganzen um eine Form der Realitäts-Ersetzung mit komplexer Bezugnahme auf die „Realitäts"-Ebene handelt.

Die zum Handlungstyp „Interpretation im Literaturunterricht" erforderlichen Kompetenzen wurden in den obigen Beispielen als Teilkompetenzen literarischen Lesens deutlich.

Im Bereich kognitiver Strategien könnte man die folgenden beiden Teilkompetenzen ausmachen (s. Abbildung 5).

analytische Teilkompetenzen, z.B. Clara	holistische Teilkompetenzen, z.B. Gary
Rekonstruktion der Fabel-Ebene, des eigenen Verstehensprozesses, Konzeptbildung im Rahmen der vorgegebenen Terminologie	Kommunikative Synthesebildung und Metakognition Textorientierung, Textbelege Verknüpfung und Neuformulierung von Konzepten

Abbildung 5: Teilkompetenzen literarischen Lesens in der Unterrichtskommunikation: kognitive Strategien

Anhand dieser beiden deskriptiv festgestellten kognitiven Strategien liegt es auf der Hand, wie normative Förderungskonzepte aussehen könnten und müssten: So sollte ein Schülertyp wie Gary seine Position nicht mit der Abwendung vom literarischen Text realisieren, sondern konkret mit den jeweiligen Gehalten und Strukturen des Textes verbinden. Andererseits sollte Clara die konkrete Stellenarbeit in übergeordnete Strukturen einbinden können.

Im Bereich kommunikativer Strategien könnte man die folgenden beiden Teilkompetenzen ausmachen (s. Abbildung 6).

monologisch-kontrastive Strategie, z.B. Isabel	dialogisch-kooperative Strategie, z.B. Gary, Ray und Robert
konfrontativer, provozierender, das eigene Interpretament isolierender Kommunikationsstil	kommentierender, moderierender, positiv anschließender Kommunikationsstil

Abbildung 6: Teilkompetenzen literarischen Lesens in der Unterrichtskommunikation: kommunikative Strategien

Auch hier zeichnen sich normative Förderungskonzepte ab: So sollte ein Schülertyp wie Isabel ihre Position nicht gegen die Mitschüler/innen artikulieren, sondern mögliche Anknüpfungspunkte suchen, um ein Interpretationsergebnis auch tatsächlich in der gegebenen Lerngruppe realisierbar zu machen.

Andererseits sollten Schüler wie Gary, Ray und Robert auch ihre eigene Sicht und ihre eigene Deutungsarbeit stärker konturieren und sie nicht in der Moderation der Deutungsarbeit der anderen aufgehen lassen.

Normativ gehe ich zusammenfassend von einem Konzept literarischer Rezeptionskompetenz als reflexiv-produktiver kultureller Mündigkeit aus, deren Verbindung mit weiteren Funktionen bzw. Kompetenzen zusammen mit Margrit Schreier im Beitrag „Ziele/Funktionen der Lesekompetenz als gesellschaftlich-kulturelle Teilhabe" (in diesem Band, S. 251ff.) entfaltet wird. In Bezug auf die Anschlusskommunikationen kommt es mir auf die Integration von Teilkompetenzen an, die im Unterrichtskontext z.B. durch soziales Lernen geschehen kann. Diese Integration besagt, dass eine elaborierte literarische Rezeptionskompetenz die Fähigkeit zur diskursiven Vertretung eigener Rezeptionen im Unterrichtsdiskurs einschließt. Denn erst im sozialen Unterrichtskontext, d.h. durch die Anerkennung und durch die Durchsetzung von Rezeptionsleistungen, festigt und stabilisiert sich letztlich die Verarbeitungskompetenz, die durch die Interpretation vollzogen wird.

Die dauerhafte Verfügbarkeit literarischer Erfahrungen für die tägliche Lebenspraxis der Heranwachsenden hängt entscheidend von der Vermittlung literarischer Rezeptionskompetenz ab. Einerseits müssen Lehrer/innen für die unter Medienbedingungen gewandelten intellektuellen Profile ihrer Schüler/innen sensibilisiert werden, andererseits gilt es, die bei den Schüler/innen feststellbaren Fähigkeiten und Fertigkeiten aufzugreifen und weiterzuentwickeln. Unter dieser Bedingung wäre auch bei den nachwachsenden Generationen das historische Bewusstsein davon erhalten, dass sich im Informationszeitalter das Spektrum der Medien verbreitert und dass sich die Spielarten von Wirklichkeitskonstruktion und -verarbeitung vermehren, ohne dass es zu einem Abbruch von Traditionssträngen kommt oder eben kommen darf. Dann können Literatur und literarisches Lesen weiterhin jene Erkenntnisfunktion in unserer Kultur entfalten, die Harro Müller-Michaels immer wieder als „Arbeit an einem literarischen Denkbild" beschrieben hat:

Die Arbeit an einem literarischen Denkbild mit menschlichen Elementarerfahrungen (z. B. Liebe, Gewalt und Tod in „Romeo und Julia") kann kühl und rational analytisch verlaufen, sie kann aber auch Anlass sein, selbstgemachte Erfahrungen (Liebe, Familienstreit, Freundschaft) auszudifferenzieren, und kann schließlich Material bieten, nicht unmittelbar zugängliche Erfahrungen (z.B. Tod oder Krieg) vorauszudenken zu lernen. Immer setzt die Literatur einen zusätzlichen Punkt der Erkenntnis, der das Leben bereichert und die Texte mit Leben füllt. (Müller-Michaels, 1999, S. 173–174)

Literatur

Boehm, A. (1994). Grounded Theory – wie aus Texten Modelle und Theorien gemacht werden. In A. Boehm, A. Mengel & T. Muhr (Hrsg.), *Texte verstehen. Konzepte, Methoden, Werkzeuge* (S. 121–140). Konstanz: Universitätsverlag.

Feldmann, E. (1969). *Neue Studien zur Theorie der Massenmedien*. München: Ernst Reinhardt Verlag.

Glaser, B.G. & Strauss, A.L. (1967). *The Discovery of Grounded Theory: Strategies for Qualitative Research*. Chicago: Aldine.

Gross, S. (1994). *Lese-Zeichen. Kognition, Medium und Materialität im Leseprozess*. Darmstadt: Wiss. Buchgesellschaft.

Kunert, G. (1984). Olympia Zwo. In G. Kunert, *Zurück ins Paradies*, 118–127. München: Hanser.

Müller-Michaels, H. (1999). Literarische Anthropologie in didaktischer Absicht. Begründung der Denkbilder aus Elementarerfahrungen. *Deutschunterricht, 3,* 164–174.

Nünning, A. (1997). Die Funktionen von Erzählinstanzen: Analysekategorien und Modelle zur Beschreibung des Erzählverhaltens. *LWU, 30,* 323–349.

Rupp, G. (1996). Das Oli/ympia-Projekt – Lesen und Medienkonsum in der Informationsgesellschaft. *Deutschunterricht, 49* (4), 170–178.

Rupp, G. (1998). Schülertextbeurteilung in der Literaturdidaktik. Der konstruktive Kommentar als Lösung des Bewertungsdilemmas. Teil I. *Deutschunterricht, 51* (2), 71–80.

Rupp, G. (1998). Schülertextbeurteilung in der Literaturdidaktik. Der konstruktive Kommentar als Lösung des Bewertungsdilemmas. Teil II. *Deutschunterricht, 51* (3), 136–144.

Rupp, G. (1999a). Literarisches Lesen und Medienkonsum in der produktiven Selbstreflexion durch Schüler/innen im Unterricht. In N. Groeben (Hrsg.), *Lesesozialisation in der Mediengesellschaft. Ein Schwerpunktprogramm (10. Sonderheft IASL)* (S. 67–78). Tübingen: Niemeyer.

Rupp, G. (1999b). Dokumentenanalyse. N. Groeben (Hrsg.), Interdisziplinäre Methodik der Lesesozialisationsforschung. *SPIEL-Sonderheft (Siegener Periodicum zur Internationalen Empirischen Literaturwissenschaft, 18* (1), 105–121.

Schreier, M. (1997). Die Aggregierung Subjektiver Theorien: Vorgehensweise, Probleme, Perspektiven. *Kölner Psychologische Studien. Beiträge zur natur-, kultur- und sozialwissenschaftlichen Psychologie, 2* (1), 37–71.

Schreier, M., Groeben, N., Nickel-Bacon, I. & Rothmund, J. (1999). Realitäts-Fiktions-Unterscheidung(en): Ausprägungen, Bedingungen und Funktionen. In N. Groeben (Hrsg.), *Lesesozialisation in der Mediengesellschaft* (IASL, 10. Sonderheft, 233–247). Tübingen: Niemeyer.

Thörner, A. (2000). Erzählstrukturen in ausgewählten Texten E.T.A Hoffmanns unter besonderer Berücksichtigung der Leserführung. *Unveröffentlichte Staatsarbeit*, Universität Düsseldorf.

Wienold, G. (1974): Textverarbeitung. Überlegungen zur Kategorienbildung in einer strukturalen Literaturgeschichte (1971). In P. U. Hohendahl (Hrsg.), *Sozialgeschichte und Wirkungsästhetik* (S. 97–134). Frankfurt/M.: Athenäum Fischer.

Teil III: Rahmenbedingungen und Einflussfaktoren

Bettina Hurrelmann

Sozialhistorische Rahmenbedingungen von Lesekompetenz sowie soziale und personale Einflussfaktoren

Lesen ist alt, aber es ist immer eine Kunst gewesen, ein Können, das sich jeder einzelne Kopf, zumeist mit Hilfestellung von anderen Personen mühsam hat erwerben müssen. Menschen, die sich mit dem Lesen beschäftigten, fielen einst den anderen so ins Auge, wie wir heute etwa einen Stelzenläufer betrachten, der quer durch die Stadt stakt und den Lauf der Dinge, sprich den fließenden Verkehr behindert. (Schenda, 2000, S. 1)

So eröffnet Rudolf Schenda einen Aufsatz mit „Überlegungen zur Geschichte und den Schwierigkeiten des Lesens". Die Sätze erinnern daran, dass die Lesekompetenz – im Unterschied zur mündlichen Sprachfähigkeit – nicht aufgrund einer angeborenen Disposition erworben wird, sondern aufgrund von Lernprozessen, die – von kompetenteren Anderen mehr oder weniger planmäßig unterstützt – über mitgegebene Verhaltensmöglichkeiten hinausführen. In diesem Sinne ist Lesen eine Kunst wie das Stelzenlaufen. Das gilt auch heute noch.

Wie exzeptionell oder sozial erwartbar die Beherrschung dieser Kunst aber ist, hängt erstens ab von sozialhistorischen Rahmenbedingungen. Am Ende des langwierigen und keineswegs linear verlaufenden Prozesses der Herausbildung literaler Gesellschaften bekommt das Lesen mehr und mehr den Charakter einer Kulturtechnik, deren Beherrschung eine Grundvoraussetzung der Teilnahme an gesellschaftlicher Kommunikation ist. Und doch ist die formale Lesefertigkeit niemals allein der kulturelle Gehalt von Lesekompetenz gewesen. Lesen ist kommunikatives Handeln und erfüllt im Zusammenhang gesellschaftlicher Handlungs-, Verständigungs- und Selbstverständigungsprozesse historisch unterschiedliche Funktionen. Entsprechend werden ihm unterschiedliche Leistungen und Wirkungen zugeschrieben – erwünschte und auch unerwünschte –, und so erhält es als kulturelle Praxis in Konnex mit epochenspezifischen Entwicklungen im Bereich der Kommunikationsangebote ein historisch durchaus veränderliches Profil. Das „Stelzenlaufen" – um mit Schenda zu sprechen – ist nicht nur ein mehr oder weniger auffälliger Fremdkörper im „fließenden Verkehr" mündlichen Alltagshandelns, sondern es erfüllt variable Funktionen, nimmt unterschiedliche Formen an und unterliegt veränderlichen Bewertungen.

Die Chancen zum Erwerb von Lesekompetenz sind zweitens von jeher sozial ungleich verteilt. Das ist bis heute so, selbst bei „flächendeckender" schulischer Leseerziehung. Denn Lesesozialisation ist ein Prozess der Enkulturation, kein bloßer Instruktionsprozess, allein durch Bildungsinstitutionen nur schwer zu bewerkstelligen. Ob Heranwachsende zur Entwicklung ihrer Lesefähigkeit die geeignete „Hilfestellung von anderen Personen" erfahren, ist von sozialen Ressourcen abhängig, die nach wie vor eng mit dem Faktor „Schicht" zusammenhängen und ein ganzes Set von alltäglichen Bildungsbedingungen umfassen, die am besten mit dem Begriff des „kulturellen Milieus" zu kennzeichnen sind. Nicht nur ob das „Stelzenlaufen" angeleitet und unterstützt wird in der sozialen Umgebung, sondern auch wie dies geschieht, ist wichtig für die Ausbildung von Lesekompetenz.

Drittens ist Lesekompetenz von personalen Voraussetzungen abhängig. Denn Lesesozialisation ist – wie Sozialisation überhaupt – kein deterministischer Prozess. Weder die Voraussetzungen auf Systemebene, der historisch-gesellschaftliche Stand der Lesekultur, noch die Voraussetzungen auf Kollektivebene, die soziokulturell differenten Bedingungen oder Milieus der Enkulturation, legen abschließend fest, ob eine Person Lesekompetenz erwirbt und bis zu welchem Fähigkeitsniveau sie diese entwickelt. Sozialisation ist vielmehr stets ein Prozess der eigenaktiven Auseinandersetzung der Person mit sozialkulturellen Vorgaben. Wie das Stelzenlaufen ist das Lesen im Vollzug eine individuelle „Kunst". Daher ist auch der Faktor „Person" für die Erklärung des Erwerbs und Erhalts von Lesekompetenz eine zentrale, wenngleich im Gefüge der Voraussetzungen schwer zu isolierende Größe.

Im Folgenden soll ein Überblick gegeben werden über Forschungsergebnisse, die erstens die historisch veränderlichen gesellschaftlichen Rahmenbedingungen von Lesekompetenz verdeutlichen, zweitens die sozialen Einflussfaktoren beschreiben, die deren Erwerb bestimmen, drittens Auskunft geben über die Bedeutung von Persönlichkeitsfaktoren. Dies ist natürlich nur in äußerster Knappheit, exemplarischer Abgrenzung von Betrachtungsebenen und in der Auswahl je spezifischer Perspektiven auf den Gegenstand „Lesekompetenz" möglich. So konzentriere ich mich bei den sozialhistorischen Rahmenbedingungen auf die gesellschaftliche Makro- oder Systemebene und betrachte das gesamtgesellschaftliche Profil des Lesens in seinem historischen Wandel. Bei der Erörterung der sozialen Einflussfaktoren geht es dagegen um die Kollektivebene. Hier wähle ich den Prozess der Lesesozialisation als organisierenden Gesichtspunkt und beschreibe die Verhältnisse in Bezug auf die Gegenwart. Auch die personalen Einflussfaktoren werden vor dem Hintergrund der Lesesozialisation erörtert, und zwar ebenfalls in synchroner Perspektive.

1 Sozialhistorische Rahmenbedingungen von Lesekompetenz

Mit dem Begriff der „Literalität" (engl. literacy) bezeichnet man in der Forschung gesellschaftliche Zustände, die dadurch gekennzeichnet sind, daß nicht nur repräsentative Teile der Bevölkerung lesen und schreiben können, sondern daß auch das gesellschaftliche Leben insgesamt durch Formen schriftlicher Kommunikation bestimmt ist. (Günther & Ludwig, 1994, S. VIII)

Man ist sich einig, dass in den meisten westlichen Gesellschaften dieser Status gegen Ende des 19. Jahrhunderts erreicht wurde und dass das 18. Jahrhundert eine entscheidende Etappe in der Vorbereitung moderner Kommunikationsverhältnisse darstellt. Was aber die nun benötigte Kompetenz genauer ausmacht, wie sich die Anforderungen an das Lesen historisch entwickeln, d.h. gesellschaftlich, textseitig und rezipientenbezogen ausprägen und wie sich die herrschenden Deutungen und Bewertungen der Lesetätigkeit verändern, war bisher nicht der leitende Gesichtspunkt der vorliegenden Darstellungen der „Geschichte des Lesens" (vgl. z.B. Schön, 1993, 1999; Gauger, 1994; Chartier & Cavallo, 1999; Messerli & Chartier 2000). Sie beschreiben die Veränderungen multiperspektivisch, mit wechselnden Akzenten. Sieht man auf die Zeit vom Beginn des 18. Jahrhunderts bis zur Gegenwart und konzentriert sich auf den deutschsprachigen Raum, wie das im Folgenden geschehen soll, so findet man in der Literatur zwar inzwischen eine Fülle von buchmarktgeschichtlichen, lese(r)-soziologischen, bildungs- und mentalitätsgeschichtlichen, literaturgeschichtlichen Forschungsergebnissen zusammengetragen und aufbereitet, sie ergeben aber ein noch wenig strukturiertes Kaleidoskop von Bedingungen und Erscheinungsformen des Lesens im Wandel, aus dem ein Resümee über die sozialhistorischen Bedingungen von Lesekompetenz nicht einfach zu deduzieren ist.

Das muss vorausgeschickt werden, ehe im folgenden Abschnitt eine Sekundärinterpretation versucht wird, die die vorliegenden Ergebnisse neu organisiert. Zu Anfang frage ich nach den grundlegenden sozialhistorischen Bedingungen der Beteiligung unterschiedlicher Bevölkerungsgruppen an der Lesekultur und den entsprechenden Veränderungen vom 18. Jahrhundert bis heute. Im zweiten Schritt soll es um den Wandel der Leseangebote, der je erreichten Publika und den entsprechenden Wandel der kommunikativen Lebenswelten gehen. Im dritten Schritt frage ich nach den Mustern des Lesens im Horizont der gesellschaftlich je dominanten kulturellen Bewertungen der Lesetätigkeit. Mit anderen Worten: Lesekompetenz bemisst sich erstens danach, in welchem Maße Gruppen und Individuen in der Lage sind, die Funktionen wahrzunehmen, die sich in der jeweiligen Gesellschaft als Domänen der Textrezeption herauskristallisieren und sozialstrukturell etablieren. Sie bestimmt sich zweitens in Konnex mit der Art und Verfügbarkeit von Lesestoffen innerhalb sich verändernder soziokommunikativer Lebenswelten. Sie verändert drittens ihren Gehalt mit dem Wandel der Formen der Textrezeption, nicht nur in funktionaler Hinsicht, sondern immer auch im Verhältnis zu den Deutungen und Bewertungen der Lesetätigkeit. Pointiert gesagt: Gesellschaftsstrukturelle Entwicklung, Angebotsentwicklung, Muster des Lesens scheinen im Hinblick auf moderne Gesellschaften die entscheidenden Parameter für die Beschreibung der sozialhistorischen Rahmenbedingungen von Lesekompetenz zu sein.

1.1 Gesellschaftsstrukturelle Bedingungen von Lesekompetenz

Der Übergang vom 18. zum 19. Jahrhundert gilt in der sozialgeschichtlichen Forschung als entscheidende Schwelle des Eintritts in die Moderne. Koselleck hat dafür den Begriff der „Sattelzeit" geprägt und festgehalten, dass viele zentrale politisch-soziale Begriffe um diese Zeit die Bedeutungen erhalten haben, die uns bis heute geläufig sind (Koselleck, 1972, S. XIV). Den begriffsgeschichtlichen Veränderungen gingen Verschiebungen in den sozialen, politischen, kulturellen Verhältnissen voraus, die sich über das ganze 18. Jahrhundert erstreckten. Im Folgenden werden die gesellschaftsgeschichtlichen Grundlagen seit dieser Zeit unter besonderer Beachtung der sozialstrukturellen Bedingungen skizziert, da es um die jeweiligen Trägerschichten der Lesekultur in der Gesamtgesellschaft und deren allmähliche Verbreiterung bis hin zu den Gegebenheiten in der Gegenwartsgesellschaft geht.

In der Kultur Westeuropas war das 18. Jahrhundert, waren Absolutismus und Aufklärung die Zeit, in der Wirtschaft, Politik und Verwaltung auf lese- und schreibkundige Kaufleute, Akademiker und gebildete Beamte in weit höherem Maße angewiesen waren als zuvor. Die Entwicklung überregionaler Wirtschaftsbeziehungen im Zeichen des Merkantilismus, die Ausweitung und Professionalisierung der Verwaltung, verlangten geschulte Verantwortungsträger. Durchaus im Sinne der absolutistischen Landesherren waren dies häufig Angehörige des Bürgertums, eines neuen Bürgertums freilich, das sich nicht mehr über städtische Bürgerrechte definierte, sondern über ökonomische Tüchtigkeit, Engagement für soziale Angelegenheiten und nicht zuletzt über Wissen und Bildung. Den ererbten Privilegien und repräsentationsbezogenen Verhaltensstandards des Adels setzte es leistungsbezogene Qualifikationen entgegen. Die Teilnahme an der Schriftkultur wurde zum zentralen Aspekt bürgerlicher Selbstdefinition, die Fähigkeit zu aktivem literalem Verhalten eine wichtige Voraussetzung für erfolgreiches Handeln in fast allen gesellschaftlichen Bereichen. Mehr als Geburt und Besitz begann diese Fähigkeit die Zugehörigkeit zu der wenn auch nicht politisch, so doch allmählich kulturell tonangebenden Gruppe der „Gebildeten" zu bestimmen (vgl. z.B. Herrmann, 1982; Dann, 1986; Wehler, Bd. 1, 1987).

Der Übergang von der ständischen zur „bürgerlichen Gesellschaft" erfolgte im Laufe des 19. Jahrhunderts. Neben dem Scheitern der Revolution, also dem andauernden Ausschluss des Bürgertums von politischer Macht, war das Streben nach „Einheit der Nation" ein neues sozialpolitisches Motiv für die Hochwertung von Lektüre, nun allerdings mit Betonung auf der deutschen Sprache und nationalen Literatur. Insbesondere das sog. „Bildungsbürgertum" entwickelte sich zu einer sozialen Formation, die sich durch gymnasiale und akademische Ausbildung, beruflichen Umgang mit Schriftlichkeit, Vertrautheit mit Kunst und Literatur definierte und dabei Angehörige durchaus verschiedener sozialer Herkunft, Einkommensgruppen, Konfession etc. umfassen konnte (vgl. Engelhardt, 1986; Kocka, 1989; Lepsius, 1990). Davon zu unterscheiden ist im Hinblick auf seinen eher demonstrativen Kulturkonsum das Wirtschaftsbürgertum als Trägerschicht der seit der Mitte des Jahrhunderts sich kräftig beschleunigenden Industrialisierung. Selbst die Schicht der Kleinbürger und die ländliche Bevölkerung blieben nicht unberührt von den Prozessen der Modernisierung. Alphabetisierung und Ausbau des Bildungswesens wurden von Staats wegen vorangetrieben. Für die Unterschichten brachten die „große Industrie" und der sich entfaltende Kapitalismus den Zwang zur Mobilität, die Gefahr der Entwurzelung und des sozialen Elends mit sich. Darauf antworteten Kirchen und Staaten mit verstärkten Volksbildungsbemühungen, die Organisationen der Arbeiterschaft mit eigenen Bildungsinitiativen. Am Ende des Jahrhunderts finden wir deutlich unterschiedene Klassenkulturen, aber der gesamtgesellschaftliche Literarisierungsprozess ist im Wesentlichen abgeschlossen (vgl. Jeismann & Lundgreen, 1987; Berg, 1991).

Im 20. Jahrhundert ist das Verfügen über Lesekompetenz (und die Kompetenz des Schreibens) bis zu einem gewissen Ausmaß zur Lebensbewältigung in allen sozialen Klassen und Schichten nötig. In beruflicher Hinsicht gilt das nun auch für Professionen unterhalb der Beamtenschaft, ein Beispiel ist etwa die neue Gruppe der Angestellten. Im Zuge der Demokratisierung der Gesellschaft werden Klassenkulturen allmählich durchlässiger. Als bildungsgeschichtlicher Markstein mag die Einführung der einheitlichen Grundschule zu Beginn der 20er Jahre gelten (Langewiesche & Tenorth, 1989). Freilich ist das 20. Jahrhundert in Deutschland auch die Zeit der Weltkriege, der Zusammenbrüche und der totalitären Regime. Auf lange Sicht hat dies die Durchsetzung des westlichen Demokratiemodells und den Sieg der kapitalistischen Wirtschaftsweise nicht aufgehalten. Gegen Ende des Jahrhunderts wird von Soziologen konstatiert, dass das Hierarchiemodell von sozialen Klassen und Schichten nicht mehr tauglich sei, um unterschiedliche soziokulturelle Lebensbedingungen adäquat zu beschreiben. In der Gegenwartsgesellschaft sei ein „Prozeß der Individualisierung und Diversifizierung von Lebenslagen und Lebensstilen in Gang" gekommen, der die älteren Strukturmodelle sozialer Ungleichheit in ihrem Wirklichkeitsgehalt in Frage stelle (Beck, 1986, S. 121f.). Einen erheblichen Anteil an entsprechenden Veränderungen hat die im letzten Drittel des 20. Jahrhunderts erfolgte Entwicklung von der Industrie- zur Mediengesellschaft (Schulze, 1993). Sie hat nicht nur eine tiefgreifende Umstrukturierung und Globalisierung der Wirtschaftsprozesse mit sich gebracht, sondern auch eine dem gesamtgesellschaftlichen Literalitätsprozess vergleichbare, nur sehr viel schnellere kulturelle Revolution. Am Ende des 20. Jahrhunderts ist Lesekompetenz zu einem Teil der für alle Gesellschaftsmitglieder notwendigen Medienkompetenz geworden. Inwiefern sich die Anforderungen an das Lesen, wie weit sich seine Funktionen und Formen in diesem Kontext verändern, ist eine offene Forschungsfrage.

1.2 Leseangebote, Lesepublika und Veränderungen der kommunikativen Lebenswelt

Die Skizze der Rahmenbedingungen von Lesekompetenz lässt sich präzisieren, wenn man auf die Art und Verfügbarkeit von Leseangeboten, ihren dominanten Publikumsbezug und die Veränderung der kommunikativen Lebenswelt insgesamt sieht. Vor allem die buchmarktgeschichtlichen Bedingungen sind für den hier interessierenden Zeitraum gut erforscht, das gilt in Grundzügen auch für den Markt der Zeitschriften und Zeitungen, naturgemäß weniger für den der Lesestoffe jenseits der offiziellen Distributionsinstanzen (Langenbucher, 1975; Wittmann, 1982, 1991; Schön, 1993, 1999; Muth, 1993; Schenda, 1976, 1977; Kosch & Nagl, 1993; Scheid, 1994). Bildungsgeschichtliche Überblickswerke beziehen unter dem Stichwort „Medien" für das 20. Jahrhundert auch die modernen elektronischen und digitalen Medien in die Darstellung ein (Schütz, 1989; Schwenger, 1998; Hickethier, 1998).

In der Forschung wird übereinstimmend hervorgehoben, dass der Wandel der Leseverhältnisse im 18. Jahrhundert weniger ein quantitativer als ein qualitativer gewesen sei. Zu Beginn des Jahrhunderts waren Bücher nicht nur äußerst teuer und rar, sie waren auch sprachlich und strukturell für ein größeres Publikum nicht zugänglich. Zu einem erheblichen Anteil handelte es sich um Werke in lateinischer Sprache, und selbst hinter den deutschsprachigen Titeln verbargen sich viele Abhandlungen, die nicht für Laien gedacht waren. Gelehrte schrieben für Gelehrte. Inhaltlich fiel ein beachtlicher Anteil der Produktion ins Gebiet der Theologie bzw. der religiösen Literatur. Poesie – und dazu gehörten nach zeitgenössischen Begriffen („schöne Künste und Wissenschaften") keineswegs nur belletristische, sondern ebenfalls gelehrte, z.B. poetologische Texte, – holte gegenüber der theologisch-religiösen Literatur nur langsam auf. Die Lektüre von Laien, die nicht-religiöse Lektüre, gar die belletristische Lektüre fand zunächst kaum Anhalt im Leseangebot. Nach der bekannten vergleichenden Auswertung der Leipziger Ostermeßkataloge durch Jentzsch (1912) verändert sich hier in der zweiten Hälfte des 18. Jahrhunderts Entscheidendes: Es erfolgt ein deutlicher Rückgang des Anteils der Titel in lateinischer Sprache, zweitens geht die theologisch-religiöse Literatur prozentual zurück, dem entspricht drittens ein fast ebenso großer Anstieg des Anteils der schönwissenschaftlichen Werke. Speziell dem Roman ist die zunehmende Repräsentanz der Belletristik auf dem Büchermarkt zu verdanken. Insgesamt zeichnet sich in der Produktion eine Verschiebung von gelehrter zu ungelehrter, von theologisch-religiöser zu weltlich-belletristischer Literatur ab. Zu den weltlichen Leseangeboten gehört auch die Sach- und Fachliteratur, ein Sektor, der größer ist und stärker expandiert als der im weitesten Sinne belletristische (Schön, 1999, S. 29). So entstand zu einem sich langsam erweiternden, vor allem aber qualitativ verändernden Angebot ein zahlenmäßig noch sehr überschaubares Publikum, dessen Kern das gebildete Bürgertum war. Schön (o.c., S. 27) rechnet für 1800 im deutschsprachigen Raum mit einem Anteil von maximal 10% „regelmäßiger" bis „gelegentlicher" Bücher-Leser an der Erwachsenen-Bevölkerung. Indem diese aber beginnen, nicht nur beruflich-fachlich, sondern auch privat zu lesen, nicht nur religiöse, sondern auch weltliche Texte, wie sie der Markt aktuell bietet, und im Gesellschaftsgefüge die kulturelle Führungsrolle übernehmen, lässt sich von den Anfängen einer Lesekultur im modernen Sinne sprechen – wiewohl der allergrößte Teil der Bevölkerung hiervon noch ausgeschlossen war.

Schon zu dieser Zeit bezog sich Lesen aber nicht nur auf Bücher. Zu erinnern ist etwa an die Moralischen Wochenschriften, einen Zeitschriftentyp, der sich allgemein-informierend und räsonierend an ein Publikum nicht-professioneller bürgerlicher Leser wandte und dem Markt manchen regelmäßigen Bücherkäufer hinzugewann (Martens, 1968). Daneben gab es Lesestoffe mit sozial größerer Reichweite. Es gab eine steigende Anzahl von Zeitungen, und es gab nach wie vor Einblattdrucke und Flugschriften, Kalender, Ratgeber und Volksbücher, die auf Jahrmärkten angeboten wurden und von Hand zu Hand gingen. Gedrucktes in kleinen Portionen, versetzt mit Bildern, als Informations- und Unterhaltungsmaterial zur Kenntnis zu nehmen oder sich vorlesen zu lassen, gehörte schon länger zu den literalen Fähigkeiten der Angehörigen des „Volkes" (Schenda, 1977, 1993). Bücher dagegen erreichten das „Volk" kaum, es sei denn, sie wurden zum Zwecke der Volksaufklärung verfasst und staatlich verbreitet (Siegert, 1978).

Eine auf dem Büchermarkt systematisch berücksichtigte Lesergruppe wurde dagegen im letzten Drittel des 18. Jahrhunderts die Jugend. Für die Kinder der lesenden Schichten wurde ein gattungsdifferenziertes, zunächst vor allem belehrendes bzw. didaktisch-moralisches Bücher- und Zeitschriftenangebot bereit gestellt, das den Privatunterricht unterstützen, aber auch für nützliche Beschäftigung in „Mußestunden" sorgen sollte. Lektürekompetenz im Sachtext- und Fiktionsbereich gehörte fortan zur „sozialisatorischen Grundausrüstung" der im gehobenen Bürgertum heranwachsenden Generation (Hurrelmann, 1974, 1984; Brüggemann & Ewers, 1982).

Die Veränderungen der Leseverhältnisse im 19. Jahrhundert sind, verglichen mit denen im 18., weniger qualitativer als quantitativer Natur (wenn auch nicht ausschließlich, s.u.). Ihre Dynamik speist sich primär aus technischen und ökonomischen Entwicklungen (Schön, 1999, S. 51; so auch Langenbucher, 1975; Wittmann, 1991). Technische Innovationen bei der Papierherstellung, den Druckverfahren, der Buchherstellung, der Bildreproduktion etc. begleiteten das ganze Jahrhundert, ließen die Bücherpreise sinken und führten trotz temporärer Schwankungen zu einer Vervielfachung des Angebotes. Im letzten Drittel des Jahrhunderts beschleunigte sich die Dynamik der Industrialisierung und konkurrenzorientierten Produktion von Lesestoffen (Jäger, 1991). Erst vor dem Ersten Weltkrieg war eine vorläufige Produktionsspitze (1913: etwa 35.000 Titel) erreicht (Langenbucher, 1975, S. 18). Die Anzahl der Verlage wuchs in den letzten Jahrzehnten des 19. Jahrhunderts noch einmal beträchtlich und mit ihr die Ausdifferenzierung der Verlagsgebiete (o.c., S. 20). Hinzu kam der Ausbau der Distribution. Neben dem Verlags- und Sortimentsbuchhandel etablierten sich neue Vertriebsinstanzen, und gerade die nicht-klassischen Vertriebswege (z.B. Papier- und Schreibwarenhandlungen, Kolportagesortiment und -verlag) expandierten am meisten (o.c., S. 22). Dazu gehörte auch der Weg über die Buchleihe. Die Leihbibliotheken wurden zu einem wichtigen Faktor der Verbreiterung des Lesens. Ihre Kunden stammten zunächst aus allen Schichten – von den Adeligen und bürgerlichen Gebildeten bis hin zum städtischen Kleinbürgertum und den Dienstboten. Erst gegen Ende des Jahrhunderts verlor die Leihbibliothek an Reputation und Bedeutung (Martino, 1990).

Produktionsausweitung, Verbilligung und Konkurrenz auf dem Büchermarkt verlangten die Vergrößerung des Publikums. Es galt, die weniger Lesegewohnten zu gewinnen, auch für sie attraktive Angebote zu entwickeln. Insofern geht es im 19. Jahrhundert nicht nur um quantitative, sondern durchaus auch um qualitative Veränderungen. Das betrifft im Buchbereich primär den Roman: Räuber- und Schauerromane, Abenteuer- und exotische Romane, der populäre Roman überhaupt, setzten unverblümter als zuvor auf stoffliche Leseanreize, kürzeren „Leseatem" und Evasionsbedürfnisse. Im Zuge der Industrialisierung differenzierte sich aber auch das populärwissenschaftliche Bücherangebot publikumsbezogen weiter aus (Pech, 1998). Ein Medium der Gewöhnung an das Lesen wurden, vor allem in den Mittelschichten, ab der zweiten Jahrhunderthälfte die Familienzeitschriften. Sie boten Texte aller Gattungen in „kleinen Dosen", nicht zuletzt Erzählungen und Romane in Fortsetzungsstruktur. Für die Unterschichten wurde ein Massenangebot an Lieferungsromanen produziert, die in Hefte unterteilt, von sog. Kolporteuren meist mehrmals wöchentlich an der Haustür verkauft wurden und auch die ländliche Bevölkerung erreichten. Gegen Ende des Jahrhunderts gab es sodann den billigen Heftroman als Einzelerzeugnis, das noch leichter abzusetzen und zu lesen war (Kosch & Nagl, 1993; Scheidt, 1994). Nicht zu vergessen ist auch die Entwicklung des Pressewesens zur Massenpresse, das Angebot von Zeitungen aller Art sowie von (illustrierten) Zeitschriften. Insgesamt kann man sagen, dass gerade die Mischung von aktueller Sachinformation und attraktiver Unterhaltung, wie sie von den Periodika geboten wurde, geeignet war, bisher lesefernen Gruppen den Zugang zur Lektüre zu erleichtern.

In einer oft zitierten Schätzung des Anteils der potenziellen Leser an der Bevölkerung über sechs Jahre in Mitteleuropa hat Schenda für das 19. Jahrhundert die Quoten 25% für 1800, 40% für 1830, 75% für 1870 und 90% für 1900 angesetzt (1977, S. 444). Damit sind noch nicht tatsächliche Leser und schon gar nicht Bücherleser gemeint. Aber die Zahlen geben einen ungefähren Eindruck von der im Laufe des Jahrhunderts alle Bevölkerungsschichten erreichenden Alphabetisierung, die im Verein mit der verbesserten Zugänglichkeit und Diversifikation von Lesestoffen die Lesefähigkeit als kommunikative Alltagskompetenz für alle nach und nach in Reichweite brachte (Ungern-Sternberg, 1987; Jäger, 1991). Die Rückseite der – vielleicht doch etwas vorschnell so genannten – „Demokratisierung des Lesens im 19. Jahrhundert" (Langenbucher, 1975) ist freilich eine so zuvor nicht gekannte Schichtung des Angebotes in qualitativer Hinsicht, die sich weitgehend orientiert an der Klassenstruktur der Gesellschaft.

Die Kinder- und Jugendliteratur nahm im 19. Jahrhundert Teil an der Entfaltung des Marktes (Brunken, Hurrelmann & Pech, 1998). Das Gattungsspektrum differenzierte sich weiter aus, z.b. um die von der Romantik entdeckten volksliterarischen Gattungen, es entwickelte sich eine biedermeierliche Kleinkindliteratur. Gegen Ende des Jahrhunderts machten Innovationen der Bildproduktion Bilderbücher erschwinglicher. Eine epochenspezifische Erweiterung erfuhr die Sachliteratur zu Naturwissenschaft und Technik (vgl. Pech, 1998), außerdem die erzählende Literatur, die den Belehrungscharakter allmählich ablegte. Vor allem im narrativen Bereich gab es eine große Zahl von Titeln, die sich zugleich „an die Jugend- und das Volk" wandten. Bei den Noch-Nicht-Gebildeten rechnete man offenbar mit vergleichbaren Rezeptionsvoraussetzungen. Die nun immer häufiger illustrierten Zeitschriften dagegen wurden eher in den Mittelschichten ein Feld durchlässiger Grenzen zwischen Erwachsenen- und Jugendlektüre.

Trotz solcher teilweise gegenläufiger Prozesse von Ausdifferenzierung und Entdifferenzierung im Hinblick auf Angebote und Publika kann man sagen, dass sich der Markt der Lesestoffe im 19. Jahrhundert von dem des 18. durch zunehmende Diversifizierung unterscheidet. Im Literatursystem manifestiert sich ein wachsendes Adressatenbewusstsein, unterschiedene Teilpublika werden tendenziell mit Unterschiedlichem bedient. Der Markt fordert die Berücksichtigung der großen ökonomischen und bildungsmäßigen Ungleichheiten. Andererseits gibt es nun Leseangebote für alle, Lesematerialien dringen ein in alle sozialen Lebenswelten, Schriftlichkeit spielt in allen Teilsystemen der Gesellschaft eine Rolle. Eine zumindest elementare Lesekompetenz ist zur Lebensbewältigung unerlässlich geworden.

Für das 20. Jahrhundert sind drei Entwicklungslinien entscheidend: Erstens werden Printerzeugnisse, auch bebilderte, massenhaft und ubiquitär. Zweitens werden sozioökonomisch begründete Zugangsbarrieren zu Buch und Lesen abgebaut. Drittens treten „neue" Medien in Konkurrenz zu den „alten": zu Anfang Film und Radio, in der zweiten Hälfte des Jahrhunderts das Fernsehen, das in den 80er Jahren kommerziell erweitert wird, am Ende des Jahrhunderts erfolgt der „take off" der Computermedien, die mit Internet und Multimedia neue Formen des Lesens ermöglichen und fordern.

Während sich die vorliegenden „Geschichten des Lesens" für das 20. Jahrhundert vornehmlich auf den Büchersektor konzentrieren, sei, was Periodika und sonstige Printprodukte betrifft, daran erinnert, dass die „Leseindustrie" seit den 20er Jahren gekennzeichnet ist durch Dynamisierung und Differenzierung einerseits, andererseits durch wirtschaftliche Konzentration, Medienverbundsysteme und Übergänge zur Freizeitindustrie: Reise-, Sport- und Modezeitschriften, kostenlose Kunden- und Warenhauszeitschriften, ein wachsendes Kioskangebot zu allen Freizeitvergnügungen und Medien sowie eine immer aggressiver werdende Werbung in diesen und für diese Medien nehmen hier ihren Anfang (Koch & Nagl, 1993, S. 55; Schütz ,1989).

Für den Büchermarkt wird dagegen in der Forschung bis für die Jahre nach 1945 eine Stabilisierung des im 19. Jahrhundert Erreichten festgestellt. Man registriert „evolutionäre Konsolidierungsphasen", die freilich getrennt sind durch die Einbrüche, die die Inflation und die beiden Weltkriege mit sich brachten (Langenbucher, 1975, S. 26). Nach 1945 gibt es unterschiedliche Literaturverhältnisse in Ost- und Westdeutschland. Mehr noch als es dem nationalsozialistischen Staat mit seinen Literaturlenkungs- und Zensurmaßnahmen gelang (Schütz, 1989; Hopster & Josting, 1993; Hopster, Josting & Neuhaus, 1994), schnürte die Literaturpolitik der DDR den Buchmarkt ein. Den – teils sogar berechtigten – Ruf eines „Leselandes" gewann sie durch Förderung der Bibliotheksbenutzung, zum anderen durch Zensur der modernen Massenmedien (Löffler, 1999, S. 347ff.; Schwenger, 1998). Was beide totalitären Regime in Deutschland gemein hatten, war eine Politik gegen klassenspezifische Kulturunterschiede. Das gesamte „Volk" bzw. die ganze sozialistische Gesellschaft sollten zum Buch „geführt" werden. In Westdeutschland griffen ökonomisch motivierte Bemühungen: Buchgemeinschaften warben in den 50er und 60er Jahren eine beträchtliche Zahl von Lesern aus bildungsfernen Schichten hinzu, und durch das Taschenbuch wurden ökonomische Barrieren abgebaut (Hickethier, 1998). Seit den 60er Jahren beschäftigt die empirische Buchmarktforschung die Frage: „Wie kann der Buchmarkt wachsen?" (Schmidtchen, 1967). Man erarbeitete Lesertypologien, erkundete Kaufhemmungen und mahnte den Abbau von „Schwellenängsten" an (als Überblick vgl. Muth, 1993). Wie es scheint, mit Erfolg: Allen Untergangsprophezeiungen für Buch und Lesen zum Trotz hörte der Buchmarkt bis heute nicht auf zu wachsen (für 1999: 60.819 Titel Erstauflage; Taschenbuchanteil 10%; Umsatz 18 Mrd. DM; davon Internet-Buchhandel 60 Mill. DM; s. Börsenverein 2000, S. 31f., S. 57).

Seit dem letzten Drittel des 20. Jahrhunderts kann man sagen, dass Buchbesitz und -lektüre weniger eine Frage des Einkommens, als eine des Lebensstils geworden sind. Dieser ist wesentlich durch die Teilnahme an einem pluralen Medienangebot insgesamt bestimmt. Entsprechend beginnt die Nutzungsforschung in den 70er Jahren, den Stellenwert der Buches als Kommunikationsmittel im Kontext aller anderen Medien zu untersuchen (vgl. Infratest Medienforschung, 1978; als Forschungsüberblick Fritz, 1990). Das Fernsehen wird zunächst als Konkurrent betrachtet, und im Bereich der Unterhaltungsgenres ist dies langfristig auch berechtigt. Gegenläufig aber bilden sich übergreifende Medienverbund-Strukturen aus, in die auch Lesemedien einbezogen sind: das Buch zum Film, zur Fernsehserie, medienbezogene Zeitschriften und Heftchen. Die Literaturverfilmung und das Hörbuch steigern den Absatz des Romans (Steinberg 1990; Schreier & Groeben 1991). In Bezug auf die Computermedien, auf Internet und Multimedia-Anwendungen, ist Ähnliches zu beobachten: Sie ziehen einen ganzen Büchersektor von Sach- und Fachbüchern nach sich, und sie verändern, da sie Texte in veränderter Form präsentieren, auch die Präsentationsweise entsprechender Bücher. Statt die Konkurrenz von Einzelmedien zu verfolgen, scheint es für die Zukunft erhellender, das Zusammenspiel der Medien in seiner Entwicklung zu betrachten - und entsprechend die Interdependenz von Anforderungen an die Medien- und Lesekompetenz (s.a. Stiftung Lesen, 1998). Zur Kinder- und Jugendliteratur im 20. Jahrhundert müssen einige Stichworte reichen, die den gegenwärtigen Entwicklungsstand markieren: Sie nimmt Teil an der allgemeinen Marktentwicklung, in Haushalten mit Kindern steigt der Buchbesitz auch in diesem Bereich (Hurrelmann, Hammer & Nieß, 1995). Medienverbundtitel spielen eine wachsende Rolle (Heidtmann, 1996), dazu gehören nicht zuletzt die sog. „Kinderklassiker" als zählebig tradierte Erzählstoffe, die in verschiedenen medialen Aufbereitungen immer wieder ihr Publikum finden (Hurrelmann, 1997). Neu ist die Bemühung der Verlage um ein didaktisch konzipiertes Angebot für Leseanfänger (Dahrendorf, 1998). Dem alten Prinzip der Zielgruppenorientierung und dem neuen Anliegen der Leseförderung steht seit den 80er Jahren ein Trend zur Literarisierung gegenüber, der hier und da die Grenzen zur Erwachsenenbelletristik flüssig erscheinen lässt (zur Problematik vgl. Hurrelmann, 2000).

1.3 Lesemuster: Funktionen, Formen und kulturelle Bewertungen der Lesetätigkeit

Nach gesellschaftsstrukturellen und angebotsseitigen Rahmenbedingungen von Lesekompetenz soll es nun um historische Vorgaben für die „Art und Weise" des Lesens gehen. Ich spreche von „Lesemustern", da es sich im Hinblick auf Funktionen, Formen und kulturelle Bewertungen der Lesetätigkeit um ganzheitliche Strukturen handelt. Im Rahmen der historisch je signifikanten Muster des Lesens bilden sich Lesefähigkeiten aus, bestimmt sich der Grad der Lesekompetenz von Einzelnen und Gruppen (zur Abgrenzung von „Lesefertigkeit" vgl. Groeben, 1982; Groeben & Vorderer, 1988; Fritz & Suess, 1986). Über den diesbezüglichen Wandel der „Art des Lesens" ist in der sozialhistorischen bzw. mentalitätsgeschichtlichen Leseforschung vor allem im Hinblick auf das 18. und die Epochenschwelle zum 19. Jahrhundert gearbeitet worden (z.B. Martens, 1967; Engelsing, 1970; Jäger, 1974; Schön, 1993, 1999). Für das übrige 19. und 20. Jahrhundert ist man auf sozialhistorische, sprachgeschichtliche und bildungsgeschichtliche Studien angewiesen, die das Lesen im größeren Zusammenhang der Formationen kulturellen Verhaltens beschreiben (zur Sozialgeschichte des Bürgertums im 19. Jhdt. vgl. Kocka, 1988, 1989; Lepsius, 1990; zur Sprachgeschichte Linke, 1996; zur Bildungsgeschichte Jeismann & Lundgreen, 1987; Berg, 1991; zur Bildungsgeschichte im 20. Jhdt. Langewiesche & Tenorth, 1989; Führ & Furk, 1998). Eine Sekundäranalyse neuerer kommunikationswissenschaftlicher Untersuchungen verspräche vor allem für den Bereich der Bewertungen von Buch und Lesen in der zweiten Hälfte des 20. Jahrhunderts interessante Auskünfte (vgl. dazu die Materialien in Muth, 1993). Im Übrigen werden Aussagen über historische Leseformen in der Forschung aus sehr verschiedenen Quellen gewonnen. Insbesondere die Melange normen- und realgeschichtlicher Befunde ist natürlich nicht unproblematisch, wenn bei diesem

Gegenstand auch kaum vermeidlich. Dies ist beim folgenden Versuch eines resümierenden Überblicks zu bedenken, wie auch zu betonen ist, dass es sich beim Wandel von Lesemustern keinesfalls um eine lineare Sukzession handelt, sondern unterschiedliche Lektürekonzepte und -praktiken stets nebeneinander bzw. sich überlagernd und vermischend existierten (vgl. Bickenbach, 1999, S. 9ff.).

Das Stichwort für den tiefgreifendsten Wandel des Lesens und zugleich für den Anfang moderner Kommunikationsverhältnisse im 18. Jahrhundert heißt: „von der religiösen zur weltlichen Lektüre". Lesen im Kontext der seit Jahrhunderten tradierten Frömmigkeitspraxis war ritualisierte Wiederholungslektüre bekannter Inhalte zwecks Andacht und Erbauung. Es gehörte in einen Lebenskontext, der auch sonst von festen Rhythmen bestimmt war, und beruhte auf unbefragter Autorität der Texte (vgl. Schön 1999, S. 23). Weltliche Lektüre hingegen zielte auf eine Öffnung von Erfahrung, auf aktives Verstehen neuer Inhalte, die „Herz und Verstand" bessern und die Lebenspraxis verändern sollten. Sie war einmalige, extensive Lektüre, die die Texte auf eine Lehre, einen didaktischen Zweck hin befragte. Nicht nur die sachlich belehrende, auch die „schöne Literatur" wurde nach diesem Muster konzipiert und gelesen. Vor diesem Konzept erschien das religiöse Wiederholungslesen als mechanisches, sinnentleertes Tun (Martens, 1967). Ebenso wurde die alte Gelehrsamkeit als selbstbezügliches, unproduktives „Wortwissen" verurteilt. Die aufklärerische Propaganda für das Lesen verstand dieses als ein Mittel, die eigene Unmündigkeit zu überwinden und sich im Räsonnement mit anderen der neuen Weltoffenheit zu versichern. Lesen nach diesem Muster wurde zur „sittlichen Aufgabe" und eine solche Lesepraxis zu einem zentralen Moment bürgerlichen Selbstbewusstseins.

Die extensive Lektüre weltlicher Texte blieb jedoch schon im 18. Jahrhundert bei der Form „exemplarischen Lesens" (Schön, 1999, S. 24) nicht stehen. Seit der Empfindsamkeit zeigte die fiktionale Literatur die Welt nicht nur als Sphäre sozialen Handelns, sondern auch als Sphäre individuellen Erlebens, der Emotionen und der Einbildungskraft. Das berühmte Missverständnis bei der Rezeption des „Werther" ist ein signifikanter Beleg für die Probleme, die die Zeitgenossen mit dem Übergang zu den veränderten Geltungsansprüchen von Literatur hatten (Jäger, 1974). Schön spricht im Unterschied zum exemplarischen von identifikatorischem Lesen, das sich gegen Ende des 18. Jahrhunderts bei den Gebildeten – vor allem den Frauen – etablierte und seine kompetenteste Form in der „empathischen Teilhabe an den fiktionalen Charakteren" finde (1999, S. 31). Mit dem neuen empfindsamen Lesemuster, so Schön, wurde „das phantasiehafte, aber kontrollierte Übernehmen und Wieder-Ablegen fremder Rollen" eingeübt, zugleich das Wechselspiel zwischen imaginativer Beteiligung und kognitiver Distanz im Umgang mit ästhetisch konstituierten, fiktionalen Wirklichkeiten (o.c.; vgl. zur Einübung von Fiktionsverständnis im 18. Jhdt. auch Berthold, 1993). Bis heute kann diese Fähigkeit als eine grundlegende Dimension literarischer Rezeptionskompetenz gelten. Und entsprechend ist die Sorge um die balancierende Kontrolle der Imagination auch bis heute ein Topos der Rezeptionskritik.

Historisch gesehen prägte sich im Zuge der Einbürgerung identifikatorischer Leseweisen (wesentlich über die Rezeption von Unterhaltungsliteratur) die Distanz zwischen Fiktions- und der Sachlektüre deutlicher aus. Exemplarisches Lesen war ein Rezeptionsmuster gewesen, das sich auf beide, fiktionale und pragmatische, Texte in vergleichbarer Weise bezog. Aus Texten beider Modalitäten konnte man Erkenntnisse über bis dahin undurchschaute Wirklichkeiten und Handlungsanleitungen beziehen. Im Laufe des 19. Jahrhunderts wurden die Lesemuster allmählich getrennt: Sachlektüre erhielt die Funktion, das eigene Wissen zu erweitern im Sinne von „objektivem", modernem Weltwissen, das im Zuge der naturwissenschaftlichen und technischen Revolution dieser Zeit eine eigene Dignität gewann (vgl. Pech, 1998), – von der belletristischen Lektüre hingegen erwartete man die Form von Wirklichkeitsüberschreitung, die durch Identifikation mit dem „Guten, Wahren und Schönen" in der Literatur bestimmt war. Die Fähigkeit, Fiktions- und Sachtexte zu unterscheiden, ihnen mit unterschiedlichen Erwartungen und Rezeptionsmustern zu begegnen, gehört – wie die balancierte Fiktionslektüre – seit dieser Zeit zu den Basiskompetenzen des Lesens; erst in der Gegenwart scheint sich diese Dichotomie (wieder) aufzulösen.

Dass sich im Laufe des 19. Jahrhunderts die dezidierte Kultivierung von Rezeptionskompetenzen vor allem mit der ästhetischen Kultur verbindet und im Muster der literarischen Bildungslektüre ihre zumindest normativ dominante Ausprägung gefunden hat, hat mit der von Neuhumanismus und Gymnasium geprägten Mentalität des Bildungsbürgertums zu tun (zur Geschichte des Deutschunterrichts vgl. Frank, 1973; Jäger, 1981; Hegele, 1996). Zur bürgerlichen Bildungsnorm gehörte die Überzeugung von der Überlegenheit des Bildungswissens gegenüber dem Sachwissen. Sachwissen schien sich direkt auf die Realität zu beziehen, Bildungswissen dagegen sollte aus der Kultivierung des Umgangs mit ästhetischen Gegenständen (Kunst, Musik, Literatur) erwachsen (vgl. Pech, 1997, S. 68ff.). Von der frühen Begegnung mit Literatur erwartete man „Vertiefung des Gemüts", von der Dichtungslektüre Persönlichkeitsbildung. Das Gelesene sollte in einen Horizont ästhetischer Erfahrung eingeordnet und reflexiv verarbeitet werden. Zu diesem anspruchsvollen Konzept gehörte vorab eine wertende Vorstrukturierung des Feldes möglicher Lesegegenstände. Seit Mitte des 19. Jahrhunderts haben wir in Deutschland einen eng umgrenzten Kanon der nationalen, „klassischen" Literatur als gegenständlichen Fokus des Musters der Bildungslektüre (Mandelkow, 1990). Die Problematik der Kanonbildung ist bekannt: Sie diente der kulturellen Distinktion im Spektrum des nun erweiterten Lesepublikums, führte zur Sakralisierung von Kunst und Literatur, zur Stilisierung bestimmter Stoffe zum „nationalen Kulturgut" (z.B. Nibelungenlied) und war Teil der Identitätsversicherung des in sozioökonomischer Hinsicht höchst heterogenen Bürgertums. Es erstaunt nicht, dass Bildungsanspruch und Leserealität oftmals weit auseinander klafften: Der Prachtband im Regal diente oft der Statusdemonstration, während die Lektüre von Leihbibliotheksromanen den wirklichen Leseinteressen entsprach (Schön, 1995). Doch hat die bildungsbürgerliche Lesenorm nicht nur ideologischen

Charakter. Lektüre war Moment einer intensiven Sprach- und Kommunikationskultur, die schon die Sozialisation der Kinder prägte (vgl. Linke, 1996; Kaschuba, 1988, S. 29ff.), durch die gymnasiale Vermittlung von „Bildungsgütern" verstärkt wurde und tatsächlich einen gemeinsamen kulturellen Habitus hervorbrachte. Dazu gehörten nicht nur Zitate und Konversationsfähigkeit, sondern die generelle Vertrautheit und der wertschätzende Umgang mit symbolischen Formen. Im Übrigen sind Entsprechungen zwischen dem Muster der Bildungslektüre und Grundzügen des Textverstehens, die die hermeneutische Philosophie betont hat, nicht zu übersehen, wie etwa die Individualität des Verständnisses, seine Voraussetzungsgebundenheit, aber auch die Obligation zu seiner Reflexion und Kritik unter Einschluss von (historischem) Bildungswissen. Wenn auch dergleichen idealtypische Beschreibungen von ideologischen Zügen nicht frei sein mögen, so ist doch zu bedenken, dass entsprechende Vorstellungen von Bildungslektüre pädagogische und didaktische Konzepte von literarischer Lesekompetenz noch heute bestimmen.

Faktisch scheint die Beschäftigung mit fiktionaler Literatur und das gesellige Gespräch darüber schon seit dem 18. Jahrhundert eine Domäne der Frauen gewesen zu sein, die Lektüre von Zeitungen, Fach- und Sachliteratur sowie das Räsonnement darüber eine Domäne der Männer (Schön, 1999, S. 31). Die Trennung der Sphären und Leseweisen war ein Effekt geschlechtsspezifischer Arbeitsteilung, Bildungsgänge, Erfahrungsfelder und der sie legitimierenden Ideologie von den „Geschlechtscharakteren" (vgl. Hausen, 1996). Vermutlich haben Frauen wirklich eher identifikatorisch bzw. empathisch gelesen und weniger wissensbezogen (zum 18. Jhdt. vgl. Schön, 1990; Becker, 1992; zum 19. Häntzschel, 1986). Nicht zu vergessen ist aber die große Dunkelziffer von Frauen, die, gerade weil sie vom „Broterwerb" entlastet waren, die Ansprüche des Bildungsbürgertums, spezialisierungsfreies Bildungswissen betreffend, viel besser erfüllen konnten als das Gros der Männer. Im Sinne der Statusarbeit für die Familie und die Sozialisation der Kinder war dies soziokulturell ja durchaus funktional (vgl. Engelhardt, 1992; Brunken, Hurrelmann & Pech, 1998, S. 737ff.).

Mit der Auflösung der bürgerlichen Gesellschaft am Ende des „langen 19. Jahrhunderts" veränderten sich Sozialstruktur und Diskursverhältnisse erheblich. Das bildungsbürgerliche Lesemuster geriet von zwei Seiten unter Druck: zum einen von Seiten der Reform- und Avantgardebewegungen, die mit neuen Lebens- und Kunstidealen, mit Experiment, Konstruktion, Provokation gegen die bürgerliche Kunstideologie Sturm liefen (vgl. Kerbs & Reulecke, 1998; Bollenbeck, 1999) – zum anderen von Seiten der Medienindustrie, was auf lange Sicht das Entscheidendere war. Mit Massenpresse, Unterhaltungsindustrie und Bilderfabriken kündigte sich um die Jahrhundertwende im Printbereich bereits an, was mit den nächsten medialen Entwicklungsschüben zur vollen Entfaltung kommen sollte: die Durchsetzung einer marktorientierten Massenkommunikation, die kaum noch der kulturellen Legitimation bedarf (Jäger, 1991, S. 497).

Was wer wie aufnimmt, dafür gibt es am Ende des 20. Jahrhunderts kaum noch allgemeinverbindliche kulturelle Normen. An ihre Stelle sind die Standardisierungen und Trends getreten, mit denen der Medienmarkt Publika zu rekrutieren und zu binden sucht. Deshalb ist die Fähigkeit, unter einer Fülle von konkurrierenden Kommunikationsofferten unterschiedlichster Medien die Angebote auszuwählen und adäquat zu nutzen, die den eigenen Bedürfnissen, kommunikativen Intentionen und qualitativen Standards entsprechen, eine zentrale Bedingung von Lesekompetenz geworden (vgl. Hurrelmann, 1998). Adäquate Nutzung könnte für das Lesen in absehbarer Zukunft Folgendes heißen: Lesen bleibt der Rezeptionsmodus, der im Ensemble der Medientätigkeiten zum Lernen, zur Weiterbildung, zur Sachinformation am besten taugt. Nicht zufällig hat sich diese Funktion des Lesens in den letzten Jahren ausgeweitet (Hickelier, 1998, S. 621), nicht zufällig entstehen den traditionellen Printmedien durch Internet und Multimedia-Angebote in diesem Funktionsbereich auch die stärksten Konkurrenzen. Die Fähigkeiten zur raschen Wahrnehmung, zur selegierenden und konstruktiven Lektüre partikularisierter Texte, zu deren zielgerechter und zeitökonomischer Verarbeitung gehören daher mehr und mehr zur informatorischen Lesekompetenz (vgl. Kuhlen, 1991; Christmann & Groeben, 1995, 1999, S. 207ff.). Traditionelle Unterhaltungsfunktionen des Lesens wie Entspannung, Entlastung, Zerstreuung werden zunehmend von den audiovisuellen Medien als „Geschichtenerzählern" und von den Printangeboten im Medienverbund übernommen. Die Kompetenzanforderungen dafür scheinen gering zu sein – allerdings steigern sich mit zunehmenden technischen Möglichkeiten medialer Realitätssimulationen die Anforderungen an die Kompetenz, Realitäts-Fiktions-Unterscheidungen zu treffen (Nickel-Bacon & Groeben, 2001). Funktionen der intellektuellen Auseinandersetzung mit Weltentwürfen und Werthaltungen erfüllt dagegen nach wie vor die literarische Lektüre, die die Verbindung von Imagination und Kognition, Emotionalität und Reflexivität sowie die Fähigkeit zur ästhetischen Wahrnehmung von Texten in besonderer Weise fordert. Ich vermute, dass kulturelle Werthierarchien sich bei aller Pluralität der Angebote und Individualisierung von Rezeptionsweisen erhalten werden und kritische Urteilsfähigkeit in dieser Hinsicht weiterhin zur Medienkompetenz gehören wird. Sie wird jedoch keinesfalls aufgehen in der Konfrontation von Buch- versus Medienkultur (Wermke, 1997).

Heute ist Leseförderung ein Anliegen von Buchpolitik und Pädagogik, Lesen hat im populären Bewusstsein einen Höchststand an sozialer Erwünschtheit erreicht (vgl. Hurrelmann, Hammer & Nieß, 1995, S. 128ff.; Hurrelmann, 1992, 1994; Hurrelmann & Elias, 1998). Im hier betrachteten Zeitraum von rund 250 Jahren war es aber immer wieder Gegenstand von Warnungen, Verdächtigungen, Reglementierungen. Auch dieser Verhinderungsdiskurs gehört zu den historischen Rahmenbedingungen von Lesekompetenz. Vor allem beim „Volk", bei den Frauen und den Kindern, so argwöhnte man, würde das Lesen die Phantasie entfesseln, die Vernunft verwirren, Perversionen des Körpers und des Geistes hervorbringen, zur Unsittlichkeit verführen, unfähig zur Erfüllung alltäglicher Pflichten, unzufrieden und aufmüpfig machen, zum Unglück von Familien und Staaten führen (Schenda, 1977; Kreuzer, 1977; Steinlein, 1987; Grenz, 1997; Jäger, 1988; Hickethier, 1998). Es scheint eine endliche Menge von Argumenten zu sein, die in Variationen wiederkehren, wenn Innovationen im Medienbereich auftreten. Insofern sind sie Indikatoren für kommunikative Veränderungen, wenn sie auch deren Wirkungen notorisch überschätzen. Sie machen gleichsam die Kehrseite der sozialhistorisch notwendigen Kulturalisierung von Medien- und Lesekompetenz aus.

2 Soziale Einflussfaktoren auf den Erwerb von Lesekompetenz

Wurden im vorangehenden Kapitel die sozialhistorischen Rahmenbedingungen von Lesekompetenz umrissen, so gehen die nun folgenden Abschnitte zur Gegenwartsperspektive über. Gefragt wird zunächst nach den wichtigsten Einflussbereichen und -faktoren, die auf Kollektivebene den Erwerb von Lesekompetenz bestimmen. In einer literalen Gesellschaft, das zeigte der vorige Abschnitt, werden „Mitgliedschaftsangebote" zur Beteiligung an der je historischen Lesekultur gemacht (Groeben, Hurrelmann, Eggert & Garbe, 1999, S. 1). Insofern ist die gesamte soziokommunikative Umwelt als Sozialisationsagentur wirksam. Lesesozialisation erfolgt jedoch im Allgemeinen nicht „ungefiltert", sondern zwischen Gesellschaft und Individuum vermitteln Sozialisationsinstanzen, unter deren Einfluss sich der Kompetenzerwerb vollzieht. Familie, Schule und Altersgruppe können auf dieser Ebene gegenwärtig als die wichtigsten Vermittler von Lesekompetenz gelten. Über die Einflussgrößen, die hier wirksam sind, informieren Lese(r)psychologie (Groeben & Vorderer, 1988; Christmann & Groeben 1999) und die neuere Lesesozialisationsforschung (vgl. den entsprechenden Überblick im Rahmenprogramm des Schwerpunktes Groeben, Hurrelmann, Eggert & Garbe, 1999, S. 5ff.; s. auch Eggert & Garbe, 1995).

Nach übereinstimmender Forschungsauffassung ist die Familie die wichtigste Vermittlerin von Lesekompetenz (vgl. z.B. Köcher, 1988; Hurrelmann, Hammer & Nieß, 1995; Bonfadelli & Fritz, 1993, S. 100ff.). Auf die Entwicklung der Individuen wirkt sie nicht nur am frühesten, sondern auch am nachhaltigsten, da ihre Einflüsse alltäglich, diffus und ungeplant sind. So überrascht es nicht, dass die allgemeinen Interaktions- und Kommunikationsbedingungen in Familien als Hintergrundvariablen der Einzelfaktoren des familialen „Leseklimas" anzusprechen sind. Lesesozialisation beginnt bereits im Kleinkindalter im Kontext der prä- und paraliterarischen Kommunikationsformen zwischen Eltern und Kindern, längst ehe der Leselernprozess im engeren Sinne einsetzt (vgl. Hurrelmann, Hammer & Nieß, 1995; Braun, 1995; Charlton, 1995; Wieler, 1997). Die Häufigkeit und Art solchen Umgangs mit dekontextualisierter Sprache, später die Häufigkeit von Gesprächen mit den Eltern über Gelesenes in Anschlusskommunikationen, die Breite gemeinsamer Leseinteressen, die

Häufigkeit gemeinsamer Lesesituationen, der Besuch von Buchhandlungen und Bibliotheken zusammen mit den Eltern fördern nachweislich Lesefreude, -dauer und -häufigkeit der Kinder. Ein weiterer wichtiger Faktor ist das Modellverhalten der Eltern, insbesondere der Mutter. Das alltägliche elterliche Vorbild wirkt nachhaltiger als gezielte Aufforderungen und Ermahnungen zum Lesen, die, falls sie der elterlichen Lesepraxis widersprechen, sogar kontraproduktiv sind (Hurrelmann, Hammer & Nieß, 1995; Köcher, 1988). Die Lesekompetenzen, die Kinder unter günstigen Bedingungen bis zum Ende des Grundschulalters vornehmlich den Sozialisationsleistungen der Familie verdanken, sind Persistenz der Lesemotivation, die in Wechselwirkung steht mit der Automatisierung der Lesefertigkeit, weiter mit der Schriftsprache als Symbolsystem verbundene sprachlich-kognitive Fähigkeiten, außerdem lernen sie durch Ko-Konstruktion von Bedeutungen und Anschlusskommunikationen sozial-emotionale Erfahrungen mit Literatur zu verbinden, die die Basis bilden können für die Entwicklung literaturbezogen-reflexiver Fähigkeiten. Wie vor allem Fallstudien zeigen, versuchen Kinder von Anfang an, Lesen und Gelesenes für die Bearbeitung eigener Entwicklungsthemen fruchtbar zu machen. Dabei spielt zunächst noch kaum eine Rolle, ob es sich um pragmatische oder literarische Texte handelt; ebenso wenig berücksichtigen Kinder literarische Qualitätsdifferenzen (zur entwicklungsthematischen Voreingenommenheit der Rezeption s. Charlton & Neumann, 1990; Hurrelmann, 1999; zur Unterscheidung fiktionaler/pragmatischer Texte: Rosebrock, 1999; zur Wahrnehmung literarischer Qualität: Hurrelmann, Hammer & Nieß, 1995, S. 165ff.).

Insgesamt erweist sich, dass es bei der familialen Lesesozialisation um einen Komplex von Anregungen und Unterstützungen geht, die sich nicht nur quantitativ, sondern vor allem qualitativ milieuspezifisch unterscheiden. Implizit kommen unterschiedliche soziokommunikative Fähigkeiten und kulturelle Orientierungen zum Tragen, die sich für die nachwachsende Generation als „vererbtes kulturelles Kapital" erweisen. Jedenfalls spielt der Schicht- und Bildungsfaktor in empirischen Ergebnissen nach wie vor eine prominente Rolle, indem nahezu alle wirksamen Einzelvariablen der familialen Lesesozialisation mit ihm korreliert sind (vgl. Köcher, 1988; Bonfadelli & Fritz, 1993, S. 188; Hurrelmann, Hammer & Nieß, 1995; Wieler, 1997; Oerter, 1999). Die Chancen zum Erwerb von Literalität sind allen soziologischen Theorien zum Trotz, die die Pluralisierung und Individualisierung kultureller Stile in der Gegenwartsgesellschaft betonen, nach wie vor in hohem Maße von kulturellen Ressourcen abhängig, die in den Familien schichtspezifisch ungleich verteilt sind. Schichtabhängig ist im Übrigen auch der Umgang mit den modernen audiovisuellen und Computermedien. Aber nicht ob die Familien das Fernsehen oder den Computer nutzen, ist ausschlaggebend, denn eine erfolgreiche Lesesozialisation kann mit einer ausdifferenzierten Medienpraxis in der Familie durchaus koexistieren (vgl. Hurrelmann, Hammer & Nieß, 1995, S. 98f.). Wenn aber die Medien in der Umgebung der Kinder einzig und allein zu Unterhaltungszwecken gebraucht werden, verringert dies die Chancen des Erwerbs von Lesekompetenz (vgl. schon Groeben & Vorderer, 1988, S. 73f.).

Die Schule als institutionelle Lesesozialisationsinstanz hat es mit Kindern zu tun, die über Jahre bereits sehr unterschiedliche familiale Lernerfahrungen gemacht haben und parallel zum Unterricht weiterhin machen. Sie erfüllt im Allgemeinen erfolgreich die traditionelle Aufgabe der Einführung in die Schriftlichkeit durch Vermittlung der Kulturtechniken des Lesens und Schreibens. Neuere didaktische Ansätze sehen den Schriftspracherwerb aber umfassender als Neuorganisation kognitiver und sprachlicher Konzepte (Balhorn & Brügelmann, 1995; Balhorn & Niemann, 1997; Dehn, 1999; Scheerer-Neumann, 1997; Günther, 1997) und versuchen, die Schüler je nach Ausgangsbedingungen auf ihren individuellen Lernwegen zu unterstützen. Fächerübergreifende Lernarrangements, neuerdings auch lesefördernde Aktivitäten, teils unter Einbeziehung der Eltern und der ganzen Schule, reduzieren den Lehrgangscharakter und öffnen den Leseunterricht auf die Privatlektüre (Hurrelmann, 1994; Hurrelmann & Elias, 1998). Es konnte gezeigt werden, dass von einem buchorientierten, anregungsreichen Unterricht vor allem diejenigen Kinder profitieren, die in ihren Familien wenig Unterstützung ihrer Leseentwicklung erfahren (Hurrelmann, Hammer & Nieß, 1995, S. 219ff.).

Für die Sekundarstufen fehlen entsprechende Untersuchungen. Allerdings ist aus quantitativen und lesebiografischen Studien bekannt, dass sich nach der Grundschulzeit Schullektüre und private Leseinteressen dissoziieren (vgl. Schön, 1990a; Köcher, 1993; vgl. schon Groeben & Vorderer, 1988, S. 172ff.). Rückblickend kritisiert werden von den Befragten die kanongebundene Textauswahl und die analytische Methode der Textverarbeitung im Unterricht; erst in der Sekundarstufe II scheinen die Schülerinnen und Schüler, die das private Lesen nicht abgebrochen haben, den schulischen Lektüren wieder Wert bei zu messen. Seit den 80er Jahren versucht die Fachdidaktik, die genannten Vermittlungsprobleme (die vermutlich nicht nur unterrichts-, sondern auch entwicklungsabhängig sind) durch handlungsorientierte Methoden und ein offeneres Literaturangebot aufzufangen (vgl. zum sog. „handlungs- und produktionsorientierten Literaturunterricht" Rupp, 1987; Haas, Menzel & Spinner, 1994; zusammenfassend Menzel, 2000) sowie prinzipiell Medientexte im Unterricht zu berücksichtigen (Wermke, 1997; Barth, 1999). Im Gegenzug formierte sich eine Kritik, die unter dem Stichwort „literarische Bildung" für den schulischen Umgang mit Literatur wieder intensive Textarbeit, wissenschaftsorientierte Interpretation und Vermittlung literarhistorischen Wissens einfordert. Sich der Dynamik privater Lektüre anzubequemen und „Leselust" zu fördern, könne nicht Aufgabe der Schule sein (Eggert, 1997; Kämper-van den Boogaart, 1997; Belgrad & Fingerhut, 1998; Paefgen, 1999). Welche differenziellen Wirkungen unterschiedliche Unterrichtsmethoden aber haben, wurde empirisch bisher nicht untersucht. Nicht einmal die mit höherer Schulbildung regelmäßig einhergehende größere Leseintensität muss ja notwendig ein Effekt von Literaturunterricht sein, in erheblichem Maße ist sie vermutlich Effekt familialer Lesesozialisation. Empirische Evaluationen von Unterricht, erst recht solche vergleichender Art, bleiben ein Desiderat der Literaturdidaktik. Es ist – trotz bildungspolitischer Kampagnen wie der imperativen Aufforderung: „Schulen ans Netz" – bislang auch völlig unklar, in welchem Ausmaß

Schulen den Umgang mit multimedialen, nichtlinearen Texten der „neuen" Medien zum Bestandteil des (Lese-)Unterrichts machen sollten. Bisherige Forschungserfahrungen sprechen dafür, dass Printtexte als Basislehrmittel gelten können, und dass die an ihnen gewonnene Lesekompetenz eine unverzichtbare Grundlage weiterer Medienkompetenzen darstellt (vgl. Saxer, 1997).

Rascher als die Institution Schule geht die Altersgruppe auf mediale Innovationen ein. Es ist bekannt, dass im Bereich der „neuen" Medien die jüngere der älteren Generation oft an Rezeptionskompetenzen voraus ist (Hurrelmann, 1999a) und dass die peers sich gegenseitig anleiten (Barthelmes & Sander, 1997). Koorientierung unter Gleichaltrigen gilt auch für das Lesen von Zeitschriften und Büchern: Wer selbst häufig liest, hat überzufällig oft Freunde, die auch viel lesen (Bonfadelli & Fritz, 1993, S. 111). Vielleser leihen häufiger bei Freunden Bücher aus als Wenigleser, erfragen oder bekommen Lesetipps von ihnen, mit zunehmendem Alter der Heranwachsenden tritt die Vermittlung von Lesestoff durch die Eltern hinter die durch die Altersgenossen zurück. Buchempfehlungen von Lehrern werden übrigens, unabhängig vom Alter der Kinder, kaum jemals nachgefragt (Harmgarth, 1997, S. 39ff.). Ob durch die Altersgruppe ungünstige familiale Lesevoraussetzungen ausgeglichen oder die jeweils vorfindlichen eher verstärkt werden, ist bisher nicht untersucht – wahrscheinlich ist das letztere. Für Erwachsene, die trotz mangelnder familialer Leseerziehung später viel lesen, konnte allerdings gezeigt worden, dass sie oft Berufskollegen, Freunde, Partner haben, an deren Leseverhalten sie sich orientieren (Köcher, 1993).

Die Frage nach den sozialen Einflussfaktoren auf die Lesekompetenz wurde in diesem Abschnitt auf die drei wichtigsten Instanzen der Lesesozialisation bezogen: Familie, Schule, Altersgruppe. Dabei blieb eine soziale Kategorie unberücksichtigt, die gleichwohl ihre eigene sozialisatorische Dynamik entfaltet: gender. Leseinteressen und -kompetenzen von Jungen und Mädchen wie auch von Frauen und Männern unterscheiden sich systematisch (Gilges, 1992; Bonfadelli & Fritz, 1993; Köcher, 1993; Hurrelmann, Hammer & Nieß, 1995). Selbst unter empirisch vergleichbaren Bedingungen der Lesesozialisation scheinen sich diese aus der Geschichte des Lesens bekannten Differenzen tendenziell zu erhalten (vgl. Hurrelmann, Hammer & Nieß, 1995, S. 51ff.; Garbe, 1993; Eggert & Garbe, 1995, S. 76ff.), so dass „gender" als eine quer zu allen Sozialisations-Kategorien wirksame „soziale Rahmenbedingung" von Lesekompetenz anzusehen ist (vgl. a. Groeben, Hurrelmann, Eggert & Garbe, 1999, S. 19).

3 Personale Einflussfaktoren auf den Erwerb von Lesekompetenz

Die Entwicklung von Lesekompetenz ist nicht allein durch soziale Bedingungen wie familiales Milieu, Schulbildung, Anregungspotential der Altersgruppe oder „doing gender" zu erklären. Vielmehr ist anzunehmen, dass im Rahmen dieser Voraussetzungen Persönlichkeitsfaktoren eine wichtige Rolle spielen. In der Sozialisationstheorie kommt dem Prozess der individuellen Auseinandersetzung der Person mit den Entwicklungsvorgaben ihrer sozialen Umgebung ein systematisch zentraler Stellenwert zu. Phänomenal ist dies sogleich einleuchtend: Das Beispiel der Geschwister mit gleicher Schulkarriere, vergleichbarem Freundeskreis, gleichem Geschlecht – und doch sehr unterschiedlichem Leseverhalten bietet sich an.

In der leserpsychologischen oder kommunikationswissenschaftlichen Leseforschung hat man jedoch bisher, soweit ich sehe, den Einfluss von Persönlichkeitsmerkmalen auf das Leseverhalten von sozialen Bedingungsfaktoren der Lesesozialisation nicht isoliert. Daher implizieren Ergebnisse über individuelle Charakteristika von Lesern bzw. Wenig- oder Nichtlesern stets zugleich die Effekte der Sozialisationsgeschichten der Befragten. Die Befunde (bezogen auf Befragte unterschiedlichen Alters) sind allerdings sehr stabil: Immer wieder stellt sich heraus, dass Menschen, die in ihrer Freizeit oft und lange lesen, sich durch ein hohes persönliches Aktivitätsniveau von denen unterscheiden, die dies nicht tun (vgl. Saxer, Langenbucher & Fritz ,1989, S. 209; Bonfadelli & Fritz, 1993, S. 189; zusammenfassend Saxer, 1991, S. 107, 1993, S. 314), außerdem zeichnet sie eine breite inhaltliche und mediale Interessenvielfalt aus (Saxer, Langenbucher & Fritz, 1989, S. 218; Fritz, 1991, S. 65; zusammenfassend Saxer, 1991, S. 112), speziell dem Buch begegnen sie mit einer ausdifferenzierten Palette von Gratifikationserwartungen, sowohl im Hinblick auf emotionale als auch distanzierte und reflektierte Leseerfahrungen (Saxer, 1993, S. 345). Die Ergebnisse bestätigen ältere Einsichten, nach denen Vielleser (die durchaus auch, aber nicht nur fernsehen) über eine „aktivere, selbstbestimmtere und vor allem breiter gefächerte" Interessenstruktur verfügen als diejenigen, die wenig lesen (Groeben & Vorderer, 1988, S. 45; s.a. Christmann & Groeben, 1999, S. 205).

Freilich sind interindividuelle Unterschiede in der Lesemotivation sowie der kognitiven und emotionalen Verarbeitungskompetenz empirisch mit Schicht bzw. Schulbildung eng verbunden (vgl. o.c., S. 74f.; Saxer, Langenbucher & Fritz, 1989, S. 218; Bonfadelli & Fritz, 1993, S. 188f.), so dass personale Bedingungen der Lesekompetenz in starkem Maße rückverweisen auf Voraussetzungsbedingungen der Sozialisation. Saxer ist zuzustimmen, wenn er betont, dass wir es bei der Untersuchung von Lesesozialisation mit ebenenübergreifenden, sich selbst verstärkenden Prozessen zu tun haben, die kausalanalytisch schwer zu erhellen sind und in denen sich leseförderende und lesebehindernde Sozial- und Persönlichkeitsfaktoren bündeln und kumulieren. Es bleibt zu untersuchen, ob sich im „Zeitalter der neuen Medien" die Zahl der in Vergangenheit und Gegenwart dennoch immer wieder zu beobachtenden „unerwarteten Leser" vergrößert, die in der Lage sind, sich die Kunst des „Stelzenlaufens" – um mit Schenda zu sprechen – in Selbstsozialisation anzueignen (zur Lesergeschichte s. Rutschky, 1980; zur Gegenwart Saxer, Langenbucher & Fritz, 1989, S. 144; Hurrelmann, Hammer & Nieß, 1995, S. 299ff.). Denn personale Bedingungen der Lesekompetenz sind natürlich auch abhängig von textseitigen Voraussetzungen bzw. der Veränderung der medialen Angebote, wie in den nächsten Kapiteln dieses Bandes genauer gezeigt werden wird.

Literatur

Balhorn, H. & Brügelmann, H. (Hrsg.). (1995). *Rätsel des Schriftspracherwerbs. Neue Sichtweisen aus der Forschung.* Lengwil: Libelle.

Balhorn, H. & Niemann, H. (Hrsg.). (1997). *Sprachen werden Schrift. Mündlichkeit, Schriftlichkeit, Mehrsprachigkeit.* Lengwil: Libelle.

Barth, S. (Hrsg.). (1999). Medien im Deutschunterricht (Themenheft). *Praxis Deutsch, 26*, 153.

Beck, U. (1986). *Die Risikogesellschaft.* Frankfurt/M.: Suhrkamp.

Becker, U. A. J. (1992). Lektürepräferenzen und Lesepraktiken von Frauen im 18. Jahrhundert. In H. E. Bödecker (Hrsg.), *Lesekulturen im 18. Jahrhundert* (S. 27–43). Hamburg: Meiner.

Belgrad, J. & Fingerhut, K. (Hrsg.). (1998). *Textnahes Lesen.* Baltmannsweiler: Schneider.

Berg, C. (Hrsg.). (1991). *Handbuch der deutschen Bildungsgeschichte. Bd. IV. 1870–1918. Von der Reichsgründung bis zum Ende des Ersten Weltkriegs.* München: Beck.

Berthold, C. (1993). *Fiktion und Vieldeutigkeit. Zur Entstehung moderner Kulturtechniken des Lesens im 18. Jahrhundert.* Tübingen: Niemeyer.

Bickenbach, M. (1999). *Von den Möglichkeiten einer ‚inneren' Geschichte des Lesens.* Tübingen: Niemeyer.

Börsenverein des Deutschen Buchhandels e.V. (Hrsg.). (2000). *Buch und Buchhandel in Zahlen.* Frankfurt/M. : Buchhändlervereinigung.

Bonfadelli, H. & Fritz, A. (1993). Lesen im Alltag von Jugendlichen. In H. Bonfadelli, A. Fritz & Renate Köcher mit einer Synopse von Ulrich Saxer, *Leseerfahrungen und Lesekarrieren. Studien der Bertelsmann Stiftung* (S. 7–213). Gütersloh: Verlag Bertelsmann Stiftung.

Braun, B. (1995). *Vorläufer der literarischen Sozialisation in der frühen Kindheit – eine entwicklungspsychologische Fallstudie.* Frankfurt/M. u.a.: Lang.

Brüggemann, T. & Ewers, H.-H. (Hrsg.). (1982). *Handbuch zur Kinder- und Jugendliteratur. Von 1750 bis 1800.* Stuttgart: Metzler.

Bollenbeck, G. (1999). *Tradition, Avantgarde, Reaktion: deutsche Kontroversen um die Kulturelle Moderne 1880–1945.* Frankfurt/M.: Fischer.

Brunken, O., Hurrelmann, B. & Pech, K.-U. (Hrsg.). (1998). *Handbuch zur Kinder- und Jugendliteratur. Von 1800 bis 1850.* Stuttgart u. Weimar.

Charlton, M. (1995). Zum Umgang kleiner Kinder mit Medien. In C. Rosebrock (Hrsg.). *Lesen im Medienzeitalter. Biographische und historische Aspekte literarischer Sozialisation* (S. 85–80). Weinheim/München: Juventa.

Charlton, M. & Neumann, K. (1990). *Medienrezeption und Identitätsbildung. Kulturpsychologische und kultursoziologische Befunde zum Gebrauch von Massenmedien im Vorschulalter.* Tübingen: Narr.

Chartier, R. & Cavallo, G. (Hrsg.). (1999). *Die Welt des Lesens. Von der Schriftrolle zum Bildschirm.* Frankfurt/M./New York: Campus.

Christmann, U. & Groeben, N. (1995). Lesen und Schreiben von Informationstexten. Textverständlichkeit als kulturelle Kompetenz. In C. Rosebrock (Hrsg.), *Lesen im Medienzeitalter. Biographische und historische Aspekte literarischer Sozialisation* (S. 165–194). Weinheim/München.

Christmann, U. & Groeben (1999). Psychologie des Lesens. In B. Franzmann, K. Hasemann, D. Löffler & E. Schön (Hrsg.), *Handbuch Lesen* (S. 145–223). München: Saur.

Dahrendorf, M. (Hrsg.). (1998). Leseförderung in der Frühphase (Themenheft). *JuLit, 24* (1).

Dann, O. (1986). Epoche – sozialgeschichtlicher Abriß. In H. A. Glaser (Hrsg.), *Deutsche Literatur. Eine Sozialgeschichte. Bd. 4. Zwischen Absolutismus und Aufklärung: Rationalismus, Empfindsamkeit, Sturm und Drang. 1740–1786* (S. 12–26). Reinbek: Rowohlt.

Dehn, M. (1999). Lesenlernen – Lesenlehren. In B. Franzmann, K. Hasemann, D. Löffler & E. Schön (Hrsg.), *Handbuch Lesen* (S. 570–584). München: Saur.

Eggert, H. (1997). Literarische Bildung oder Leselust? Aufgaben des Literaturunterrichts in der literarischen Sozialisation. In M. Kämper-van den Boogaart (Hrsg.), *Das Literatursystem der Gegenwert und die Gegenwart der Schule* (S. 45–62). Baltmannsweiler: Schneider.

Eggert, H. & Garbe, C. (1995). *Literarische Sozialisation.* Stuttgart: Metzler.

Engelhardt, U. (1986). *„Bildungsbürgertum". Begriffs- und Dogmengeschichte eines Etiketts.* Stuttgart: Klett-Cotta.

Engelhardt, U. (1992). *„...geistig in Fesseln"? Zur normativen Plazierung der Frau als „Kulturträgerin" in der Bürgerlichen Gesellschaft während der Frühzeit der deutschen Frauenbewegung.* In R. M. Lepsius (Hrsg.), *Bildungsbürgertum im 19. Jahrhundert. Teil III. Lebensführung und ständische Vergesellschaftung* (S. 113–175). Stuttgart: Klett-Cotta.

Engelsing, R. (1970). Die Perioden der Lesergeschichte in der Neuzeit. Das statistische Ausmaß und die soziokulturelle Bedeutung der Lektüre. In *Archiv für Geschichte des Buchwesens, 10,* 945–1002.

Frank, H. J. (1973). *Dichtung, Sprache, Menschenbildung. Geschichte des Deutschunterrichts von den Anfängen bis 1945.* München: Hanser.

Fritz, A. (1990). Leseforschung in einer Mediengesellschaft. Überblick über den Stand der Forschung Ende der 80er Jahre im deutschsprachigen Raum. *IASL, 15* (2), 202–216.

Fritz, A. (1991). *Lesen im Medienumfeld. Eine Studie zur Entwicklung und zum Verhalten von Lesern in der Mediengesellschaft auf der Basis von Sekundäranalysen zur Studie „Kommunikationsverhalten und Medien".* Gütersloh: Bertelsmann Stiftung.

Fritz, A. & Suess, A. (1986). *Lesen. Die Bedeutung der Kulturtechnik Lesen für den gesellschaftlichen Kommunikationsprozeß.* Konstanz: Universitätsverlag.

Führ, C. & Furck, C.-L. (Hrsg.). (1989). *Handbuch der deutschen Bildungsgeschichte. Bd. VI. 1945 bis zur Gegenwart. 1. Teilbd.: Bundesrepublik Deutschland. 2. Teilbd.: Deutsche Demokratische Republik und neue Bundesländer.* München: Beck.

Garbe, C. (1993). Frauen – das lesende Geschlecht? Perspektiven einer geschlechtsdifferenzierten Leseforschung. In C. Garbe (Hrsg.), *Frauen lesen. Untersuchungen und Fallgeschichten zur ‚weiblichen Lektürepraxis' und zur literarischen Sozialisation von Studentinnen* (S. 7–33). Berlin, Paderborn (Literatur & Erfahrung 26/27).

Gauger, H.-M. (1994). Geschichte des Lesens. In H. Günther & O. Ludwig (Hrsg.), *Schrift und Schriftlichkeit. Ein interdisziplinäres Handbuch internationaler Forschung. Bd. 1* (S. 65–84). Berlin u.a.: de Gruyter.

Grenz, D. (1997). Von der Nützlichkeit und der Schädlichkeit des Lesens. Lektüreempfehlungen in der Mädchenliteratur des 18. Jahrhunderts. In G. Wilkending (Hrsg.), *Geschichte der Mädchenlektüre. Mädchenliteratur und die gesellschaftliche Situation der Frauen* (S. 15–33). Weinheim/München: Juventa.

Groeben, N. (1982). *Leserpsychologie: Textverständnis – Textverständlichkeit.* Münster: Aschendorff.

Groeben, N. & Vorderer, P. (1988). *Leserpsychologie: Lesemotivation – Lektürewirkung.* Münster: Aschendorff.

Günther, H. (1997). Mündlichkeit und Schriftlichkeit. In H. Balhorn & H. Niemann (Hrsg.), *Sprachen werden Schrift. Mündlichkeit – Schriftlichkeit – Mehrsprachigkeit* (S. 64–73). Lengwil: Libelle.

Günther, H. & Ludwig, O. (Hrsg.). (1994/1996). *Schrift und Schriftlichkeit. Ein interdisziplinäres Handbuch internationaler Forschung. Bd. 1 u. 2.* Berlin u.a.: de Gruyter.

Haas, G., Menzel, W. & Spinner, K. H. (1994). Handlungs- und produktionsorientierter Literaturunterricht. *Praxis Deutsch, 123,* 17–25.

Häntzschel, G. (Hrsg.). (1986). *Bildung und Kultur bürgerlicher Frauen 1850–1918. Eine Quellendokumentation aus Anstandsbüchern und Lebenshilfen für Mädchen und Frauen als Beitrag zur weiblichen literarischen Sozialisation (Studien und Texte zur Sozialgeschichte der Literatur 15)* Tübingen: Niemeyer.

Harmgarth, F. (Hrsg.). (1997). *Lesegewohnheiten – Lesebarrieren. Schülerbefragung im Projekt 'Öffentliche Bibliothek und Schule – neue Formen der Partnerschaft'.* Gütersloh: Verlag Bertelsmann Stiftung.

Hausen, K. (1976). Die Polarisierung der 'Geschlechtscharaktere'. Eine Spiegelung der Dissoziation zwischen Erwerbs- und Familienleben. In W. Conze (Hrsg.), *Sozialgeschichte der Familie in der Neuzeit Europas. Neue Forschungen.* (S. 367–393). Stuttgart: Klett.

Heidtmann, H. (1996). Das Kinder- und Jugendbuch im Zeitalter der elektronischen Medien. *JuLit, 22* (1), 5–15.

Hegele, W. (1996). *Literaturunterricht und literarisches Leben in Deutschland (1850–1900). Historische Darstellung – Systematische Erklärung.* Würzburg: Königshausen & Neumann.

Hickethier, K. (1998). Medien. In C. Führ & C.-L. Furck (Hrsg.), *Handbuch der deutschen Bildungsgeschichte. Bd. VI. 1945 bis zur Gegenwart. 1. Teilbd.: Bundesrepublik Deutschland* (S. 585–630). München: Beck.

Herrmann, U. (Hrsg.). (1982). *„Die Bildung des Bürgers". Die Formierung der bürgerlichen Gesellschaft und die Gebildeten im 18. Jahrhundert.* Weinheim: Beltz.

Hopster, N. & Josting, P. (1993). *Literaturlenkung im 'Dritten Reich'. Eine Bibliographie. Bd. 1.* Hildesheim u.a.: Olms.

Hopster, N., Josting, P. & Neuhaus, J. (1994). *Literaturlenkung im 'Dritten Reich'.* Bd. 2. Hildesheim u.a.: Olms.

Hurrelmann, B. (1974). *Jugendliteratur und Bürgerlichkeit. Soziale Erziehung in der Jugendliteratur der Aufklärung am Beispiel von Christian Felix Weißes 'Kinderfreund' 1776–1782.* Paderborn: Schöningh.

Hurrelmann, B. (1984). Kinderliteratur und Lesekindheit im 18. Jahrhundert. In D. Grenz (Hrsg.), *Aufklärung und Kinderbuch. Studien zur Kinder- und Jugendliteratur des 18. Jahrhunderts* (S. 259–292). Pinneberg: Raecke.

Hurrelmann, B. (1992). Lesen als Schlüssel zur Medienkultur. In Bertelsmann Stiftung (Hrsg.), *Medienkompetenz als Herausforderung an Schule und Bil-*

dung. Ein deutsch-amerikanischer Dialog (S. 249–265). Gütersloh: Verlag Bertelsmann Stiftung.

Hurrelmann, B. (Hrsg.). (1994). Leseförderung (Themenheft). *Praxis Deutsch, 21* (127).

Hurrelmann, B. (Hrsg.). (1997). *Klassiker der Kinder- und Jugendliteratur* (2. Aufl.). Frankfurt/M.: Fischer.

Hurrelmann, B. (1998). Lese- und Mediengewohnheiten im Umbruch – Eine pädagogische Herausforderung. In Stiftung Lesen (Hrsg.), *Lesen im Umbruch – Forschungsperspektiven im Zeitalter von Multimedia* (S. 187–195). Baden-Baden: Nomos.

Hurrelmann, B. (1999). Kinderlektüre und Familienstruktur. In H.-H. Ewers & I. Wild (Hrsg.), *Familienszenen. Die Darstellung familialer Kindheit in der Kinder- und Jugendliteratur* (S. 185–200). Weinheim/München: Juventa.

Hurrelmann, B. (1999a). Medien – Generationen – Familie. In I. Gogolin & D. Lenzen (Hrsg.), *Medien-Generation. Beiträge zum 16. Kongreß der Deutschen Gesellschaft für Erziehungswissenschaft* (S. 99–124). Opladen: Leske + Budrich.

Hurrelmann, B. (2000). Kinder- und Jugendliteratur in der literarischen Sozialisation. In G. Lange (Hrsg.), *Taschenbuch der Kinder- und Jugendliteratur. Bd. 2* (S. 901–920). Baltmannsweiler: Schneider Verlag Hohengehren.

Hurrelmann, B. & Elias, S. (Hrsg.). (1998). Leseförderung in einer Medienkultur [Sonderheft] *Praxis Deutsch*.

Hurrelmann, B., Hammer, M. & Nieß, F. (1995). *Leseklima in der Familie. Eine Studie der Bertelsmann Stiftung* (2. Aufl.). Gütersloh: Verlag Bertelsmann Stiftung.

Infratest Medienforschung (Hrsg.). (1978). *Kommunikationsverhalten und Buch. Endbericht. Eine Untersuchung im Auftrag der Bertelsmann Stiftung.* [unveröffentlichtes Skript].

Jäger, G. (1974). Die Wertherwirkung. Ein rezeptionsästhetischer Modellfall. In W. Müller-Seidel (Hrsg.), *Historizität in Sprach- und Literaturwissenschaft* (S. 389–409). München: Fink.

Jäger, G. (1981). *Schule und literarische Kultur. Sozialgeschichte des Unterrichts an höheren Schulen von der Spätaufklärung bis zum Vormärz. Bd. 1: Darstellung*. Stuttgart: Metzler.

Jäger, G. (1988). Der Kampf gegen Schmutz und Schund. Die Reaktion der Gebildeten auf die Unterhaltungsindustrie. In *Archiv für Geschichte des Buchwesens, 31*, 63–191.

Jäger, G. (1991). Medien. In C. Berg (Hrsg.), *Handbuch der deutschen Bildungsgeschichte. Bd. IV. 1870–1918. Von der Reichsgründung bis zum Ende des Ersten Weltkriegs* (S. 473–499). München: Beck.

Jeismann, K.-E. & Lundgreen, P. (Hrsg.). (1987). *Handbuch der deutschen Bildungsgeschichte. Bd. III. 1800–1870. Von der Neuordnung Deutschlands bis zur Gründung des Deutschen Reiches.* München: Beck.

Jentzsch, R. (1912). *Der deutsch-lateinische Büchermarkt nach den Leipziger Ostermeßkatalogen von 1740, 1770 und 1800 in seiner Gliederung und Wandlung.* Leipzig: R. Voigtländers.

Kämper-van den Boogaart, M. (Hrsg). (1997). *Das Literatursystem der Gegenwart und die Gegenwart der Schule*. Baltmannsweiler: Schneider.

Kaschuba, W. (1988). Deutsche Bürgerlichkeit nach 1800. Kultur als symbolische Praxis. In J. Kocka (Hrsg.), *Bürgertum im 19. Jahrhundert. Deutschland im europäischen Vergleich. Bd. 3* (S. 9–44). München: dtv.
Kerbs, D. & Reulecke J. (Hrsg.). (1998). *Handbuch der deutschen Reformbewegungen 1880–1933.* Wuppertal: Hammer.
Kocka, J. (Hrsg.). (1988). *Bürgertum im 19. Jahrhundert. Deutschland im europäischen Vergleich. Bd. 1–3.* München: dtv.
Kocka, J. (Hrsg.). (1989). *Bildungsbürgertum im 19. Jahrhundert. Teil IV. Politischer Einfluß und gesellschaftliche Formation.* Stuttgart: Klett-Cotta.
Köcher, R. (1993). Lesekarrieren – Kontinuität und Brüche. In H. Bonfadelli, A. Fritz & R. Köcher mit einer Synopse von U. Saxer, *Leseerfahrungen und Lesekarrieren. Studien der Bertelsmann Stiftung* (S. 215–310). Gütersloh: Bertelsmann Stiftung.
Kosch, G. & Nagl, M. (1993). *Der Kolportageroman. Bibliographie 1850 bis 1960. Mit einer Beilage: Der Kolportagehandel. Praktische Winke.* Von Friedrich Streissler (1887). Stuttgart/Weimar: Metzler.
Koselleck, J. (1972). Einleitung. In O. Brunner, W. Conze & J. Koselleck (Hrsg.), *Geschichtliche Grundbegriffe. Historisches Lexikon zur politisch-sozialen Sprache in Deutschland. Bd. 1* (S. XIII–XXVII). Stuttgart: Klett-Cotta.
Kreuzer, H. (1977). Gefährliche Lesesucht? Bemerkungen zur politischen Lektürekritik im ausgehenden 18. Jahrhundert. In *Leser und Lektüre im 18. Jahrhundert. Colloquium der Arbeitsstelle 18. Jahrhundert. Gesamthochschule Wuppertal. Schloß Lüntenbeck. 24. 6.–26. 6. 1975* (S. 62–75). Heidelberg: Winter.
Kuhlen, R. (1991). *Hypertext. Ein nicht-lineares Medium zwischen Buch und Wissensbank.* Berlin, Heidelberg: Springer.
Langenbucher, W. R. (1975). Die Demokratisierung des Lesens in der zweiten Leserevolution. In H. G. Göpfert, R. Meyer, L. Muth & W. Rueg (Hrsg.), *Lesen und Leben* (S. 12–35). Frankfurt/M.: Buchhändlervereinigung.
Langewiesche, D. & Tenorth, H.-E. (Hrsg.). (1989). *Handbuch der deutschen Bildungsgeschichte. Bd. V. 1918–1945. Die Weimarer Republik und die nationalsozialistische Diktatur.* München: Beck.
Lepsius, R. M. (Hrsg.). (1990). *Bildungsbürgertum im 19. Jahrhundert. Teil III. Lebensführung und ständische Vergesellschaftung.* Stuttgart: Klett-Cotta.
Linke, A. (1996). *Sprachkultur und Bürgertum. Zur Mentalitätsgeschichte des 19. Jahrhunderts.* Stuttgart, Weimar: Metzler.
Löffler, D. (1999). Literarische Zensur. In B. Franzmann, K. Hasemann, D. Löffler & E. Schön (Hrsg.), *Handbuch Lesen.* (S. 329–354). München: Saur.
Mandelkoff, K. R. (1990). Die bürgerliche Bildung in der Rezeptionsgeschichte der deutschen Klassik. In R. Koselleck (Hrsg.), *Bildungsbürgertum im 19. Jahrhundert. Teil III. Bildungsgüter und Bildungswissen* (S. 181–196). Stuttgart: Klett-Cotta.
Martens, W. (1968). *Die Botschaft der Tugend. Die Aufklärung im Spiegel der deutschen Moralischen Wochenschriften.* Stuttgart: Metzler.
Martino, A. (1990). *Die deutsche Leihbibliothek. Geschichte einer literarischen Institution (1756–1914). Mit einem zusammen mit Georg Jäger erstellten Verzeichnis der erhaltenen Leihbibliothekskataloge.* Wiesbaden: Harrassowitz.
Menzel, W. (Hrsg.). (2000). Handlungsorientierter Literaturunterricht [Sonderheft]. *Praxis Deutsch.*

Messerli, A. & Chartier, R. (Hrsg.). (2000). *Lesen und Schreiben in Europa 1500–1900. Vergleichende Perspektiven. Perspectives comparées. Perspective comparate.* Basel: Schwabe.

Nickel-Bacon, J. & Groeben, N. (2001). Deutschunterricht und kritische Mediennutzungskompetenz: Impulse aus Medienpsychologie und Literaturwissenschaft zum Umgang mit Fiktionen. In G. Lange, K. Schuster & W. Zisenis (Hrsg.), *Diskussionsforum Deutsch* (in Druck). Baltmannsweiler: Schneider.

Paefgen, E. K. (1999). *Einführung in die Literaturdidaktik.* Stuttgart, Weimar: Metzler.

Pech, K.-U. (1998). *Technik im Jugendbuch. Sozialgeschichte populärwissenschaftlicher Jugendliteratur im 19. Jahrhundert.* Weinheim/München: Juventa.

Rosebrock, C. (1999). Zum Verhältnis von Lesesozialisation und literarischem Lernen. In *Didaktik Deutsch, 6*, 57–68.

Rupp, G. (1987). *Kulturelles Handeln mit Texten. Fallstudien aus dem Schulalltag.* Paderborn: Schöningh.

Rutschky, K. (1990). Die Lesewut. Autonome Bildungsprozesse von Kindern im 19. Jahrhundert. *Der Deutschunterricht, 32* (5), 78–98.

Saxer, U. (1991). Lese(r)forschung – Lese(r)förderung. In A. Fritz (Hrsg.), *Lesen im Medienumfeld. Eine Studie zur Entwicklung und Verhalten von Lesern in der Mediengesellschaft auf der Basis von Sekundäranalysen zur Studie „Kommunikationsverhalten und Medien" im Auftrag der Bertelsmann Stiftung. Mit einer Synopse von Ulrich Saxer* (S. 99–134). Gütersloh: Verlag Bertelsmann Stiftung.

Saxer, U. (1993). Lesesozialisation. In H. Bonfadelli, A. Fritz & R. Köcher (Hrsg.), *Leseerfahrungen und Lesekarrieren. Studien der Bertelsmann Stiftung* (S. 311–374). Gütersloh: Verlag Bertelsmann Stiftung.

Saxer, U. (1997). Medienerziehung 2010. In H. Dichanz (Hrsg.), *Medienerziehung im Jahre 2010* (S. 23–42). Gütersloh: Verlag Bertelsmann Stiftung.

Saxer, U., Langenbucher, W. & Fritz, A. (1989). *Kommunikationsverhalten und Medien. Lesen in der modernen Gesellschaft. Eine Studie der Bertelsmann Stiftung.* Gütersloh: Verlag Bertelsmann Stiftung.

Scheerer-Neumann, G. (1997). Was lernen Kinder beim Schriftspracherwerb außer Lesen und Schreiben? In H. Balhorn & H. Niemann (Hrsg.), *Sprachen werden Schrift. Mündlichkeit – Schriftlichkeit – Mehrsprachigkeit* (S. 86–93). Lengwil: Libelle.

Schenda, R. (1976). *Die Lesestoffe der kleinen Leute. Studien zur populären Literatur im 19. und 20. Jahrhundert.* München: Beck.

Schenda, R. (1977). *Volk ohne Buch. Studien zur Sozialgeschichte der populären Lesestoffe 1770–1910.* München: dtv.

Schenda, R. (2000). Geschichten von Leserinnen und Lesern. Überlegungen zur Geschichte und zu den Schwierigkeiten des Lesens. *Zeitschrift für Volkskunde, 96* (1), 1–28.

Schenda, R. (1993). *Von Mund zu Ohr. Bausteine zu einer Kulturgeschichte volkstümlichen Erzählens in Europa.* Göttingen: Vandenhoeck & Ruprecht.

Schön, E. (1990). Weibliches Lesen: Romanleserinnen im späten 18. Jahrhundert. In H. Gallas & M. Heuser (Hrsg.), *Untersuchungen zum Roman von Frauen um 1800* (S. 20–40). Tübingen: Niemeyer.

Schön, E. (1990a). Erinnerungen von Lesern an ihre Kindheit und Jugend. *Media Perspektiven, 5,* 337–347.

Schön, E. (1993). *Der Verlust der Sinnlichkeit oder Die Verwandlungen des Lesers. Mentalitätswandel um 1800* (2. Aufl.). Stuttgart: Klett-Cotta.

Schön, E. (1995). ‚Lesekultur' – Einige historische Klärungen. In C. Rosebrock (Hrsg.), *Lesen im Medienzeitalter. Biographische und historische Aspekte literarischer Sozialisation* (S. 137–164). Weinheim/München: Juventa.

Schön, E. (1999). Geschichte des Lesens. In B. Franzmann, K. Hasemann, D. Löffler & E. Schön (Hrsg.), *Handbuch Lesen* (S. 1–85). München: Saur.

Schreier, M & Groeben, N. (1991). „Death Enemy" or „Promotor"? In the Relation between Film-/Television-Consumption and Motivation to Read. *SPIEL, 10* (1), 5–43.

Schütz, E. (1989). Medien. In D. Langewiesche & H.-E. Tenorth (Hrsg.), *Handbuch der deutschen Bildungsgeschichte. Bd. V: 1918–1945. Die Weimarer Republik und die nationalsozialistische Diktatur* (S. 371–406). München: Beck.

Schulze, G. (1993). *Die Erlebnisgesellschaft. Kultursoziologie der Gegenwart.* Frankfurt/M./New York: Campus.

Schwenger, H. (1989). Medien. In C. Führ & C.-L. Furck (Hrsg.), *Handbuch der deutschen Bildungsgeschichte. Bd. VI: 1945 bis zur Gegenwart. 2. Teilbd.: Deutsche Demokratische Republik und neue Bundesländer* (S. 341–358). München: Beck.

Siegert, R. (1978). Aufklärung und Volkslektüre. Exemplarisch dargestellt an Rudolf Zacharias Becker und seinem „Not- und Hülfsbüchlein". *Archiv für Geschichte des Buchwesens, 19,* 566–1348.

Steinberg, H. (1990). *Gutenbergs Zukunft.* Berlin: Volker Spiess.

Steinlein, R. (1987). *Die domestizierte Phantasie. Studien zur Kinderliteratur, Kinderlektüre und Literaturpädagogik des 18. und frühen 19. Jahrhunderts.* Heidelberg: Winter.

Stiftung Lesen (Hrsg.). (1998). *Lesen im Umbruch – Forschungsperspektiven im Zeitalter von Multimedia.* Baden-Baden: Nomos.

Ungern-Sternberg, W. v. (1987). Medien. In K.-E. Jeismann & P. Lundgreen (Hrsg.), *Handbuch der deutschen Bildungsgeschichte. Bd. III. Von der Neuordnung Deutschlands bis zur Gründung des Deutschen Reiches* (S. 380–416). München: Beck.

Wehler, H.-U. (1987/ 1995). *Deutsche Gesellschaftsgeschichte. Bd. 1–3.* München: Beck.

Wermke, J. (1997). *Integrierte Medienerziehung im Fachunterricht. Schwerpunkt Deutsch.* München: KoPäd.

Wieler, P. (1997). *Vorlesen in der Familie. Fallstudien zur literarisch-kulturellen Sozialisation von Vierjährigen.* Weinheim u. München: Juventa.

Wittmann, R. (1982). *Buchmarkt und Lektüre im 18. und 19. Jahrhundert. Beiträge zum literarischen Leben 1750–1880.* Tübingen: Niemeyer.

Wittmann, R. (1991). *Geschichte des deutschen Buchhandels. Ein Überblick.* München: Beck.

Ursula Christmann & Norbert Groeben

Anforderungen und Einflussfaktoren bei Sach- und Informationstexten

1 Vorstrukturierung

Zur Textsorte der Sach- und Informationstexte gehört eine breite Palette ganz unterschiedlicher Texte wie Lehr- und Sachbücher, journalistische Texte, Gesetzestexte, juristische Texte, wissenschaftliche Zeitschriftenaufsätze, Fachtexte unterschiedlichster Sparten, Verhandlungstexte, Bedienungsanleitungen, Manuale etc. (zur Problematik einer linguistischen Abgrenzung vgl. Wolski, 1998). Texte dieser Art lassen sich nach ihren jeweiligen übergeordneten Funktionen bzw. Zielen und Zwecken in unterschiedliche Subgruppen aufteilen. Wir wollen unter der Perspektive der Lesekompetenz drei große Unterkategorien unterscheiden:

(a) Didaktische Texte oder Lehrtexte (bzw. Instruktionstexte im weiteren Sinn). In diese Gruppe fallen alle Texte, die einen Wissensbereich beschreiben oder erklären, von Lehrbüchern über Fachtexte bis hin zu wissenschaftlichen Beiträgen. Das primär mit der Rezeption solcher Texte verbundene Ziel ist das Behalten der darin enthaltenen Informationen, das zu deklarativem Wissen führt (Wissen-was). Im Rezeptionsprozess werden insbesondere das Gedächtnis und die Wissensstruktur als Teilkomponenten des Verarbeitungssystems aktiviert.

(b) Persuasionstexte. Dazu gehören Texte, deren Ziel es ist, eine zustimmende oder ablehnende Bewertung von Personen, Sachverhalten oder Ereignissen zu evozieren, wie es z.B. für viele journalistische Texte, aber auch für die verschiedensten zeitgeschichtlichen und politischen Texte, für Rezensionen und Kommentare typisch ist. An diesem Prozess der Einstellungsänderung oder -stabilisierung sind insbesondere die emotionalen und motivationalen Komponenten des Verarbeitungssystems beteiligt.

(c) Instruktionstexte im engeren Sinn. In diese Kategorie fallen alle Texte, in denen Handlungswissen vermittelt wird. Das Spektrum reicht dabei von Gebrauchsanweisungen, Montageanleitungen, Computer-Benutzungs-Manualen über Kochbücher, Trainings bis hin zur Ratgeberliteratur (z.B. zur physischen oder psychischen Gesundheit). Die primäre Funktion solcher Texte besteht darin, Wissen in Handeln umzusetzen. Angesprochen ist damit insbesondere das prozedurale Wissen (Wissen-wie) bzw. die Handlungs- oder konative Ebene des Verarbeitungssystems.

Zwischen diesen drei Subgruppen gibt es natürlich fließende Übergänge, und man kann sicherlich noch weitere Subgruppen unterscheiden (vgl. z.B. Göpferich & Schmitt, 1996). Uns kommt es hier jedoch darauf an, dass den drei Gruppen unterschiedliche prototypische Funktionen zugeordnet werden können, die den Ausgangspunkt für die Identifikation von Anforderungen an die Verarbeitungs- und Lesekompetenz der Nutzer/innen darstellen. Selbstverständlich gilt für alle Texte zunächst grundsätzlich, dass sie verstanden werden müssen, und zwar im Sinne der Bedeutungskonstituierung von Mikro- bis Makroebene, wie es im Beitrag von Richter und Christmann (in diesem Band) dargestellt ist. Darüber hinaus geht es hier um die komplexeren Aspekte der Rezeptionskompetenz, die es herauszuarbeiten gilt. Wegen der prinzipiellen Text-Leser-Interaktion (s.o. Richter & Christmann) lässt sich das Verhältnis von Funktionen und Einflussfaktoren von beiden Seiten aus betrachten: der Text- wie der Rezipienten-Seite. Das bedeutet: Aus den Funktionen ergeben sich sowohl Anforderungen an die Textgestaltung als auch für die Rezeptionskompetenz, wobei diese Anforderungen im positiven Falle, d.h. wenn sie erfüllt sind, als Einflussfaktoren für die Textverarbeitung und die Verarbeitungsfunktion wirksam werden. Die folgende Darstellung wird daher von den zentralen Funktionen aus sowohl die text- wie rezipientenseitigen Anforderungen als auch die Einflussfaktoren in ihrer Verschränkung herauszuarbeiten versuchen. Dabei wird sich zeigen, dass sich die Forschung bisher hauptsächlich mit den didaktischen Texten beschäftigt hat, deutlich weniger mit Persuasionstexten und eindeutig unzureichend mit den Instruktionstexten im engeren Sinne.

2 Didaktische Texte

2.1 Zentrale Funktion: Behalten

Die zentrale Funktion didaktischer Texte besteht im Behalten der jeweiligen Textinhalte, d.h. dem Erwerb von (deklarativem) Wissen. Als Grundvoraussetzung für den Wissenserwerb aus Texten gilt in älteren und neueren theoretischen Ansätzen zum Rezeptionslernen (Überblick: Christmann, 1989; Christmann & Groeben, 1996; Schnotz, 1994) die Verfügbarkeit einer generellen kognitiven Struktur im Sinne eines Konzeptrahmens (hierarchisch strukturiertes Gefüge von Konzepten und deren Relationen). Entsprechend dieser Anforderung ist zu fragen, welche textseitigen Merkmale den Aufbau einer kognitiven Struktur erleichtern können. Mit der Identifikation und Überprüfung solcher Merkmale hat sich insbesondere die Textverständlichkeitsforschung (Groeben, 1972, 1978; Langer, Schultz v. Thun & Tausch, 1974; Überblick: Groeben, 1982) befasst. Dabei wurden übereinstimmend sowohl auf empirisch-induktivem als auch auf theoretisch-deduktivem Wege vier Dimensionen der Textverständlichkeit herausgearbeitet, die auch heute noch als die bedeutsamsten Merkmalsdimensionen der Struktur von Sachtexten gelten: (1) Sprachliche Einfachheit; (2) kognitive Gliederung/Ordnung; (3) Kürze/Prägnanz; (4) motivationale Stimulanz. Von diesen Dimensionen ist die Dimension der kognitiven Gliederung/Ordnung am gewichtigsten für die Verständlichkeit und am bedeutsamsten für den Aufbau einer kognitiven Struktur. Wir werden uns daher im Folgenden primär auf die unter dieser Dimension subsumierbaren und empirisch gesicherten Textmerkmale konzentrieren (zur Explikation der übrigen drei Dimensionen vgl. Christmann & Groeben, 1999, Groeben, 1982). Dabei fließen sowohl Befunde der älteren instruktionspsychologischen als auch der neueren kognitionspsychologischen Textforschung ein.

Mit der kognitiven Gliederung/Ordnung ist die inhaltliche Strukturierung und Organisation von Texten thematisch. Relevante Textmerkmale wurden bereits zu Beginn der 60er Jahre durch die kognitive Lerntheorie expliziert und sind bis heute von ungebrochener Aktualität. Die kognitive Lerntheorie beschreibt die Verarbeitung eines Textes als Eingliederung der Textinformation in eine hierarchisch aufgebaute kognitive Struktur, mit den umfassendsten (inklusivsten) Konzepten an der Spitze der Hierarchie, die auf jeweils untergeordneten Konzepten aufbauen (daher auch: Subsumtionslernen; vgl. Ausubel, 1963; Ausubel, Novak & Hanesian, 1968). Die Eingliederung gelingt dabei umso besser, je klarer und stabiler die Ankerkonzepte sind und je besser die neue Information von bereits etablierten Konzepten unterscheidbar ist (Ausubel, 1963). Die Stützung des Subsumtionsprozesses soll durch folgende Textgestaltungsprinzipien erreicht werden: Verwendung von *Advance Organizern* (Vorstrukturierungen: Groeben, 1982, 235), das *sequentielle Arrangieren von Textinhalten, integrative Vereinigung und Konsolidierung.*

Die Wirksamkeit von *Vorstrukturierungen* (kurze, dem eigentlichen Lernmaterial vorangestellte Einführungen, die die relevanten Textkonzepte in inklusiverer Form benennen, als dies im Text selbst der Fall ist) ist intensiv empirisch untersucht und diskutiert worden (Metaanalysen: Barnes & Clawson, 1975; Luiten, James & Acherson, 1980; Sammelreferate: Faw & Waller, 1976; Mayer, 1982, 1984). Dabei kann heute als gesichert gelten, dass Vorstrukturierungen insbesondere bei Texten mit sozialwissenschaftlichen Inhalten und bei unvertrauter Textorganisation einen (schwach) positiven Effekt haben (Groeben, 1982, 239; Mayer, 1984, S. 65f.). In neueren kognitionspsychologischen Effektivitätsüberprüfungen hat sich darüber hinaus herausgestellt, dass die Wirksamkeit auch von der Qualität der Vorstrukturierung selbst abhängt, und zwar sind Vorstrukturierungen besonders effektiv, wenn sie der thematischen Organisation des Textes folgen (Mannes & Kintsch, 1987) und neben hoch inklusiven auch konkrete Konzepte und Analogien enthalten, da diese in der Lage sind, umfangreiches Vorwissen zu aktivieren (vgl. Corkill, Bruning & Glover, 1988; zusammenfassend: Christmann & Groeben, 1999).

Das *sequentielle Arrangieren* bezieht sich auf die Art der Aufeinanderfolge der Textinformationen, wobei mit den inklusivsten Konzepten begonnen und dann sukzessive zu weniger inklusiven Konzepten abgestiegen werden soll. Die empirischen Befunde zeigen, dass eine hierarchisch-sequentielle Sequenzierung in der Tat zu einem besseren Behalten der Textinformationen führt als andere Sequenzierungsarten (Christmann, 1989), eine deduktive Sequenzierung behaltenswirksamer ist als eine induktive (Kimmel & MacGinitie, 1984; Gold & Fleisher, 1986), eine natürliche Textstruktur im Unterschied zu einer durch falsch platzierte Sätze gestörte Struktur die Verarbeitung erleichtert (vgl. die metaanalytischen Befunde in Groeben, 1982) und ein thematisch kontinuierlicher Textaufbau, bei dem eine Hierarchisierung zwar nicht innerhalb, aber doch zwischen Abschnitten realisiert ist, zu mehr Inferenzen und einer tieferen Verarbeitung führt als ein diskontinuierlicher Textaufbau (Schnotz, 1994). Zu ergänzen sind diese Aspekte noch durch die von der neueren kognitionspsychologischen Forschung thematisierte Perspektive der Superstruktur, die die globale Inhaltsorganisation für unterschiedliche Textsorten beschreibt (z.B. psychologische, juristische, naturwissenschaftliche, narrative Texte; Überblick: Christmann, 2000). Texte, die gemäß der jeweiligen Superstruktur sequenziert sind und in denen die Art der Sequenzierung transparent gemacht wird, führen zu einem besseren Behalten (Dee-Lucas & Larkin, 1990) und zu einer besseren Verarbeitung (Beantwortung von Fragen, Lückentext etc.: Kintsch & Yarbrough, 1982; Rossi, 1990) als Texte, die nicht der spezifizierten Superstruktur folgen (zur Realisierung solcher Superstrukturen z.B. durch Themenwechsel, explizite Signale etc.: Loman & Mayer, 1983; Lorch, Lorch & Inman, 1993; Lorch & Lorch, 1996). Generell ist im Rahmen der neueren Textverarbeitungsforschung eindrucksvoll belegt worden, dass der Aufbau einer kognitiven Struktur umso besser und schneller gelingt, je klarer und deutlicher ein Text Hinweise gibt, wie die Textinformationen aufeinander zu beziehen sind und je weniger Kohärenzlücken durch Schlussfolgerungen und Umstrukturierungen geschlossen werden müssen (z.B. empirisch: Vipond, 1980; Beyer, 1987; Überblicke: Christmann, 1989; Schnotz, 1994).

Die *integrative Vereinigung* bezieht sich auf die Kenntlichmachung von Ähnlichkeiten und Unterschieden zwischen bereits erworbenen und neuen Konzepten, die insbesondere durch die Anreicherung von Texten mit Elaborationen (Erläuterungen, Spezifizierungen, Beispielen) und Analogien erreicht werden kann. Elaborationen sollen dabei den Aufbau einer reichhaltigeren und stark vernetzten Wissensstruktur ermöglichen, indem sie im Gedächtnis gespeicherte Konzepte aktivieren, die selbst wieder zu weiteren Assoziationen bezüglich der nachfolgenden Textstruktur führen. Die Funktion von Analogien besteht darin, vorhandenes auf neues Wissen zu beziehen, indem sie strukturelle oder inhaltliche Entsprechungen zwischen Bekanntem und Neuem aufzeigen. Der verarbeitungserleichternde Effekt von Elaborationen betrifft vor allem den Erwerb kognitiver Fertigkeiten (vgl. Reder, Charney & Morgan, 1986); der Erwerb von Analogien hat sich besonders bei wissenschaftlichen Texten als wirksam erwiesen (Kieras & Bovair, 1984; Halpern, Hansen & Riefer, 1990; Cardinale, 1993; Überblick über die empirische Befundlage: Christmann & Groeben, 1996).

Zur *Konsolidierung* des erworbenen Wissens werden Zusammenfassungen, Unterstreichungen und Hervorhebungen empfohlen. Ein verarbeitungsfördernder Effekt von Zusammenfassungen konnte nur für das direkte, nicht für das indirekte Lernen in der (metaanalytischen) Zusammenfassung verschiedener

Untersuchungen (Groeben, 1982, S. 243ff.) gezeigt werden, während sich für Unterstreichungen und Hervorhebungen kein bedeutsamer Effekt ergab (Groeben, 1982, S: 246ff.).

Während die unter der Dimension der kognitiven Gliederung/Ordnung zusammengefassten Textmerkmale unmittelbar am Aufbau einer kognitiven Struktur beteiligt sind, unterstützen die Merkmale der beiden Verständlichkeitsdimensionen *sprachliche Einfachheit* und *semantische Kürze/Redundanz* diesen Aufbau durch eine unaufwendige und reibungslose Textrezeption (Christmann & Groeben, 1996). Bezüglich der Dimension der *sprachlichen (lexikalischen und syntaktischen) Einfachheit* hat sich auf Wortebene insbesondere der Gebrauch kurzer (z.B. Teigeler, 1972), geläufiger (z.B. Marks, Doctorow & Wittrock, 1974) und konkreter Wörter (z.B. Marschark & Paivio, 1977) als verarbeitungserleichternd erwiesen (zusammenfassend: Ballstaedt, Mandl Schotz & Tergan, 1981; Groeben, 1982). Ein Konkretheitseffekt konnte dabei nicht nur für einzelne Worte, sondern auch bezüglich der gesamten Textgestaltung nachgewiesen werden. Konkret-anschauliche Texte werden besser behalten und reproduziert; sie führen zu präziseren Schlussfolgerungen und erleichtern gegenüber abstrakten Texten die satzübergreifende Integration von Informationen (Sadoski, Goetz & Fritz, 1993; Thiel & von Eye, 1986; von Eye, Dixon & Krampen, 1989; Wippich, 1987). Bezüglich der syntaktischen Einfachheit (vgl. dazu die psycholinguistische Grundlagenforschung; Überblick: Engelkamp, 1974/1983), gilt als gesichert, dass Satzschachtelungen (z.B. Evans, 1972/1973), eingebettete Relativsätze und Nominalisierungen (Berkowitz, 1972) sowie überlange Sätze die Verarbeitung erschweren. In Übereinstimmung mit diesen Befunden hat die klassische Lesbarkeitsforschung (Klare, 1963) immer wieder zwei Faktoren identifiziert, die für die Lesbarkeit eines Textes relevant sind: den Faktor der Wortschwierigkeit und den Faktor der Satzschwierigkeit.

Die Dimension der *semantischen Kürze/Redundanz* bezieht sich auf die kontextbedingte Vorhersagbarkeit semantischer Zeichen (vgl. dazu die Ansätze der Informationstheorie und der kybernetischen Pädagogik: v.Cube, 1982; Shannon & Weaver, 1949). Verständliche Texte weisen zumeist eine höhere Redundanz auf als schwer verständliche Texte (empirisch: Andersen, 1985). Ungeklärt ist allerdings, bis zu welchem Grad eine Redundanzsteigerung einen positiven Verarbeitungseffekt hat.

Die Dimension der motivationalen Stimulanz bezieht sich auf die Anreicherung des Textes mit interesseanregenden und neugierevozierenden Elementen wie Fragen (vgl. dazu das Modell der mathemagenen Motivierung: Rothkopf, 1970), konfliktauslösenden Inhalten (im Sinne der Neugiermotivationstheorie nach Berlyne, 1960/1974) und interessanten Einzelinformationen (vgl. die neuere Interessenforschung Hidi, 1990; Krapp, 1992; Schiefele, 1996). Die unter dieser Dimension zusammengestellten Textmerkmale (Überblick: Christmann & Groeben, 1996) haben zwar keinen direkt fördernden Effekt auf den Aufbau einer kognitiven Struktur, können jedoch dazu beitragen, dass die Textrezeption nicht vorzeitig abgebrochen wird (zu den Bedingungen eines verarbeitungserleichternden Effekts motivationaler Stimulanz vgl. Groeben, 1982; Christmann & Groeben, 1996).

2.2 Verarbeitungsebene/Teilkomponente: Vorwissen

Der Aufbau einer kognitiven Struktur erfordert die Verbindung mit dem eigenen Vorwissen. Der Einfluss von Vorwissensstrukturen, Zielsetzungen und Erwartungen wird insbesondere durch die Schematheorie (z.B. Rumelhart, 1975; Rumelhart & Ortony, 1977) und die Theorie der mentalen Modelle (z.B. Johnson-Laird, 1983; van Dijk & Kintsch, 1983) modelliert. Schemata repräsentieren Wissen über die typischen Zusammenhänge von Realitätsbereichen, sie bestehen aus Konzepten und Relationen und sind nach dem Allgemeinheitsgrad ihrer Begriffe hierarchisch aufgebaut. Ein solches Konzeptgefüge weist Leerstellen auf, die während der Textrezeption durch konkrete Informationen gefüllt oder durch hypothetische Konzepte besetzt werden. Empirisch konnte gezeigt werden, dass Schemata die Aufmerksamkeit bei der Informationsaufnahme steuern (z.B. Britton, Piha, Davis & Wehausen, 1978; Cirilio & Foss, 1980), einen Einfluss darauf haben, welche Textelemente als wichtig angesehen werden (z.B. Pichert & Anderson, 1977), die Integration neuer Informationen in die vorhandene Wissensstruktur erleichtern (z.B. Bransford & Johnson, 1971) und so zu einem besseren Behalten führen (zusammenfassend: Mandl, Friedrich & Hron, 1988; Waldmann, 1990). Eine spezifische Form von organisierenden Vorwissensstrukturen stellen sog. Skripts dar, die Wissen über routinisierte Verhaltens- und typische Ereignisabläufe abbilden (Überblick: Mandler, 1984; Vaterodt, 1992) und die es dem/der Leser/in ermöglichen, entsprechende Texte auch dann adäquat zu verstehen, wenn ganze Teile fehlen (empirisch: Abbott, Black & Smith, 1985). Insgesamt hat diese Forschung deutlich gemacht, dass Vor- und Weltwissensstrukturen einschließlich Erwartungen, Zielsetzungen und Interessen erhebliche Einflussgrößen bei der Textrezeption darstellen.

Eine noch konsequentere Berücksichtigung des Ineinandergreifens von Vorwissen und Textinhalten bietet die Theorie der mentalen Modelle, nach der zusätzlich zur symbolischen Repräsentation ein internes Modell des im Text beschriebenen Sachverhalts aufgebaut wird (Johnson-Laird, 1983; van Dijk & Kintsch, 1983; Gentner & Stevens, 1983). Im Verarbeitungsprozess aktiviert die eingelesene propositionale Textinformation ein mentales Modell, das unter Rückgriff auf Vorwissensbestände sukzessive angereichert, verfeinert oder auch modifiziert wird. Empirische Belege, die die Annahme einer mentalen Modellbildung bei der Textverarbeitung stützen, liegen insbesondere aus Studien zur Verarbeitung räumlicher Informationen vor (z.B. Glenberg, Meyer & Lindem, 1987; Perrig & Kintsch, 1985; Überblicke: Garnham & Oakhill, 1996; Kelter & Kaup, 1995). Entscheidend im vorliegenden Zusammenhang ist: Wie ein im Text dargestellter Sachverhalt repräsentiert wird, hängt ganz entscheidend von der Qualität und der Quantität des Vorwissens ab.

Insgesamt ist daher mittlerweile die Bedeutsamkeit des Vorwissens für die Güte der Textrezeption eindrucksvoll belegt (zusammenfassend: Schiefele, 1996). Entgegen der intuitiven Vermutung lässt sich daraus jedoch keineswegs die Anforderung ableiten, didaktische Texte so zu gestalten, dass sie völlig den Vorwissens- und Erwartungsstrukturen der Rezipienten/innen entsprechen; denn eine Maximierung von Verständlichkeit führt nicht notwendigerweise auch zu einer Verbesserung der Verstehens- und Behaltensleistung. Der entscheidende Grund dafür ist, dass unter motivationspsychologischer Perspektive maximal verständliche Texte für die Rezipienten/innen keine kognitiven Anreize mehr darstellen, sondern zu einer Unterforderung führen, die sich negativ auf die Lesemotivation und das Behalten auswirkt (vgl. Groeben & Christmann, 1989). Für eine optimale Motivierung sind aus pädagogischer Sicht mittlere Schwierigkeitsgrade, die noch eine gewisse Herausforderung für die Rezipienten/innen darstellen, besser geeignet (vgl. Groeben, 1978; s. auch das Konzept der „Passung": Heckhausen, 1972). Die These der mittleren Verständlichkeit lässt sich dabei nicht nur global, sondern für jede der vier oben unterschiedenen Verständlichkeitsdimensionen begründen.

Bezüglich der Dimension Gliederung/Ordnung ist unter Optimierungsperspektive dementsprechend zu postulieren, dass Texte nicht vollständig durchstrukturiert sein sollten, dass nicht alle Bezüge ausformuliert sein müssen, sondern dass sie durchaus auch Kohärenzlücken enthalten dürfen und die globale Struktur nicht völlig transparent sein muss. Nur bei einem mittleren Grad an Strukturiertheit stellen Texte Anforderungen an die kognitive Konstruktivität und Aktivität der Rezipienten/innen (Kintsch, 1994) so dass mehr Inferenzen hergestellt werden (z.B. bei einer gewissen Diskrepanz von Vorstrukturierung und Textinhalt; Mannes & Kintsch, 1987). Eine wichtige Rolle spielt dabei auf alle Fälle das Ausmaß des vorhandenen Wissens, allerdings in Wechselwirkung mit der Kohärenz der Textstruktur: Bei einem nicht vollständig durchstrukturierten und kohärenten Text wirkt sich Vorwissen für das Behalten positiv aus, bei einem hochgradig kohärenten Text hingegen eher negativ (McNamara, Kintsch, Butler-Songer & Kintsch, 1996). Das bedeutet, dass die für das Verstehen und Behalten wichtige Integration von Vorwissen und Textinhalten nicht erfolgt, wenn das Lesen zu mühelos ist und keine Anforderungen an die Rezipienten/innen mehr stellt. In ähnliche Richtung weisen Befunde, dass schemarelevante Informationen in Texten zwar schneller gelesen, aber schlechter behalten werden (Graesser, 1981) und dass den schemarelevanten Informationen weniger Aufmerksamkeit geschenkt wird als schemairrelevanten Informationen (Britton et al., 1979). Als Erklärung bietet sich an, dass die schemageleitete Verarbeitung den Erwartungsstrukturen der Rezipienten/innen in einem so starken Maße entspricht, dass die Verarbeitung reibungslos und (zu) automatisiert erfolgt (Anderson & Pearson, 1984; zusammenfassend: Mandl et al., 1990).

Bei der Dimension der sprachlichen Einfachheit manifestiert sich die Überlegenheit einer mittleren Verständlichkeit insbesondere auf Wortebene. Zwar haben sich geläufige und konkrete Wörter als behaltenswirksam erwiesen, ihre exzessive Verwendung sowie der Verzicht auf Fremdwörter und Fachbegriffe empfiehlt sich gerade unter motivationspsychologischen Gesichtspunkten aber nicht, da dies zu langatmigen Texten führen kann (vgl. Ballstaedt et al., 1981; Groeben, 1982). Ähnlich verhält es sich mit der Dimension der semantischen Kürze/ Redundanz. Redundanz kann zwar die Verständlichkeit erhöhen, jedoch darf der Auflösungsgrad nicht so weit gehen, dass der/die Rezipient/in den übergeordneten Bezugspunkt aus dem Blick verliert. Empirisch erzielen Texte mittleren Auflösungsgrades für das Behalten der Textinformation den größten Effekt (im Einzelnen Baumann, 1987; zusammenfassend: Christmann & Groeben, 1996).

Ähnlich zeigen Untersuchungen der neueren Interessenforschung für die Dimension der motivationalen Stimulanz, dass die zu starke Anreicherung eines Textes mit interessanten Details sich negativ auf das Behalten der wichtigen Textinformationen auswirkt und zwar insbesondere dann, wenn Wichtigkeit und Interessantheit divergieren (z.B. Wade & Adams, 1990; Garner et al., 1991). Was die Qualität der neugierevozierenden Elemente anbelangt, so postuliert auch schon die Neugiermotivationstheorie sensu Berlyne (1974) eine mittlere Komplexität dieser Elemente, da sowohl eine zu hohe als auch eine zu niedrige Komplexität zu einer Abwendung vom Text führen (vgl. zusammenfassend Groeben, 1978; Groeben & Vorderer, 1988).

Insgesamt ist somit keine vollständige Anpassung des Textes an den/die Leser/innen anzustreben (die sich bereits aus praktischen Gründen verbietet), sondern es sollten Anreizbedingungen geschaffen werden, die für möglichst viele Rezipienten/innen eine kognitive und motivationale Anregung darstellen.

2.3 Anschlussfunktion: Bewerten

Der Erwerb von Wissen über den Aufbau eines kognitiven Rahmens und die Verbindung der Textinhalte mit dem eigenen Vorwissen sind die Grundvoraussetzung für die kritische Beurteilung und Bewertung von Textinformationen einschließlich der Art ihrer Darbietung. Die Basiskomponenten solch kritischen Lesens sind bereits in den Faktoren *schlussfolgerndes Denken während des Lesens* und *Identifizierung (und Bewertung) der Intention des Textes* als Dimensionen des Textverständnisses (Spearritt, 1972) enthalten (ausführlich: Groeben, 1982, 18ff.). Zur Ausdifferenzierung des kritischen Lesens in Teilfähigkeiten und -fertigkeiten wird meistens die Überschneidung zum Konstrukt des kritischen Denkens als Heuristik genutzt. Wolf, King und Huck (1968) unterscheiden dabei die Analyse und Bewertung (1) von Bedeutungsaspekten (z.B.: Unterscheiden zwischen vagen und präzisen Begriffen, denotativer und konnotativer Bedeutung, Erkennen von Überredungstendenzen), (2) von logischen Strukturen (Erkennen und Bewerten der Gültigkeit von Behauptungen/Thesen sowie der Zuverlässigkeit von Informationen), (3) der Authentizität des Geschriebenen (z.B. Feststellen der Begründetheit von Informationen, Vergleich von Informationen aus verschiedenen Quellen etc.). Darauf aufbauend wurden Testaufgaben zur Messung (z.B. King, 1968) sowie in Verbindung mit der klassischen Rhetorik und der Argumentationstheorie Fertigkeiten zur Verbesserung des kritischen Lesens abgeleitet (ausführlich: Groeben, 1982).

Die bei weitem differenzierteste Fertigkeitstaxonomie zum kritischen Denken hat Ennis (1987) vorgelegt. Dabei werden folgende Oberkategorien unterschieden: (1) Konzentration auf die Fragestellung (z.B. Identifikation und Formulierung der Fragestellung unter Berücksichtigung des Kontextes); (2) Analyse von Argumenten (z.B. Identifikation von Konklusionen, Prämissen, Gründen, Implikationen, irrelevanten Aspekten); (3) klärende Fragen an den Text stellen (z.B. Identifikation zentraler Ideen, Fakten und Meinungen unterscheiden; Beispiele und Gegenbeispiele finden etc.); (4) die Glaubwürdigkeit einer Quelle beurteilen (z.B. Übereinstimmung zwischen Quellen beurteilen); (5) Beurteilung von Beobachtungsberichten; (6) Deduktion und Beurteilung von Deduktionen; (7) Induktion und Beurteilung von Induktionen (z.B. Generalisieren, Inferenz erklärender Konklusionen, nach alternativen Erklärungen suchen); (8) Werturteile fällen (z.B. Gewichten, Gegenüberstellen); (9) Definieren und Beurteilung von Definitionen; (10) Identifikation von Annahmen; (11) Beurteilung von Handlungen; (12) Beurteilung von Interaktionen (z.B. Identifikation von unfairen rhetorischen Strategien). Eine Fülle konkreter Beispiele zur Ausfüllung, Erweiterung und Ausdifferenzierung dieser Kategorien finden sich bei Halpern (1996).

Hochdifferenzierte Taxonomien bieten zwar die Möglichkeit, konkrete Strategien zur Verbesserung des kritischen Lesens/Denkens abzuleiten, bergen dabei aber immer die Gefahr, dass sie den Blick auf die zugrundeliegenden Basiskompetenzen verstellen. Für den Bereich des kritischen Denkens haben Bruning, Schraw und Ronnig (1995) daher vier Fähigkeitsbereiche identifiziert, die den meisten der in der Literatur angeführten konkreteren Fertigkeiten zu Grunde liegen und u.E. auch uneingeschränkt Geltung für den Bereich des kritischen Lesens beanspruchen können: (1) Wissen als Grundvoraussetzung für die Beurteilung von Positionen, Fakten, Meinungen, Argumenten, Glaubwürdigkeit etc.; (2) Inferenzbildung; (3) Evaluieren im Sinne von Analysieren, Vergleichen, Beurteilen, Gewichten und Werturteile Abgeben; (4) metakognitive Überwachung der eigenen Denkvorgänge. Dabei dürften diese Fähigkeitsbereiche nicht nur für das kritische Lesen didaktischer Texte, sondern auch für persuasive Texte von unmittelbarer Relevanz sein.

3 Persuasionstexte

3.1 Zentrale Funktion: Bewerten

Persuasionstexte haben die Funktion, bei den Rezipienten/innen eine zustimmende oder ablehnende Bewertung von Personen, Sachverhalten oder Ereignissen zu bewirken. Diese Bewertung, die neben kognitiven vor allem auch emotionale und motivationale Aspekte des Verarbeitungssystems aktiviert, wird in der einschlägigen Persuasions- und Textwirkungsforschung der letzten 50 Jahre (vgl. den Überblick bei Drinkmann & Groeben, 1989; Petty & Wegener, 1998) vor allem über die Komponente der Einstellung bzw. Einstellungsänderung untersucht. Die umfangreiche und heterogene Forschung zur Frage der persuasiven Wirksamkeit von Texten ist von Drinkmann & Groeben (1989) metaanalytisch aufgearbeitet worden; das bedeutet die zufallskritische Prüfung einer Mehrzahl vergleichbarer Untersuchungen sowie Berechnung der quantitativen Effektgröße. Dabei werden die relevanten Einflussvariablen nach der in diesem Bereich üblichen Systematisierung in Empfänger-, Botschafts-, Situations- und Interaktions-Variablen gruppiert. Neben dieser umfangreichen Arbeit, die mehr als 2000 empirischen Einzeluntersuchungen berücksichtigt und auf die wir uns im Folgenden vor allem stützen, geben Petty und Wegener (1998) eine systematische Darstellung auch neuerer, allerdings nicht metaanalytisch aufbereiteter Arbeiten.

Für die Funktion der Bewertung sind insbesondere die Untersuchungen zur persuasiven Wirksamkeit der Botschafts- und der Sendervariablen relevant. Von den Botschaftsvariablen konnte dabei metaanalytisch eindeutig ein Einfluss der Variablen „Anzahl der Argumente" (berücksichtigte Studien: N = 9) und „Argumentqualität" (18 Studien) nachgewiesen werden (Drinkmann & Groeben, 1989, S. 90ff.). Danach führen Texte mit mehreren Argumenten (mehr als drei) für eine Position zu mehr Einstellungsänderungen als solche mit weniger Argumenten; außerdem sind Texte mit starken Argumenten (z.B. Fakten, Statistiken, logische Strukturierung) wirksamer als solche mit schwachen Argumenten (z.B. subjektive Meinungen und Anekdoten). Darüber hinaus erwies sich die Variable der Furchtevozierung (30 Studien) als bedeutsam: Furchtevozierende Texte (z.B. Gesundheitsgefährdung beim Rauchen) führen danach eher zu einer Einstellungsänderung als Texte ohne Furchtevozierung. Allerdings ist der Effekt (Vergleich zwischen den Gruppen) nicht sehr hoch, vermutlich weil bei zu großer Furchtevozierung mit Abwehr reagiert wird (l.c., 98ff.). Die Variable „Richtung des Persuasionsversuchs" (19 Studien) erwies sich als tendenziell bedeutsam, wobei Texte, die Argumente gegen eine Position enthalten, wirksamer sind als solche, die Argumente für eine Position vortragen. Keine Wirkung konnte für die Botschaftsvariablen „Ein- vs. Zweiseitigkeit der Darstellung", „Intensität der Botschaft" (Schriftlichkeit vs. Mündlichkeit), „Reihenfolge der Argumente" (Anfang oder Ende des Textes; Pro- vor Kontra-Argumenten) und „Strukturiertheit der Botschaft" nachgewiesen werden.

Zum Einfluss des Senders einer Botschaft liegen Untersuchungen zur persuasiven Wirksamkeit der Variablen „Geschlecht", „Glaubwürdigkeit im weiteren Sinn" (alle möglichen positiven Kommunikatoreigenschaften), „Glaubwürdigkeit im engeren Sinn" (Kombination von Expertentum und personbezogener Vertrauenswürdigkeit), „Expertentum", „Berufung auf Autoritäten", „Vertrauenswürdigkeit" und „Liebenswürdigkeit". Von diesen Variablen erwiesen sich in der metaanalytischen Aufarbeitung die „Liebenswürdigkeit" (8 Studien) und die „Vertrauenswürdigkeit" (10 Studien) als diejenigen, die am eindeutigsten und zuverlässigsten einen signifikanten persuasiven Effekt hatten. Für die

„Glaubwürdigkeit im weiteren Sinn" (78 Studien) und die „Glaubwürdigkeit im engeren Sinn" (51 Studien) konnte ebenfalls ein persuasiver Effekt aufgewiesen werden, wobei die Effektstärke allerdings relativ gering war. Bezüglich der Variablen „Geschlecht" (8 Studien) war kein Einfluss nachweisbar. Die übrigen Variablen konnten wegen einer zu geringen Anzahl an Studien keiner metaanalytischen Überprüfung unterzogen werden. Ob die Botschafts- oder die Sendervariablen das größere Gewicht bei der Verarbeitung von Persuasionstexten besitzen, ist nicht generell zu beantworten, sondern hängt von der emotional-motivationalen Situation ab.

3.2 Verarbeitungsebene/Teilkomponente: Emotion/Motivation

In Bezug auf die Bewertung persuasiver Texte, die stets auch von motivational-emotionalen Merkmalen der Rezipienten/innen sowie der Rezeptionssituation beeinflusst ist, konnte metaanalytisch gesichert werden, dass Rezipienten/innen mit geringer Ich-Beteiligung in Bezug auf das Thema des Textes (31 Studien), nicht-dogmatische Personen (9 Studien) sowie Personen mit negativer Voreinstellung gegenüber dem Thema (16 Studien) stärker beeinflussbar sind als Personen mit hoher Ich-Beteiligung, hohen Dogmatismuswerten und positiver Voreinstellung (Drinkmann & Groeben, 1989, S. 83ff.). Für die Variablen „Geschlecht" und „selbstfokussierte Aufmerksamkeit" konnten keine eindeutigen Ergebnisse erzielt werden. Von den untersuchten Situationsvariablen erwies sich die „Inokulation der Rezipienten/innen" (Auseinandersetzung mit Gegenargumenten; 8 Studien), „Stress" (13 Studien) und die „Kürze des Zeitintervalls zwischen Textrezeption und Nachtest" (21 Studien) als persuasionsfördernd.

In neuerer Zeit wird der Einfluss motivationaler Zustände auf die Verarbeitung persuasiver Botschaften fast ausschließlich im Rahmen des Modells der „qualifizierten Verarbeitungswahrscheinlichkeit" („elaboration-likelihood-model": Petty & Cacioppo, 1986; Petty, 1994) betrachtet. Danach hängt die Einstellungsänderung auf Grund persuasiver Texte von Ausmaß und Intensität der Verarbeitung ab. Dabei werden zwei Verarbeitungswege unterschieden: eine zentrale Route, die in einer gründlichen, sorgfältigen und reflektierten Verarbeitung besteht, und eine periphere Route, die durch eine eher oberflächliche, aspekthafte und unreflektierte Verarbeitung gekennzeichnet ist. Welcher der beiden Wege gewählt wird, hängt dabei primär von der Motivation und der Fähigkeit der Rezipienten/innen in Bezug auf die Inhalte der persuasiven Botschaft ab. Hochmotivierte und/oder hochfähige Rezipienten/innen, d.h. Personen, die sich mit einer Botschaft auseinandersetzen wollen, dazu die Gelegenheit haben und die notwendigen Fertigkeiten bzw. Kenntnisse mitbringen, verarbeiten eher zentral; Personen mit geringer Motivation und/oder Fähigkeiten verarbeiten dagegen eher peripher.

Die bedeutsamste überdauernde Einflussvariable im motivationalen Bereich stellt dabei „Need for Cognition" dar, d.h. Personen, die Spaß am Denken haben, verarbeiten eher zentral, während Personen mit einer niedrigen Ausprägung dieses Motivs mehr peripher verarbeiten. Der Einfluss von „Need for Cognition" konnte in einer Fülle von Untersuchungen empirisch gesichert werden (Überblick: Cacioppo, Petty, Feinstein & Jarvis, 1996). Darüber hinaus ließ sich aber auch der Einfluss kurzfristiger, situativ ausgelöster motivationaler Zustände auf die Art der Verarbeitung belegen. Zu einer zentralen Verarbeitung führt danach z.B. die persönliche Relevanz der Botschaft (z.B. Petty & Cacioppo, 1990), die alleinige Verantwortlichkeit für die Bewertung der Botschaft (Petty, Harkins & Williams, 1980), die Erfahrung von Kontrollverlust in der unmittelbaren Vergangenheit (Pittman, 1993), die Erwartung, die persuasiven Inhalte mit einem Partner zu diskutieren (Chaiken, 1980) sowie Argumente oder Informationen, die nicht den Erwartungen der Rezipienten/innen entsprechen bzw. dazu in Widerspruch stehen (z.B. Cacioppo & Petty, 1979a). Von den Fähigkeitsvariablen haben sich das Ausmaß des bereichsspezifischen Wissens (Wood, Rhodes & Biek, 1995), die Verfügbarkeit dieses Wissens (Brucks, Armstrong & Goldberg, 1988), die Wiederholung zentraler Argumente (Cacioppo & Petty, 1979b) als Faktoren erwiesen, die eine zentrale Verarbeitung wahrscheinlich machen (Zusammenfassung: Petty, Priester & Wegener, 1994; Petty & Wegener, 1998). Wird hingegen die Motivation oder die Fähigkeit zur qualifizierten Verarbeitung eingeschränkt (z.B. durch externale Distraktoren), dann werden periphere Hinweisreize wie Glaubwürdigkeit des Kommunikators, Stimmung der Rezipienten/innen, Anzahl der Argumente etc. für die Einstellungsänderung relevanter (zusammenfassend: Stahlberg & Frey, 1993).

Insgesamt gelingt es mit diesem Modell eine Fülle von widersprüchlichen Einzeluntersuchungen zu integrieren, und zwar mit der Annahme, dass die Wirkung von Sender-, Botschafts- und Empfänger-Variablen und deren Zusammenspiel stets durch die Art der Verarbeitung (zentral oder peripher) moderiert wird; außerdem spezifiziert das Modell, welche Rolle die einzelnen Variablen bei der Verarbeitung persuasiver Botschaften spielen (zur Kritik des Modells, insbesondere bezüglich der Frage seiner Falsifizierbarkeit vgl. Stiff, 1994).

3.3 Anschlussfunktion: Umsetzen

Unter Anwendungsperspektive ist natürlich die Frage relevant, ob die erzielten Einstellungsänderungen sich auch im konkreten Verhalten bzw. Handeln niederschlagen. Diese Frage ist in der Persuasionsforschung vergleichsweise wenig untersucht worden, vor allem wohl, weil die Auswirkung von Einstellungen auf das konkrete Handeln nur schwer einer empirischen Erhebung zugänglich und von einer Fülle weiterer situativer und dispositioneller Faktoren abhängig ist (Metaanalyse zur generellen Problematik der Relation zwischen Einstellung und Verhalten: Kraus, 1995).

Im Rahmen des Modells der qualifizierten Verarbeitungswahrscheinlichkeit (s.o.) konnte zumindest gesichert werden, dass eine auf zentralem Wege erreichte Einstellungsänderung überdauernder ist und eher zu entsprechenden Veränderungen im konkreten Handeln führt als Einstellungsänderungen, die auf peripherem Wege zustande kommen (z.B. Haugtvedt & Petty, 1992). Als relevante Prädiktorvariablen haben sich dabei insbesondere jene Variablen erwiesen, die sich auf das Ausmaß der problembezogenen Auseinandersetzung mit der persuasiven Botschaft beziehen (Überblick: Petty, Haugtvedt & Smith, 1995); dazu gehören neben dem Bedürfnis der denkenden Durchdringung („need for cognition"; Cacioppo et al., 1986) das Ausmaß bereichsspezifischen Wissens (Davidson et al., 1985) und dessen Zugänglichkeit (Fazio, 1995) sowie die persönliche Relevanz des Themas (Petty et al., 1983).

4 Instruktionstexte im engeren Sinn

4.1 Zentrale Funktion: Umsetzen

Die zentrale Funktion von Instruktionstexten im engeren Sinn (von Gebrauchsanweisungen bis zur Ratgeberliteratur) besteht darin, Rezipienten/innen zur Durchführung bestimmter Handlungen anzuleiten, d.h. Wissen in Handeln umzusetzen. Das Spektrum solcher Texte reicht von Bedienungsanleitungen für technische Geräte über die Vermittlung von handwerklichen Fertigkeiten bis hin zur Einübung komplexer Verhaltensweisen (Überblick: Krings, 1996).

Kieras und Bovair (1986) haben ein allgemeines theoretisches Modell vorgelegt, das den Erwerb von Fertigkeiten auf der Grundlage von Texten beschreibt. Ausgehend von der Unterscheidung zwischen deklarativem Wissen, das in Form propositionaler Netzwerke repräsentiert ist, und prozeduralem Wissen in Form von Produktionsregeln (Bedingungen, die Voraussetzungen spezifizieren, damit Aktionen in Kraft treten: vgl. Anderson, 1983), wird zwischen zwei Prozessen unterschieden: dem Leseverstehen und dem prozeduralen Verstehen. Der Leseprozess, der den gleichen Bedingungen unterliegt wie das Lesen anderer Informationstexte (s. in diesem Band: Richter & Christmann), führt zur propositionalen Repräsentation der Textinformation. Im prozeduralen Verstehensprozess, der an der propositionalen Repräsentation ansetzt, wird zusätzlich eine deklarative Repräsentation der Prozedur (Handlung) aufgebaut, wobei drei Subprozesse zu unterscheiden sind: die Konstruktion der deklarativen Repräsentation in Form von Produktionsregeln (Zielen, Aktionen, Handlungsfolgen), ein Transferprozess, der prüft, ob die neu konstruierte Regel bereits bekannt ist, und ein Monitoring-Prozess, der überwacht, ob die neue Regel vollständig gelernt wurde.

Die Effektivität der Handlungsdurchführung (z.B. Genauigkeit und Schnelligkeit) hängt entscheidend von der Angemessenheit der prozeduralen Repräsentation ab und diese wieder von der Güte der propositionalen Repräsentation. Probleme, die einen solchen Aufbau behindern, sind dabei von der bisherigen Forschung insbesondere in den Dimensionen der sprachlichen Darstellung und der kognitiv-inhaltlichen Gliederung/Ordnung lokalisiert worden. Bezüglich der sprachlichen Darstellung treten bei technischen Texten Verstehensprobleme häufig auf der Referenz- und auf der syntaktischen Ebene auf. Nachgewiesen wurde z.B., dass zu viele unvertraute oder unscharfe Begriffe (vgl. Wright, 1981; empirisch: Fisher, 1981) das Behalten technischer Informationen ebenso behindern wie eine Anhäufung negativer Sätze (File & Jew, 1973). In Bezug auf die inhaltliche Strukturierung ist für die Durchführungseffektivität die schrittweise Darstellung der Handlungsabfolgen sowie die Darstellung der Funktionsweise eines Systems einer ziel- bzw. aufgabenbezogenen Darstellung deutlich unterlegen (Smith & Goodman, 1984; Reder et al., 1986). Carroll et al. (1988) haben beispielsweise nachgewiesen, dass eine aufgabenbezogene Strukturierung, die sich an Benutzerabsichten und nicht an Funktionen orientiert, beim Erlernen eines Textverarbeitungsprogramms effizienter war (schnellerer Erwerb und weniger Fehler) als ein herkömmliches Manual. Von Funke und Gerdes (1993) ist die Theorie endlicher Automaten (Formalismus zur Beschreibung von Zuständen, Zielen und Regeln zur Zielerreichung) genutzt worden, um die Funktionsweise eines Videorekorders als Abfolge von Zielzuständen, Handlungsanweisungen und Rückmeldungen des Systems zu beschreiben. Eine gemäß dieser Abfolge optimierte Fassung einer Bedienungsanleitung für einen Videorekorder war effektiver in Bezug auf die Schnelligkeit der Aufgabenlösung (Einstellen des Timers) und dem Wissensaufbau als die Originalfassung.

Die Darstellung der Funktionsweise eines Systems ist jedoch nicht generell abzulehnen, da solche Informationen bewirken können, dass die Rezipienten/innen ein mentales Modell des betreffenden Sachverhalts aufbauen, was zu einer genaueren und akkurateren Handlungsausführung führt (Kieras & Bovair, 1984; Funke & Gerdes, 1993). Für die Sequenzierung der Textinformationen gilt generell das Use-Order-Prinzip (Dixon, 1982), nach dem die Abfolge der Handlungsschritte in der Realität die Abfolge der Textinformationen bestimmt. Besonders relevant scheint die Anreicherung der Texte mit Beispielen zu sein, denn Rezipienten/innen orientieren sich wann immer möglich an Beispielen, nutzen diese häufig als primäre Informationsquelle und tendieren dazu, die übrige Textinformation zu ignorieren (empirisch: LeFevre & Dixon, 1986). Daraus ergibt sich als Konsequenz, möglichst repräsentative Beispiele auszuwählen, die mehrere Fälle gleichzeitig abdecken (Krings, 1996).

4.2 Verarbeitungsebene/Teilkomponenten: Handlungskompetenzen

Zum Erwerb von Handlungswissen und zur Handlungsdurchführung ist sowohl die Verbindung mit allgemeinem Hintergrundwissen als auch mit bereichsspezifischem Wissen hilfreich und zwar insbesondere deshalb, weil nicht jeder Handlungsschritt bis ins letzte Detail beschrieben werden kann, sondern Teilhandlungen inferiert werden müssen. Dabei ist zu vermuten, dass bei genügend Hintergrundwissen eine Handlung auch dann korrekt ausgeführt werden kann, wenn die Textbasis unvollständig ist. Dieses Phänomen macht zweierlei deutlich: zum einen nämlich, dass Instruktionstexte in engeren Sinne zunächst einmal auf den Erwerb von relativ speziellen, konkreten (Handlungs-)Fertigkeiten ausgerichtet sind, zum zweiten aber, dass diese Fertigkeiten immer auch im Kontext übergeordneter, generellerer (Handlungs-)Fähigkeiten bzw. -Kompetenzen zu modellieren sind.

Der Unterschied zwischen Fertigkeiten und Fähigkeiten ist konzeptuell wie empirisch besonders klar am Bereich der Psychomotorik verdeutlichbar und hier auch herausgearbeitet worden (vgl. Zimmermann & Kaul, 1989, S. 16f.). Bei den Fertigkeiten handelt es sich um spezifische motorische Tätigkeiten (wie z.B. Klavierspielen), die aber den Rückgriff auf verschiedene übergeordnete Fähigkeiten implizieren (z.B. gute Feinmotorik der Finger, ausgezeichnetes Gedächtnis und überdurchschnittliche Musikalität). Fähigkeiten sind dann (mit Kleine, 1984, S.12) „... generelle (für mehrere Aufgaben geltende), universelle (für mehrere Menschen geltende) und stabile (für einen längeren Zeitraum geltende) Konstrukte, die dem beobachtbaren Leistungsverhalten zugrunde liegen." Von dieser Unterscheidung her dürfte klar sein, dass sich die meisten Instruktionstexte im engeren Sinne zunächst einmal auf konkrete Fertigkeiten beziehen, für deren Erwerb aber generelle Fähigkeiten als fundierende Basis mitgenutzt werden müssen. Soweit es sich bei diesen Instruktionstexten z.B. um einfache Bedienungsanleitungen, Gebrauchsanweisungen etc. handelt, dürfte das Ziel, solche speziellen Fertigkeiten zu erwerben, fast ausschließlich im Mittelpunkt stehen. Die generelleren Fähigkeiten (von der Lesekompetenz bis hin zu z.B. technischem Verständnis etc.) werden beim Erwerb dieser speziellen Fertigkeiten bestenfalls genutzt und geübt.

Je komplexer aber die Gegenstände der Instruktionstexte werden (z.B. von technischen Bauanleitungen bis hin zu Benutzungsanweisungen für Computerprogramme, Programminstallationen, Programmproduktionen etc.), desto mehr dürfte mit dem Erwerb der konkreten Fertigkeit auch ein Transfer auf die Entwicklung der generellen Fähigkeiten im Sinne übergreifender Handlungskompetenzen verbunden sein. Instruktionstexte im engeren Sinne thematisieren im Prinzip also die Verarbeitungsebene der Handlungskompetenzen sowohl auf Fertigkeits- wie Fähigkeitsniveau, mit unterschiedlichen Schwerpunktsetzungen je nach der Gegenstandskomplexität des jeweiligen Instruktionstextes. Die Relation zwischen Fertigkeits- und Fähigkeitsniveau in Abhängigkeit von dieser Gegenstandskomplexität sowie den oben beschriebenen Merkmalen der Textstruktur ist aber u.W. bisher noch weitgehend unerforscht und stellt somit ein wichtiges Desideratum zukünftiger psychologischer Forschung dar.

4.3 Anschlussfunktion: Persönlichkeitsentwicklung

Diese Relation wird umso relevanter, je mehr es sich bei den Instruktionstexten nicht nur um komplexe Handlungskompetenzen handelt, sondern auch um relativ persönlichkeitszentrale, wie dies für Ratgeber zur (physischen und psychischen) Gesundheit gilt (vgl. z.B. Broome & Jellicoe, 1999; Werder, 1986). Die entsprechenden Kompetenzen – ob sie nun den Umgang mit Schmerz oder die Problembewältigung durch Poesietherapie betreffen – stehen notwendigerweise in Wechselwirkung mit persönlichkeitsspezifischen Dispositionen von Einstellungen und Werthaltungen bis zu Selbstkonzept- und Glaubensüberzeugungen. Insofern impliziert der Erfolg bestimmter (komplexer) Instruktionstexte (im engeren Sinne) letztlich auch einen Aspekt von Persönlichkeitsentwicklung, der allerdings im Zusammenhang mit solchen Instruktionstexten explizit herausgearbeitet und überprüft werden sollte. Das heißt, solche auf komplexe und persönlichkeitszentrale Handlungskompetenzen ausgerichteten Instruktionstexte müssen in Bezug auf ihre persönlichkeitszentralen Wechselwirkungen fachspezifisch ausgearbeitet werden, was wiederum die Grundlage dafür darstellt, dass sie wie psychologische Trainings generell auf ihre Effektivität empirisch-systematisch überprüft werden (sog. Trainingsevaluation; vgl. als Beispiel die Evaluation eines Trainings in Argumentationsintegrität: Mischo et al., 2001; generell zur Methodik: Bortz & Döring, 1995). Die Gestaltung der Instruktionstexte mündet an dieser Stelle also in die wissenschaftliche Modellierung ihrer Interaktion mit Rezipienten-Merkmalen einschließlich deren empirischer Überprüfung im Rahmen anwendungsorientierter Forschung ein (zur inhaltlichen Frage der Lesekompetenz und Persönlichkeitsentwicklung vgl. differenzierter unten Kap. 4).

5 Zusammenfassung

Sach- und Informationstexte lassen sich nach ihren prototypischen Funktionen in drei Subgruppen unterteilen: (a) didaktische Texte oder Lehrtexte mit der Funktion des Behaltens; (b) Persuasionstexte mit der Funktion des Bewertens; (c) Instruktionstexte im engeren Sinne mit der Funktion der Umsetzung von Wissen in Handeln. Aus diesen Funktionen ergeben sich bestimmte Anforderungen an die Textgestaltung und an die Rezeptionskompetenz, die ihrerseits wieder Einflussfaktoren für die Textverarbeitung darstellen.

Damit didaktische Texte ihre Behaltensfunktion erfüllen können, muss eine kognitive Struktur im Sinne eines Konzeptrahmens aufgebaut werden. Textseitig wird dies insbesondere durch eine inhaltliche Strukturierung und Organisation der Textinformationen (Verständlichkeitsdimension der kognitiven Gliederung) erreicht. Dazu gehört die Verwendung von Vorstrukturierungen, das hierarchisch-sequentielle Arrangieren von Textinhalten, das Kenntlichmachen von Ähnlichkeiten und Unterschieden zwischen bereits erworbenen und neuen Konzepten durch Elaborationen sowie Analogien, außerdem führen Zusammenfassungen und Hervorhebungen zur Konsolidierung des erworbenen Wissens. Rezipientenseitig erfordert der Aufbau eines kognitiven Rahmens die Verbindung der neuen Information mit dem eigenen Vorwissen, dem insbesondere im Rahmen der Schematheorie und der Theorie der mentalen Modelle Rechnung getragen wird. Der Aufbau eines kognitiven Rahmens sowie die Quantität und Qualität des rezipientenseitigen Vorwissens stellen dabei die wichtigsten Einflussfaktoren für die Textverarbeitung dar und sind zugleich Voraussetzung für die Anschlussfunktion der kritischen Bewertung des Gelesenen. Kritisches Lesen erfordert inhaltliches Wissen, schlussfolgerndes Denken, Evaluieren und metakognitive Überwachung des eigenen Denkens.

Die mit Persuasionstexten verbundene Funktion des Bewertens wird primär über die Komponente der Einstellung bzw. Einstellungsänderung erfasst. Relevante kognitive Einflussfaktoren sind hier insbesondere die Botschaftsvariablen „Anzahl der Argumente" und „Argumentqualität" sowie die Sendervariablen „Liebenswürdigkeit", „Vertrauenswürdigkeit" und „Glaubwürdigkeit". Welche dieser Variablen das größere Gewicht hat, hängt von der emotional-motivationalen Situation ab. Außerdem werden solche Effekte durch motivational-emotionale Merkmale der Rezipienten/innen (z.b. Ich-Beteiligung, Dogmatismus, Voreinstellung) sowie Merkmale der Rezeptionssituation (z.b. Stress, Auseinandersetzung mit Gegenargumenten) moderiert. Dazu gehört nicht zuletzt auch das Ausmaß und die Intensität der Verarbeitung. Ob ein Text gründlich und reflektiert oder oberflächlich und aspekthaft verarbeitet wird, hängt primär von der Fähigkeit und der Motivation der Rezipienten/innen ab („elaboration-likelihood-model"). Zu den bedeutsamsten Einflussgrößen im motivationalen Bereich gehören dabei das Bedürfnis nach einer denkenden Durchdringung („need for cognition") von Sachverhalten/Ereignissen sowie die persönliche Relevanz der Botschaft. Im Fähigkeitsbereich stellen das Ausmaß des bereichsspezifischen Wissens und dessen Verfügbarkeit wichtige Einflussvariablen dar. Einstellungsänderungen können (und sollten) sich dabei auch im konkreten Handeln niederschlagen. Ob und in welchem Ausmaß eine solche Umsetzung gelingt, hängt insbesondere vor allem vom Ausmaß der problembezogenen Auseinandersetzung mit einem Thema sowie dessen persönlicher Relevanz ab.

Instruktionstexte (im engeren Sinn) sollen Rezipienten/innen anleiten, das erworbene Wissen in Handeln umzusetzen. Entscheidend für die Genauigkeit und Schnelligkeit der Handlungsdurchführung ist die Güte der prozeduralen Repräsentation, die insbesondere durch eine ziel- und aufgabenbezogene Darstellung der Inhalte sowie durch die Verwendung repräsentativer Beispiele erreicht werden kann. Instruktionstexte zielen in der Regel auf den Erwerb von Fertigkeiten ab. Rezipientenseitig wird hier insbesondere die Aktivierung übergeordneter genereller Fähigkeiten relevant, und zwar umso mehr, je komplexer die Gegenstände der Instruktionstexte sind. Dies zeigt sich besonders anschaulich beim Erwerb von persönlichkeitszentralen Handlungskompetenzen, wie sie z.B. durch Ratgeber zur physischen und psychischen Gesundheit vermittelt werden. Dabei ist die Relation zwischen Fertigkeiten und Fähigkeiten bei unterschiedlich komplexen Gegenständen bislang empirisch ebenso wenig untersucht wie deren Wechselwirkung mit persönlichkeitsspezifischen Dispositionen als Teil einer generellen Persönlichkeitsentwicklung.

Literatur

Abbott, V., Black, J. B. & Smith, E. E. (1985). The representation of scripts in memory. *Journal of Memory and Language, 24,* 179–199.

Andersen, S. (1985). *Sprachliche Verständlichkeit und Wahrscheinlichkeit.* Bochum: Studienverlag Brockmeyer.

Anderson, J. R. (1983). *The architecture of cognition.* Cambridge, MA.: Harvard University Press.

Anderson, R. C. & Pearson, P. D. (1984). A schema-theoretic view of basic processes in reading comprehension. In P.D. Pearson. (Ed.), *Handbook of reading research* (pp. 255–291). New York, London: Longman.

Ausubel, D. P. (1963). *The psychology of meaningful verbal learning.* New York: Grune & Stratton.

Ausubel, D. P., Novak, J. D. & Hanesian, H. (1968). *Educational psychology. A cognitive view* (2nd ed.). New York: Holt, Rinehart and Winston.

Ballstaedt, St.-P., Mandl, H., Schnotz, W. & Tergan, S.-O. (1981). *Texte verstehen, Texte gestalten.* München: Urban & Schwarzenberg.

Barnes, B. R. & Clawson, E. U. (1975). Do advance organizers facilitate learning? Recommendations for further research based on an analysis of 32 studies. *Review of Educational Research, 45,* 637–659.

Baumann, M. (1987). *Informationen zu Schulbuchfragen. Ergebnisse von Untersuchungen zur Gestaltung und Wirkung von Schulbuchtexten.* Berlin: Volk und Wissen Volkseigener Verlag.

Berkowitz, M. (1972). *The effect of nominalisation on reading comprehension.* Dissertation Abstracts International 22, 6-A, 2757.

Berlyne, D. E. (1960). *Conflict, arousal, and curiosity.* New York: McGraw-Hill. (dt.: Konflikt, Erregung, Neugier. Stuttgart: Klett 1974)

Beyer, R. (1987). Psychologische Untersuchungen zur Textverarbeitung unter besonderer Berücksichtigung des Modells von Kintsch und van Dijk (1978). *Zeitschrift für Psychologie, Supplement 8,* 1–80.

Bortz, J. & Döring, N. (1995). *Forschungsmethoden und Evaluation.* Berlin: Springer.

Bransford, J. D. & Franks, J. J. (1971). The abstraction of linguistic ideas. *Cognitive Psychology, 2,* 331–350.

Britton, B. K., Piha, A., Davis, J. & Wehausen, E. (1978). Reading and cognitive capacity usage: Adjunct questions effects. *Memory and Cognition, 6,* 266–273.

Britton, B. K., Meyer, B. J. F., Simpson, R., Holdredge, T. S. & Lurry, C. (1979). Effects of the organization in text on memory. Tests of two implications of a selective attention hypothesis. *Journal of Experimental Psychology Human Learning and Memory, 5,* 496–506.

Broome, A. & Jellicoe, H. (1999). *Mit dem Schmerz leben. Anleitung zur Selbsthilfe.* Bern: Huber.

Brucks, M., Armstrong, G. M. & Goldberg, M. E. (1988). Children's use of cognitive defenses against television advertising: A cognitive response approach. *Journal of Consumer Research, 14,* 471–482.

Bruning, R. H., Schraw, G. J. & Ronning, R. R. (1995). *Cognitive Psychology and instruction.* Englewood Cliffs, N.J.: Prentice Hall.

Cacioppo, J. T., Petty, R. E. (1979a). Attitudes and cognitive response: An electro-physiological approach. *Journal of Personality and Social Psychology, 37*, 2181–2199.

Cacioppo, J. T., Petty, R. E. (1979b). Effects of message repetition and position on cognitive responses, recall, and persuasion. *Journal of Personality and Social Psychology, 37*, 97–109.

Cacioppo, J. T., Petty, R. E., Feinstein, J. & Jarvis, B. (1996). Individual differences in cognitive motivation: The life and times of people varying in need for cognition. *Psychological Bulletin, 119*, 197–253.

Cacioppo, J. T., Petty, R. E., Kao, C. F. & Rodriguez, R. (1986). Central and peripheral routes of persuasion: An individual difference perspective. *Journal of Personality and Social Psychology, 51*, 1032–1043.

Cardinale, L. A. (1993). Facilitating science learning by embedded explication. *Instructional Science 21* (6), 501–512.

Carroll, J. M., Mack, R. L., Lewis, C. H., Grischkowsky, N. L., Robertson, S. R. (1988). Exploring a wordprocessor. In S. Doheny-Farina (Ed.), *Effective documentation: What we have learned from research* (pp. 108–126). Cambridge: Mass.: MIT Press.

Chaiken, S. (1980). Heuristic versus systematic information processing in the use of source versus message cues in persuasion. *Journal of Personality and Social Psychology, 39*, 752–766.

Christmann, U. (1989). *Modelle der Textverarbeitung: Textbeschreibung als Textverstehen*. Münster: Aschendorff.

Christmann, U. (2000). Aspekte der Textverarbeitungsforschung. In G. Antos, K. Brinker, W. Heinemann & S.F. Sager (Hrsg.), *Text- und Gesprächslinguistik. Ein internationales Handbuch zeitgenössischer Forschung.* (S. 113–122). Berlin/New York: de Gruyter.

Christmann, U. & Groeben, N. (1996). Textverstehen, Textverständlichkeit - Ein Forschungsüberblick unter Anwendungsperspektive. In H. P. Krings (Hrsg.), *Wissenschaftliche Grundlagen der Technischen Kommunikation* (S. 129–189). Tübingen: Narr.

Cirilio, R. K. & Foss, D. J. (1980). Text structure and reading time for sentences. *Journal of Verbal Learning and Verbal Behavior 19*, 96–109.

Corkill, A. J., Bruning, R. H. & Glover, J. A. (1988). Advance organizers: Concrete versus abstract. *Journal of Educational Research 82* (2),76–81.

Davidson, A. R., Yantis, S., Norwood, M. & Montano, D. E. (1985). Amount of information about the attitude object and attitude-behavior consistency. *Journal of Personality and Social Psychology, 49* (5), 1184–1198.

Dee-Lucas, D. & Larkin, J. H. (1990). Organization and comprehensibility in scientific proofs, or „Consider a paricle p...". *Journal of Educational Psychology, 82* (4), 701–714.

Dixon, P. (1982). Plans and written directions for complex tasks. *Journal of Verbal Learning and Verbal Behavior, 21*, 70–84.

Drinkmann, A. & Groeben, N. (1989). *Metaanalysen für Textwirkungsforschung.* Weinheim: Deutscher Studienverlag.

Engelkamp, J. (1983). *Psycholinguistik* (2. Aufl.). München: Fink.

Ennis, R. H. (1987). A taxonomy of critical thinking dispositions and abilities. In J. B. Baron & R. J. Sternberg (Ed.), *Teaching thinking skills: theory and practice* (pp. 9-26). New York: Freeman and Company.

Evans, R. V. (1972/1973). The effect of transformational simplification on the reading comprehension of selected high school students. *Journal of Reading Behavior, 5* (4), 271–281.
Faw, H. F. & Waller, T. G. (1976). Mathemagenic behaviors and efficiency in learning from prose materials: review, critique and recommendations. *Review of Educational Research, 46,* 691–720.
Fazio, R. H. (1995). Attitudes as object-evaluation associations. Determinants, consequences, and correlates of attitude accessibility. In R.E. Petty & J.A. Krosnick (Eds.), *Attitude strength: Antecedents and consequences* (pp. 247-282). Mahwah, N.J.: Erlbaum.
File, S. E. & Jew, A. (1973). Syntax and the recall of instructions in a realistic situation. *British Journal of Psychology, 64,* 65–70.
Fisher, D. L. (1981). Functional literacy tests: A model of question answering and an analysis of errors. *Reading Research Quarterly, 16,* 418–448.
Funke, J. & Gerdes, H. (1993). Manuale für Videorecorder: Auswahl von Textinhalten unter Verwendung der Theorie endlicher Automaten. *Zeitschrift für Arbeitswissenschaft, 47* (1), 44–49.
Garner, R., Alexander, P. A., Gillingham, M. G., Kulikowich, J. M. & Brown, R. (1991). Interest and learning from text. *American Educational Research Journal, 28,* 643–659.
Garnham, A. & Oakhill, J. (1996). The mental models theory of language comprehension. In B. K. Britton & A. C. Graesser (Eds.), *Models of understanding text* (pp. 313–339). Mahwah, NJ: Erlbaum.
Gentner, D. & Stevens, A. L. (1983). *Mental models.* Hillsdale, NJ: Erlbaum.
Glenberg, A. M., Meyer, M. & Lindem, K. (1987). Mental models contribute to foregrounding during text comprehension. *Journal of Memory and Language, 26,* 69–83.
Göpferich, S. & Schmitt, P. A. (1996). Begriff und adressatengerechte Benennung: Die Terminologiekomponente beim Technical Writing. In H.-P. Krings (Hrsg.), *Wissenschaftliche Grundlagen der technischen Kommunikation* (S. 369–402). Tübingen:Narr.
Gold, J. & Fleisher, L. S. (1986). Comprehension breakdown with inductively organized text: Differences between average and disabled readers. *RASE (Remedial and Special Education), 7* (4), 26–32.
Graesser, A.C. (1981). *Prose comprehension beyond the word.* New York: Springer.
Groeben, N. (1978). *Die Verständlichkeit von Unterrichtstexten* (2. Aufl.). Münster: Aschendorff.
Groeben, N. (1982). *Leserpsychologie I: Textverstädnis - Textverständlichkeit.* Münster: Aschendorff.
Groeben, N. & Christmann, U. (1989). Textoptimierung unter Verständlichkeitsperspektive. In G. Antos & H.-P. Krings (Hrsg.), *Textproduktion* (S. 165-196). Tübingen: Niemeyer.
Groeben, N. & Vorderer, P. (1988). *Leserpsychologie II. Lesemotivation - Lektürewirkung.* Münster: Aschendorff.
Halpern, D. F. (1996). *Thought and knowledge: An introduction to critical thinking* (3rd ed.). Mahwah, N.J.: Erlbaum.
Halpern, D. F., Hansen, C. & Riefer, D. (1990). Analogies as an aid to understanding and memory. *Journal of Educational Psychology, 82* (2), 298–305.

Haugtvedt, C. P. & Petty, R. E. (1992). Personality and persuasion: Need for cognition moderates the persistence and resistance of attitude changes. *Journal of Personality and Social Psychology, 63,* 308–319.

Heckhausen, H. (1972). Förderung der Lernmotivation und der intellektuellen Tüchtigkeit. In H. Roth (Hrsg.), *Begabung und Lernen* (S. 193–228)(8. Aufl.). Stuttgart: Klett.

Hidi, S. (1990). Interest and its contribution as a mental resource for learning. *Review of Educational Research, 60* (4), 549–571.

Johnson-Laird, P. N. (1983). *Mental models.* Cambridge: University Press.

Kelter, S. & Kaup, B. (1995). Räumliche Vorstellungen und Textverstehen. Neuere Entwicklungen der Theorie mentaler Modelle (1996). In B. Spillner (Hrsg.), *Sprache: Verstehen und Verständlichkeit. Kongreßbeiträge der 25. Jahrestagung der Gesellschaft für Angewandte Linguistik, GAL e.V.* (S. 70–82). Frankfurt/M.: Lang.

Kieras, D. E. & Bovair, S. (1984). The role of a mental model in learning to operate a device. *Cognitive Science, 8,* 255–273.

Kieras, D. E. & Bovair, S. (1986). The acquisition of procedures from text: A production system analysis of transfer of training. *Journal of Memory and Language, 25,* 507–524.

Kimmel, S. & MacGinitie, W. H. (1984). Identifying children who use a perseverative text processing strategy. *Reading Research Quarterly, 19,* 162–172.

King, M. L. (1968). New developments in the evaluation of critical reading. In J. A. Figurel (Ed.), *Forging ahead in reading* (pp. 179–185). Newark, Del.: International Reading Association.

Kintsch, W. (1994). Text comprehension, memory and learning. *American Psychologist, 49* (4), 294–303.

Kintsch, W. & Yarbrough, J. C. (1982). The role of rhetorical structure in text comprehension. *Journal of Educational Psychology, 74,* 828–834.

Klare, G. R. (1963). *The measurement of readability.* Ames, Io: State University Press.

Kleine, D. (1984). *Psychomotorik und Intelligenz.* Berlin: Inst. Sportwiss. FU.

Krapp, A. (1992). Konzepte und Forschungsansätze zur Analyse des Zusammenhangs von Interesse, Lernen und Leistung. A. Krapp & M. Prenzel (Hrsg.), *Interesse, Lernen, Leistung* (S. 9–52). Münster: Aschendorff.

Kraus, S. (1995). Attitudes and prediction of behavior: A meta-analysis of the empirical literature. *Personality and Social Psychology Bulletin, 21,* 58–75.

Krings, H.-P. (1996). Wieviel Wissenschaft brauchen Technische Redakteure? Zum Verhältnis von Wissenschaft und Praxis in der Technischen Dokumentation. In H.-P. Krings (Hrsg.), *Wissenschaftliche Grundlagen der technischen Kommunikation* (S. 5–128). Tübingen: Narr.

Langer, I., Schultz v. Thun, F. & Tausch, R. (1974). *Verständlichkeit in Schule, Verwaltung, Politik und Wissenschaft.* München: Reinhardt.

LeFevre, J. & Dixon, P. (1986). Do written examples need instructions? *Cognition and Instruction, 3* (1), 1–30.

Loman, N. L. & Mayer, R. E. (1983). Signaling techniques that increase the understandability of expository prose. *Journal of Educational Psychology, 75,* 402–412.

Lorch, R. F. Jr., Lorch, E. P. & Inman, W. E. (1993). Effects of signaling topic structure on text recall. *Journal of Educational Psychology, 85,* 281–290.

Lorch, R. F. Jr. & Lorch, E. P. (1996). Effects of organizational signals on free recall of expository text. *Journal of Educational Psychology, 88,* 38–48.

Luiten, J., Ames, W. & Ackerson, G. (1980). A meta-analysis of the effects of advance organizers on learning and retention. *American Educational Research Journal, 17,* 211–218.

Mandl, H., Friedrich, H. F. & Hron, A. (1988). Theoretische Ansätze zum Wissenserwerb. In H. Mandl & H. Spada (Hrsg.), *Wissenspsychologie* (S. 123-160). München, Weinheim: Psychologie-Verlags-Union.

Mandler, J. M. (1984). *Stories, scripts and scenes.* Hillsdale, NJ: Erlbaum.

Mannes, S. M. & Kintsch, W. (1987). Knowledge organization and text organization. *Cognition and Instruction, 4,* 91–115.

Marks, C. B., Doctorow, M. J. & Wittrock, M. C. (1974). Word frequency and reading comprehension. *Journal of Educational Research, 67,* 259–262.

Marschark, M. & Paivio, A. (1977). Integrative processing of concrete and abstract sentences. *Journal of Verbal Learning and Verbal Behavior, 16,* 217–231.

Mayer, R. E. (1982). Instructional variables in text processing. In A. Flammer & W. Kintsch (Eds.), *Discourse Processing* (pp. 445–461). Amsterdam: North-Holland Publishing Company.

Mayer, R.E. (1984). Aids to prose comprehension. *Educational Psychologist, 19,* 30–42.

McNamara, D. S., Kintsch, E., Butler-Songer, N. & Kintsch, W. (1996). Are good texts always better? Interactions of text coherence, background knowledge, and levels of understanding in learning from text. *Cognition and Instruction, 14* (1), 1–43.

Mischo, C., Groeben, N., Christmann, U. & Flender, J. (im Druck). Konzeption und Evaluation eines Trainings zum Umgang mit unfairem Argumentieren in Organisationen. *Zeitschrift für Arbeits- und Organisationspsychologie.*

Perrig, W. & Kintsch, W. (1985). Propositional and situational representations of text. *Journal of Memory and Language, 24,* 503–518.

Petty, R. E. (1994). Two routes of persuasion: State of the art. In G. d'Ydewalle, Eelen, P. & Bertelson, P. (Eds.), *International perspectives on psychological science. Vol. 2: The state of the art* (pp. 229–247). Hillsdale: Erlbaum.

Petty, R. E. & Cacioppo, J. T. (1986). The elaboration likelihood model of persuasion, *Advances in Experimental Social Psychology, 19,* 124–205.

Petty, R. E. & Cacioppo, J. T. (1990). Involvement and persuasion: Tradition versus integration. *Psychological Bulletin, 107,* 367–374.

Petty, R. E., Cacioppo, J. T. & Schumann, D. W. (1983). Central and peripheral routes to advertising effectiveness: The moderation role of involvement. *Journal of Consumer Research, 40,* 135–146.

Petty, R. E., Gleicher, F. & Jarvis, W. G .B. (1993). Persuasion theory and AIDS prevention. In J. B. Pryor & G. D. Reder (Eds.), *The social psychology of HIV infection* (pp. 155–182). Hillsdale, N.J.: Erlbaum.

Petty, R. E., Harkins, S. G. & Williams, K. D. (1980). The effects of group diffusion of cognitive effort on attitudes. An information processing view. *Journal of Personality and Social Psychology, 38,* 81–92.

Petty, R. E., Haugtvedt, C. P. & Smith, S. M. (1995). Elaboration as a determinant of attitude strength. In R. E. Petty & J. A. Krosnick (Eds.), *Attitude strength: Antecedents and consequences* (pp. 93–130). Mahwah, N.J.: Erlbaum.

Petty, R. E., Priester, J. R. & Wegener, D. T. (1994). Cognitive processes in attitude change. In R. S. Wyer & T. K. Scrull (Eds.), *Handbook of social cognition, vol. 2* (2nd ed., pp. 69–142). Hillsdale, N.J.: Erlbaum.

Petty, R. E. & Wegener, D. T. (1998). Attitude change: Multiple roles for persuasion variables. In D. T. Gilbert, S. T. Fiske & G. Lindzey (Eds.), *The handbook of social psychology* (pp. 323–390). New York/Oxford: Oxford University Press.

Pichert, J. W. & Anderson, R. C. (1977). Taking different perspectives on a story. *Journal of Educational Psychology, 69,* 309–315.

Pittman, T. S. (1993). Control motivation and attitude change. In G. Weary, F. Gleicher & K. Marsh, (Eds.), *Control motivation and social cognition* (pp. 157–175). New York: Springer.

Reder, L. M., Charney, D. H. & Morgan, K. I. (1986). The role of elaborations in learning a skill from an instructional text. *Memory and Cognition, 14,* 64–78.

Rossi, J.-P. (1990). The function of frame in the comprehension of scientific text. *Journal of Educational Psychology, 82* (4), 727–732.

Rothkopf, E. Z. (1970). The concept of mathemagenic activities. *Review of Educational Research, 40* (3), 325–336.

Rumelhart, D. E. (1975). Notes on a schema for stories. In D. G. Bobrow & A. Collins (Eds.), *Representation and understanding* (pp. 237–272). New York: Academic Press.

Rumelhart, D. E. & Ortony, A. (1977). The representation of knowledge in memory. In: R. C. Anderson, R. J. Spiro & W. E. Montague (Eds.), *Schooling and the acquisition of knowledge* (pp. 99–135). Hillsdale, NJ: Erlbaum.

Sadoski, M., Goetz, E. T. & Fritz, J. B. (1993). Impact of concreteness on comprehensibility, interest, and memory for text: Implications for dual coding theory and text design. *Journal of Educational Psychology, 85* (2), 291–304.

Schiefele, U. (1996). *Motivation und Lernen mit Texten.* Göttingen: Hogrefe.

Schnotz, W. (1994). *Aufbau von Wissensstrukturen.* Weinheim: Beltz, PVU.

Shannon, C. E. & Weaver, W. (1949). *The mathematical theory of communication.* Urbana: University of Illinois Press.

Smith, E. E. & Goodman, L. (1984). Understanding written instructions: The role of an explanatory schema. *Cognition and Instruction, 14,* 359–396.

Spearritt, D. (1972). Identification of subskills of reading comprehension by maximum-likelihood factor analysis. *Reading Research Quarterly, 8,* 92–111.

Stahlberg, D. & Frey, D. (1993). Das Elaboration-Likelihood-Modell von Petty und Cacioppo. In D. Frey & M. Irle (Hrsg.), *Theorien der Sozialpsychologie. Bd. 1: Kognitive Theorien* (S. 327–359). Bern: Huber.

Stiff, J.B. (1994). *Persuasive communication.* New York und London: Guilford Press.

Teigeler, P. (1972). *Satzstruktur und Lernverhalten.* Bern: Huber.

Thiel, T. & von Eye, A. (1986). Zum Einfluß von Bildhaftigkeit und Verarbeitungstiefe auf das Behalten von Texten. *Zeitschrift für Experimentelle und Angewandte Psychologie, 33* (3), 500–518.

van Dijk, T. A. & Kintsch, W. (1983). *Strategies of discourse comprehension.* New York: Academic Press.

Vaterrodt, B. (1992). *Skripts und Gedächtnis.* Frankfurt: Lang.

Vipond, D. (1980). Micro- and macroprocesses in text comprehension. *Journal of Verbal Learning and Verbal Behavior, 19*, 276–296.
von Cube, F. (1982). *Kybernetische Grundlagen des Lernens und Lehrens.* Stuttgart: Klett-Cotta.
von Eye, A., Dixon, R. A. & Krampen, G. (1989). Text recall in adulthood: The roles of text imagery and orienting tasks. *Psychological Research, 51*, 136–146.
Wade, S. E. & Adams, R. B. (1990). Effects of importance and interest on recall of biographical text. *Journal of Reading Behavior: A Journal of Literacy, 22* (4), 331–353.
Waldmann, M. R. (1990). *Schema und Gedächtnis. Das Zusammenwirken von Raum- und Ereignisschemata beim Gedächtnis für Alltagsroutinen.* Heidelberg: Asanger.
Werder, L. von (1986). *...Triffst Du nur das Zauberwort. Eine Einführung in die Schreib- und Poesietherapie.* München: PVU.
Wippich, W. (1987). Integrationsprozesse bei der Verarbeitung konkreter und abstrakter Texte. *Zeitschrift für experimentelle und angewandte Psychologie, XXXIV* (3), 506–526.
Wolf, W., King, M. L. & Huck, C. S. (1968). Teaching critical reading to elementary school children. *Reading Research Quarterly, 3* (4), 435–498.
Wolski, W. (1998). Fachtextsorten und andere Textklassen: Probleme ihrer Bestimmung, Abgrenzung und Einteilung. In Hoffmann, L., Kalverkämper, H. & Wiegand, H. E. (Hrsg.), *Fachsprache. Ein internationales Handbuch zur Fachsprachenforschung und Terminologiewissenschaft, 1. Halbband (Handbücher zur Sprach- und Kommunikationswissenschaft, Bd. 14)* (S. 457–467). Berlin und New York: de Gruyter.
Wood, W., Rhodes, N. & Biek, M. (1995). Working knowledge and attitude strength: An information processing analysis. In R. E. Petty & J. A. Krosnick (Eds.), *Attitude strength: Antecedents and consequences* (pp. 283–313). Mahwah, N.J.: Erlbaum.
Wright, P. (1981). „The instructions clearly state..." Can't people read? *Applied Ergonomics, 12*, 131–141.
Zimmermann, K. W. & Kaul, P. (1989). *Einführung in die Psychomotorik (III: Strukturen - Dimensionen - Theorien - Modelle).* Kassel: Gesamthochschulbibliothek.

Günther Rager, Lars Rinsdorf & Petra Werner

Empirisches Beispiel: Wenn Jugendliche Zeitung lesen

Nutzungsmuster und Rezeptionsinteressen von jungen Zeitungslesern und -nichtlesern

Ein Artikel über die Entwicklung der Nahost-Friedensgespräche fiele bei Jugendlichen vermutlich durch, einer über den Bau einer Halfpipe im Stadtpark dagegen stieße auf viele junge Leser – darüber wären sich wohl Kommunikationswissenschaftler wie Journalisten einig, fragte man sie nach den Lesepräferenzen von Jugendlichen. Offenbar sieht die Wirklichkeit aber ein bisschen anders aus. Denn die Formel, nach der sich Jugendliche durch die Zeitung arbeiten, heißt kurzgefasst: Struktur schlägt Inhalt. Was wo platziert wird, ist für die „Quote" noch wichtiger als das Thema, um das es geht. Und deswegen fände der Nahost-Artikel sicherlich mehr junge Leser als der über die neue Halfpipe – weil ersterer auf der Titelseite steht und letzterer vermutlich irgendwo im Lokalteil versteckt wäre.

Was macht die Tageszeitung für Jugendliche lesenswert? Diese Frage stand am Ausgangspunkt unserer Hauptuntersuchung im Projekt „Lesesozialisation bei Informationsmedien". Zweifellos spielen unterschiedliche Faktoren eine Rolle bei der Entscheidung eines Rezipienten, den einen Artikel zu lesen und den anderen Artikel zu überspringen. Welche Faktoren das sind und wie sie die Rezeptionsentscheidungen Jugendlicher beeinflussen – das galt es herauszufinden. In dem Untersuchungsschritt, dessen Ergebnisse wir hier vorstellen, haben wir sowohl produktabhängige als auch personenabhängige Einflussfaktoren analysiert.

1 Einflussfaktoren auf Rezeptionsentscheidungen

1.1 Produktabhängige Variablen

Auf Seiten des Produkts – also der Zeitung, die gelesen wird – zählen die Berichterstattungsinhalte sowie die Gestaltung der Zeitung zu den potenziell bedeutsamen Variablen. Hinter dem Stichwort „Gestaltung" verbirgt sich sowohl die makro- als auch die mikrostrukturelle Aufbereitung der Berichterstattungsinhalte in der Zeitung. Mit Makrostruktur ist dabei der prinzipielle Aufbau der

Zeitung gemeint: die Einteilung in Ressorts und Seiten mit bestimmten thematischen Schwerpunkten, das Layout der gesamten Zeitung und einzelner Seiten. Mikrostruktur dagegen bezieht sich auf die Gestaltung eines einzelnen Artikels: Platzierung des Artikels auf der Seite, einzelne Elemente wie Fotos, Infografiken, Stichwort-Kästen oder Ähnliches, Umbruch des Artikels, Größe und Schriftschnitt von Schlagzeilen und eventuell Unterzeilen, Besonderheiten wie Vorspänne, Zwischenzeilen oder Kästen. Dabei interessierte uns zum einen, welche dieser Merkmale dafür verantwortlich sind, dass ein Artikel von jugendlichen Zeitungsnutzern überhaupt wahrgenommen wird. Zum anderen wollten wir wissen, welche der Merkmale einen Einfluss darauf haben, dass die Jugendlichen in die Lektüre des Textes einsteigen – statt bloß die Überschrift zu überfliegen.

1.2 Personenabhängige Variablen

Bei der konkreten Rezeptionsentscheidung spielen natürlich nicht nur produktseitige Variablen eine Rolle, sondern auch die Eigenschaften, die das rezipierende Individuum prägen (vgl. hierzu Rager, Werner & Oestmann, 1999). In diesem Forschungsstrang wollten wir in erster Linie verfolgen, inwieweit die Zeitungsnutzung von der (Zeitungs-)Lesesozialisation im Elternhaus, dem sozialen Status und dem Geschlecht der Schüler/innen abhängt. Darüber hinaus wollten wir wissen, ob es Unterschiede im Nutzungsverhalten zwischen Schüler/innen mit Zeitungserfahrung und Neueinsteiger/innen gibt, also zwischen Leser/innen und Nichtleser/innen.

1.3 Zeitungslesekompetenz

Zeitungslesekompetenz – als Produkt einer (Selbst-)Sozialisation des Individuums hin zum Zeitung lesen – betrachten wir als Spezialfall von Lesekompetenz. Denn aus der allgemeinen Lese(r)forschung bereits vorliegende Erkenntnisse bzw. Modelle von Lesekompetenz lassen sich unseres Erachtens nicht einfach printmedienübergreifend interpretieren und übertragen. Unter Lesekompetenz wird im weiteren Sinne die Fähigkeit verstanden, sich schriftliche Dokumente zu erschließen, wobei Alphabetisiertheit – also Schrifterkennung bzw. -entschlüsselung – im Vordergrund steht (vgl. den Überblick in Rupp, 1999; siehe auch Christmann & Groeben, 1999, S. 148). Diese Grundlagen des Lesens sind für alle Printmedien gleich. In der theoretischen Modellierung von und empirischen Forschung über Lesekompetenz haben sich spezielle Stränge ausdifferenziert. Insoweit sie das Lesen literarischer Texte betreffen (vgl. Rupp, 1999), sind diese für die Zeitungslesekompetenz von geringerer Bedeutung. Ein weiterer Strang der Lese(r)forschung, der für uns von größter Relevanz ist, verfolgt das Lesen von Sach- und Informationstexten (vgl. hierzu Christmann & Groeben, in diesem Band). Für Sach- und Informationstexte werden hier drei Subgruppen unterschieden: didaktische bzw. Lehrtexte, Instruktionstexte sowie Persuasionstexte, zu denen beispielsweise journalistische Textsorten wie Kommentar und Rezension zählen. Der größte Teil journalistischer Textgattungen – nämlich nachrichtlich-berichtende Formen – bleibt bei dieser Einteilung jedoch außen vor. Für die in unserem Forschungszusammenhang relevanten Textsorten muss u.E. daher der Ansatz weiter differenziert werden.

Dies lässt sich z.B. von den bereits erläuterten Gestaltungsebenen aus vornehmen, was zu einer Trennung in folgende zwei Dimensionen führt:

> Die Mikrokompetenz bezieht sich auf den Einzelbeitrag und die Zusammenhänge zwischen seinen Teilen wie Überschrift, Vorspann und Textabschnitte, die Makrokompetenz bezieht sich auf die Struktur des gesamten Blattes, auf die Seitenarchitektur und das Layout, auf die Ressortkonzepte und das Textdesign. (Bucher, 1997, S. 70)

Die Basisqualifikation für das Zeitunglesen ist zweifellos eine allgemeine Lesekompetenz, die aber in Bezug auf die beiden genannten Dimensionen ausgebaut werden muss.

1.4 Randbedingungen der Rezeption

Dabei betrachten wir die Jugendlichen als aktive Rezipient/innen – wie sie die Zeitung lesen, welche Artikel sie nutzen, ist ihre eigene Entscheidung. Sie fällen ihre Rezeptionsentscheidung in der Konkurrenz verschiedener Medien und innerhalb der vielen Einzelangebote eines Mediums. Die erste Randbedingung in diesem Entscheidungsprozess ist das Zeitbudget, das den Jugendlichen für Mediennutzung zur Verfügung steht. Denn die Zeit, die die Jugendlichen für die Zeitungslektüre übrig haben, ist ja nur ein geringer Teil der Zeit, die sie insgesamt für Medien aufwenden. Und diese Zeit wird wiederum begrenzt durch die Zeit, die für andere Dinge genutzt wird. Die zweite Randbedingung ist die Verfügbarkeit von Medien, in diesem Fall der Tageszeitung.

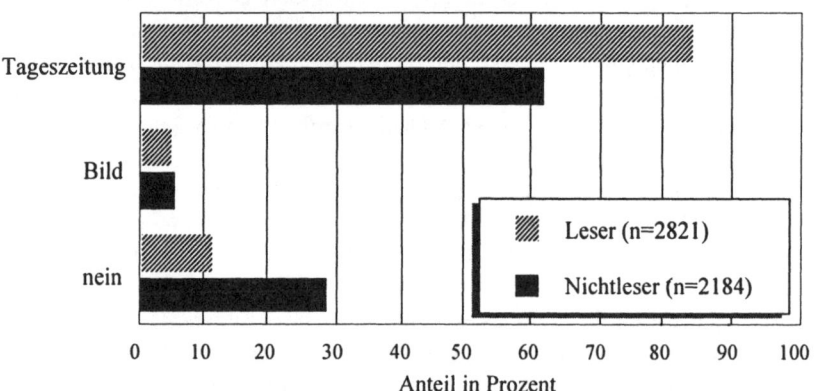

Frage: Gibt es bei dir Zuhause jeden Tag eine Tageszeitung? Lesebeispiel: Bei 83 Prozent der Leser und bei 61 Prozent der Nichtleser/innen gibt es Zuhause eine Tageszeitung.
Quelle: Abschlussbefragung der *Zeitungstreff*-Projekte des Schuljahres 1998/1999.

Abbildung 1: Tageszeitungsabonnement im Elternhaus

Denn nicht in jedem elterlichen Haushalt ist überhaupt eine Tageszeitung vorhanden (vgl. Abbildung 1). Ein Viertel bis ein Drittel aller Kinder – je nach Schultyp – wächst in einem Haushalt ohne Zeitungsabonnement auf (vgl. hierzu Zeitungstreff, 2000).

2 Zur Anlage der Untersuchung

Um die beiden genannten Gruppen von Einflussfaktoren – personenabhängige und produktabhängige – klar voneinander abgrenzen zu können, haben wir die Untersuchungsschritte in zwei Stränge aufgeteilt (vgl. hierzu Rager, Werner & Oestmann, 1999). Im personenorientierten Untersuchungsstrang wurden aktuelle Mediennutzungsstudien sekundäranalysiert. Darüber hinaus wurden in einer Pilotstudie mit ca. 800 Schüler/innen das Einstiegsalter in die regelmäßige Zeitungslektüre sowie der Einfluss von Gleichaltrigen und Familienmitgliedern beleuchtet. Ergänzend haben wir explorative Leitfadeninterviews zur Zeitungslesesozialisation geführt (vgl. Rager, Oestmann, Werner, Schreier & Groeben, 1999). Im produktorientierten Strang haben wir in einer Vorstudie die Vielfalt der derzeit aktuellen Gestaltungskonzepte auf dem Tageszeitungsmarkt gesichtet.

In der Hauptuntersuchung, der *Lesewoche*, fließen diese beiden Forschungsstränge zusammen. In der *Lesewoche* haben insgesamt 1.089 Schüler/innen neunter Klassen eine Woche lang eine lokale Tageszeitung gelesen. Dabei haben sie alle Artikel, die sie angelesen oder gelesen haben, mit dem „Rotstift" markiert – ebenso alle Fotos und Anzeigen, die sie angeschaut haben. Diese Methode bietet gegenüber einer Befragung zur Zeitungsnutzung den Vorteil, dass die Nutzung wesentlich präziser wiedergegeben wird, weil wir uns nicht auf ex-post-Rekonstruktionen des Lesevorgangs verlassen müssen. Zudem konnten wir die Zeitungsnutzung in der *Lesewoche* in einer Situation erheben, die nicht den Laborcharakter eines Experiments hat: Die Jugendlichen haben die Zeitung größtenteils mit nach Hause genommen und dort in der gewohnten Umgebung gelesen. Diese Untersuchungsanlage ist der Versuch, die Rezeptionssituation forschungsökologisch möglichst valide zu erfassen.

In einem Fragebogen haben die Schüler/innen standardisiert über ihre sonstige Mediennutzung und ihre Zeitungslesesozialisation Auskunft gegeben. Parallel wurden die von den Jugendlichen gelesenen Zeitungsausgaben einer Inhaltsanalyse unterzogen.

Für die *Lesewoche* haben wir mit sieben Zeitungsverlagen kooperiert. Diese Verlage haben wir nach den Kriterien Zeitungskonzept/Layout und regionale Verteilung ausgewählt. Beteiligt waren die Neue Presse (Coburg), die Hessisch-Niedersächsische Allgemeine (Schwalm-Eder-Kreis), das Hamburger Abendblatt, die Sächsische Zeitung (Dresden), die Ostsee-Zeitung (Rostock), die Heilbronner Stimme und die Rhein-Zeitung (Koblenz). Pro Verbreitungsgebiet wurden nach einem mehrfach gestaffelten Quotenverfahren klassenweise

150 Schüler/innen aller Schulformen ausgewählt. In der Bruttostichprobe befanden sich 1.232 Personen; sie wurde zu 88 Prozent ausgeschöpft.

Die kooperierenden Zeitungsverlage haben den ausgewählten Klassen im September/Oktober 1999 jeweils eine Woche lang täglich Zeitungsexemplare zugestellt. Die Schüler/innen haben diese Exemplare gelesen und nach einer detaillierten Anweisung bearbeitet. Anschließend wurde erfasst, wer welche Artikel wahrgenommen (Überschrift), angelesen oder durchgelesen hatte. In die Nutzungsanalyse gingen insgesamt 917 redaktionelle Zeitungsseiten mit 7.986 Beiträgen ein. In einer Inhaltsanalyse wurden Seitenmerkmale dieser 917 Seiten untersucht. Einer ausführlicheren Analyse wurde aus forschungsökonomischen Gründen nur ein Teil der Beiträge unterzogen; nämlich 4.670 Artikel auf 508 Seiten. Für diese Beitragsanalyse wurden alle markanten Seiten (Titelseiten, Zeitungsrückseiten, Buchaufschlagseiten etc.) gezielt ausgewählt; Standardseiten wurden nach dem Zufallsprinzip ins Sample genommen.

3 Was fördert das Zeitunglesen?

3.1 Der Einfluss von Sozialisationsmerkmalen

Die idealtypische Zeitungslesekarriere scheint es nicht zu geben. Ähnlich wie bei der Buchlektüre sind Zeitungslesekarrieren prinzipiell offen – so weit sich das beim derzeitigen Stand der Forschung sagen lässt. Auch ein typisches Einstiegsalter ins Zeitunglesen lässt sich kaum benennen, das Einstiegsalter streut recht breit (vgl. Abbildung 2).

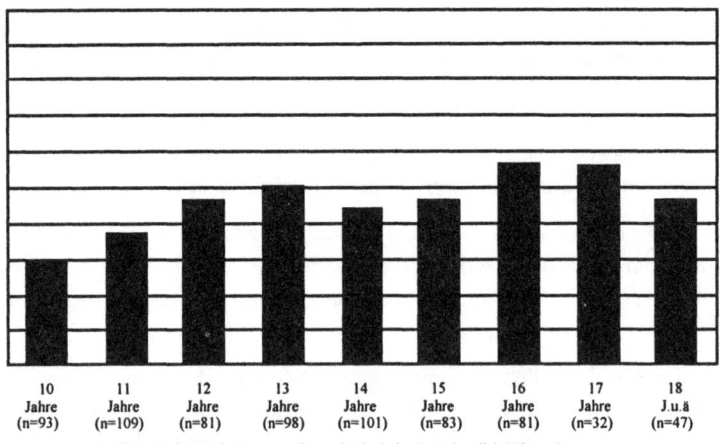

Anteil der Befragten in Prozent, die zwei- bis dreimal wöchentlich Zeitung lesen

Lesebeispiel: 30 Prozent der Zehnjährigen nehmen einmal pro Woche eine Zeitung in die Hand. Befragung von 725 Schülerinnen und Schülern aller Schulformen aus den Jahrgangsstufen 4 bis 13. Quelle: Forschungsprojekt „Lesesozialisation bei Informationsmedien" im DFG-SPP „Lesesozialisation in der Mediengesellschaft".

Abbildung 2: Der Einstieg ins Zeitunglesen

Wie stabil das Zeitungsleseverhalten von Jugendlichen ist, haben wir am Beispiel des Berliner Jugendlängsschnitts analysiert. Panel-Untersuchungen wie der Berliner Jugendlängsschnitt sind dazu geeignet, Kontinuitäten und Diskontinuitäten in der Entwicklung einzelner Personen nachzuzeichnen (vgl. Silbereisen und andere, 1986). Denn anders als bei Kohorten-Untersuchungen werden über einen längeren Zeitraum hinweg mehrfach dieselben Personen befragt. Im Berliner Jugendlängsschnitt wurden Jugendliche zwischen 1982 und 1986 in insgesamt sieben Wellen unter anderem danach gefragt, welche Zeitungen und Zeitschriften sie nutzen. Immerhin die Hälfte der Panelmitglieder, die an drei oder mehr Wellen teilgenommen hatten, nennt in mindestens einer dieser Wellen die Tageszeitung als regelmäßig genutztes Medium – in anderen Wellen jedoch bleibt bei diesen Jugendlichen die Tageszeitung außen vor (vgl. Abbildung 3). Sechs Prozent der Befragten gaben in jeder Welle an, regelmäßig zur Zeitung zu greifen. 43 Prozent der Befragten haben zu keinem Zeitpunkt der Längsschnittstudie regelmäßig die Zeitung gelesen.

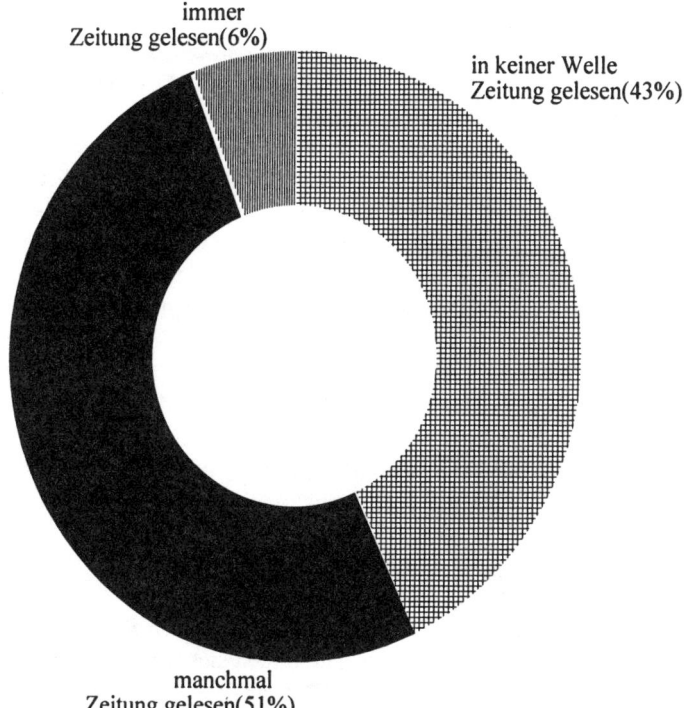

Zeitungsnutzung im Längsschnitt. Sekundäranalyse des Berliner Jugendlängsschnitts (Silbereisen, 1986). In sieben Befragungswellen wurden Jugendliche offen gefragt, welche Medien sie nutzen. Die Grafik zeigt die Anteile der Jugendlichen, die hier nie, manchmal oder immer auch eine Tageszeitung nannten. 1.614 Jugendliche nahmen an mindestens drei der sieben Wellen teil.

Abbildung 3: Kontinuität und Diskontinuität der Zeitungsnutzung

Die *Lesewoche* zeichnet ein anderes Bild: Hier ist der Anteil derer, die tatsächlich nie zur Zeitung greifen, erheblich kleiner – er lag lediglich bei vier Prozent. Aus dieser Abweichung wird deutlich, dass die Daten aus dem Berliner Jugendlängsschnitt nur mit Vorsicht auf die Tageszeitung bezogen werden können. Denn Tageszeitungen und Zeitschriften wurden dort gemeinsam und ohne standardisierte Vorgaben abgefragt. Um diese Forschungslücke zu schließen, haben wir für die zweite Projektphase eine Panel-Befragung in Angriff genommen, die die Zeitungslesekarrieren von Jugendlichen über zwei, teilweise drei Jahre nachzeichnen soll. Sollte sich in dieser Langzeituntersuchung der Trend aus der *Lesewoche* bestätigen, dass ein möglichst früher Kontakt zur Zeitung die Entwicklung zum/zur späteren Leser/in begünstigt, so könnte dies ein Signal für die journalistische Praxis sein: Die Zielgruppe Kinder ist in der Zeitungslandschaft noch weitgehend unentdeckt.

3.2 Der Einfluss der Familie

Darüber hinaus scheint sich aber auch elterliche Frühförderung positiv auf die Entwicklung zur Zeitungsleser/in auszuwirken. Einige der Jugendlichen, mit denen wir Intensivinterviews führten, haben beim Lesenlernen über Comics, Kinderseiten und von den Eltern empfohlene Artikel den Weg zur Zeitung gefunden. Und die Schüler/innen, die in der *Lesewoche* überdurchschnittlich viele Artikel genutzt haben, haben schon als Kind überdurchschnittlich oft die Kinderseite der elterlichen Zeitung gelesen. Ohnehin scheinen viele Leser/innen eher aus zeitungsnahen Familien zu stammen: In ihren Familien war in der Regel ein Zeitungsabonnement vorhanden – das ist der wichtigste Einflussfaktor überhaupt – und die Zeitung wurde meist gemeinsam beim Frühstück gelesen. Positiv wirkt es sich auch aus, wenn viele Familienmitglieder ebenfalls eifrige Zeitungsleser/innen sind. Hier scheint es eine Hierarchie der Einflussgrößen zu geben: Ob die Mutter Zeitung liest oder nicht, beeinflusst die Entwicklung zur Zeitungsleser/in offenbar deutlich stärker als die Lektüre der Geschwister oder des Vaters. Dass der Vater regelmäßig Zeitung liest, wurde so häufig bejaht, dass diese Variable nicht zur Diskriminierung herangezogen werden kann.

3.3 Koorientierung an Gleichaltrigen

Unter den zehn stärksten Zusammenhängen zwischen Sozialisationsmerkmalen und Zeitunglesen in der *Lesewoche* finden sich vier, die auf eine Koorientierung an Gleichaltrigen hindeuten: Zeitungsleser/innen bewegen sich meist in Cliquen, in denen die Mehrheit ebenfalls Zeitung liest. Sie haben eher den Eindruck, dass ihre Freunde/innen ihre Zeitungslektüre positiv beurteilen – und sie reden häufig miteinander über Dinge, die sie in der Zeitung gelesen haben. Gerade für die Jüngeren ist die Orientierung an Gleichaltrigen ein zentrales Motiv fürs Zeitunglesen: Sie lesen, um in der Schule „mitreden" zu können. Bei Mädchen spielt das hier genannte Faktorenbündel eine deutlich stärkere Rolle für die eigene Zeitungsnutzung als bei Jungen.

Nichtleser/innen hingegen haben es wiederum hauptsächlich mit Nichtleser/innen zu tun. In zeitungsfernen Gruppen spielen weder die Zeitung, noch die Kommunikation über Zeitungsinhalte eine Rolle; Gespräche über aktuelle Geschehnisse sind selten und knüpfen eher am Fernsehen an.

Wir gehen davon aus, dass Jugendliche sich stark an Gleichaltrigen orientieren. Deshalb hat es eine zentrale Bedeutung für die individuelle Zeitungslesekarriere, ob Jugendliche eher in zeitungsnahe oder zeitungsferne Cliquen „hineinwachsen". Wie sich innerhalb einer Gruppe Zeitunglesen oder Nichtlesen als dominanter Habitus herausbildet, darüber können wir auf Basis unserer bisherigen Ergebnisse keine Aussagen machen. Allerdings scheint es mehr als unwahrscheinlich, dass die Zeitung und/oder ihre Nutzung in irgendeiner Form gruppenkonstitutiv wirken. Gruppenkonstitutive Merkmale sind meist dazu geeignet, einzelne Gruppen voneinander unterscheidbar zu machen bzw. Gruppenzugehörigkeit nach außen zu signalisieren. Hierzu sind Zeitungen aber denkbar ungeeignet, allein schon, weil sie meist ohnehin nicht von Jugendlichen, sondern von ihren Eltern bezogen werden. Demnach scheint es plausibler, dass die Zeitung von statushohen oder dominanten Gruppenmitgliedern (möglicherweise sogar im wörtlichen Sinn) in die Gruppe hinein getragen wird.

3.4 Schulische Einflüsse

Erwartungsgemäß beeinflusst die formale Bildung der Schüler/innen ihren Umgang mit der Zeitung. Je höher das Schulniveau, desto regelmäßiger lesen sie Tageszeitung. Das Bildungsniveau der Eltern spielt dagegen keine erkennbare Rolle.

Einzelne Lehrer oder der Schulunterricht scheinen dagegen kaum Spuren in den Zeitungsbiografien der Jugendlichen hinterlassen zu haben. Beispielsweise scheinen Aufforderungen von Lehrer/innen an ihre Schüler/innen, Tageszeitung zu lesen, ungehört zu verhallen – selbst wenn es sich um Lehrer/innen handelt, die bei den Jugendlichen beliebt sind. Begleitende Untersuchungen zu Zeitungsprojekten in Schulen belegen jedoch, dass die mehrwöchigen Projekte für die Teilnehmer/innen häufig den Charakter einer Initialzündung haben: Nach den Projekten bleiben auch viele Nichtleser/innen der Zeitung treu (vgl. Zeitungstreff, 2000). Den Umgang mit der Zeitung auszuprobieren und einzuüben, scheint erfolgversprechender, als Schüler/innen lediglich zur Zeitungslektüre aufzufordern.

3.5 Das politische Interesse

Relativ unbedeutend ist nach unseren Erkenntnissen der Einfluss des politischen Interesses auf die Zeitungsnutzung. Zwar gibt es auch hier signifikante Zusammenhänge, deren Bedeutung aber nicht an die der bereits geschilderten Faktorenbündel heranreicht. Aufschlussreich ist vor allem die interne Hierarchie der einzelnen Aspekte des politischen Interesses: Bei der Frage, wie wichtig es ist, politisch informiert zu sein, liegen Leser/innen und Nichtleser/innen fast gleich auf. Die Bereitschaft der Leser/innen, sich in der Schülervertretung oder in einer anderen Initiative zu engagieren, ist allerdings weit höher als die der Nichtleser/innen. Stärker ausgeprägt ist bei den Leser/innen also vor allem ihre politische Partizipationsbereitschaft.

4 Der Einfluss von Produktmerkmalen

4.1 Struktur schlägt Inhalt

Eines der wichtigsten Ergebnisse der *Lesewoche* bezieht sich gar nicht auf die qualitative Seite des Zeitunglesens, sondern auf die quantitative: Insgesamt haben die Jugendlichen nur sehr wenige Artikel gelesen – im Schnitt gerade einmal vier Prozent der jeweils angebotenen Artikel. In absoluten Zahlen heißt das: Der „durchschnittliche" Jugendliche liest pro Tag nur ungefähr acht Zeitungsbeiträge. Das können längere Berichte sein oder auch nur kleine Meldungen – und die werden auch nicht unbedingt bis zum Ende gelesen. Diese Nutzung konzentriert sich keinesfalls – wie man vielleicht meinen könnte – auf ganz bestimmte Artikel; Nutzungsquoten von mehr als 15 Prozent sind echte Raritäten. Mädchen haben die Tageszeitung in der *Lesewoche* ein wenig intensiver genutzt als Jungen: Sie haben im Schnitt gut vier Prozent aller Artikel angelesen, die Jungen dagegen nur gut drei Prozent. Bildungsunterschiede schlagen bei der Nutzungsmenge deutlicher zu Buche: Gymnasiast/innen lasen in der *Lesewoche* etwa doppelt so viele Artikel wie Hauptschüler/innen, Realschüler/innen lagen dazwischen.

Die schwache und disperse Nutzung der Testzeitungen macht es nicht leicht, relevante Einflussfaktoren im Produkt zu identifizieren. Die fünf stärksten Einflussfaktoren sind ausnahmslos Strukturmerkmale. Das Auswahlverhalten der Jugendlichen lässt sich also auf die Faustformel verkürzen: Struktur schlägt Inhalt. Was das für die konkrete Zeitungslektüre der Jugendlichen bedeutet, wollen wir am eingangs angerissenen Beispiel erläutern:

Der Nahost-Artikel auf der Titelseite hat deutlich höhere Chancen, zumindest angelesen zu werden, als der über die Halfpipe, der vermutlich mitten im Lokalteil zu finden wäre. Genau genommen wurde ein beliebiger Artikel auf der Titelseite im Schnitt von 13 Prozent der Jugendlichen beachtet (vgl. Abbildung 4); ähnlich gute Chancen haben nur noch Artikel auf der Rückseite der Zeitung, wo bei vielen Zeitungen das Vermischte platziert wird. Artikel auf den Titelseiten der übrigen Zeitungsbücher wurden im Schnitt nur noch von sieben Prozent wahrgenommen; Artikel im Inneren der einzelnen Bücher kamen auf Beachtungsquoten von durchschnittlich drei bis vier Prozent. Die Platzierung in der Zeitung entscheidet also stärker über die Nutzung als die Inhalte.

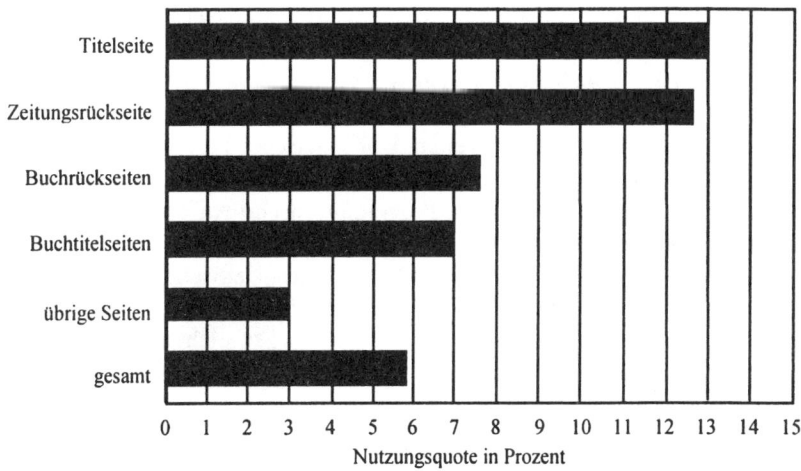

Nutzungsquoten von Seitentypen in der *Lesewoche*. Die Nutzungsquote entspricht dem Anteil der Schüler/innen, die einen Artikel angelesen oder zu Ende gelesen haben. Lesebeispiel: Artikel auf der Titelseite wurden im Durchschnitt von 13 Prozent der Schüler/innen gelesen.

Abbildung 4: Nutzung von Seitentypen in der Lesewoche

Für dieses Nutzungsmuster gibt es zwei Lesarten: Entweder die Jugendlichen haben das „Prinzip Zeitung" schnell begriffen, Strukturmerkmale wie Ressort- und Seiteneinteilung dienen ihnen als Wegweiser bei der Lektüre. Für diese Annahme spricht beispielsweise, dass die vermischten Seiten stark genutzt werden, egal wo sie sich in der Zeitung befinden. Oder die Jugendlichen wollen sich einfach wenig Arbeit mit der Zeitung machen und lesen deshalb vorrangig Vorder- und Rückseite. Da muss man nicht blättern, geschweige denn sich in den Ressorts der Zeitung auskennen.

Diese Lektüremuster entstehen unabhängig davon, wie ausgeprägt die Routine der Jugendlichen beim Zeitunglesen ist. Ob sie regelmäßige Zeitungsleser/innen sind oder außerhalb der Untersuchung keinen Blick in die Zeitung werfen, beeinflusst die Auswahlkriterien kaum. Unterschiedlich sind nicht die Nutzungsmuster, sondern lediglich die Mengen der gelesenen Artikel: Zeitungsneulinge lesen deutlich weniger als geübte Nutzer/innen. Die Rangfolge der am meisten genutzten Seiten ändert sich auch dann nicht, wenn man nach Schultypen differenziert: Gymnasiast/innen lesen zwar länger, aber nicht anders Zeitung als Hauptschüler/innen. Auch die Unterschiede zwischen Ost- und West-Jugendlichen sind nicht der Rede wert.

Orientierung an der Makrostruktur der Zeitung bedeutet aber anders herum betrachtet: Ein Artikel über ein politisches Thema hat auch nur dann Chancen, ins Blickfeld der Jugendlichen zu geraten, wenn er auf der Titelseite steht. Die restlichen Teile des Ressorts erreichen nur minimale Quoten – im Schnitt drei Prozent aller Jugendlichen nutzen einen politischen Artikel auf den Innenseiten des Mantels.

Neben dem Kultur- und dem Wirtschaftsressort werden auch das Fernsehprogramm bzw. die Medienseiten der Zeitungen ausgesprochen schlecht genutzt. Aus anderen Untersuchungsschritten wissen wir, dass Jugendliche Fernsehzeitschriften intensiv nutzen – von allen Zeitschriftentypen haben sie bei Jugendlichen die höchsten Reichweiten. Um sich Sendungen auszusuchen oder um Programmankündigungen zu lesen, nehmen sie offenbar nicht die Tageszeitung zur Hand, sondern nutzen Programmzeitschriften oder „neue" Übertragungswege. Die Daten aus der Zeitungstreff-Begleitforschung sprechen allerdings dafür, dass es sich hierbei auch um titelspezifische Effekte handeln könnte. Denn im Zeitungstreff gehören die Fernseh- und Medienseiten zu denen, die oft die besten Noten von den Jugendlichen einheimsen (Zeitungstreff, 2000).

Jugendseiten werden zwar im Vergleich zu den anderen Ressorts recht stark genutzt, mit den hohen Nutzungsquoten der Titelseite oder des Vermischten können sie aber nicht mithalten. Ein rechter Publikumsmagnet sind die Jugendseiten also nicht – obwohl sie andererseits das einzige Angebot in den Zeitungen sind, das direkt auf die Zielgruppe Jugendliche zugeschnitten ist. Zu berücksichtigen ist bei dieser Interpretation zweierlei: Erstens waren überhaupt nur wenige Jugendseiten im Sample vertreten, so dass die Daten mit Vorsicht zu betrachten sind. Zweitens wissen wir aus anderen Untersuchungen, dass Angebote für Jugendliche vor allem dann Sinn machen, wenn sie regelmäßig – am besten täglich – erscheinen. In der *Lesewoche* war jedoch keine Zeitung mit täglicher Jugendseite vertreten. In der *Lesewoche* bekamen die Jugendlichen also (höchstens) ein Mal eine Jugendseite zu Gesicht. Möglicherweise haben viele Jugendliche die Jugendseite versehentlich überblättert oder die Zeitungslektüre schon „vor" der Jugendseite abgebrochen, obwohl sie sich für ein solches Angebot der Zeitung durchaus interessiert hätten.

Sport und Lokales finden jeweils ein geschlechtsspezifisch unterschiedliches Publikum: Die Mädchen lesen überdurchschnittlich stark die Lokalberichterstattung; die Jungen dagegen lesen den Sportteil. Diese Unterschiede, auf die man in vielen Leserschaftsuntersuchungen stößt, sind allem Anschein nach schon unter Jugendlichen stark ausgeprägt.

4.2 Merkmale der Zeitungsgestaltung

Merkmale der Zeitungsgestaltung treten gegenüber den geschilderten Strukturmerkmalen eindeutig in den Hintergrund. Wichtigstes Gestaltungsmerkmal sind erwartungsgemäß Fotos: Je mehr ein Artikel mit Fotos bebildert ist, desto häufiger wird er angelesen. Das gilt insbesondere für große Fotos und für Buntfotos. Allgemein zeigt sich beim Thema Farbe in der Zeitung, dass in Zeitungen mit Farbseiten „Zwei-Klassen-Gesellschaften" entstehen, in denen die schwarzweiß gedruckten Seiten im Schatten der Farbseiten stehen.

Wichtig – und für uns durchaus überraschend – ist folgendes Ergebnis: Bei Sonderauswertungen der Nutzungsquoten nach Geschlecht, nach Bildung, nach der Leseintensität in der *Lesewoche* und dem Leseverhalten im Alltag gehen größtenteils dieselben Artikelmerkmale mit hohen Nutzungsquoten einher. Das heißt: All diese Untergruppen scheinen sehr ähnliche Kriterien an die Beiträge anzulegen, die sie zur Nutzung auswählen. Das lässt sich daran festmachen, dass die von uns erfassten Artikelmerkmale zwar immerhin 47 Prozent der Varianz in den Nutzungsquoten erklären, aber nur zehn Prozent der Varianz bei den Quotendifferenzen zwischen Leser/innen und Nichtleser/innen.

Literatur

Bucher, H.-J. (1997). Zeitungsentwicklung und Leserinteressen. Neue Formen der Informations- und Wissensvermittlung in den Printmedien. *Der Deutschunterricht, 3*, 66–78.

Christmann, U. & Groeben, N. (1999). Psychologie des Lesens. In B. Franzmann et al. (Hrsg.), *Handbuch Lesen* (S. 145–223). München: K.G. Saur.

Rager, G., Oestmann, I., Werner, P., Schreier, M. & Groeben, N. (1999). Leitfadeninterview und Inhaltsanalyse. *Siegener Periodicum zur Internationalen Empirischen Literaturwissenschaft, 1*, 35–54.

Rager, G., Werner, P. & Oestmann, I. (1999). Zeitunglesen lernen – Bedingungen der Lesesozialisation bei informationsorientierten Medien. In N. Groeben (Hrsg.), *Lesesozialisation in der Mediengesellschaft. Ein Schwerpunktprogramm (IASL-Sonderheft)* (S. 205–217). Tübingen: Max Niemeyer.

Rupp, G. (1999). Medienkompetenz, Lesekompetenz. In N. Groeben (Hrsg.), Lesesozialisation in der Mediengesellschaft. Zentrale Begriffsexplikationen. *Kölner Psychologische Studien, 4* (1), 27–45.

Silbereisen, R. K. & Eyferth, K. (1986). Development as action in context. In R. K. Silbereisen, K. Eyferth & G. Rudinger (eds.), *Development as action in context: Problem behavior and normal youth development* (pp. 3–16). Heidelberg, New York: Springer.

Zeitungstreff (2000). *Ergebnisse der Zeitungstreff-Begleitforschung des media consulting teams aus den Schuljahren 1998/99.* Unveröffentlichtes Manuskript.

Hartmut Eggert

Literarische Texte und ihre Anforderungen an die Lesekompetenz

1 Zur Abgrenzbarkeit von „literarischen Texten"

1.1 Das Problem der Gegenstandsspezifik

Für den Literaturwissenschaftler ist es unzweifelhaft, dass alle Versuche, die Eigenart literarischer Texte über eine wie immer geartete Gegenstandsspezifik (Poetizität, Literarizität) zu bestimmen, scheitern müssen; zu vielseitig und historisch wandelbar sind Literaturkonzepte über Kultur- und Zeitgrenzen hinweg. Insbesondere erweisen sich Versuche, Gegenstandsbestimmungen entlang der Differenz von Fiktion/Nicht-Fiktion vorzunehmen, als unergiebig (Landwehr, 2000, S. 491ff.). Gerade im 20. Jahrhundert sind Innovationen im literarischen Kunstsystem aus Grenzüberschreitungen entstanden hin zu pragmatischen Texten, aus deren Einbeziehung in konventionalisierte Poesie- und Literaturkonzepte und aus der Öffnung zu neuen Medien; sie wurden in verschiedenen Kunstbewegungen als Ästhetik der Irritation, der Provokation und des Schocks inszeniert. Die empörten oder verunsicherten Reaktionen „Das ist doch keine Kunst (Literatur)!" verweisen aber auf lebensgeschichtlich erworbene, nicht-reflektierte Normvorstellungen des Lesers, was denn Literatur sei; es sind Feststellungen aus dem Horizont eines Rezipienten, der durch seine kulturelle Sozialisation über Kompetenzen zu verfügen glaubt, *am Text* dessen Poetizität eindeutig bestimmen zu können.

Gleichwohl hat in der Rezeptionsforschung immer wieder beobachtet werden können, dass ein *Fiktionsbewusstsein* die Textwahrnehmung von Literatur steuert und entsprechend die Verarbeitungsformen (emotional geöffnete Lektüre, analytische Interpretation oder abwehrende Handlung wie Abbruch oder selektive Lektüre, etc.) prägt. Mit der selbstvergewissernden Frage eines zuhörenden Kindes bei den Grausamkeiten des vorgelesenen Märchens „Es ist doch nicht wahr?" wird ein Fiktionsstatus markiert, bei dem eine handlungsheischende Alltagspragmatik von Texten unterschieden wird von einer fiktionalen Realität, für die die theoretische Aussage zutrifft: „Ein fiktionaler Text wäre dann nichts weiter als eine Erzählung ohne Wahrheitsanspruch." (Rühling, 1996, S. 35) Die Voraussetzung für die Wahrnehmung von Literatur als Kunst wäre demnach die Einbettung der Rezeptionsakte in ein ausdifferenziertes Fiktionsbewusstsein.

Die philologischen und philosophischen Theorien der Ästhetik bemühen sich seit eh und je um eine Bestimmung des Verhältnisses von Fiktionalität, Fiktivität und Poetizität. Eine kanonische Formulierung als Summe des Ästhetik-Diskurses der Moderne könnte lauten: „Kunst sagt nur dem etwas, der es für Kunst hält." In der Mediengesellschaft mit ihrer Ausdifferenzierung ästhetischer Subsysteme und der weitgehenden „Durchdringung von Medienrealität und Alltagsrealität" (Welsch, 1996, S. 309) werden sowohl normative Grenzziehungen als auch die ästhetische Wahrnehmung zusehends komplexer. Die Bestimmung dessen, was als „textseitige Anforderungen literarischer Texte" zu diagnostizieren wäre, kann nur noch als Annäherungen begriffen werden, bei denen vor allem die Literaturauffassungen der Neuzeit und geschichtlicher Moderne seit der Aufklärung dominant sind.

1.2 Literarizität/Poetizität

Die Aussagen von Jürgen Link zu Literarizität und Poetizität in einer Skizze der Literatursemiotik können – zumindest für die deutschsprachige Literatur – als literaturgeschichtlich abgesichert gelten:

> Literatur konnte erst in der europäischen Neuzeit dadurch entstehen, daß Poesie sich aus ihrer mittelalterlichen Symbiose mit Religion endgültig löste. Historisch gesehen gehört die Bestimmung von ‚Literarizität' und ‚Poetizität' also in die Geschichte kulturell verschiedener Formen der Institutionalisierung bestimmter Diskurse.
>
> Dennoch läßt sich sagen, daß der weitaus größte Teil der zu verschiedenen Zeiten und in verschiedenen Kulturen als poetisch betrachteten Texte eine Reihe von Strukturmerkmalen teilt. Im wesentlichen handelt es sich um die folgenden vier Merkmale: Autofunktionalität, Verfremdung, Vorherrschen der Konnotation, Vorherrschen der Symbolik. (Link, 1996, S. 24)

Obwohl diese Merkmale im Rückbezug auf zentrale Werke der literarischen Hochkultur entwickelt wurden, sind sie in ihrer Reichweite überwiegend auch auf die Werke der literarischen Unterhaltungslektüre, des Gelegenheitsgedichtes oder Boulevardtheaters auszudehnen; sind sie doch weithin ästhetischen Normen früherer Hochkultur verpflichtet und in ihrem Formenarsenal von ihr abgeleitet. Das geringere „Anforderungsniveau", das gemeinhin den literarischen Werken der „leichten Muse" attestiert wird, beruht auf weniger komplexen Textstrukturen in Verbindung mit konventionalisierten Sujets, aber nicht auf einer prinzipiellen Abkehr von den genannten Durchschnittsmerkmalen der Literarizität/Poetizität. Der Kernbereich gesellschaftlich prägnanter Literaturauffassungen konstituiert sich offenkundig über literarische Formen der Symbolik, der Andeutung und Mehrdeutigkeit (Konnotation) und der Verfremdung von Alltagssprache bzw. etablierter literarischer Formensprache. Auf diese Weise entsteht ein eigenes, ausgegrenztes literarisches Territorium, in dessen Geltungsbereich andere „Spielregeln" gelten als in der Pragmatik des Alltagshandelns (Autofunktionalität). Es müssen demnach „Signale" am Text oder aus der Situation der Textpräsentation vom Leser so wahrgenommen werden, dass sie als *literarische* Texte im Sinne von Literatur als Kunst aufgefasst und gedeutet werden.

2 Textseitige Anforderungen als Einflussfaktoren für den Rezeptionsprozess

2.1 Literarisches Gattungswissen

Die Vermittlung von Gattungswissen (Was ist ein Gesellschaftsroman, eine autobiografische Erzählung, eine Novelle, eine Kurzgeschichte, etc.?) gehört zum praktischen Lehrkanon eines Literaturunterrichts, der auf gesteigerte Komplexität literarischer Werke vorbereiten und zur Teilhabe an literarischer Kultur befähigen soll. Gemeinhin gilt Gattungswissen als Kodifizierung des Anforderungsprofils literarischer Werke, das deren Wahrnehmung strukturieren und fördern kann. Fungierten in der normativen Poetik der rhetorischen Tradition der Frühen Neuzeit die Gattungsregeln vorrangig als Produktionsregeln, so tritt das kognitive Gattungswissen (das in literaturwissenschaftlichen Definitionen und theoretischen Schriften zur Poetik und Formengeschichte gefasst ist) heute häufig in die Funktion der „Produktion" von Lektüreprozessen ein bzw. konstituiert diese mit.

Das Wissen etwa über verschiedene Erzählperspektiven kann und soll die begleitende Reflexion über die Erzählform stimulieren und in die Sinnkonstruktion eingehen. Der Wechsel zum Beispiel von der Er-Form in die Ich-Form in der ersten Fassung von Kellers „Grüner Heinrich" und dessen Tilgung zugunsten durchgehender Ich-Form in der zweiten Fassung ist nicht nur aussagekräftig für die poetologisch-romantheoretischen Überlegungen Kellers, sondern auch der Leser sollte das erzählerische Formprinzip unter dem Prinzip der Konstituierung eines anderen Welt-Verhältnisses mitreflektieren. Wer im Lektüreakt diese Differenz tilgt, der reduziert den Text um eine wichtige Sinnschicht.

Lektüre kann aber auch ohne das in Theoriesprache kodifizierte Gattungswissen erfolgen; häufiger wird sogar die Einforderung der expliziten Applikation literarischen Gattungswissens auf den Einzeltext in Form der Textanalyse als Störung des Lesegenusses empfunden (Eggert & Garbe, 1995, S. 143ff.). Die Applikation kann aber auch zu einem Schematismus in dem Bewusstsein von „Einordnung" des Werkes in die Gattung oder literarische Strömung oder literaturgeschichtliche Epoche etc. führen. Produktiver erweist sich Gattungswissen dort, wo die Differenz zwischen einem Wissen über Formenwandel und geschichtliche Normensysteme („ästhetischer Erwartungshorizont", Jauss, 1970, S. 170ff.) und aktueller Lektüre nicht vorrangig als ein Problem der Gegenstandsspezifik begriffen wird, sondern als Ausdruck der „Dialogizität" literarischer Werke und in ihr angelegter Kommunikationsformen mit dem Leser. (Iser, 1972; Schöttker, 1996)

Literarische Lesekompetenz ließe sich auf dieser Ebene nach der Fähigkeit hierarchisieren, wie mit einem solchen Gattungswissen umgegangen wird, auf einer Skala *unreflektiert-restriktiv* über *formalisiert-schemaorientiert* hin zu *flexibel-historisch*. Indikatoren für unreflektiertes, restriktives Gattungswissen können Abbruch der Lektüre, Verweigerung des Kunstcharakters bei Abweichung von habitualisierten Normerwartungen oder Reduktion von Textkomplexität im Lektüreakt sein. Formalisierte, schemaorientierte Handhabung erweist sich zumeist in einer Applikation von poetologischem Regelwissen oder literaturgeschichtlichen Konstruktionen, bei dem das Einzelwerk sich jeweils als defizitär darstellt oder das Einzelwerk zum Paradigma einer Gattung, Textsorte oder eines literarischen Genres erklärt wird. Eine hohe ästhetisch-literarische Rezeptionskompetenz wird in der Regel attestiert, wenn das Gattungswissen im Verhältnis zum Einzelwerk flexibel gehandhabt wird und zur intersubjektiven Textwahrnehmung und Sinnkonstitution beiträgt. Zum Beispiel in der Position der Geschichtlichkeit von Literatur, wie sie in hermeneutischer Perspektive von Peter Szondi formuliert wurde:

> Vielmehr gehört gerade die Historizität [des einzelnen Werkes] zu seiner Besonderheit, so daß einzig *die* Betrachtungsweise dem Kunstwerk ganz gerecht wird, welche die Geschichte im Kunstwerk, nicht aber die, die das Kunstwerk in der Geschichte zu sehen erlaubt. (Szondi, 1970, S. 22)

Unter welchen Bedingungen sich ein produktiver Umgang mit Gattungswissen herausbilden kann, wird für den Bereich der Lesesozialisation zumeist in literaturdidaktischer Literatur verhandelt; meines Erachtens aber systematisch unbefriedigend, weil zu wenig empirisch fundiert in der Kenntnis von Lektüreprozessen (Eggert 1997, S. 49ff.).

2.2 Kontextualisierung

Hinsichtlich der Text-Leser-Verhältnisse verfügt die Literaturwissenschaft über ein Wissen zu Textmerkmalen und -strukturen, das eine Differenzierung nach Anforderungen von Kontextwissen für unterschiedliche Stile und literarische Textsorten erlaubt. In der Rezeption bzw. für eine angemessene Rezeption erweisen sich bestimmte Textgruppen und Genres kontextgebundener als andere und erfordern vom Leser eine aktive Kontextualisierung.

Am prägnantesten für diese Problematik ist die Stilform Satire, weil sie in der Realisierung ihres spezifischen Sinns auf das Wissen über den Kontext angewiesen ist, soll sie ihr kritisches Potenzial entfalten können. Die Satire konstituiert sich über den ständigen Bezug auf außerliterarische Realität, die in sie durch Anspielung, Übersteigerung, Verzerrung etc. als literarische Mittel eingegangen ist. Deshalb erfordert Satire-Rezeption eine beständige Kontextualisierungsarbeit; Satire „veraltet" schneller, wenn zeitgenössische Kontexte in ihr sehr dominant sind (Kabarett-Texte, Pamphlete usw.), während Satiren sich „langlebiger" erweisen, wenn sie kulturelles Weltwissen zum Gegenstand haben wie allgemeine menschliche Schwächen und defizitären kulturellen Habitus.

Über die Thematisierung der Textmerkmale von Satire lässt sich leichter erklären, warum indirekte Darstellungsformen vom Leser Kontextualisierung erfordern, sollen sie in ihrer Eigenart verstanden werden. Mit Hilfe dieser Perspektive lässt sich auch erklären, warum den (wenigen empirischen) Untersuchungen zur Entwicklung literarischen Verstehens zufolge Satire und Ironie erst im Jugendalter akzeptiert und geschätzt werden (Andringa, 1989; Hoppe-Graff & Schell, 1989), setzen sie doch in der Regel ich-ferne Kontextualisierung voraus und die Fähigkeit, den indirekten Sprachgebrauch durch Umarbeitung vor dem Hintergrund von Kontextwissen in direktere Aussagen zu transformieren und darin den Erkenntnisgewinn zu sehen.

Die Kontextabhängigkeit bzw. die Evokation von Kontexten zeigt sich bei zahlreichen Formen wortgebundener Bildlichkeit wie Metaphern, Symbolen, Allegorien, Chiffren. Texte mit einer hohen Dichte dieser Stilfiguren indirekten Sprechens verweisen den Leser nicht nur auf kulturelle und individuelle Kontexte bzw. verdeckte Bedeutungsbereiche, sondern erfordern außerdem ein differenziertes Sprachwissen, das mit den Differenzen von Zeichen (Signifikant) und Bezeichnetem (Signifikat) umzugehen vermag. In den Untersuchungen über die Entwicklung von Lesekompetenzen in einer Fremdsprache wurde herausgearbeitet, wie wichtig literarische Texte für die Steigerung allgemeiner Sprachkompetenz sind, weil sie die konnotativen Gehalte einer Sprache erschließen helfen (Ehlers, 1998). Dieser Spezialfall verweist systematisch auf ähnliche Probleme beim kindlichen Spracherwerb.

Besondere Aufschlüsse über den „textseitigen" Schwierigkeitsgrad kann man über die Einsicht in „Referenzstrukturen" von Texten gewinnen. Es kann nachgewiesen werden, dass „außenreferenzielle" Strukturen deutlich höhere Anforderungen an Leser stellen als „binnenreferenzielle", die stärker darauf angelegt sind, Bedeutungen *in sich* aufzubauen. Außenreferenzialität entsteht über Textmerkmale, die Kenntnis von Kontexten aufrufen, d.h. in hohem Maße anspielungsreich sind. Entsprechende Untersuchungen zu Referenzstrukturen literarischer Texte wurden über die Praxis des Literaturunterrichts für Fortgeschrittene im Bereich „Deutsch als Fremdsprache" stimuliert, weil hohe Kontextabhängigkeit nicht nur allgemein erhöhte Anforderung an die Lesekompetenz stellt, sondern auch Vermittlung von Kontextwissen erfordert, wenn die Einbeziehung dieser Texte in den Unterricht erwünscht oder unabweisbar ist (Dietrich Krusche hat u.a. exemplarisch zwei Gedichte Goethes aus dem Genre Liebeslyrik, „Willkommen und Abschied" und die „V. Römische Elegie" kontrastiert, um die unterschiedlichen Referenzstrukturen aufzuzeigen: Krusche, 1990, S. 109ff.).

Eine häufig auftretende Form von Referenzialität, der in der literaturwissenschaftlichen Forschung zentrale Aufmerksamkeit gewidmet wird, ist die Intertextualität. Neben den geläufigsten Formen des Zitats und Selbstzitats hat Intertextualität für die Konstituierung von Geschichtlichkeit innerhalb der „literarischen Reihe" oder des literarischen Subsystems erhebliche Bedeutung. Renate

Lachmann und Schamma Schahabat formulieren in ihrem Überblicksartikel „Intertextualität" zu den Untersuchungsperspektiven:

> Generell lassen sich zwei Tendenzen unterscheiden: Eine Richtung versucht, die Markierungen zu erfassen, die auf die Doppel- oder Mehrfachkodierung des Textes verweisen, die andere beschreibt die Relation zwischen den Texten. Hat erstere den Anspruch, eine Intertextualitätsgrammatik zu erstellen, so zielt letztere auf die Sinnerzeugung ab, die durch das Aufeinandertreffen zweier oder mehrerer Texte und Kontexte in Gang gesetzt wird. (Lachmann & Schahabat, 2000, S. 678)

Das Stichwort „Intertextualität" wird hier aufgegriffen, weil es ein genuin literarisches Phänomen aufruft, das über den Einzeltext hinausweist, der aber in der Forschung zur Lesekompetenz und literarischen Rezeptionskompetenz zumeist allein im Zentrum steht. Dieser Sachverhalt macht auf die Grenzen und Begrenzungen der empirischen Forschung zur Lesekompetenz und zum literarischen Verstehen aufmerksam, sind doch die expliziten und impliziten Verweisungen und Verknüpfungen nicht nur elementarer Bestandteil für die Erkenntnis von Geschichtlichkeit von Literatur, sondern auch in jeder individuellen Lektürebiographie lässt sich über literarische Reihen und intertextuelle Spuren die Entwicklung von literarischer Rezeptionskompetenz rekonstruieren (Graf, 1997).

2.3 Kulturelles Wissen/Kulturelles Gedächtnis

In der Situation mediengeschichtlicher Umbrüche und in der Struktur von Bildungswissen wird bei der Rezeption literarischer Texte jenes „stumme Wissen" virulent, das in die Konstitution ganzer Literaturtraditionen eingegangen ist und für die literarische Rezeptionskompetenz früherer Leser- und Bildungsgeschichten eher fraglos verfügbar war. Besonders evident werden zum Beispiel die Säkularisierungstendenzen in der deutschen Gegenwarts-Gesellschaft im Umstand, dass biblische Symbole, Figuren, Ereignisse, Geschichten, Konstellationen, die auch in den säkularen literarischen Texten aller ästhetischen Niveaus enthalten sind, häufig auf keinen Resonanzraum beim Leser mehr stoßen (in multikulturellen Sozialsituationen, wie es in heutigem schulischem Literaturunterricht mit Kindern und Jugendlichen aus Enkulturationen nicht-jüdisch/nicht-christlicher Kulturen häufig der Fall ist, ist dies eine noch selbstverständlichere Gegebenheit). Ähnliche Erfahrungen mit schwindendem Bildungswissen lassen sich beim Figuren- und Geschichtsarsenal antiker Mythologie machen, das in der humanistischen Tradition über den Griechisch- und Lateinunterricht wie die bürgerlichen Surrogate in der Kinder- und Jugendliteratur („Sagen des klassischen Altertums") in das weitere kulturelle Wissen integriert und tradiert worden war, wenn auch im sozial verengten Spektrum des Bildungsbürgertums und seiner literarischen Hochkultur (dagegen ist die literarisch gefasste Märchentradition über Vorlesepraktiken und mediale Aufbereitungen heute breitenwirksam noch präsenter).

Dieses strukturelle Argument hinsichtlich Anforderungen an Lesekompetenz und literarische Rezeptionskompetenz, systematisch gewendet, bedeutet: Die Erschließung literarischer Texte in aktueller Rezeption ist nicht nur an Sprachwissen, literarisches Gattungswissen und Weltwissen gebunden, sondern auch an ein kulturelles Wissen, das mehr ist als Kontextwissen bezogen auf einzelne Texte. Kulturelle Traditionsbrüche werden markiert durch das Schwinden oder den Geltungsverlust dieses Wissens (Assmann, 1999; Wilkending, 1999, S. 85). Da kulturelles Gedächtnis in der Neuzeit häufig an Tradierung durch und in (literarischen) Texten gebunden ist, besteht ein enges Wechselverhältnis zwischen Gehalten und Formen des kulturellen Gedächtnisses und von (literarischer) Rezeptionskompetenz. Sollen in einer kulturellen Umbruchsituation wie der heutigen Zeit Zugänge zu früheren Stadien der Kultur offengehalten werden, dann kann dies in der Gegenwart nur durch Institutionalisierung systematischer Vermittlung solcher kulturellen Wissensbestände erfolgen, die zwar historisch für eine andere Pragmatik von Lebensvollzügen ausgebildet waren, aber für das Verständnis dieser älteren Texte und ihrer Geschichtlichkeit konstitutiv sind. Es gehört allerdings zur Polysemie literarischer Texte, dass sie aufgrund ihrer strukturellen Eigenart offen sind für aktuelle Applikationen. Genesis und Geltung literarischer Texte können auf diese Weise in ein Spannungsverhältnis von Philologie und Kunstrezeption treten. Ist erstere auf die Wiederherstellung verschütteten Textsinns gerichtet, so letztere zum Zwecke der Aktualisierung ihres Gehaltes auf Selektion und ästhetische Umarbeitung (Schlaffer, 1990).

2.4 Rezeptionsgenuss zwischen Reflexion und Involviertheit

Kaum ein Begriff wird in diesem Themenbereich so häufig verwendet wie „Leselust" und ist zugleich so strittig in seiner Reichweite zur Erfassung ästhetischer Prozesse. Thomas Anz (1998) weist in seiner zusammenfassenden Darstellung „Literatur und Lust. Glück und Unglück beim Lesen" auf die Spannbreite des Begriffs in der Theoriegeschichte der Ästhetik von Kants „Wohlgefallen" über Freuds „Lustprinzip" bis zu Roland Barthes' Unterscheidung von „plaisir" (Lust) und „jouissance" (Wollust) hin. Ihnen wohnt zumeist eine Dichotomie inne, nach der „grob zwei Arten der Lust unterschieden und in eine Wertehierarchie eingesetzt werden" (Anz, 1998, S. 27): höherwertiger „Reflexionsgeschmack" und minderbewerteter „Sinnengeschmack" im Sinne der kultursoziologischen Kategorisierung von Hoch- und Massenkultur bei Bourdieu. Die Ausgrenzung des „bloß sinnlichen Vergnügens" aus der „authentischen Kunstrezeption" enthält nachweislich soziale Distinktionen, erscheint aber in literaturtheoretischen Debatten häufig als Unterscheidung von Rezeptionskompetenz: Der reine Lustleser funktionalisiere die Werke nach seinen Bedürfnissen; der „kompetente", reflektierende Leser unterwerfe sich den Regeln der Kunst und öffne sich damit neuen (ästhetischen) Erfahrungen. Ein emphatischer „Leselust"-Begriff findet sich auch in zahlreichen lektürebiographischen Erzählungen; die kindlichen „Leselust"-Erlebnisse werden zum lebenslangen Maßstab intensiver Lektüreerfahrungen: „das unansprechbare, völlig versunkene, lesende Kind, das sich im Zustand höchster Konzentration befindet. Von außen lässt es sich nicht ablenken und innerlich schweift es nicht ab, die Symbiose mit dem Text scheint absolut zu sein." (Graf, 1997, S. 101). Das distanzlose Versunkensein in eine andere (literarische) Welt wird zum Merkmal der Involviertheit, als Verlust der Ich-Grenzen – ähnlich dem „großen Sichverlieren des Subjekts" bei Roland Barthes' Versuch, die „Lust am Text" (1974, S. 86) zu erklären. Wenn auch nicht ohne Erfahrung, erweisen sich solche Annäherungen an Leselust-Phänomene insgesamt doch als idealisierte Konstruktionen des Text-Leser-Verhältnisses.

Angesichts eines derartig hochbesetzten Theoriefeldes der Ästhetikgeschichte und der ästhetischen Alltagserfahrung empfiehlt es sich in der Forschung, das Feld wieder stärker der Beschreibung und Analyse von einzelnen Phänomenen zu öffnen, die den Grad von emotionaler und kognitiver Ich-Beteiligung erkennen lassen. Nach der Voraussetzung, dass jeder Leseakt eine individuelle, aktuelle Konstruktion darstellt, erweisen sich auffällige (häufig zunächst unbemerkte) Umarbeitungen des Textes in der Rezeption (Auslassungen, Hinzufügungen als Konkretisierung des Lesers, Auflösung von Ambiguitäten, Tilgungen etc.) als Merkmale hochgradiger Involviertheit, insbesondere wenn sich der „Privattext" in sozialer Kommunikation als resistent gegenüber anderen Lesarten erweist. In der Begriffs- und Theoriesprache psychoanalytischer Literaturwissenschaft zeigen sich in diesen Textdifferenzen Widerstand gegen Flexibilisierung der Bedeutung und unbewusste Wirkungen des Textes; auf dieser Grundlage lassen sich Lust-Unlust-Gefühle in der Lektüre erklären (Schönau, 1997, S. 37ff.).

Empirisch lassen sich – im Unterschied zu den dichotomen Schemata und Denkfiguren „Lust – Unlust", „Sinnen- und Reflexionsgeschmack" – fließende Übergänge und Mischungsverhältnisse von körperlichen und emotionalen Erregungszuständen sowie Grade bewusster sprachlicher Ausarbeitung von Textsinn beobachten. Ästhetische Lektüre zeichnet sich dadurch aus, dass in ihr unterschiedliche Gewichtungen des prinzipiell prekären Verhältnisses von Leiblichkeit, Emotionalität und Kognitivität möglich sind. Der kompetente Leser verfügt dabei über verschiedene Modi der Textrezeption, die ihm eine Variierung in der Herstellung von Nähe und Distanz zwischen sich und dem Text erlauben, aber auch die Wahl verschiedener Lesestoffe.

Literatur

Andringa, E. (1989). Developments in Literary Reading: Aspects, Perspectives and Questions. *SPIEL, 8*, 1–24.
Anz, T. (1998). *Literatur und Lust, Glück und Unglück beim Lesen.* München: Beck.
Barthes, R. (1974). *Die Lust am Text.* Frankfurt/M.: Suhrkamp
Bourdieu, P. (1982). *Die feinen Unterschiede. Kritik der gesellschaftlichen Urteilskraft.* Frankfurt/M.: Suhrkamp.
Eggert, H. & Garbe, C. (1995). *Literarische Sozialisation.* Stuttgart: Metzler.

Eggert, H. (1997). Literarische Bildung oder Leselust? Aufgaben des Literaturunterrichts in der literarischen Sozialisation. In M. Kämper-Van den Boogaart (Hrsg.), *Das Literatursystem der Gegenwart und die Gegenwart der Schule* (S. 45–62). Hohengehren: Schneider.

Ehlers, S. (1998). *Lesetheorie und fremdsprachliche Lesepraxis aus der Perspektive des Deutschen als Fremdsprache*. Tübingen: Narr.

Graf, W. (1997). Das Schicksal der Leselust. Die Darstellung der Genese der Lesemotivation in Lektüreautobiographien. In: C. Garbe, W. Graf, C. Rosebrock & E. Schön (Hrsg.), *Lesen im Wandel* (S. 101–124). Lüneburg: Universität Lüneburg.

Graf, W. (1997). *Lesen und Biographie. Eine empirische Fallstudie zur Lektüre der Hitlerjugendgeneration*. Tübingen: Francke.

Hoppe-Graff, S., & Schell, M. (1989). The Comprehension of Literary Texts. Developmental Considerations. In D. Meutsch & R. Viehoff (Hrsg.), *Comprehension of Literary Discourse* (S. 89–110). Berlin/New York: de Gruyter.

Iser, W. (1972). *Der implizite Leser. Kommunikationsformen des Romans von Bunyan bis Beckett*. München: Fink.

Jauss, H. R. (1970). *Literaturgeschichte als Provokation*. Frankfurt/M.: Suhrkamp.

Krusche, D. (1990). Vermittlungsrelevante Eigenschaften literarischer Texte. In D. Krusche & A. Wierlacher (Hrsg.), *Hermeneutik der Fremde* (S. 103–125). München: iudicium.

Lachmann, R. & Schamma, S. (2000). Intertextualität. In H. Brackert & J. Stückrath (Hrsg.), *Literaturwissenschaft. Ein Grundkurs* (6. Aufl.) (S. 678–687). Reinbek: Rowohlt.

Landwehr, J. (2000). Fiktion oder Nichtfiktion. In H. Brackert & J. Stückrath (Hrsg.), *Literaturwissenschaft. Ein Grundkurs* (6. Aufl.) (S. 491–504). Reinbek: Rowohlt.

Link, J. (2000). Literatursemiotik. In H. Brackert & J. Stückrath (Hrsg.), *Literaturwissenschaft. Ein Grundkurs* (6. Aufl.) (S. 15–29). Reinbek: Rowohlt.

Rühling, L. (1996). Fiktionalität und Poetizität. In H. L. Arnold & H. Detering (Hrsg.), *Grundzüge der Literaturwissenschaft* (S. 25–51). München: DTV.

Schlaffer, H. (1990). *Poesie und Wissen. Die Entstehung des ästhetischen Bewußtseins und der philologischen Erkenntnis*. Frankfurt: Suhrkamp.

Schönau, W. (1991). *Einführung in die psychoanalytische Literaturwissenschaft*. Stuttgart: Metzler.

Schöttler, D. (1996). Theorien der literarischen Rezeption. Rezeptionsästhetik, Rezeptionsforschung, Empirische Literaturwissenschaft. In H. L. Arnold & H. Detering (Hrsg.), *Grundzüge der Literaturwissenschaft* (S. 537–554). München: DTV.

Szondi, P. (1970). Über philologische Erkenntnis. In P. Szondi, *Hölderlin-Studien. Mit einem Traktat über philologische Erkenntnis* (S. 9–33). Frankfurt/M.: Suhrkamp.

Welsch, W. (1996). Künstliche Paradiese? Betrachtungen zur Welt der elektronischen Medien – und zu anderen Welten. In W. Welsch, *Grenzgänge der Ästhetik* (S. 289–323). Stuttgart: Reclam.

Wilkending, G. (1999). Historische Kulturentwicklung: Zeit, Geschichte, Geschichtsbewusstsein, Sinn, Erinnerung, Tradition, Gedächtnis, Vergessen, Historismus, Positivismus, historische Hermeneutik. In N. Groeben (Hrsg.), Lesesozialisation in der Mediengesellschaft. Zentrale Begriffsexplikationen. *Kölner Psychologische Studien, IV* (1), 78–91.

Corinna Pette & Michael Charlton

Empirisches Beispiel: Differenzielle Strategien des Romanlesens: Formen, Funktionen und Entstehungsbedingungen

1 Lesestrategien – ein Konstrukt zur Analyse und Explikation von Rezeptionsprozessen literarischer Texte

In einer qualitativ ausgerichteten Studie sollte die Auseinandersetzung von sechs erwachsenen Lesern mit demselben Roman wissenschaftlich erforscht werden. Hierbei stand im Vordergrund, empirisch ein möglichst umfassendes Spektrum an Lesestrategien nachzuweisen, die von Lesern bei der Lektüre eines Romans eingesetzt werden. Als Lesestrategien werden alle kognitiven, emotionalen und sozialen Handlungen aufgefasst, die Leser vor, während und nach der Lektüre vollziehen, um den beim Lesen eines Romans angestrebten Genuss zu erlangen (vgl. Pette & Charlton, 1999). Dem liegt die Auffassung zu Grunde, dass der Rezeptionsprozess ein umfassendes Geschehen abbildet, welches bereits beginnt, wenn der Leser sich entscheidet, einen bestimmten Roman zu lesen, und bestimmte Erwartungen gegenüber der Lektüre entwickelt oder sich ein entsprechendes Lese-Setting gestaltet, und welches nicht mit der Rezeption der letzten Seite des Buches endet, sondern die Verarbeitung oder Nachbereitung z.B. in Gesprächen mit anderen einschließt. Entsprechend wird im Folgenden zwischen „vorbereitenden", „Lektüre begleitenden" und „nachbereitenden resp. verarbeitenden" Lesestrategien unterschieden.

Die Lesestrategien dienen vermutlich dem übergeordneten Ziel, dem Leser Genuss bei der Lektüre zu verschaffen. Neben dem Nachweis, welche Strategien überhaupt von unterschiedlichen Lesern in unterschiedlichen Situationen eingesetzt werden, kann man prüfen, welche spezifischen Funktionen die aufgezeigten Lesestrategien im Hinblick auf die Befriedigung kognitiver, emotionaler und sozialer Bedürfnisse der Leser übernehmen können und wie sie für die Bewältigung von Entwicklungsaufgaben genutzt werden. Dies folgt aus der Annahme, dass erwachsene Leser Literatur u.a. dazu nutzen, relevante Lebensthemen zu bearbeiten. Schließlich ist aus biographischer Perspektive von Interesse, welche Erfahrungen Leser bereits früher mit literarischen Texten sammeln konnten. Die vorliegende Studie geht also der Frage nach, welche Zusammenhänge zwischen der erfahrenen Lesesozialisation des Lesers, den für ihn relevanten Lebensfragen und -themen und der Auswahl spezifischer Lesestrategien nachweisbar sind.

2 Durchführung und Auswertung der Studie

Sechs Leser, die sich spontan dazu entschieden hatten, den neu erschienenen Roman „Morgen in der Schlacht denk an mich" des spanischen Erfolgsautors Javier Marias zu lesen, wurden mittels eines umfassenden Instrumentariums in ihrem Lektüreprozess begleitet. Dazu wurde vor Beginn der Lektüre mit jedem Leser ein ausführliches Interview zu dessen Lesesozialisation geführt. Neben objektiven Daten war v.a. von Interesse, wie der einzelne Leser seine literarische Sozialisation erlebt hat und wie er sich heute als Leser sieht. Zusätzlich wurde jedem Leser ein Fragebogen ausgehändigt, den er bis zum zweiten Interviewtermin ausfüllen sollte. Der Fragebogen enthielt standardisierte Fragen zur Lesesozialisation, zur Lesekompetenz und zum Vorwissen über den Roman „Morgen in der Schlacht denk an mich". Die Leser wurden gebeten, die Lektüre des Romans möglichst alltagsnah, so wie gewohnt, zu gestalten. Allerdings sollten sie einige Selbstprotokollierungen während der Lektüre vornehmen. Hierzu gehörte die Angabe von Lesezeiten und Leseorten, das Unterstreichen relevanter Textstellen, Angaben, wo ggf. zurück- oder vorausgeblättert wurde, die Markierung von Textstellen, die mehrmals gelesen wurden und – wenn möglich – die Angabe von Beobachtungen zum eigenen Leseverhalten. Außerdem wurden die Leser aufgefordert, an einer bestimmten Stelle im Roman eine Vorauserzählung zu entwickeln. Für die Protokollierung der Selbstbeobachtungen des eigenen Leseverhaltens sowie für die Niederschrift der Vorauserzählung wurde den Lesern ein Lesetagebuch ausgehändigt. Im unmittelbaren Anschluss an die Lektüre erfolgte ein zweites Interview, welches aus drei Teilen bestand. Zunächst wurden die Leser dazu ermuntert, über den Roman und ihre Erfahrungen bei der Lektüre frei zu erzählen. Daran schloss sich die Befragung zu ca. vier bis acht Textstellen an, die die Leser während der Lektüre in ihrem Leseexemplar unterstrichen hatten. Die einzelnen Textpassagen wurden den Lesern vorgelesen und diese sollten rekonstruieren, was bei der Lektüre in ihnen vorgegangen war und warum sie gerade diese Textstellen unterstrichen hatten. Im letzten Teil des Interviews wurden die Leser gebeten, kurz die für sie zur Zeit bedeutsamen Lebensthemen zu benennen. Das Interview wurde mit einer standardisierten Nachbefragung abgeschlossen, die dazu diente, über alle Leser hinweg vergleichbare Aussagen zu bestimmten Aspekten des Romans und zum eigenen Rezeptionsprozess zu erhalten.

Die Interviews wurden transkribiert und liegen schriftlich fixiert vor. Von der Nachbefragung wurden Grobtranskripte angefertigt. Die Selbstprotokollierungen, die die Leser in ihrem Leseexemplar eingetragen haben, wurden in ein

Auswertungs-Exemplar des Romans übertragen. Die Auswertung erfolgte nach den Prinzipien der Dialoganalyse (s. Charlton & Pette, 1999; Pette & Charlton, 1999). Hierbei handelt es sich um eine Vorgehensweise, die unterschiedliche Methoden integriert, um das Datenmaterial in seiner Komplexität zu reduzieren. Der Dialoganalyse liegt die Annahme zu Grunde, dass die Leser-Text-Interaktion einen dialogähnlichen Kommunikationsprozess darstellt, wobei der Leser ähnlich wie in einer natürlichen Kommunikationssituation auf den Text reagiert. Da er jedoch weiß, dass er mit seinen Antworten vom Autor nicht gehört wird und keine direkte Rückkopplung zwischen den Gesprächspartnern vorliegt, erfolgt die Auseinandersetzung mit dem Text in einem „inneren" Dialog (im Sinne von Mead, 1968). Die Leser-Text-Interaktion (mediale Kommunikation) sowie die „inneren" Dialoge, die der Leser bei der Lektüre führt, sind nicht von außen beobachtbar, sondern müssen rekonstruiert bzw. erschlossen werden. Hierzu eignet sich die Anschlusskommunikation, die in der dargestellten Untersuchung im Gespräch zwischen Forscherin und Leser über den Roman stattfinden konnte. Dieses nach der Lektüre geführte Interview bot dem Leser die Möglichkeit, sich nachbereitend noch einmal mit der Lektüre auseinander zu setzen. Dadurch wurde die Medienaneignung teilweise der direkten wissenschaftlichen Beobachtung zugänglich.

Die Datenauswertung erfolgte anhand eines Manuals und hatte das Ziel, die Befunde, die aus verschiedenen Datenquellen stammen, einzelnen Themenbereichen zuzuordnen, z.B. Person des Lesers, Lebenssituation und relevante Lebensthemen, erfahrene Lesesozialisation, Gestaltung der Gesprächssituation, Präsentation als Leser, Rekonstruktion des Leseprozesses, eingesetzte Lesestrategien vor dem Hintergrund erfahrener Lesesozialisation und aktueller Lebensthemen. Die Ergebnisse der Analyse der einzelnen Rezeptionsprozesse werden in Form von Falldarstellungen präsentiert, wobei die Form der Präsentation sich insofern am Vorgehen einer *grounded theory* orientiert, als sich der Auflösungsgrad der Darstellung von Leser zu Leser reduziert, bis bei den letzten Fällen nur noch Aspekte aufgeführt werden, die die Ergebnisse, wie sie sich aus den bisher analysierten Fällen ergeben haben, ergänzen.

3 Sechs Leser lesen „Morgen in der Schlacht denk an mich"

Dem Ziel, einen umfassenden Katalog empirisch nachgewiesener Lesestrategien aufzustellen, ging die ausführliche Analyse der Rezeptionsprozesse voraus, wie sie durch die einzelnen Leser gestaltet wurden. Bei den teilnehmenden Lesern handelte es sich zwar einheitlich um Personen, die mehr oder weniger regelmäßig seit ihrer Kindheit literarische Texte gelesen haben und somit über eine gewisse Lesekompetenz verfügen, sie unterschieden sich aber hinsichtlich Alter, Beruf, Lesesozialisation und vor allem in Bezug auf ihre aktuelle Lebenssituation grundlegend. Die dokumentierten Lektüreprozesse sind sehr unterschiedlich verlaufen – nicht nur im Hinblick auf die jeweiligen Rezeptionsergebnisse (Romanverständnis, Romanbewertung, Vergnügen usw.), sondern auch in Bezug auf die Gestaltung der Lektüre und auf den individuellen Umgang mit dem Roman. Im Folgenden sollen die einzelnen Leser kurz vorgestellt und Charakteristika ihres Rezeptionsprozesses, wie sie sich durch die Auswertung des Datenmaterials herausarbeiten ließen, präsentiert werden.

Herr A – Der Roman als Lustgarant

Bei Herrn A. handelt es sich um einen 40-jährigen Lehrer, der bei seiner Mutter aufgewachsen ist, die von Beruf Buchhändlerin war. Durch sein Elternhaus wurde er schon von früher Kindheit her an Literatur herangeführt. Wie er selbst beschreibt, hat ihn auch „seine Liebe zur Literatur" dazu motiviert, ein literaturwissenschaftliches Studium zu wählen. Zum Zeitpunkt der Untersuchung befindet sich Herr A. in einer als äußerst kritisch zu bezeichnenden Lebenssituation, da er gerade seine Arbeitsstelle verloren hat und auch die Beziehung zur Lebenspartnerin, mit der er zwei gemeinsame Kinder hat, zerbrochen ist. Um Ablenkung von seinem nicht gerade erfreulichen Alltag zu erhalten, stürzt sich Herr A. geradezu auf Romane und verbringt einen Großteil der ihm verbleibenden Zeit mit Lesen. Auffallend ist hierbei, dass Herr A. vor allem Romane liest, die er bereits kennt und für gut befunden hat, oder auf Autoren zurückgreift, die er schon zu schätzen gelernt hat. Hieraus lässt sich für den Lektüreprozess des Romans „Morgen in der Schlacht denk an mich" die Hypothese formulieren, dass Herr A. vermeiden möchte, bei der Lektüre eines Romans weitere negative Erfahrungen zu machen, und versucht, sich möglichst positive Erlebnisse zu verschaffen, die einen Gegenpol zu seiner gegenwärtigen Lebenssituation bilden.

Die Auswertung der Daten dieses Lesers bestätigt die oben genannte Hypothese insofern, als sich eine Reihe von vorbereitenden, begleitenden und verarbeitenden Lesestrategien aufdecken lässt, die Herrn A. dazu verhilft, sich beim Lesen einen möglichst großen Genuss zu verschaffen. Bereits in der Vorbereitung vergegenwärtigt er sich die Lektüre bisher gelesener Romane des spanischen Autors Javier Marias, den er für einen der bedeutendsten Gegenwartsautoren hält. Zudem wählt und gestaltet er das Setting der Lektüre derart, dass ungestörtes Lesen möglich ist – für ihn eine wesentliche Voraussetzung, um Vergnügen beim Lesen erleben zu können. Während der Lektüre versinkt Herr A. stellenweise in den Text und lässt sich von ihm mitziehen, was als Strategie betrachtet werden kann, sich abzulenken und von seinem unerfreulichen Alltag Abstand zu gewinnen. Immer wieder löst er jedoch das Involvement in den Text auf und legt Pausen ein, um über das Gelesene und sich selbst nachzudenken, besonders dann, wenn er einen Bezug zwischen Textwelt und eigenen Erfahrungen herstellen oder aus dem Text ein Thema abstrahieren kann, welches für ihn zum momentanen Zeitpunkt relevant ist, indem es seine Erfahrungswelt erweitert. Dort, wo Herr A. den Text nicht versteht oder kein sinnkohärentes Ganzes herstellen kann, blendet er Textstellen aus bzw. deklariert diese zu Nebenhandlungen, die das Verstehen der erzählten Geschichte eher stören als bereichern. Bei der Verarbeitung der Lektüre im Interview – aber wohl auch schon bereits während der Lektüre – nimmt Herr A. eine große Anzahl von Bewertungen vor. An diesen fällt auf, dass es sich in überwiegender Zahl um positive Beurteilungen bestimmter Sachverhalte, der gewählten Ausdrucksweise oder der Konstruktion des Romans handelt. Lassen sich noch einige wenige neutrale Bewertungen aufdecken, so übt Herr A. bis auf eine Ausnahme keine Kritik. In diesem Verhalten unterscheidet sich dieser Leser grundlegend von den anderen Teilnehmern der Untersuchung, die eher bereit sind, den Roman hinsichtlich seiner Qualitäten, aber auch seiner Schwächen zu beurteilen. Betrachtet man zusätzlich noch die von Herrn A. entworfene Vorauserzählung, in der er quasi eine „Reparatur" der Geschichte mit positivem Ausgang vornimmt, so verdichtet sich das Bild, dass dieser Leser die Lektüre vornehmlich mit dem Ziel gestaltet, sich möglichst großes Vergnügen zu verschaffen, und es vermeidet, negative Aspekte zu thematisieren oder überhaupt wahrzunehmen.

Zur emotionalen Verarbeitung des Gelesenen greift Herr A. auf eine interessante Strategie zurück, die es ihm ermöglicht, Distanz zu seinen eigenen Gefühlen zu wahren. Hierzu wählt er Figuren aus – v.a. die Figur des Ich-Erzählers –, mit denen er mitfühlen und mitgehen kann, von denen er sich jedoch auch klar abgrenzt. Die Abgrenzung erfolgt nicht durch eine Unterscheidung in Wesensmerkmalen, sondern durch eine Distanzierung vom Lebenskontext der Romanfigur. Diese Distanz scheint für Herrn A. eine Voraussetzung dafür darzustellen, einer Figur im Roman die eigenen Gefühle zuschreiben und diese dadurch reflektieren zu können, ohne zugleich mit den Gefühlen, die den eigenen Alltag bestimmen, zu stark konfrontiert zu werden.

Zusammenfassend lässt sich mit Herrn A. ein Leser beschreiben, der über große Erfahrung im Umgang mit literarischen Texten und über ein breites Spektrum an Lesestrategien verfügt. Bei der Lektüre des ausgewählten Romans setzt Herr A. vorwiegend Lesestrategien ein, die ihm zu Vergnügen und Spaß beim Lesen verhelfen. Dies lässt sich vor dem Hintergrund seiner aktuellen Lebenssituation dahingehend interpretieren, dass Herr A. sich vor weiteren Enttäuschungen in gewisser Weise schützen möchte und sich durch die Lektüre sowohl ein positives Erlebnis zu verschaffen versucht als auch sich selber durch die Vergegenwärtigung eigener Lesekompetenz in seinem Selbstbild stärken kann. Gerade Letzteres könnte im Hinblick auf eine berufliche Neuorientierung zweckmäßig sein.

Frau B. – Auf der Suche nach Realität

Frau B. ist 28 Jahre alt und befindet sich gerade im letzten Prüfungsabschnitt ihres Studiums provinzialrömischer Archäologie. Bei ihr handelt es sich eher um eine unerwartete Leserin, da sie seitens ihrer Eltern keine Anregung zum

Lesen während ihrer Kindheit erfahren hat und aus einem an Büchern armen Elternhaus stammt. Dennoch konnte Frau B. sich als Kind selber die Welt der Bücher erschließen und einen ganz eigenen Umgang mit Literatur entwickeln, der ihr äußerst intensive Lese-Erlebnisse vermitteln kann. Zuweilen fällt es ihr schwer, aus der Welt des Textes wieder aufzutauchen, weswegen sie anschließend Lesepausen bis zu mehreren Wochen einlegen muss, bevor sie sich einem neuen Roman zuwenden kann. Im Gegensatz zu Herrn A. liest Frau B. bei weitem nicht so kontinuierlich, aber sie selbst beschreibt Lesen als etwas Wichtiges in ihrem Leben, welches sie qualitativ von anderen Freizeitaktivitäten abgrenzt. Die aktuelle Lebenssituation von Frau B. wird durch das bevorstehende Ende des Studiums gekennzeichnet und ist, abgesehen von den Anforderungen durch die Prüfungssituation, v.a. durch Unbestimmtheit geprägt aus dem Wissen einen Ortswechsel vornehmen zu müssen, da in ihrer Studienstadt nicht mit einer Arbeitsstelle im angestrebten Arbeitsfeld zu rechnen ist.

Die Analyse des Rezeptionsprozesses, wie er von Frau B. gestaltet wurde, verweist auf eine Zwei-Teilung der Lektüre. Zunächst verfolgt Frau B. den Text interessiert mit, und es scheint ihr Spaß zu machen, den Roman zu lesen. Bei der Hälfte des Romans erfährt der Rezeptionsprozess jedoch einen Bruch. Ausschlaggebend ist ein Kapitel, in welchem Frau B. dem Autor bzw. Ich-Erzähler nicht mehr glauben kann. Hierbei fällt auf, dass Frau B. keine Trennung zwischen Fiktion und Realität vornimmt, sondern an den Text die Kriterien ihrer eigenen Realitätsauffassung anlegt. Die fehlende Glaubwürdigkeit des Ich-Erzählers (Autors) ruft in ihr eine so starke Enttäuschung und heftigen Ärger hervor, dass Frau B. den Rest der Lektüre dazu verwendet, diese Gefühle zu verarbeiten. Dies tut sie vornehmlich durch den Einsatz von Lesestrategien, mittels derer sie sich beweisen kann, dass der Roman schlecht ist: Sie ist kaum noch involviert, übt Kritik, sucht Textstellen, denen sie Klischeehaftigkeit unterstellen kann, kommentiert den Text auf ironische, manchmal gar zynische Weise, unterbricht die Lektüre und liest zwischendurch einen anderen Roman, bewertet die Handlung negativ und entwirft eine Vorauserzählung, mit der sie sich am Ich-Erzähler rächen kann, indem sie ihn zu einem Opfer werden lässt, das sich seinem Schicksal beugen muss.

Während Frau B. bei der Lektüre erste Versuche unternimmt, den erfahrenen Ärger und die erlebte Enttäuschung zu verarbeiten, nutzt sie die Nachbereitungsphase während des Interviews dazu, damit fortzufahren. So besteht das gesamte Interview vorwiegend aus einer Kritik des Romans unter verschiedenen Gesichtspunkten. Lediglich einzelne Hinweise lassen bei der Auswertung den Schluss zu, dass der Beginn des Romans Frau B. durchaus auch Vergnügen bereitet hat. Die Frage, warum das Ausmaß negativer Gefühle derart stark gewesen ist, lässt sich überwiegend durch die Tatsache erklären, dass Frau B. nicht zwischen Fiktion und Realität trennt und der erzählten Geschichte Realitätscharakter zuspricht. Dort, wo die Handlung im Text, sofern man sie als Abbild einer realen Begebenheit betrachtet, eine Situation schildert, die für Frau B. eine starke Bedrohung darstellen könnte, stellt sie sich selbst in einer solchen Situation vor. Dabei wird sie emotional so stark angesprochen, dass sie Abwehrstrategien einsetzt, die ihr bei der Regulation der eigenen Betroffenheit helfen. Gerade das siebte Kapitel des Romans schildert eine Situation, die vom Leser nicht nur die Aktivierung des Wissens um Fiktionalität erfordert, sondern auch in hohem Maße Integrationsleistungen verlangt, um das Erzählte in den Zusammenhang mit der bisherigen Geschichte zu bringen. Hier zeigt sich, dass Frau B. im Laufe ihrer Lesesozialisation wenig Anregung zum Umgang mit literarischen Texten erhalten hat und über ein relativ eingeschränktes Spektrum einsetzbarer Lesestrategien verfügt bzw. die ihr zur Verfügung stehenden Lesehandlungen nicht ausreichen, um flexibel mit einem literarischen Text eines bestimmten Anspruchsniveaus umgehen zu können. Hinsichtlich der Bedeutung des Einflusses der aktuellen Lebenssituation von Frau B. auf die aktuelle Rezeptionssituation bietet sich die Erklärung an, dass die Leserin zum Zeitpunkt der Lektüre in einer Prüfungssituation steht, die sie so sehr vereinnahmt, dass sie eventuell keine Ressourcen oder keine Lust mehr hat, sich in der Freizeit auch noch zu bemühen, während sie auf der Suche nach anstrengungslosem Vergnügen ist. Auch die Unbestimmtheit der eigenen Lebenssituation kann als Grund dafür betrachtet werden, warum Frau B. sich an der großen Offenheit stört, mit der der Text bzw. die erzählte Geschichte ihren Lesern begegnet.

Die Interpretation der Daten von Frau B. ergibt das Bild einer Leserin, die über ein eher eingeschränktes Repertoire einsetzbarer Lesestrategien verfügt, was sich durch die Art der erfahrenen Lesesozialisation erklären lässt. Kennzeichnend für den Rezeptionsprozess dieser Leserin ist die Tatsache, dass Frau B. keine Unterscheidung von Fiktion und Realität vornimmt, sondern den Text als Abbildung realer Begebenheiten betrachtet. Die Übertragung der erzählten Geschichte in die Realität schafft eine bedrohliche Situation, die sie abzuwehren versucht, indem sie den Text kritisiert, ironisch kommentiert und sich selbst immer wieder in ihrer negativen Auffassung des Romans bestätigt.

Frau C. – Der Struktur auf der Spur

Frau C. ist 43 Jahre alt, lebt alleine, arbeitet als niedergelassene Ärztin und beschäftigt sich zum Zeitpunkt der Studie überwiegend mit existenziellen Themen. Lesen stellt für sie neben der Arbeit die wichtigste Beschäftigung in ihrem Leben dar. Auch fällt bei Frau C. auf, dass ein Großteil ihrer Freizeitaktivitäten etwas mit Literatur zu tun hat: So geht sie häufig zu Lesungen und nimmt an literarischen Zirkeln teil. Aus einem – wie sie selbst sagt – Elternhaus des klassischen Bildungsbürgertums kommend, sind Bücher seit frühester Kindheit ein fester Bestandteil ihres Lebens. Ihr heutiges Leseverhalten beschreibt Frau C. mit den Worten „literarische Bulimie", womit sie sagen möchte, dass sie Bücher geradezu verschlingt und ihr Leseverhalten Züge von Suchtverhalten aufweist. Dem Roman „Morgen in der Schlacht denk an mich" steht sie ambivalent gegenüber, da sie vom selben Autor bereits einen Roman gelesen hat und durch diesen trotz euphorischer Kritiken in Presse und Fernsehen enttäuscht wurde. Auch den für die Untersuchung ausgewählten Roman beurteilt sie im Nachhinein nicht als „literarisches Meisterwerk" – ein Urteil, welches auf ihrem reichhaltigen Erfahrungsschatz basiert.

Inhaltlich findet Frau C. nur bedingt Anknüpfungspunkte an für sie bedeutsame Lebensthemen. Ihre äußerst weitreichende Erfahrung bezüglich Literatur ermöglicht es ihr jedoch, mit dem Text in einer Art und Weise zu interagieren, die ihr dennoch Vergnügen bei der Lektüre verschafft. Dies gelingt ihr vor allem dadurch, dass sie nach Konstruktionsmerkmalen des Textes sucht, um dessen Struktur durchschauen zu können. Hierzu greift sie auf ein breites Spektrum zur Verfügung stehender Lesestrategien zurück. Es lassen sich wenige Momente nachweisen, in denen Frau C. sich vom Text mitziehen lässt oder ganz in diesen abtaucht. Hauptsächlich nimmt Frau C. jedoch eine Beobachterperspektive ein, aus der heraus sie auf die Geschichte blickt und die es ihr ermöglicht, die zur Analyse der Struktur des Romans nötige Distanz zu wahren. Mit welcher Akribie Frau C. den Roman in seine Bestandteile und seinen Aufbau zerlegt und wieder zusammenfügt, wird vor allem an den intratextuellen Bezügen deutlich, die sie immer wieder während der Lektüre herstellt. Hierzu bedient sie sich der Technik des Zurückblätterns, indem sie sich, sobald sie auf eine ihr bekannt erscheinende Textpassage trifft, auf die Suche zu der Stelle im Roman macht, wo sie glaubt, bereits Ähnliches oder Gleiches gelesen zu haben. Es ist erstaunlich, mit welcher Sicherheit die Leserin Wiederholungen im Text aufzuspüren vermag, gleichgültig an welcher Stelle im Roman diese auftauchen. Dies wird ihr sicherlich durch ein hervorragendes Gedächtnis erleichtert. Auch das im Text in gleicher oder ergänzter Form immer wiederkehrende Titelzitat nutzt Frau C. bei ihrer Strukturierungstätigkeit, indem sie die Zitatteile durchnummeriert und versucht, Bezüge zwischen Handlung und Zitat herzustellen.

Zunächst wirkt der Umgang von Frau C. mit dem Roman im Vergleich zu den anderen Lesern ein wenig befremdend. Berücksichtigt man jedoch, dass Frau C. inhaltlich von der erzählten Geschichte nicht sonderlich angesprochen wird und dass es sich um eine äußerst erfahrene und versierte Leserin handelt, dann lässt sich ihr Vorgehen dahingehend deuten, dass sie dennoch über das nötige Instrumentarium verfügt, sich Genuss beim Lesen zu verschaffen, indem sie die Interaktions-Ebene wechselt und sich weniger mit dem für sie ohnehin nicht allzu interessanten Inhalt beschäftigt, sondern versucht, Konstruktionsmerkmale zu erfassen. Allerdings könnte diese Form des Umgangs mit dem Text auch im Zusammenhang mit ihrem Beruf stehen, der es täglich von ihr erfordert, Dinge aus einer analytischen Perspektive zu erfassen und zu betrachten. Auch kann Frau C. es sich womöglich ersparen, sich intensiven Gefühlen aussetzen zu müssen, indem sie sich immer in Distanz zur erzählten Geschichte hält.

Frau D. – Lesen als Beruf

Bei Frau D. handelt es sich um eine 31-jährige Buchhändlerin und somit um eine erwartete Viel-Leserin (vgl. Hurrelmann, Hammer & Nieß, 1993), die bereits durch ihren Beruf zum Lesen gezwungen ist. Aber Bücher haben auch schon früh in der Kindheit für sie eine große Rolle gespielt, da sie aus einem Elternhaus kommt, in dem ihre Vorliebe auf rege Unterstützung getroffen ist. Nach ihrer Lehre hat Frau D. ein Studium Neuer Deutscher Literaturwissenschaft angeschlossen, welches sie kurze Zeit vor Beginn der Studie erfolgreich beendigt hat. Zum Zeitpunkt der Untersuchung steht Frau D. kurz vor dem Wiedereintritt ins Berufsleben, wobei sie beschlossen hat, wieder in ihrem alten Beruf als Buchhändlerin zu arbeiten. Ihre aktuelle Lebenssituation bestimmt sich einerseits durch die bevorstehende Berufstätigkeit und die damit einhergehende Umstrukturierung ihrer Freizeitaktivitäten, andererseits aber auch durch den Umzug ihres Lebenspartners aus beruflichen Gründen in eine andere Stadt. Damit verbunden bekommt das Thema „Familienplanung" für Frau D. Bedeutung.

Bei der Auswertung der Daten, die für Frau D. erhoben wurden, wird deutlich, dass diese Leserin keine Trennung von beruflicher und Freizeit-Lektüre vornimmt. Die Romanlektüre, zu der sie sich freiwillig und nicht aus beruflichen Gründen entschieden hat – wobei sich die Frage stellt, inwieweit in diesem Fall eine Unterscheidung überhaupt möglich ist – gestaltet sie so, als ob sie dem Erfüllen einer Pflicht gleichkommt. Besonders deutlich wird dies dadurch, dass Frau D. ein Lesepensum von meist einem Kapitel pro Tag im Vorhinein festlegt und sich vor und während der Lektüre immer wieder der noch zu lesenden Seitenzahl vergewissert, bis das Pensum erfüllt ist. Wenn sie die Lektüre beenden möchte, vermag die Gewissheit, dass es nur noch wenige Seiten bis zum Kapitel-Ende sind, sie zum Weiterlesen zu motivieren. Trotz Erfahrung im Umgang mit Literatur und einem u.a. auch durch das Studium vermittelten Wissensvorrat tut Frau D. sich mit dem Roman schwer. Dies liegt einerseits am komplizierten Satzbau, andererseits aber auch am episodenhaften Aufbau des Romans, wobei die Zusammenhänge zwischen den einzelnen Episoden für den Leser nicht immer gleich einsichtig sind, da der Autor sich unterschiedlicher Zeitebenen bedient und immer wieder Zeitsprünge einbaut, die nicht sofort erkennbar sind.

Es fällt auf, dass Frau D. wenige Lesestrategien einsetzt, die ihr helfen könnten, eine Passung zwischen dem literarischen Angebot und den eigenen Bedürfnissen herzustellen. Dort, wo Verständnislücken auftreten, lässt sie diese bestehen und unternimmt kaum etwas, um sie zu schließen. Lediglich dort, wo sich ein Anschluss an für sie relevante Themen der Gegenwart oder ihrer unmittelbaren Vergangenheit herstellen lässt, erhöht Frau D. das Involvement in den Text. Obwohl Frau D. auf Grund ihrer beiden Ausbildungen über ein weitaus breiteres Spektrum an Lesestrategien verfügen müsste, als es bei der Lektüre dieses Romans zum Tragen gekommen ist, lässt sich ihr Verhalten vor dem Hintergrund ihres Berufs als Buchhändlerin erklären. Frau D. hat sich angewöhnt, routinemäßig zu lesen, ohne dabei ein hohes Ausmaß an Anstrengung zu erbringen. Dieses Leseverhalten scheint sie nicht nur zu zeigen, wenn sie aus beruflichen Gründen liest, sondern sie überträgt es im vorliegenden Fall auch auf ihre Freizeit-Lektüre.

Frau E. – Im Roman auf Entdeckungsreise

Bei Frau E. handelt es sich um eine 40-jährige unerwartete Viel-Leserin (vgl. Hurrelmann, et al. 1993), die aus einer Familie kommt, in der so gut wie nicht gelesen wurde. Über den erweiterten Familienkreis hat sie allerdings schon als Kind Zugang zu Büchern erhalten und es sehr genossen, sich mit einem Buch zurückzuziehen und in die Welt des Textes zu versinken. Nach zwei bereits abgeschlossenen Lehren steht Frau E. gerade am Beginn einer weiteren Ausbildung, nämlich zu der einer Buchhändlerin. Motiviert wird dieser Schritt zum einen durch die Faszination, die Bücher schon immer auf sie ausgeübt haben, sowie durch ihre private Situation: Frau E. lebt gerade in Trennung von ihrem Ehemann, mit dem sie drei gemeinsame Kinder hat, die bei ihr leben. Ihre Lebenssituation bestimmt sich hauptsächlich durch die Verarbeitung der gescheiterten Ehe und die Neuorientierung in einer für sie bisher ungewohnten Situation.

Bei Frau E. trifft man auf eine Leserin, die bei der Lektüre einen ständigen Wechsel von Abtauchen in das Buch und Auftauchen aus der Textwelt vollzieht, um das Gelesene zu verarbeiten und gegebenenfalls über bestimmte Themen zu reflektieren. Da die Verarbeitung unmittelbar in den Lektüreprozess eingebunden wird, lässt sich bei Frau E. kaum eine Trennung begleitender und verarbeitender Lesestrategien vornehmen. Frau E. taucht völlig in den Roman ab und verweilt im Hier und Jetzt. Sobald es ihr möglich wird, eine Anbindung der eigenen Lebenswelt an den Text vorzunehmen, oder der Text Themen anbietet, die für sie relevante Lebensfragen berühren, taucht sie aus der Textwelt auf und macht sich zu dem, was sie gerade gelesen hat, ihre eigenen Gedanken oder überprüft, inwiefern sie den im Text gemachten Aussagen zustimmen kann bzw. inwieweit diese Antworten auf eigene Fragen bieten können. Das ständige Wechselspiel von Lektüre und Reflexion des Gelesenen führt zu einem erhöhten Zeitaufwand, der sich im langsamen Lesetempo von Frau E. niederschlägt.

Ähnlich wie Frau B. nimmt auch Frau E. keine Trennung zwischen Fiktion und Realität vor. Im Gegensatz zur zuerst genannten Leserin empfindet Frau E. jedoch weder Ärger noch Enttäuschung, wenn die erzählte Geschichte nicht ihrer eigenen Realitätsauffassung folgt, sondern sie empfindet Erstaunen und erfreut sich am dargebotenen Spektrum dessen, was alles möglich auf dieser Welt erscheint. Die Vorurteilsfreiheit, mit der Frau E. dem Text begegnet, weist darauf hin, dass Frau E. im Roman nach Antworten auf für sie bedeutsame Lebensfragen sucht und im jeweiligen Fall überprüft, inwieweit ein vom Text vermitteltes Angebot ihr bei der Beantwortung eigener Fragen hilfreich sein könnte.

Im Gegensatz zu den anderen Lesern, die an dieser Studie teilgenommen haben, spielt auch die Sprache, in der der Roman verfasst ist, für Frau E. eine ganz besondere Rolle. Musste sie sich anfangs zunächst an den Stil des Autors und die langen Sätze gewöhnen, so hat im weiteren Verlauf der Lektüre gerade die Sprache einen enormen Sog auf Frau E. ausgeübt, dem sie sich kaum noch widersetzen konnte, so dass sie in den Text hineingezogen wurde.

Zusammenfassend lässt sich für Frau E. festhalten, dass sie dem Roman völlig unvoreingenommen und offen entgegen tritt. Sie liest hoch konzentriert und ist bei der Lektüre äußerst präsent. Das, was sie gelesen hat, verarbeitet sie sofort, indem sie Bezüge zur eigenen Lebenswelt herzustellen versucht oder Themen aufgreift, die ihr bei der Verarbeitung eigener Lebensfragen hilfreich sein könnten. Hieran wird ersichtlich, wie sehr Frau E. mit der Verarbeitung ihrer unmittelbaren Vergangenheit – der Trennung von ihrem Mann und den damit verbundenen Fragen und Anforderungen – beschäftigt ist und dass sie die Lektüre des Romans dazu nutzt, ihre aktuelle Lebenssituation zu verarbeiten und damit auch fortzuschreiben.

Herr F. – Der Autor als Gesprächspartner

Herr F. ist 67 Jahre alt, Rentner und lebt alleine in einem Umfeld, an welches sich anzupassen für ihn eine nicht unwesentliche Anforderung darstellt. Früher hat Herr F. als Konditor gearbeitet, musste dann aber wegen einer psychischen Erkrankung, die ihn zu mehreren Aufenthalten in der Psychiatrie gezwungen hat, seine Berufstätigkeit aufgeben. Ethisch ist eine Teilnahme an der Untersuchung vertretbar, da Herr F. seit mehreren Jahren nicht durch die Erkrankung beeinträchtigt wird und Lesen für ihn einen festen Bestandteil seines Lebens darstellt. Herr F. war verheiratet, hat aus dieser Ehe auch eine Tochter, lebt aber von seiner Ehefrau seit vielen Jahren getrennt. Zu seiner Ex-Ehefrau und seiner Tochter besteht jedoch noch Kontakt. Die Zeit der Lesesozialisation war geprägt von der Propaganda des Naziregimes und vom zweiten Weltkrieg. Später hat Herr F. sich aus eigenem Interesse der Literatur zugewandt, wobei auffällt, dass er sich sukzessive mit den Autoren verschiedenster Länder in bestimmten Lebensphasen vertraut gemacht hat. Heute liest Herr F., was er entweder antiquarisch erstehen kann oder was ihm seine Nichte oder sein Neffe zum Lesen geben. Er selbst beschreibt sein Leseverhalten als „improvisiert". Die aktuelle Lebenssituation von Herrn F. wird durch vier Themenbereiche bestimmt: die Bewältigung seines Alltags, verbunden mit der Überwindung seiner sozialen Isolation, die Verarbeitung der in der Psychiatrie gemachten Erlebnisse, die Reflexion seiner Beziehung zu Frauen im Verlauf seines Lebens und die Planung dessen, was er mit seinem Leben in den ihm noch verbleibenden Jahren anfangen möchte.

Herr F. unterscheidet sich von den anderen Lesern, die an der Untersuchung teilgenommen haben, vor allem darin, dass er eine Reihe von Lesestrategien einsetzt, mit denen er sich bei der Lektüre eine „reale" Kommunikationssituation schafft. Hierbei fungiert der Autor des Romans, den er mit dem Ich-Erzähler gleichsetzt, als Gesprächspartner. Diesen spricht er direkt mit an den Rand geschriebenen Kommentaren an, stellt Überlegungen zu dessen Person an, vergegenwärtigt sich ihn, indem er die Lektüre kurzfristig unterbricht, sich im Buch-Umschlag das abgedruckte Bild von Javier Marias betrachtet und ihn als sympathisch befindet, und fragt sich zwischendurch, was den Autor wohl bewogen haben mag, so zu schreiben, wie er es getan hat. Eine Erklärung für Herrn F.s Verhalten mag in seiner sozialen Isolierung zu finden sein, so dass er den Rezeptionsprozess derart gestaltet, dass er dadurch eine Gesprächssituation schafft, die ihm in seinem Alltag fehlt und die er vermisst. Diese Vermutung wird auch durch Herrn F.s Umgang mit der Interviewsituation gestützt: Diese nutzt er dazu, fernab vom Thema Bücher und Lesen über sich, sein Leben, seine Einstellungen zu politischen und gesellschaftlichen Fragen und über sehr Privates zu erzählen. Er scheint dabei von einem nur schwer zu bremsenden Mitteilungsdrang getrieben, der sich dadurch erklären lässt, dass Herr F. wenig Gelegenheit zum Austausch mit anderen Menschen hat.

Neben der Person des Autors spielen die im Roman auftretenden Frauen-Figuren für Herrn F. eine bedeutsame Rolle. Diese fokussiert er verstärkt und nimmt Bedeutungszuschreibungen zu Textstellen vor, die Mann-Frau-Beziehungen ansprechen, von denen angenommen werden kann, dass es sich um Projektionen eigener Gefühle und Erfahrungen handelt. Dass es bei diesem Themen-Komplex um etwas geht, was sich für Herrn F. eher bedrohlich als erfreulich darstellt, lässt sich daraus ableiten, dass er den im Text auftauchenden Frauen-Figuren eher negative als positive Motive zuschreibt.

Vor allem die Verarbeitung des Romans in der Interviewsituation nutzt Herr F. dazu, für ihn relevante Lebensthemen ins Gespräch zu bringen und Verbindungen zwischen der eigenen Lebenswelt und dem Text herzustellen. Allerdings ist hierbei nicht immer nachzuvollziehen, auf welchem Weg die Zusammenhänge hergestellt werden. Dies gibt Anlass zur Vermutung, dass Herr F. über einen Roman zu sprechen als Einstieg zu einem Gespräch nutzt, in welchem er mitteilen kann, was ihn gerade beschäftigt.

4 Funktionsklassen empirisch nachgewiesener Lesestrategien

Die Auswertung und Interpretation des Datenmaterials, welches für die sechs Leser erhoben wurde, konnte am einzelnen Fall aufzeigen, welche Lesestrategien die Leser im Verlauf des Lektüreprozesses eingesetzt haben und mit welchen Funktionen diese versehen wurden. Über alle sechs Fälle hinweg ließ sich ein Katalog aller empirisch nachgewiesenen Lesestrategien aufstellen, wobei deutlich wurde, dass sich die einzelnen Lesehandlungen zu einzelnen Funktionsklassen zusammenfassen lassen. Bereits zu Beginn der Studie wurde aus zahlreichen unsystematischen Beobachtungen eine die Untersuchung leitende vorläufige Einteilung unterschiedlicher Funktionsklassen vorgenommen. Im Verlauf der Auswertung konnten die Kategorien modifiziert und erweitert werden. Der endgültige Katalog von Lesestrategien umfasst die im Folgenden aufgeführten Kategorien, unter die sich alle aufgedeckten Lesestrategien einordnen lassen, wobei in jeder Funktionsklasse unterschieden wird, ob eine Handlung im Rahmen der Vorbereitung der Lektüre, der eigentlichen Lektüre des Textes oder in der Phase der Nachbereitung vollzogen wird :

Lesestrategien im Dienst der Verstehenssicherung
Hierunter fallen alle Handlungen, die die Leser im Verlauf des Rezeptionsprozesses ausführen, um Bedeutung zu konstruieren bzw. dem Text Sinn zu verleihen. Vorbereitend beinhaltet z.b. die Lektüre des Klappentextes oder einer Rezension eine solche Lesehandlung. Begleitend können Lese-Techniken des Unterstreichens, Durchnummerierens oder Zurückblätterns oder Handlungen wie z.B. die Aktivierung von Alltagswissen, das Herstellen intertextueller Bezüge oder die Suche nach Erklärungen im Dienst der Verstehenssicherung stehen. Hinsichtlich der Verarbeitung des Textes können Strategien wie z.B. die Konstruktion übergeordneter Strukturen oder die Aktivierung von Vorwissen über den Autor zur Sicherung des Textverständnisses beitragen.

Lesestrategien zur Überbrückung von Verständnislücken
Sofern Verständnislücken während der Lektüre auftraten, haben die Leser unterschiedliche Strategien eingesetzt, diese zu überbrücken. Die eingesetzten Lesehandlungen reichten von einer Variation des Lesetempos über ein schriftliches Festhalten nicht verstandener Textteile bis hin zur Planung der ReLektüre. Im Rahmen dieser Kategorie entfallen vorbereitende Lesestrategien. Hinsichtlich der Verarbeitung des Textes zählen zu Lesestrategien dieser Funktionsklasse z.B. das Formulieren von Fragen, die Konzeption eines Gegenentwurfs für die Handlung oder das Üben von Kritik.

Lesestrategien zur Sicherung von Lesebedürfnissen
Lesestrategien, die dazu eingesetzt wurden, die Bedürfnisse der einzelnen Leser im Hinblick auf die Lektüre eines Romans zu befriedigen, können nur unter Berücksichtigung der individuellen Bedürfnisse eines Lesers bestimmt werden. Als vorbereitende Strategien können das Anlesen des Romans vor der eigentlichen Lektüre, die Aktivierung von Vorerfahrungen mit demselben Autor oder die Gestaltung des Lese-Settings im Hinblick auf die Räumlichkeit oder bestimmte Lese-Zeiten betrachtet werden. Was die eigentliche Lektüre betrifft, so zählen Handlungen wie z.B. das Erhöhen des Involvements, das Herstellen von Empathie oder auch die Fokussierung sprachlicher Aspekte zu speziellen Strategien, die die einzelnen Leser einsetzen können, um sich ihre Leser-Bedürfnisse zu sichern. Für die Verarbeitung des Gelesenen konnten dieser Funktionsklasse Handlungen zugeschrieben werden wie z.B. negative Bewertungen zu relativieren, Sinneinheiten auszublenden, die nicht als für den Handlungsverlauf relevant erachtet werden, oder Themen zu abstrahieren, die von persönlicher Relevanz sind.

Lesestrategien zur Regulation emotionaler Betroffenheit
Lesestrategien zur Regulation der beim Lesen erzeugten Emotionen kommen hauptsächlich während und nach der Lektüre zum Tragen. Dennoch konnten einige Lesehandlungen aufgedeckt werden, die einzelne Leser bereits vor der

Lektüre vollzogen haben und die im Sinne der hier beschriebenen Funktion gedeutet werden konnten. Hierzu gehören z.B. das Einlegen von Lesepausen bestimmter Länge zwischen den Lesephasen oder auch die zwischenzeitliche Lektüre eines anderen Romans. Begleitend zur Rezeption können z.B. die Variation des Lesetempos, die Projektion eigener Gefühle auf Figuren im Text oder die situative Abgrenzung zum Textgeschehen im Sinne der Emotionsregulation eingesetzt werden. Hinsichtlich der Verarbeitung des Gelesenen fanden sich in dieser Funktionsklasse Lesestrategien wie z.B. eine ich-ferne Beurteilungsebene einzuführen, zu rationalisieren, die Person des Autors ins Gespräch zu bringen oder ironische Kommentare abzugeben.

Lesestrategien zur Erleichterung der Aneignung des Medienthemas an die eigene Lebenspraxis
Indem Leser z.B. auf Vorwissen durch die Kenntnis anderer Romane desselben Autors rekurrieren oder den Zeitpunkt der Lesephase bestimmen, können sie bereits vor der Lektüre mit ihrem Tun dafür sorgen, dass günstige Bedingungen zur Aneignung des Medienthemas an die eigene Lebenspraxis geschaffen werden. Begleitend zur Lektüre ließ sich eine große Anzahl von Lesestrategien bestimmen, die Leser dazu genutzt haben, eine Verbindung zwischen im Text angebotenen Themen und der eigenen Alltagswelt herzustellen. Hierzu gehören beispielsweise das Fokussieren von Details, das Aufheben von Fiktion, das Einschreiben der Alltagswelt in den Text durch Visualisierungen oder das Empfinden von Empathie mit Figuren, denen man sich nahe fühlt. Hinsichtlich der Verarbeitung der Lektüre erleichtern z.B. Reflexionen, Parallelen zu sich oder die Abstraktion persönlich relevanter Themen die Aneignung an die eigene Lebenspraxis.

Lesestrategien zur Erhöhung der Lese-Motivation
Faktoren, die die Persistenz von Rezeptionsprozessen betreffen, sind bisher weitgehend ungeklärt (vgl. Vorderer, 1994). Die Analyse der Lektüreprozesse der sechs Leser konnte jedoch in allen drei Phasen des Rezeptionsprozesses Handlungen aufdecken, mittels derer die Leser ihre Motivation zum Lesen steigern konnten. Bereits vor der Lektüre kann z.B. die Information über das zu bewältigende Lesepensum durch Vorausblättern zum Kapitel-Ende motivationsfördernd wirken. Auch dafür zu sorgen, dass ein zeitlich offenes Lese-Setting besteht, kann vor der Lektüre dieselbe Funktion übernehmen. Während der Lektüre wurden Lesestrategien wie z.B. Fragen zu formulieren, das Lesetempo zu forcieren oder bewusst die Textoffenheit zu erhalten, von einzelnen Lesern dahingehend funktionalisiert, sich zum Weiterlesen zu motivieren. Was die Verarbeitung des Gelesenen betrifft, konnte in dieser Funktionsklasse lediglich eine Lesestrategie aufgedeckt werden: die Planung der Re-Lektüre des Romans.

Lesestrategien der Selbstvergewisserung/Identitätssicherung
Nahezu jede Handlung, die ein Leser bei der Lektüre eines literarischen Texts vollzieht, kann immer auch im Sinne der Selbstvergewisserung fungieren und

unter dem Aspekt der Sicherung eigener Identität gesehen werden. Es ist daher sinnvoll, in dieser Kategorie eine weitere Differenzierung nach folgenden Gesichtspunkten einzuführen:

- Lesestrategien der Vergewisserung eigener Erfahrungen,
- Lesestrategien der Vergewisserung eigener Einstellungen, Wertmaßstäbe und Normen,
- Lesestrategien der Vergewisserung eigener Lese-Kompetenz,
- Lesestrategien der Vergewisserung eigener Leser-Bedürfnisse und
- Lesestrategien der Vergewisserung der eigenen Geschlechtsrolle.

Da die Selbstvergewisserung an die Rezeption selbst und deren Verarbeitung gebunden ist, entfallen in dieser Klasse von Lesestrategien die vorbereitenden Handlungen. Für die einzelnen Sub-Kategorien soll im Folgenden beispielhaft jeweils eine Lesestrategie angeführt werden, die die entsprechende Funktion begleitend zur Lektüre oder im Rahmen der Verarbeitung übernimmt. Zur Vergewisserung eigener Erfahrungen kann das Anfüllen des Textangebots mit Bildern aus der eigenen Erfahrungswelt beim Lesen fungieren. Verarbeitend kann z.B. die Aktivierung eigener Erinnerungen dieselbe Funktion übernehmen. Indem ein Leser eigene Wertmaßstäbe und Normen an den Text anlegt, kann er sich dieser bei der Lektüre vergewissern. Indem er z.B. Erstaunen über bestimmte Situationen, die der Text ihm bietet, im anschließenden Gespräch äußert, kann er sich bei der Verarbeitung eigene Wertmaßstäbe oder Einstellungen vergegenwärtigen und sich somit dieser auch vergewissern. Wiederholungen im Text zu erkennen oder literarische Kriterien an den gegebenen Text anzulegen, zählt zu den nachgewiesenen begleitenden Lesestrategien, die der Vergewisserung der eigenen Lese-Kompetenz dienen können. Präsentiert der Leser im Gespräch über den Text literarisches Wissen, so kann dies als verarbeitende Strategie gesehen werden, die derselben Funktionsklasse zugerechnet werden kann. Was die Vergewisserung eigener Leser-Bedürfnisse betrifft, kann dies – je nach Bedürfnislage des Lesers – begleitend zur Lektüre z.B. über das Empfinden von Begeisterung oder die Übernahme von medial vermittelten Gedanken in den eigenen Erfahrungsschatz stattfinden. Bewertungen oder die Vergegenwärtigung ausgewählter Stellen im Anschluss an die Lektüre sind verarbeitende Lesestrategien, die eine entsprechende Funktion übernehmen. So kann die fiktionale Welt z.B. als Männerwelt oder als Frauenwelt klassifiziert werden, und die Leserin kann sich bewusst machen, dass der Autor ein Mann ist, und dessen Gedanken als „Männerphantasien" abtun.

Die Auflistung der einzelnen empirisch nachgewiesenen Lesestrategien entsprechend der ihnen zukommenden Funktionen vor, während und nach der Lektüre hat gezeigt, dass es sich bei den Lesestrategien um ein polyfunktionales Konstrukt handelt; d.h. ein und dieselbe Lesestrategie kann je nach Leser und je nach Einsatz im Verlauf des Rezeptionsprozesses unterschiedliche Funktionen übernehmen, wobei allerdings nicht jede Lesestrategie beliebig funktionalisiert werden kann.

Im Einzelnen hat die Analyse Aufschluss darüber gegeben, dass es bestimmte Lesestrategien gibt, die von allen Lesern eingesetzt werden und auch mit derselben Funktion versehen werden. Es gibt also eine Reihe von Handlungen, die sich anscheinend besonders dazu eignen, ein bestimmtes Ziel zu erreichen. Die Polyfunktionalität von Lesestrategien zeigt sich allerdings darin, dass es zwar Lesestrategien gibt, die von allen Lesern eingesetzt, aber je nach Leser mit unterschiedlichen Funktionen versehen werden. Bei diesen Strategien scheint das Spektrum an Funktionen, welche sie übernehmen können, größer als bei der zuerst genannten Gruppe. Des Weiteren konnten Lesestrategien nachgewiesen werden, die nur von einzelnen Lesern eingesetzt und dabei immer auf dieselbe Art funktionalisiert werden. Hier stellt sich die Frage des Erwerbs bestimmter Lesestrategien. Von dieser Gruppe unterscheiden sich als Letztes solche Lesestrategien, die zwar auch wieder nur von einzelnen Lesern eingesetzt werden, dabei aber im Rezeptionsprozess unterschiedliche Funktionen übernehmen. Aus dieser Begebenheit stellt sich die Frage nach der Flexibilität des Einsatzes bestimmter Lesestrategien.

Vergleicht man die einzelnen Leser miteinander im Hinblick auf die Anzahl eingesetzter Lesestrategien sowie die Flexibilität, mit der sie einzelne Lesestrategien einsetzen und funktionalisieren, so finden sich Hinweise darauf, dass die erfahrene Lesesozialisation einen einflussreichen Faktor darstellen könnte: Leser, die immer schon viel gelesen haben, dies heute noch tun, die regen Austausch über Literatur mit anderen pflegen und für die das Lesen von Belletristik eine der bedeutsamsten Freizeitaktivitäten darstellt, verfügen über ein vielfältigeres Spektrum von Lesestrategien und setzen diese auch flexibler ein als Leser, denen bereits in der Kindheit die Anregung zum Lesen und der Austausch über Bücher gefehlt hat und für die Lesen zwar bedeutsam ist, jedoch nur eine unter weiteren anderen Freizeitbeschäftigungen darstellt. Allerdings muss berücksichtigt werden, dass die Untersuchung lediglich die Auseinandersetzung mit einem bestimmten und zudem sehr anspruchsvollen Roman erforscht hat, so dass ungeklärt bleibt, inwieweit eventuell der Textfaktor den angedeuteten Befund modifiziert.

Neben Hinweisen auf Zusammenhänge zwischen der Lesesozialisation und der Auswahl bestimmter Lesestrategien ließen sich Verbindungen zwischen der Funktionalisierung einzelner Lesestrategien und der aktuellen Lebenssituation des jeweiligen Lesers herstellen. Je nachdem, was den Leser gerade beschäftigt und in welcher Lage er sich gerade befindet, traten bestimmte Lesehandlungen gehäuft auf oder wurden mit einer bestimmten Funktion versehen. So hat z.B. Herr A., der sich gerade in einer äußerst kritischen Lebenssituation befindet, eine Reihe von Lesestrategien eingesetzt, die es ihm ermöglicht haben, bei der Lektüre Vergnügen zu empfinden und ihm somit einen willkommenen Gegenpol zu seiner wenig erfreulichen Lebenslage zu verschaffen. Frau E., die sich durch die

Trennung von ihrem Mann ebenso wie Herr A. in einer kritischen Lebensphase befindet, nutzt den Roman dazu, sich Gedanken über sich und die Welt zu machen, indem sie die Vielfalt an allgemeinmenschlichen Themen, die der Roman anspricht, aufgreift, Reflexionen zu diesen Themen anstellt, den eigenen Erfahrungsschatz dadurch erweitert und versucht, Antworten auf Fragen zu finden, die sich durch ihre aktuelle Lebenssituation stellen. Herr F., der mit seiner sozialen Isolierung zu kämpfen hat, hat es verstanden, durch den Einsatz spezieller Lesestrategien den Rezeptionsprozess zu einer sozialen Situation umzufunktionieren, die ihm stellenweise das Gefühl einer realen Gesprächssituation vermittelt und die somit eine Lösung seiner problematischen Lebensverhältnisse darstellt. Frau D. dagegen, die durch ihren Beruf gezwungen ist, viel zu lesen, hat die Lektüre derart gestaltet, dass sie wenig Anstrengung von ihr verlangt hat. Dort, wo sie jedoch die Möglichkeit gesehen hat, eine Verbindung zwischen Text und für sie relevanten Fragen herzustellen, hat sie das literarische Angebot mittels bestimmter Handlungen für sich nutzbar gemacht. Frau B. wiederum, die sich in einer Prüfungssituation befindet, die von ihr Anstrengung und Einsatz erfordert, sucht nach Vergnügen und Entspannung beim Lesen. Beides kann sie dann empfinden, wenn ihr ein Roman ein ihrer Realitätsauffassung entsprechendes Abbild der Welt vermittelt, bei dem sie der Geschichte folgen kann und in dem sie Figuren trifft, mit denen sie sich identifizieren kann. Gelingt ihr dies nicht, fühlt sie sich enttäuscht und setzt eine Reihe von Lesestrategien ein, um mit diesem Gefühl fertig zu werden. Frau C., die neben der Arbeit als Ärztin ihr Privatleben rund um Literatur organisiert, nutzt den Text inhaltlich nur dort zur Bearbeitung persönlich bedeutsamer Themen, wo sie Bezüge zu ihrem Beruf herstellen oder eigene Erfahrungen in den Text einschreiben kann, indem sie diesen mittels eigener Bilder anreichert. Weniger als den Inhalt nutzt sie jedoch die Struktur des Romans, die sie aufdecken und erfassen möchte. Um dieses Anliegen zu erreichen, setzt sie viele verschiedene Lesestrategien ein, von denen sie im Verlauf ihrer reichhaltigen Lesesozialisation ein breites Spektrum erworben hat. Als Ärztin gewohnt, einzelne „Befunde" zu einem Gesamtbild zusammen zu setzen, überträgt sie dieses Vorgehen auf die Interaktion mit dem Text und versucht, den komplexen Aufbau des Romans zu durchschauen und diesen in seiner Konstruktion zu verstehen.

5 Zusammenhänge zwischen Lesestrategien, Lesesozialisation, Bildung und Geschlecht

Der umfangreiche Katalog empirisch nachgewiesener Lesestrategien, der durch die aufwändige Datenerhebung und -analyse aufgestellt werden konnte, zeigt, dass qualitative Studien bei der Erforschung von Leseprozessen einen wesentlichen Beitrag leisten können. Die systematische Beobachtung des eigenen Leseverhaltens durch die Probanden brachte Hinweise auf Techniken und Strategien im Umgang mit literarischen Texten, die bislang in der Forschung zu wenig beachtet worden sind. Weiterhin hat die dialoganalytische Auswertung der Gespräche zwischen Lesern und Forscherin die Bedeutung von solchen Funktionen des Lesens aufgeklärt, die den Handelnden selbst wenig bewusst sind, z.B. weil sie eher routinisiert ablaufen. Wichtige Beobachtungen betreffen u.a. den Einfluss von Vorwissen und Vorerwartungen auf den Rezeptionsprozess, die Beschäftigung des Lesers mit der Person des Autors, die interindividuell unterschiedliche Wertschätzung spezifischer fiktionaler Momente, die Bedeutung von Leitthemen bei der Auseinandersetzung mit einem literarischen Text und die Unterscheidung von involviertem vs. distanziertem Lesen.

Dennoch unterliegen die in der qualitativen Studie erzielten Ergebnisse gewissen Beschränkungen, vor allem hinsichtlich der Repräsentativität der Befunde. Dabei interessieren besonders folgende Fragen: Wie häufig oder selten werden die dargestellten Lesestrategien von Romanlesern eingesetzt? Lassen sich empirische Zusammenhänge zwischen Lesestrategien aufzeigen, mithin also solche Merkmalsbündel auffinden, die man als individuelle Lesestile bezeichnen könnte? Falls ja, finden sich unterschiedliche Lesestile bei erfahrenen und unerfahrenen Lesern, bei Frauen und Männern sowie bei Personen aus unterschiedlichen sozialen Milieus?

Eine quantitative Untersuchung sollte hier zusätzliche Erkenntnisse ermöglichen. Eine repräsentativ angelegte Erhebung ist zur Zeit noch nicht abgeschlossen, aber es liegen erste Erfahrungen aus einer Voruntersuchung vor, die an 80 nach dem Schneeballsystem ausgewählten Probanden durchgeführt worden ist. Hierzu wurde ein Interviewleitfaden mit 58 teils offenen, teils geschlossenen Fragen entwickelt, der folgende Aspekte erfasste:

- Stellenwert des Lesens im Elternhaus, eigene Lesesozialisation, Lektürepräferenzen in Kindheit, Jugend und Erwachsenenalter, damalige Funktionen des Lesens,

- grundlegende Lesestrategien heute (Notizen machen, Kommentieren, Vor und Zurückblättern usw.) generell und beim zuletzt gelesenen Roman,

- komplexe Lesestrategien heute (Identifikation, Projektion usw.) generell und beim zuletzt gelesenen Roman,

- Daten zu den persönlichen Lebensverhältnissen.

Eine Faktorenanalyse der 26 quantitativ auswertbaren Items ergab eine Varianzaufklärung von insgesamt 38% für die 4-Faktoren-Lösung (Hauptkomponenten-Analyse, Varimax-Rotation). Faktor 1 charakterisiert die Lesesituation im Elternhaus der Probanden (Beispielfragen: Wie würden Sie den Stellenwert des Lesens in ihrem Elternhaus einschätzen? Würden Sie Ihren Vater als regelmäßigen Leser von Büchern beschreiben? Würden Sie Ihre Mutter als regelmäßige Leserin von Büchern beschreiben?). Faktor 2 beschreibt einen eher reflektierenden Lesestil (Beispielfragen: Kommentieren Sie generell beim Lesen? Machen Sie generell Notizen? Unterstreichen Sie generell beim Lesen?). Faktor 3 enthält Fragen zu einem eher selbstbestimmten Lesestil (Beispielfragen: Blättern Sie generell vor? Lesen Sie generell vorzeitig das Ende?). Faktor

4 kennzeichnet einen bewältigungsorientierten Lesestil (Beispielfragen: Hat sich in kritischen Phasen Ihres Lebens etwas bezüglich des Lesens verändert? Ändert sich heute in kritischen Phasen etwas bezüglich des Lesens? Lesen Sie generell mehrere Bücher parallel?).

Die Datenstruktur lässt den Schluss zu, dass die drei aufgefundenen Gruppen von Lesestrategien (reflektierender, selbstbestimmter und bewältigungsorientierter Lesestil) überraschenderweise nicht von der erfahrenen Lesesozialisation (dem varianzstärksten Faktor in der Analyse) abhängen. Da jedoch auch einige soziodemographische Daten erfragt worden sind, ließen sich Hinweise auf ein differenzielles Leseverhalten in Abhängigkeit von Bildungsniveau und Geschlecht der Befragten ermitteln (Diskriminanzanalysen, $n = 80$ Probanden). Prädiktoren sind die oben wiedergegebenen Beispielfragen (Markiervariablen) aus der Faktorenanalyse. Es zeigte sich ein schwacher, positiver Zusammenhang zwischen einem hohen Bildungsgrad (Student bzw. Akademiker vs. Person ohne Hochschulbildung) und dem selbstbestimmten Lesestil ($R = .293$ ($p = .032$)) und ein deutlicher Zusammenhang zwischen dem Geschlecht und dem bewältigungsorientierten Lesestil, der eher von Leserinnen bevorzugt wird ($R = .406$ ($p = .003$)). Diese Ergebnisse sind so vielversprechend, dass eine weitergehende Untersuchung folgen soll, die als Telefonumfrage angelegt ist und ca. 1.000 Probanden umfassen wird.

Literatur

Charlton, M. & Pette, C. (1999). Dialog und Beobachtung als Zugangsweisen zum Prozess literarischen Lesens. *Journal für Psychologie, 7* (2), 47–53.

Hurrelmann, B., Hammer, M. & Nieß, F. (1993). *Lesesozialisation, Band 1. Leseklima in der Familie*. Gütersloh: Bertelsmann.

Mead, G. H. (1968). *Geist, Identität und Gesellschaft*. Frankfurt/M.: Suhrkamp.

Pette, C. (2001). *Psychologie des Romanlesens. Subjektive Lesestrategien zur Aneignung eines literarischen Textes*. Weinheim: Juventa.

Pette, C. & Charlton, M. (1999). Die Dialoganalyse als eine Methode zur literarischen Leser(r)forschung. *Siegener Periodikum zur Internationalen Empirischen Literaturwissenschaft, 1*, 121–137.

Vorderer, P. (1994). Lesen als Handlung. In: A. Barsch, G. Rusch & R. Viehoff (Hrsg.), *Empirische Literaturwissenschaft in der Diskussion* (S. 206–222). Frankfurt/M.: stw.

Peter Vorderer & Christoph Klimmt

Lesekompetenz im medialen Spannungsfeld von Informations- und Unterhaltungsangeboten

1 Problemstellung: Lesen und neuere Formen der Medienrezeption – friedliche Koexistenz oder fatale Konkurrenz?

Trotz allseits zu vernehmender Mahnungen, überaus skeptischer Prognosen und pessimistischer Einschätzungen in Bezug auf die Lesekultur in unserem Land sind bislang weder das Medium Buch, noch die Tätigkeit des Lesens ernsthaft bedroht. Vom „End of the book" (Eisenstein, 1995) kann gar keine Rede sein. Allerdings ist das Lesen inzwischen zu einer Tätigkeit „innerhalb des ‚Medienalltags'" (Vorderer, 1991, S. 1) geworden. Denn niemals zuvor konnten Individuen Medienangebote einfacher beschaffen, zwischen so vielen unterschiedlichen Inhalten auswählen und dabei ihre persönlichen Bedürfnisse so selbstständig und passgenau mit den verschiedenartigen Medien(-angeboten) befriedigen wie heute. Dies impliziert freilich auch, dass es noch nie so viele Geräte und Inhalte gab, die um die Zeit, Gunst und Aufmerksamkeit der Menschen ringen. Geschriebene Texte – dargeboten als Bücher, Zeitungen, Anzeigenblätter, Zeitschriften, Plakate oder auch als Internetseiten – stellen eben nur einen Teil dieser Medienlandschaft dar. Neben dem Fernsehen und dem Radio haben sich in den vergangenen Jahren auch zunehmend mehr so genannte „Neue Medien" entwickelt, die insbesondere bildbasierte Angebote zur Verfügung stellen und dabei das Publikum anders und stärker einzubeziehen suchen, als dies bei herkömmlichen Medien bislang der Fall war.

Dieses Konkurrenzverhältnis zwischen verschiedenen Medien(-angeboten) und den entsprechenden Rezeptionsweisen bereitet nicht nur der Öffentlichkeit, sondern auch der Lese(r)forschung schon seit einigen Jahren zunehmend Sorge. Immer wieder wird die Befürchtung geäußert, dass sich die zentrale „Kulturtechnik Lesen" (Schulz, 1998, S. 137) insbesondere unter jungen Mediennutzer/innen immer schlechter gegen ihre Alternativen behaupten könne (z.B. Birkerts, 1997). Sollte dies zutreffen, so ist die Sorge auch von wissenschaftlicher Seite aus durchaus nachvollziehbar, weil der Lesekompetenz insbesondere in der Medienpädagogik eine große Bedeutung für die Ausbildung einer übergeordneten Medienkompetenz beigemessen wird (vgl. z.B. von der Lahr, 1996; Wössner, 1997; Hurrelmann, 1998). Ein Rückgang der Lesetätigkeit, der zwangsläufig auch zu einer Minderung der Lesekompetenz führen würde, hätte also gravierende Folgen für die Mediennutzungskompetenz und damit für die Partizipationsfähigkeit des Individuums in nahezu allen gesellschaftlichen Handlungsbereichen. Entsprechend kritisch werden aus pädagogischer Sicht heute diejenigen Medien beurteilt, deren Nutzung bzw. Rezeption weitgehend ohne die Tätigkeit des Lesens auskommt, also insbesondere das Fernsehen, aber auch die Computer- und Videospiele.

Vor diesem Hintergrund rückt die Relation zwischen der (elektronischen, vor allem auch bildbasierten) Mediennutzung und der Lesekompetenz in den Fokus der empirischen Leserforschung. Welche Folgen, so ist konkret zu fragen, hat die zunehmende Diversifikation des (elektronischen) Medienangebots und damit auch die Medienkonkurrenz für das Lesen? Und welche Einflüsse ergeben sich aus der Entwicklung, Verbreitung und Nutzung neuer, interaktiver Medien auf die Lesekompetenz? Diesen Fragen geht der vorliegende Beitrag nach. Die Ergebnisse der wenigen dazu bereits durchgeführten empirischen Studien werden referiert; dort, wo die Verbindungen zwischen der Medienentwicklung und der Lesekompetenz bislang nur unzureichend erforscht sind, werden Desiderata formuliert. Als Ordnungsrahmen für unsere Argumentation bemühen wir eine traditionelle Dichotomie: „Information" und „Unterhaltung" werden als zwei zentrale Funktionen der Mediennutzung einander gegenübergestellt und jeweils im Zusammenhang mit der Lesekompetenz beleuchtet (vgl. 2. und 3.). Abschließend wollen wir eben diesen Gegensatz aufheben. Denn zumindest aus Sicht der psychologisch orientierten Rezeptionsforschung bilden Unterhaltung und Information keine Gegenpole, sondern stellen vielmehr gerade in ihrem Zusammenspiel einen elementaren Bestandteil von Lesekompetenz dar (vgl. 4.).

2 Textrezeption und Mediennutzung zur Information

Medien sind vor allem dazu da, sich zu informieren bzw. auf dem Laufenden zu bleiben: So ließe sich vermutlich diejenige Funktion der Mediennutzung benennen, die lange Zeit – und von vielen auch heute noch – als die bedeutsamste angesehen wurde. Die Massenmedien vermitteln ihren Nutzer/innen dazu ein Bild von der Realität, die außerhalb ihrer zeitlichen und räumlichen Erfahrungshorizonte stattfindet (Schulz, 1976; Früh, 1994). Entsprechend wichtig ist die Mediennutzung für die gesellschaftliche Teilhabe des Individuums, und entsprechend intensiv wird der Bereich der Informationsproduktion (z.B. Staab, 1990) und -rezeption (z.B. Gleich, 1998; Roters, Klingler & Gerhards, 1999) in der Kommunikations- und Medienwissenschaft untersucht.

Das Lesen nimmt bei der Aneignung von Informationen traditionell eine zentrale Rolle ein (Christmann & Groeben, in diesem Band; Wilke, 1994). Die Erfindung des Buchdrucks löste bekanntlich geradezu eine Informationsrevolution aus (Füssel, 1999). Heute stellen Zeitungen, Zeitschriften und Bücher aktuelle Nachrichten und „zeitloses" Wissen über alle erdenklichen Themengebiete zur Verfügung. Lesefähigkeit und -kompetenz sind daher Grundvoraussetzungen für die Freiheit und Partizipationsfähigkeit des Individuums. Doch seitdem es Printmedien gibt, existiert auch die Furcht, dass die Leser und Leserinnen nicht die „richtigen" Informationen aufnehmen (vgl. Hurrelmann, in diesem Band). Während früher häufiger die Sorge geäußert wurde, dass die notwendige und „adäquate" Informationsrezeption durch die „Flucht" in die Traumwelten unterhaltsamer Medienangebote bedroht sei (z.B. Katz & Foulkes, 1962; Kiefer, 1996; vgl. dazu: Groeben & Vorderer, 1988), wird heute vor allem auf die Gefahren der Medienvielfalt, der „Informationsflut" und der damit verbundenen Orientierungsschwierigkeiten auf Seiten der Mediennutzer/innen hingewiesen (z.B. Hoffmann, 1994). Unabhängig davon, dass Begriffe wie die von der „Informationsflut" jeder wissenschaftlichen Grundlage entbehren und überdies auch das dabei zu Grunde liegende mechanistische Informations- bzw. Kommunikationsmodell längst als obsolet eingeschätzt wird (vgl. Blickle, 2001), erscheint die Dominanz der Printmedien in der Informationsvermittlung durch die Verbreitung und Nutzung elektronischer Medien in der Tat bedroht. Den Mediennutzer/innen eröffnen sich heute durch Fernsehen, Hörfunk, digitale Speichermedien und das Internet zahlreiche neue Möglichkeiten, um zu lernen und sich zu informieren (Issing & Klimsa, 1995). Und die Medien erfordern oftmals auch nur noch wenige Aspekte der traditionellen Lesekompetenz und stellen dafür völlig neue Anforderungen an die „Medienkompetenz" (Deutscher Bundestag, 1997; Hamm, 2001). Insofern entspricht dem Wettbewerb der Printmedien mit den neuen Informationsmöglichkeiten tatsächlich ein Konkurrenzverhältnis zwischen dem Lesen und der Lesekompetenz einerseits sowie der Nutzung textarmer Medien und der dazugehörenden Medienkompetenz andererseits.

Besondere Bedeutung im Verhältnis von Print- und „neuen" Medien kommt überdies der Interaktivität zu, der Möglichkeit also, als Mediennutzer/in stärker als bisher in die Informationsdarbietung einzugreifen und sie selbst mit zu gestalten (Schanze & Kammer, 1998). Interaktivität erlaubt insofern nicht nur eine wesentlich feinere, d.h. auf die eigenen Interessen besser abgestimmte Selektion von Medieninhalten, sondern auch einen autonomeren, individuelleren Umgang mit einem gegebenen (Hyper-)Text (Christmann, Groeben, Flender, Naumann & Richter, 1999). Für eine potenzielle Reduktion der Lesekompetenz durch „neue" Medien spielen textbasierte interaktive Informationsangebote allerdings keine allzu große Rolle, denn diese benötigen das Lesen als grundlegende Rezeptionsaktivität ebenso wie lineare „textlastige" Druckmedien, wenn auch das Lesen speziell von Hypertexten besondere Zusatzfähigkeiten von den Leser/innen verlangt (Flender & Christmann, 2000). Interaktive Medien berühren die Lesekompetenz eher im Hinblick auf einen unterhaltsamen Mediengebrauch (vgl. 3.); im Bereich der Informationsvermittlung wird vielmehr im Fernsehen der Hauptkonkurrent des Lesens gesehen.

Betrachtet man die durchschnittliche Nutzungshäufigkeit und -dauer dieser beiden Tätigkeiten im Vergleich, so stellt man fest, dass das Fernsehen in der Bundesrepublik tatsächlich einen größeren Stellenwert einnimmt als das Lesen (Arbeitsgemeinschaft der ARD-Werbegesellschaften, 2000). Die allgemeine Lesetätigkeit ist dennoch auch über längere Zeitabschnitte hinweg betrachtet stabil: Trotz einzelner Schwankungen und Verschiebungen können die im Längsschnitt angelegten Untersuchungen der Bertelsmann Stiftung im Detail keinen generellen Rückgang des Lesens bzw. seiner Attraktivität ausmachen (Langen & Bentlage, 2000; vgl. auch Franzmann, 2001). Vergleichbares gilt im Übrigen auch – und zwar ganz im Gegensatz zur öffentlichen Wahrnehmung – für das Niveau der schulischen Lese- und Rechtschreibleistungen (Tacke, 2000). Einen deutlich erkennbaren Bedeutungsverlust erfahren wir hingegen im Bereich der Tageszeitungen, und zwar insbesondere unter jugendlichen Leser/innen (Bauer, 1996; Rager, 1993; Rager, Oestmann & Werner, 2000). Eltern, Pädagogen und Politiker betrachten daher mit einiger Sorge, dass Kinder und Jugendliche ihr Zeitbudget und ihr „Medienbouqet" zunehmend zu Gunsten des Fernsehens und neuerdings auch der Computernutzung und gleichzeitig zu Lasten von Textmedien umschichten (Adoni, 1995; Feierabend & Klingler, 2000). Die Kommunikations- und Medienwissenschaft hat auf diese Angst vor der Bedrohung des Lesens reagiert und zahlreiche empirische Untersuchungen durchgeführt, um potenzielle Verdrängungseffekte des Fernsehens auf das Lesen zu eruieren. Dabei wurden im Wesentlichen sechs Vorstellungen über die Art der Wechselwirkung zwischen Fernsehen und Lesen entwickelt (Koolstra, van der Voort & van der Kamp, 1997; Schneider, Ennemoser & Reinsch, 1999): Zwei Hypothesen gehen von leseförderlichen Wirkungen des Fernsehens aus, vier dagegen von einem negativen Einfluss des Fernsehens auf die Lesetätigkeit.

Die „book reading promotion hypothesis" oder „Anregungshypothese" besagt, dass das Fernsehen die Lesetätigkeit fördert, indem es auf neue interessante Bücher aufmerksam macht. Tatsächlich existieren Hinweise, dass zumindest für bestimmte Bücher, beispielsweise Romanadaptionen von Kinofilmen oder TV-Serien, ein solcher leseförderlicher Effekt des Fernsehens eintreten kann (Schreier & Groeben, 1991; vgl. auch Steinberg, 1990). Eine weitere Annahme über die leseförderliche Wirkung des Fernsehens bezieht sich auf Übungseffekte, die durch das Lesen von Untertiteln in nicht synchronisierten TV-Angeboten erzielt werden können (d'Ydewalle, Praet, Verfaillie & van Rensbergen, 1991; Koolstra & Beentjes, 1999). Zumindest im deutschsprachigen Raum werden jedoch praktisch alle ausländischen TV-Angebote synchronisiert; diese Art der Leseförderung durch Fernsehen spielt daher hierzulande keine Rolle.

Den beiden aus Sicht der Leseforschung optimistischen Hypothesen bezüglich der Wirkung des Fernsehens stehen vier Annahmen gegenüber, die in der Fernsehnutzung ein Problem für die Lesetätigkeit sehen. Hier ist zunächst die klassische Verdrängungshypothese zu nennen: Durch intensives Fernsehen verlieren Kinder und Jugendliche Zeit, die sie mit Lesen verbringen (könnten). Die Ergebnisse diesbezüglicher Untersuchungen sind bis heute nicht eindeutig, gehen aber meistens von eher schwachen Verdrängungswirkungen aus (vgl. Reinking & Wu, 1990; Morgan, 1993). Allerdings existieren Hinweise, dass Fernsehen durchaus zu einem nennenswerten Verlust an Lesezeit und Lesefähigkeit führen kann (Koolstra, van der Voort & Vooijs, 1991; Koolstra et al., 1997). Ein zweiter lesehemmender Effekt des Fernsehens wird in dem geringen Niveau des mentalen Aufwandes gesehen, der zur Fernsehrezeption notwendig ist (so genannte Passivitätshypothese). Demnach gilt Fernsehen im Vergleich zum Lesen als (mental) aufwandsärmer; aufgrund dieser Erwartungshaltung investieren Mediennutzer/innen tatsächlich weniger mentale Ressourcen in die Fernsehrezeption als in das Buchlesen (Salomon, 1984; Beentjes, 1989; Weidenmann, 1989). Ob diese „Bequemlichkeit" von der Fernsehnutzung aber auch auf das Lesen übertragen wird, ist bisher empirisch noch nicht hinreichend untersucht worden (Koolstra et al., 1997).

Eine dritte denkbare negative Wirkung des Fernsehens auf das Lesen wird im Mangel an Konzentrationsfähigkeit gesehen: Kinder, die viel fernsehen, entwickeln – so die Hypothese – ein geringeres Maß an Konzentrationsfähigkeit und sind deswegen nicht gewillt und in der Lage, sich für längere Zeit auf komplexe Texte einzulassen. Auch dieser Vermutung wurde bislang empirisch nicht ausreichend nachgegangen (Koolstra et al., 1997). Die vierte kritische Vermutung betrifft einen motivationalen Aspekt: Fernsehen könnte generell dazu führen, dass Lesen als weniger attraktiv eingeschätzt wird (so genannte „Abwertung-des-Lesens-Hypothese"). Diese Hypothese erscheint ebenso plausibel wie die zuvor genannten, sie ist aber auch ebenso wenig empirisch überprüft wie die anderen.

Es ist offensichtlich, dass die Passivitätshypothese, die Konzentrationsfähigkeitshypothese und die „Abwertung-des-Lesens-Hypothese" eng miteinander verknüpft sind; im Wesentlichen werden mit diesen Hypothesen Annahmen darüber getroffen, ob und wie das Fernsehen die Fähigkeit und die Motivation zur Verarbeitung von Informationstexten tangiert. Es erscheint bezeichnend, dass diese Hypothesen allesamt von einer (kultur-)pessimistischen Sicht des Zusammenhangs zwischen Lesen und Fernsehen getragen sind und dabei gleichzeitig so wenig empirische Evidenz für ihre Vermutungen vorweisen können. Von einer generellen „Verdrängung" des Lesens durch das Fernsehen kann deshalb keineswegs ausgegangen werden. Deutlich plausibler erscheint demgegenüber eine Neubestimmung der zentralen Funktionen des Lesens (Fritz, 1991; Schön, 2000). Es ist wohl kaum mehr zu bestreiten, dass der Umgang mit Texten zu einer Komponente innerhalb individueller Medienmenüs geworden ist. Dieser Trend wird mit den Schlagworten „Intermedialität" und „Medienverbund" charakterisiert und zielt auf die Verschränkung spezifischer Nutzungspräferenzen mit entsprechenden Rezeptionsmodalitäten. Ein Beispiel dafür lässt sich in den medienbezogenen Erwartungshaltungen von Jugendlichen sehen: Die Probleme der Tageszeitung, von dieser Lesergruppe noch ausreichend nachgefragt zu werden, sind in den vergangenen Jahren unter anderem darauf zurückgeführt worden, dass sich die Wahrnehmungsgewohnheiten von komplexen, kompletten Informationseinheiten in Richtung auf Multikanalität,

Visualisierung und Segmentierung verschoben haben (Bucher, 1997). Insbesondere Jugendliche nutzen heute häufig mehrere Medien gleichzeitig, verarbeiten visuelle Informationen zum Beispiel vor dem Hintergrund einer akustischen Beschallung und konzentrieren sich dabei lediglich auf einzelne Segmente des Informationsangebots. Längst haben die Tageszeitungen begonnen, die daraus entwickelten Erwartungen der Jugendlichen mit einer „ansprechenden", „grafischen" Aufmachung zu bedienen (Löffler, 1997; Belz, 1998) und dadurch für die betroffenen Lesergruppen wieder attraktiv(er) zu werden.

Im Mittelpunkt des Interesses am Verhältnis zwischen Fernsehen und Lesen stehen somit Fragen nach den Wirkungen intensiver Fernsehnutzung auf die Fähigkeit und Motivation zum Lesen von Informationstexten, wobei der Aspekt der quantitativen Verdrängung des Lesens durch das Fernsehen bisher deutlich im Mittelpunkt stand. Aus heutiger Sicht käme es jedoch vor allem darauf an zu klären, inwiefern das Fernsehen (einschließlich der anderen elektronischen Medien, zuletzt vor allem der Computer) auch qualitativ die Lesefähigkeit derjenigen Generationen, die mit ihm aufgewachsen sind, beeinflusst hat und weiterhin beeinflusst. Bestehen aufgrund einer solchen „Fernsehsozialisation" (oder auch „Computersozialisation") unterschiedliche Erwartungshaltungen und Verarbeitungsroutinen beim Lesen? Können so genannte „Vielseher/innen" („Heavy User") tatsächlich nur noch „Informationshäppchen" verarbeiten, wie eine populäre Annahme unterstellt? Leidet die Inferenz- und Abstraktionsfähigkeit beim Lesen durch die Gewöhnung an die vor allem im Fernsehen extrem entwickelte Exemplifizierung und Personalisierung bei der Berichterstattung (Zillmann & Brosius, 2000)? Die Frage nach dem Zusammenhang von Lesekompetenz einerseits und Medienangebot bzw. -konkurrenz andererseits wäre also konkreter zu fassen als Frage nach dem Einfluss spezifischer Nutzungsformen und -erfahrungen mit elektronischen Medien auf die kognitiven und motivationalen Prozesse bei der Textrezeption. Zum jetzigen Zeitpunkt liegen nur vielversprechende Ausgangspunkte für solche Untersuchungen vor (vgl. zum Beispiel: Weidenmann, 1989; Richter & Christmann, in diesem Band). Diese aufzugreifen, wäre ein lohnendes Ziel künftiger empirischer Studien zur Informationsrezeption im Medienverbund. Eine entsprechende Neubestimmung des Verhältnisses zwischen der Lesekompetenz und der Nutzung neuer Medien erfordert darüber hinaus die Klärung der Frage, welche Funktionsverschiebungen die Mediennutzer/innen zwischen den unterschiedlichen Informationsangeboten und -kanälen vornehmen (vgl. Schreier & Rupp, in diesem Band).

3 Textrezeption und Mediennutzung zur Unterhaltung

Für das Publikum sicherlich ebenso wichtig wie die Informationsvermittlung ist auch die Unterhaltung durch Medien geworden. Bei einigen Medien, etwa dem Fernsehen, wird dieser Funktion der Mediennutzung mitunter sogar eine noch größere Bedeutung zugeschrieben. Dies ist vor allem darauf zurückzuführen, dass ein erheblicher und nach wie vor zunehmender Teil des massenmedialen

Angebots heute mehr denn je dem Zweck dient, dem Publikum ein angenehmes, oftmals vergnügliches Rezeptionserleben zu bieten. Gleichzeitig hat sich auch die so genannte Unterhaltungsorientierung des (speziell: Fernseh-)Publikums verstärkt, während die komplementär dazu konzeptualisierte Informationsorientierung deutlich abgenommen hat (Vorderer, 1998a). So sehr die Unterhaltungsfunktion der Medien – zum Teil ja auch durchaus kritisch – sowohl in der Öffentlichkeit wie auch in den damit befassten wissenschaftlichen Disziplinen diskutiert wird, so wenig entwickelt ist auch hier der Stand der grundlagenwissenschaftlichen Forschung. So lässt sich heute nur ein eigentümliches Missverhältnis feststellen zwischen der öffentlichen Aufmerksamkeit sowie Kritik, die dieses Phänomen erfährt, und der psychologischen bzw. medien- und kommunikationswissenschaftlichen Forschung, die dazu in der Bundesrepublik angestoßen wurde. Ein Großteil der in den vergangenen Jahren dazu publizierten Arbeiten beschäftigt sich vor allem mit begrifflichen Festsetzungen, konzeptuellen Vorstrukturierungen und explorativen Vorstudien, wobei vielerorts noch nicht einmal ein konsensuelles Verständnis von „Unterhaltung" vorzuliegen scheint (vgl. Vorderer, 2001; zur theoretischen Entwicklung im Überblick: Zillmann & Vorderer, 2000).

Unstrittig dürfte indes die Vermutung sein, dass auch das Lesen (von Belletristik) häufig, wenn nicht sogar in den meisten Fällen der Unterhaltung des Lesers bzw. der Leserin dient. Oatley (1994, 1999) geht im Rahmen seiner kognitiven Emotionstheorie so weit, das Lesen fiktionaler Literatur als „Simulation" zu beschreiben. Nach seiner Auffassung spielt sich die rezipierte Geschichte im Kopf der Leser/innen als ein Art innerer Film ab. Dies führt dazu, dass sie Gefühle in Bezug auf die Figuren der Geschichte entwickeln und sich gleichzeitig auch an eigene Erlebnisse erinnern, die den Ereignissen in der Geschichte ähnlich sind und deshalb von ihnen aktualisiert werden. Solche „memory emotions" werden also ebenso durch die Lektüre angestoßen wie Gefühle, die sich auf die Pro- und Antagonisten des Textes beziehen. Hinzu kommt, dass auch unterhaltsame Texte die kognitiven Fähigkeiten ihres Publikums stimulieren und herausfordern, wie dies etwa bei der Lektüre von Krimis oder Rätselgeschichten beobachtet werden kann. Der Zustand des emotional wie kognitiv involvierten Lesens wurde unter anderem als „Leseglück" (Bellebaum & Muth, 1996) oder auch als „Absorption" (Nell, 1988) beschrieben. Muth (1996) zeigt sogar Parallelen zwischen dem absorbierten Lesen und dem so genannten „Flow"-Erlebnis auf, mit dem Csikszentmihalyi (1985) extrem hoch involvierende Tätigkeiten als solche beschrieben hat, bei denen der Akteur quasi in der Handlung aufgeht. Der kompetente Umgang mit einem (literarischen) Text impliziert insofern auch die Fähigkeit, sich auf derartige Erlebnisse einzustellen, d.h. sich von einem Buch (auch über längere Zeiträume) „fesseln" und begeistern zu lassen, sich vorübergehend sogar „in einem Buch zu verlieren".

Die Entwicklung, Verbreitung und Nutzung elektronischer, in jüngerer Zeit auch so genannter „neuer" Medien hat ohne jeden Zweifel zu einer explosionsartigen Vermehrung auch und gerade medialer Unterhaltungsangebote geführt.

Insbesondere die privaten Fernsehstationen haben zu diesem Trend in erheblichem Maße beigetragen, aber auch bei den öffentlich-rechtlichen Sendern machen Unterhaltungsangebote inzwischen rund 40 Prozent der Gesamtsendezeit aus (Krüger, 2000). Hinzu kommt das bei derartigen Analysen häufig übersehene, aber dennoch relevante und mittlerweile ebenfalls sehr breite Angebot an musikalischen Unterhaltungsangeboten im Hörfunk sowie auf Tonträgern (Schramm, 2001). Insofern konkurriert das Lesen zur Unterhaltung schon seit einiger Zeit mit dem entsprechenden Angebot in Fernsehen und Hörfunk. Überdies ist in jüngster Zeit vor allem im Wettbewerb um jugendliche Mediennutzer/innen noch die unmittelbare Konkurrenz mit „neuen", so genannten interaktiven Unterhaltungsangeboten, insbesondere mit Computer- und Videospielen (im Überblick: Fritz & Fehr, 1997; Vorderer, 2000) zu berücksichtigen. Die diesbezüglich bereits vorliegenden Daten zeigen, dass solche Computerspiele in erster Linie für männliche Jugendliche hoch attraktiv sind (Dietz, 1998; Cassel & Jenkins, 1999) und bei diesen auch tatsächlich für ein absinkendes Interesse an Büchern verantwortlich zu sein scheinen (Feierabend & Klingler, 2000). Ein Ergebnis, das gerade auch deshalb plausibel erscheint, weil die meisten theoriegeleiteten Beschreibungen dieser Tätigkeit auf deren hohe Faszinationskraft verweisen (Grodal, 2000; Klimmt, 2001) und dabei mitunter Kategorien wie die des bereits angesprochenen „Flow"-Erlebens verwenden (z.B. Fritz, 1997a).

Nun ließe sich allerdings vermuten, dass aufgrund der in den vergangenen 15 Jahren ebenfalls stark zugenommenen Unterhaltungsorientierung der Mediennutzer/innen (Berens, Kiefer & Meder, 1997) dem Lesen bzw. der Lesekompetenz aus der Zunahme des medialen Unterhaltungsangebots nicht unbedingt Gefahr droht. Der diesbezügliche Forschungsstand ist allerdings wiederum bei weitem nicht ausreichend, um die konkrete Frage nach den Wechselwirkungen zwischen (multi-)medialer Unterhaltung und Lesen zur Unterhaltung bzw. Lesekompetenz zu beantworten. Daher soll im Folgenden lediglich an zwei Beispielen die Problemlage umrissen werden, um Ansatzpunkte für eine systematische Bearbeitung der Fragestellung aufzuzeigen. Das erste Beispiel bezieht sich auf ein Konzept zur Beschreibung und Erklärung des emotionalen Erlebens während der Rezeption von Unterhaltungsangeboten, namentlich auf das Konzept der „Identifikation" oder „Interaktion" mit den Protagonisten. Das zweite Beispiel zielt auf die kognitive Dimension der so genannten Realitäts-Fiktions-Unterscheidungen. Beide Bereiche erscheinen uns zentral für eine unterhaltungsbezogene Lesekompetenz im Medienzeitalter.

3.1 Die Beobachtung von Personen in unterhaltsamen Medienangeboten: Identifikation, Perspektivenübernahme und Lesekompetenz

Die Bedeutung, die einzelne Charaktere bzw. Personen für die Rezeption einer Geschichte durch ein Publikum haben, wird sowohl in der Literaturwissenschaft (im Überblick: Groeben & Vorderer, 1988) als auch in der Medien- und

Kommunikationswissenschaft (im Überblick: Vorderer, 1996a) betont. Danach ist gerade das Unterhaltungserleben etwa beim Lesen eines Romans oder bei der Rezeption eines Spielfilms geprägt durch die Anteilnahme des Publikums am Schicksal der in der Geschichte agierenden Figuren. Die bekannteste literaturwissenschaftliche Konzeptualisierung für dieses Verhältnis zwischen Rezipient/innen und Figuren ist vermutlich die Vorstellung von einer Identifikation des Lesers mit der Figur (Jauss, 1982). Demnach „schlüpfen" die Leser bzw. Leserinnen in die Rolle des Protagonisten einer Geschichte, um so an dessen Erlebnissen auch emotional teilzuhaben.

Diese Vorstellung einer fast vollständigen Aufgabe der eigenen (Leser-)Perspektive im Akt des Lesens (zu Gunsten der Figur-Perspektive) wurde in der Medienpsychologie vor allem von Zillmann (1991, 1994, 1996) vehement kritisiert. Mit seiner „Affective Disposition Theory" stellt er diesem Konzept dasjenige einer empathischen Anteilnahme der Rezipient/innen am Schicksal der Charaktere gegenüber. Dabei verbleiben nach Zillmanns Auffassung Rezipient/innen in ihrer eigenen Perspektive und fällen moralische Werturteile über die Protagonisten und ihre Handlungen, woraus sich in der Folge wiederum Sympathien für oder Antipathien gegen bestimmte Figuren entwickeln. Aus der Sorge um das Wohlergehen der sympathischen Protagonisten sowie aus der Angst heraus, dass die abgelehnten, zum Teil sogar verhassten Antagonisten ihre verdiente Strafe nicht erhalten, entwickelt sich zum Beispiel das zumindest für fiktionale Unterhaltungsangebote typische Spannungserleben. Obwohl Zillmanns Theorie in der Medienpsychologie insgesamt großen Zuspruch gefunden hat, wurden auch Ausdifferenzierungen seiner Theorie gefordert, um so die kognitive und emotionale Beteiligung unterschiedlicher Rezipientengruppen und verschiedenartiger Medienangebote besser abbilden und erklären zu können (Vorderer, 1994, 1996b). So ist zum Beispiel nach wie vor unklar, inwiefern kindliche Rezipient/innen in der Lage sind, zwischen sich selbst und dem beobachteten Protagonisten zu unterscheiden. Hoffner (1996) bezeichnet in diesem Kontext die Projektion der eigenen Phantasien und Wünsche auf den „Helden" eines Medienangebots, wie sie bei Kindern stattfindet, als „wishful identification". Auch andere Autoren plädieren für ein breiteres Identifikationskonzept, das auf mehr Rezeptionsphänomene angewendet werden kann als die Theorie Zillmanns (vgl. Oatley & Gholamain, 1997; Oatley, 1999; Charlton & Boresa, 1997).

Unabhängig von der konkreten theoretischen Explikation des Verhältnisses zwischen Rezipient/innen und Medienfiguren dürfte allerdings die Annahme konsensfähig sein, dass die Fähigkeit, sich in eine andere Person einzufühlen, deren Perspektive einzunehmen oder ihre Situation nachzuvollziehen, eine elementare Voraussetzung für den genussvollen Umgang mit Medienangeboten und damit auch eine Dimension von Lesekompetenz darstellt. Im Licht der übergeordneten Fragestellung nach dem Einfluss der elektronischen Medien auf die unterhaltungsbezogene Lesekompetenz ist also zu fragen, inwiefern sich die Fähigkeit zur Perspektivenübernahme durch die Nutzung des Fernsehens, des Internet und/oder der Computerspiele verändert. Hinsichtlich des Lesens scheint klar zu sein, dass von dieser Tätigkeit eine förderliche Wirkung auf die Empathiefähigkeit ausgeht: „Erzählende Literatur [vermittelt] uns immer wieder fremde Perspektiven ... Lesen [fördert] die Fähigkeit des Fremdverstehens" (Spinner, 1995, S. 93). In Bezug auf die elektronischen Medien ist die Frage hingegen offen, wie sich eine intensive Nutzung auf diese Kernkompetenz auswirkt. Unterschiedliche Hypothesen erscheinen plausibel.

Zum einen ließe sich vermuten, dass die Fähigkeit zur Perspektivenübernahme durch die Nutzung audiovisueller Medien gefördert wird, weil diese bekanntlich in der Lage sind, dem Publikum Charaktere derart nahe zu bringen, dass sich während und nach der Rezeption zum Teil auch intensive sozio-emotionale Bezüge einstellen (in der Kommunikationswissenschaft ist in diesem Kontext von „para-sozialen Interaktionen" oder auch von „para-sozialen Beziehungen" die Rede; vgl. im Überblick: Vorderer, 1996a, 1998a). Empathiefähigkeit und -bereitschaft werden, so ist weiterhin zu vermuten, unterstützt, weil die in audiovisuellen Medien übliche bildliche Darstellung sozialer Situationen anschaulich und – auch das zeigen empirische Ergebnisse (vgl. z.B. Salomon, 1984) – verständlich ist und das Sich-Hineinversetzen in andere Personen dadurch leichter erlernt werden kann (Lernhypothese).

Allerdings ließe sich aus den genannten Zusammenhängen auch die Hypothese ableiten, dass durch die häufige Rezeption actionreicher, drastischer und zum Teil auch gewalthaltiger Inhalte eine empathische Anteilnahme am Schicksal von Protagonisten nur noch dann aufgebracht werden kann, wenn deren Leiden und Not in extremer Form, etwa durch besonders realistische bildliche Darstellung, vermittelt wird. Die Textlektüre, die solche Bilder den daran dann bereits gewöhnten Rezipient/innen nicht anbieten kann, verlöre dadurch unter Umständen an Attraktivität (Abstumpfungshypothese). Eben diese Befürchtung wird in jüngerer Zeit vor allem im Zusammenhang mit Computerspielen geäußert: „Der Spieler steht nicht vor dem Erfordernis, sich emotional in ein ‚Gegenüber' hineinzuversetzen ... Der gesamte Bereich der Empathie bleibt ausgespart" (Fritz, 1997b, S. 82).

Obgleich die umfassende Forschung zur Wirkung von Gewaltdarstellungen im Fernsehen (im Überblick: Kunczik, 1998; Merten, 1999) zahlreiche Anknüpfungspunkte bietet, um solche Annahmen auch empirisch zu überprüfen, ist speziell die Frage nach dem Einfluss der Mediennutzung auf die allgemeine Empathiefähigkeit unseres Wissens nach noch nicht systematisch erforscht worden. Hier fehlt es an Längsschnittdesigns, die in ihrer Beobachtung und Beschreibung über kurzfristige Prozesse und Effekte hinausgehen und längerfristige Entwicklungen in den Blick nehmen.

3.2 Realitäts-Fiktions-Unterscheidungen als Dimension der Lesekompetenz im Multimedia-Zeitalter

Während die Frage nach der Fähigkeit zur Perspektivenübernahme vor allem im Hinblick auf das emotionale Erleben von medialen Unterhaltungsangeboten und unterhaltsamen Texten von Bedeutung ist, bezieht sich das zweite unseres Erachtens relevante Problem auf den Bereich des Verstehens solcher Angebote. In Bezug auf die kognitiven Verarbeitungsleistungen der Rezipient/innen ist in den vergangenen Jahren vermehrt deren für das Textverständnis notwendige Einordnung von Medieninhalten im Hinblick auf ihren Realitätsstatus systematischer untersucht worden (im Überblick: Rothmund, Schreier & Groeben, 2001). Gerade für das Unterhaltungserleben scheint das Wissen um die Fiktionalität oder Wahrhaftigkeit eines Ereignisses von hoher Relevanz zu sein. Dabei stellt sich unter anderem die Frage, inwiefern bzw. in welchem Alter kindliche Rezipient/innen in der Lage sind, den Realitätsgehalt und den Realismus von Fernsehangeboten korrekt einzuschätzen (Potter, 1988; Buckingham, 1993). Denn in der aktuellen Medienlandschaft lassen sich mindestens zwei Entwicklungen ausmachen, die auf eine zunehmende Vermischung von Realität und Fiktion hinauslaufen: eine Tendenz in den Medieninhalten und eine Tendenz in der Medientechnologie.

Unter den heute verfügbaren Unterhaltungsangeboten im Fernsehen existiert eine Reihe von Formaten, die versuchen, ihre Zuschauer/innen mit „Realität" und „Authentizität" an sich zu binden (Winterhoff-Spurk, Heidinger & Schwab, 1994). Dabei wird dem Publikum suggeriert, dass das Fernsehen die „Wirklichkeit" und damit das Schicksal „echter" Menschen abbilde. Die meisten der dabei eingesetzten Inszenierungs- und Dramatisierungsstrategien (vgl. dazu Gleich & Groebel, 1993; Hickethier, 1997) sollen den Eindruck von Authentizität noch steigern. So wird die Beurteilung von Realität, Realismus und Fiktionalität zu einer zentralen Aktivität während der Rezeption bestimmter Medienangebote (Groeben & Schreier, 2000). Aber neben der inhaltlichen Annäherung und Vermengung von Realität und Fiktion sehen sich Mediennutzer/innen auch aufgrund technischer Entwicklungen zusehends mit Problemen der Realitätsbewertung konfrontiert. Interaktive Medien, die multimodal Informationen vermitteln und ihren Nutzer/innen zahlreiche Handlungsmöglichkeiten einräumen, lassen neue, virtuelle Realitäten entstehen (Bente, 2001). Das Rezeptionserleben in solchen virtuellen Umgebungen wird in der Medienwissenschaft als „Presence" (Lombard & Ditton, 1997) konzeptualisiert. Demnach ist der Umgang mit hoch interaktiven Multikanal-Medien gerade durch die Verwechslung von Virtualität und Realität geprägt. Zwar sind aktuelle Computerspiele und Virtual-Reality-Anwendungen noch nicht in der Lage, ihre Nutzer/innen zu vorhersagbaren Realitäts-Virtualitäts-Verwechslungen zu verleiten, doch schreitet die Technologie mit großer Geschwindigkeit voran. Erste Versuche mit künstlichen Figuren und virtuellen Stellvertretern deuten bereits an, dass die Mediennutzer/innen schon bald vor schwierigen Entscheidungen stehen werden, ob ihre Interaktionspartner menschlich oder virtuell sind (Bente & Otto, 1996). Die Möglichkeiten, die Virtual-Reality-Systeme bieten, ermöglichen insbesondere im Unterhaltungsbereich revolutionäre Anwendungen und vollkommen neuartige Erfahrungen für ihre Nutzer/innen (Thomas & Storey, 1999). Allerdings werden die Rezipient/innen das Unterhaltungspotenzial dieser Medien nur dann für sich nutzbar machen können, wenn sie in der Lage sind, Realität von Virtualität zu unterscheiden. Andernfalls könnten nämlich Ängste in Folge von Überforderung oder Hilflosigkeitserfahrungen auftreten.

Der Trend zur Dramatisierung von Realität ist allerdings kein Spezifikum des Fernsehens, sondern lässt sich auch bei den Printmedien beobachten (Voss, 1999). Wenn inhaltlich und technisch die Grenzen zwischen Wirklichkeit und Fiktion, Realität und Simulation verschwimmen, ist dann auch die Lesekompetenz davon tangiert? Können Leser/innen, die in der Nutzung von interaktiven Bildschirmmedien geübt sind, die also ein ganz anderes Vorwissen aufweisen als traditionelle Leser, ebenso erfolgreich beurteilen, ob ein gegebener Text „real" oder „fiktional" ist? Welche Heuristiken werden dazu eingesetzt? Liefern die neuen Medien zusätzliche hilfreiche Unterscheidungsstrategien, oder gehen im Gegenteil notwendige Fähigkeiten verloren? Für die unterhaltungsbezogenen Dimensionen von Lesekompetenz ist eine Untersuchung dieser Fragen im Multimedia-Zeitalter zweifellos unerlässlich.

4 Textrezeption als Integration von Information und Unterhaltung: Lesekompetenz als Überwindung eines fragwürdigen Gegensatzes

Dieser Beitrag hat mögliche Wechselwirkungen zwischen der Nutzung von „textarmen" Medien und der Lesekompetenz aufzuzeigen versucht und dazu zwischen der Rezeption von Informations- und Unterhaltungsangeboten differenziert. Eine solche Unterscheidung hat zwar analytische Vorteile, lässt sich aber empirisch zumeist nicht durchhalten. Denn bereits auf der Seite der Medienangebote erweist sich eine Kategorisierung nach Information versus Unterhaltung als problematisch (Wittwen, 1995; Paus-Haase, Schnatmeyer & Wegener, 2000). Und aus der Perspektive der Medienrezeption ist die Grenze zwischen Information und Unterhaltung überhaupt nicht mehr bestimmbar (Graf, 1999; Schön, 1999). Rezipient/innen können zum Beispiel Medienangebote, deren Intention die Vermittlung von Informationen ist, zum Zweck des Zeitvertreibs (Vincent & Basil, 1997) oder der Unterhaltung (Mangold, 2000) auswählen. Insofern muss Lesekompetenz in der Informationsgesellschaft nicht nur die Fähigkeiten, sich durch bestimmte Texte zu informieren und durch andere unterhalten zu lassen, einschließen, sondern vielmehr das Vermögen, je nach eigener Interessenlage und aktueller Aufgabenstellung angemessen mit einem gegebenen Text umzugehen. Dafür müssen die Leser/innen sowohl adäquate Verarbeitungs- und Lernstrategien als auch eine hinreichende Zuwendungsmotivation an den Text herantragen. Beide Aspekte dieser „integrierten" Lesekompetenz könnten durch die intensive Nutzung von textarmen Medien beeinflusst werden. Während die Ergebnisse des angeblichen Verdrängungswettbewerbs zwischen Buch und neuen Medien in quantitativer Hinsicht relativ gut erforscht sind (Koolstra et al., 1997), wissen wir über die Einflüsse der neuen Medien auf die inhaltlichen Dimensionen der Lesekompetenz relativ wenig. Hier eröffnet sich ein weites Feld für die zukünftige Forschung, die an zahlreiche theoretische Vorarbeiten, wie sie unter anderem in diesem Band expliziert werden, anknüpfen könnte.

Eine theoretische Perspektive zur Integration von Unterhaltung, Information und Lesekompetenz wollen wir am Beispiel eines aktuellen Forschungsprojekts aus dem Schwerpunktprogramm „Lesesozialisation in der Mediengesellschaft" (Ritterfeld & Vorderer, 2000) illustrieren.

In der Diskussion um die Wirkung unterhaltsamer Medienangebote auf Kinder wird insbesondere von medizinischer Seite häufig der Vorwurf geäußert, dass die intensive Mediennutzung zu Beeinträchtigungen in der kindlichen Sprachentwicklung führe (z.B. Heinemann, 1997). Auch aus diesem Grund stehen Medienpädagogen, Eltern und Politiker Unterhaltungsangeboten für Kinder besonders kritisch gegenüber und fordern hohe „Qualitätsstandards" bei der Produktion und Verbreitung ein. In der Kindheitsphase, in der die wichtigsten Fortschritte hinsichtlich des Spracherwerbs stattfinden, nämlich der Vorschulzeit, sind neben Bilderbüchern Hörspielkassetten die wichtigsten Medien (vgl. Vorderer, Klimmt & Liebetruth, 2001). Da sie Informationen ausschließlich auf auditivem Wege vermitteln, müssen sie ebenso wie die Konversation mit Bezugspersonen als Quelle sprachlichen Inputs aufgefasst werden. Das zentrale Motiv, aus dem sich Vorschulkinder Hörspielkassetten zuwenden, ist jedoch nicht das Sprachlernen, sondern die Unterhaltung. Das bereits angesprochene Forschungsprojekt geht im Gegensatz zur pädiatrischen Perspektive von einem positiven Einfluss von Kinderhörkassetten auf den Spracherwerb aus:

Weil die Kinder ihre Hörspiele als unterhaltsam erleben, entwickeln sie ein stärkeres Zuwendungsmotiv. Daher hören sie unterhaltsame Hörkassetten ausdauernder und bevorzugen sie in Auswahlsituationen gegenüber anderen Medienangeboten oder Beschäftigungen. Sie rezipieren immer wieder den gleichen sprachlichen Input, was sich schließlich positiv auf den Spracherwerb auswirkt (Ritterfeld, 2000).

Weil die Kinder Anteil an dem Schicksal der sympathischen Figuren eines Hörspiels nehmen und auch von den formalen Unterhaltungselementen wie Musik und Soundeffekten angesprochen werden, wenden sie sich dem sprachlichen Input des Hörspiels aufmerksamer zu. Dadurch steigt die Wahrscheinlichkeit, dass die Sprachinformationen erfolgreich verarbeitet und in den Wortschatz bzw. das Regelwissen übernommen werden.

Über die stärkere Zuwendungsmotivation und die höhere Aufmerksamkeit während der Rezeption wirkt sich also nach dieser Modellvorstellung die Unterhaltsamkeit eines Medienangebots positiv auf die Informationsaufnahme und den Lerneffekt durch die Rezeption aus. Da Spracherwerb eine grundlegende Voraussetzung für die Entwicklung von Lesekompetenz ist, macht dieses Beispiel deutlich, wie fruchtbar und relevant eine integrative Perspektive auf Information, Unterhaltung und Lesekompetenz im Medienzeitalter ist.

Ein Beispiel für empirische Forschung, die das Zusammenspiel von Unterhaltungsrezeption, Informationsaufnahme und Lesekompetenz beleuchtet, liefert das Projekt „Zum Einfluß des Fernsehens auf die Entwicklung von Sprach- und Lesekompetenz" (Schneider et al., 1999; Ennemoser, Schiffer & Schneider, in diesem Band). Das darin primär untersuchte Medium Fernsehen liefert ja in erster Linie unterhaltsame Angebote (Krüger, 2000). Weil diese jedoch in Zusammenhang mit informationsbezogenen Kompetenzdimensionen, nämlich dem Sprach- und Lesevermögen, betrachtet werden, erscheint eine theoretische Integration von „Unterhaltung" und „Information" konzeptuell geradezu notwendig.

Insgesamt lässt sich festhalten, dass die Vergrößerung und Ausdifferenzierung des Medienumfelds nicht nur dazu geführt hat, dass dem modernen Individuum eine Fülle unterschiedlicher Lesestoffe zur Verfügung steht, sondern auch dazu, dass zahlreiche Medienangebote entstanden sind, deren Rezeption keine oder nur eine minimale Lesekompetenz erfordern. Vor diesem Hintergrund hat unser Beitrag versucht, die Ausführungen von Christmann und Groeben (in diesem Band) sowie Eggert (in diesem Band) zu ergänzen, indem der Stand der Forschung zu Koexistenz oder Konkurrenz von Lesen und den anderen Formen der Medienrezeption dokumentiert und Desiderata für eine intensive und integrative empirische Auseinandersetzung mit diesem Spannungsfeld formuliert wurden. Dabei erscheinen zwei Aspekte wesentlich: erstens die unterschiedlichen Medien mit ihren jeweiligen Anforderungen an Lesen und Lesekompetenz, welche wiederum förderliche oder hemmende Wirkungen auf das Lesevermögen ihrer Nutzer/innen zeitigen (könnten); und zweitens die Rezipient/innen selbst, die Medienangebote für sich nutzbar machen und dazu diesen Angeboten bestimmte Funktionen, zum Beispiel „Unterhaltung" oder „Information" zuweisen. Das Verhältnis zwischen Leseanforderung der Multimedia-Umwelt und Lesekompetenz der Mediennutzer/innen muss auf den zentralen Dimensionen der Verarbeitungsmotivation bzw. Zuwendungsbereitschaft und der Verarbeitungsfähigkeit bzw. Verstehenskompetenz bestimmt werden. Nur so lassen sich fruchtbare theoretische Perspektiven auf die Lesekompetenz in der Mediengesellschaft eröffnen, entsprechende empirische Forschungsdesigns entwickeln und erfolgversprechende medienpädagogische Förderkonzepte entwerfen.

Literatur

Adoni, H. (1995). Literacy and reading in a multimedia environment. *Journal of Communication, 45* (2), 152–174.

Arbeitsgemeinschaft der ARD-Werbegesellschaften (Hrsg.). (2000). *Media Perspektiven Basisdaten. Daten zur Mediensituation in Deutschland 2000.* Frankfurt/M.: Arbeitsgemeinschaft der ARD-Werbegesellschaften.

Bauer, I. (1996). Jugend und Tageszeitung. Ergebnisse quantitativer und qualitativer Studien. *Media Perspektiven, o. Jg.* (1), 8–17.

Beentjes, J. W. J. (1989). A Dutch replication study based on Salomon's model. *Educational Technology Research and Development, 37* (2), 47–58.

Bellebaum, A. & Muth, L. (Hrsg.). (1996). *Leseglück. Eine vergessene Erfahrung?* Opladen: Westdeutscher Verlag.

Belz, C. (1998). Torten, Balken und Kurven. Die Gestaltung von Infografiken im Experiment. *Media Spectrum, 36* (4), 30–32.

Bente, G. (Hrsg.). (2001). *Digitale Welten. Virtuelle Realität und Computersimulation als Gegenstand und Methode in der Psychologie* (im Druck). Göttingen: Hogrefe.

Bente, G. & Otto, I. (1996). Virtuelle Realität und parasoziale Interaktion. *Medienpsychologie, 8* (3), 217–242.

Berens, H., Kiefer, M.-L. & Meder, A. (1997). Spezialisierung der Mediennutzung im dualen Rundfunksystem. Sonderauswertungen zur Langzeitstudie Massenkommunikation. *Media Perspektiven, o. Jg.* (2), 80–91.

Birkerts, S. (1997). *Die Gutenberg Elegien. Lesen im elektronischen Zeitalter.* Frankfurt/M.: Fischer.

Blickle, G. (2001). Kommunikation und Interaktion in Organisationen. In H. Schuler (Hrsg.), *Enzyklopädie der Psychologie. D/III/4: Gruppe und Organisation* (im Druck). Göttingen: Hogrefe.

Bucher, H.-J. (1997). Zeitungsentwicklung und Leseinteressen. Neue Formen der Informations- und Wissensvermittlung in den Printmedien. *Der Deutschunterricht. Beiträge zu seiner Praxis und wissenschaftlichen Grundlegung, 49* (3), 66–80.

Buckingham, D. (1993). *Children talking television. The making of television literacy.* London, Washington, D.C.: The Falmer Press.

Cassel, J. & Jenkins, H. (Hrsg.). (1999). *From Barbie to Mortal Kombat. Gender and computer games.* Cambridge, MA: MIT Press.

Charlton, M. & Boresa, M. (1997). Thematische Voreingenommenheit, Involvement und Formen der Identifikation. In M. Charlton & S. Schneider (Hrsg.), *Rezeptionsforschung: Theorien und Untersuchungen zum Umgang mit Massenmedien* (S. 254–267). Opladen: Westdeutscher Verlag.

Christmann, U., Groeben, N., Flender, J., Naumann, J. & Richter, T. (1999). Verarbeitungsstrategien von traditionellen (linearen) Buchtexten und zukünftigen (nicht-linearen) Hypertexten. In N. Groeben (Hrsg.), Lesesozialisation in der Mediengesellschaft. *Internationales Archiv für Sozialgeschichte der deutschen Literatur, 10. Sonderheft* (S. 175–189). Tübingen: Niemeyer.

Csikszentmihalyi, M. (1985). *Das Flow-Erlebnis.* Stuttgart: Klett-Cotta.

Dietz, T. L. (1998). An Examination of violence and gender role portrayals in video games: Implications for gender socialization and aggressive behavior. *Sex Roles, 38* (5–6), 425–442.

Deutscher Bundestag – Enquête-Kommission Zukunft der Medien in Wirtschaft und Gesellschaft. Deutschlands Weg in die Informationsgesellschaft (Hrsg.). (1997). *Medienkompetenz im Informationszeitalter.* Bonn: Zeitungs-Verlagsservice.
d'Ydewalle, G., Praet, C., Verfaillie, K. & van Rensbergen, J. (1991). Watching subtitled television: Automatic reading behavior. *Communication Research, 18,* 650–666.
Eisenstein, E. L. (1995). The end of the book? Some perspectives on media change. *The American Scholar, 64* (4), 541–555.
Feierabend, S. & Klingler, W. (2000). Jugend, Information, (Multi)Media 2000. Aktuelle Ergebnisse der JIM-Studie zur Mediennutzung Zwölf bis 19-Jähriger. *Media Perspektiven, o. Jg.* (11), 517–527.
Flender, J. & Christmann, U. (2000, Oktober). *Zur optimalen Passung von medienspezifischen Randbedingungen und Verarbeitungskompetenzen bei Hypertexten und linearen Texten: ein präskriptiver Konzeptentwurf.* Vortrag auf dem Symposion „Medienkompetenz als zentrale Manifestation des gesellschaftlich handlungsfähigen Subjekts" des DFG-Schwerpunktprogramms „Lesesozialisation in der Mediengesellschaft", 11.–13. Oktober 2000, Maria in der Aue.
Franzmann, B. (2001). Lesezapping und Portionslektüre. Veränderung des Leseverhaltens, besonders bei Jugendlichen. *Media Perspektiven, o. Jg.* (2), 90–98.
Fritz, A. (1991). *Lesen im Medienumfeld. Eine Studie im Auftrag der Bertelsmann Stiftung.* Gütersloh: Verlag Bertelsmann Stiftung.
Fritz, J. (1997a). Langeweile, Streß und Flow. Gefühle beim Computerspiel. In J. Fritz & W. Fehr (Hrsg.), *Handbuch Medien: Computerspiele. Theorie, Forschung, Praxis* (S. 207–216). Bonn: Bundeszentrale für politische Bildung.
Fritz, J. (1997b). Was sind Computerspiele? In J. Fritz & W. Fehr (Hrsg.), *Handbuch Medien: Computerspiele Theorie, Forschung, Praxis* (S. 81–86). Bonn: Bundeszentrale für politische Bildung.
Fritz, J. & Fehr, W. (Hrsg.). (1997). *Handbuch Medien: Computerspiele. Theorie, Forschung, Praxis.* Bonn: Bundeszentrale für politische Bildung.
Früh, W. (1994). *Realitätsvermittlung durch Massenmedien. Die permanente Transformation der Wirklichkeit.* Opladen: Westdeutscher Verlag.
Füssel, S. (1999). *Gutenberg und seine Wirkung.* Darmstadt: Wissenschaftliche Buchgesellschaft.
Gleich, U. (1998). ARD-Forschungsdienst Rezeption und Wirkung von Nachrichten. *Media Perspektiven, o. Jg.* (10), 524–529.
Gleich, U. & Groebel, J. (1993). ARD-Forschungsdienst: Realität und Fiktion. Mischformen im Fernsehprogramm. *Media Perspektiven, o. Jg.* (7), 350–353.
Graf, W. (1999). Lektürebiographie: Unterhaltende Information und informierende Unterhaltung. In N. Groeben (Hrsg.), Lesesozialisation in der Mediengesellschaft. *Internationales Archiv für Sozialgeschichte der deutschen Literatur, 10. Sonderheft* (S. 89–102). Tübingen: Max Niemeyer Verlag.
Grodal, T. (2000). Video games and the pleasures of control. In D. Zillmann & P. Vorderer (Hrsg.), *Media entertainment. The psychology of its appeal* (S. 197–212). Mahwah, NJ: Lawrence Erlbaum Associates.
Groeben, N. & Vorderer, P. (1988). *Leserpsychologie. Lesemotivation – Lektürewirkung.* Münster: Aschendorff.
Groeben, N. & Schreier, M. (2000). Neue Medien, Genres, Verarbeitungsanforderungen: Das Beispiel Pseudo-Dokumentation, Realitäts-Fiktionsunter-

scheidungen und andere medienpsychologische Perspektiven. *Kölner Psychologische Studien, 5* (1), 1–26.
Hamm, I. (Hrsg.). (2001). *Medienkompetenz*. Gütersloh: Verlag Bertelsmann Stiftung.
Heinemann, M. (1997). Störungen der Sprachentwicklung als Alarmzeichen – Neue Untersuchungsergebnisse. In K. Ring, K. v. Trotha & P. Voß (Hrsg.), *Lesen in der Informationsgesellschaft – Perspektiven der Medienkultur* (S. 104–110). Baden-Baden: Nomos.
Hickethier, K. (1997). Das Erzählen der Welt in den Fernsehnachrichten. Überlegungen zu einer Narrationstheorie der Nachricht. *Rundfunk und Fernsehen, 45*, 5–18.
Hoffmann, H. (Hrsg.). (1994). *Gestern begann die Zukunft. Entwicklung und gesellschaftliche Bedeutung der Medienvielfalt*. Darmstadt: Wissenschaftliche Buchgesellschaft.
Hoffner, C. (1996). Children's wishful identification and parasocial interaction with favorite television characters. *Journal of Broadcasting and Electronic Media, 40*, 389–402.
Hurrelmann, B. (1998). Lese- und Mediengewohnheiten im Umbruch – eine pädagogische Herausforderung. In Stiftung Lesen (Hrsg.), *Lesen im Umbruch – Forschungsperspektiven im Zeitalter von Multimedia* (S. 187–195). Baden-Baden: Nomos.
Issing, L. J. & Klimsa, P. (Hrsg.). (1995). *Information und Lernen mit Multimedia*. Weinheim: Beltz.
Jauss, H. R. (1982). *Ästhetische Erfahrung und literarische Hermeneutik*. Frankfurt/M.: Suhrkamp.
Katz, E. & Foulkes, D. (1962). On the use of mass media for escape: Clarification of a concept. *Public Opinion Quaterly, 26*, 377–388.
Kiefer, M. L. (1996). Massenkommunikation 1995. Ergebnisse der siebten Welle der Langzeitstudie zur Mediennutzung und Medienbewertung. *Media Perspektiven, o. Jg.* (5), 234–248.
Klimmt, C. (2001). Computer-Spiel: Interaktive Unterhaltungsangebote als Synthese aus Medium und Spielzeug. *Zeitschrift für Medienpsychologie, 13* (1), 22–32.
Koolstra, C. M. & Beentjes, J. W. J. (1999). Childrens's vocabulary acquisition through watching subtitled television programs at home. *Educational Technology Research and Development, 47* (1), 51–60.
Koolstra, C. M. & van der Voort, T. H. A. (1996). Longitudinal effects of television on children's leisure-time reading: A test of three explanatory models. *Human Communication Research, 23*, 4–35.
Koolstra, C. M., van der Voort, T. H. A. & Vooijs, M. W. (1991). Media use and children's reading performance. *Poetics, 20*, 105–118.
Koolstra, C. M., van der Voort, T. H. A & van der Kamp, L. J. T. (1997). Television's impact on children's reading comprehension and decoding skills: A 3-year panel study. *Reading Research Quarterly, 32* (2), 128–152.
Krüger, U. M. (2000). Unterschiedliches Informationsverständnis im öffentlich-rechtlichen und privaten Fernsehen. *Media Perspektiven, o. Jg.* (7), 278–296.
Kunczik, M. (1998). *Gewalt und Medien* (4., aktualisierte Auflage). Köln: Böhlau.

Langen, C. & Bentlage, U. (Hrsg.). (2000). *Das Lesebarometer – Lesen und Mediennutzung in Deutschland. Eine Bestandsaufnahme zum Leseverhalten.* Gütersloh: Verlag Bertelsmann Stiftung.

Löffler, S. (1997). *Gedruckte Videoclips. Vom Einfluß des Fernsehens auf die Zeitungskultur.* Wien: Picus Verlag.

Lombard, M. & Ditton, T. (1997). At the heart of it all: The concept of presence. *Journal of Computer mediated Communication, 3* (2) [Online]. Verfügbar unter: http://209.130.1.169/jcmc/vol3/issue2/lombard.html [18.05.2000].

Mangold, R. (2000). Der abendliche Horror? Unterhaltung und Emotionen bei Fernsehnachrichten. In G. Roters, W. Klingler & M. Gerhards (Hrsg.) *Unterhaltung und Unterhaltungsrezeption* (S. 119–140). Baden-Baden: Nomos.

Merten, K. (1999). *Gewalt durch Gewalt im Fernsehen?* Opladen: Westdeutscher Verlag.

Morgan, M. (1993). Television and school performance. In V. C. Strasburger & G. A Comstock (Hrsg.), *Adolescent medicine: Adolescents and the media* (S. 607–622). Philadelphia: Hanley & Belfus.

Muth, L. (1996). Leseglück als Flow-Erlebnis. Ein Deutungsversuch. In A. Bellebaum & L. Muth (Hrsg.), *Leseglück. Eine vergessene Erfahrung?* (S. 57–81). Opladen: Westdeutscher Verlag.

Nell, V. (1988). *Lost in a book. The psychology of reading for pleasure.* New Haven: Yale University Press.

Oatley, K. (1994). A taxonomy of the emotions of literary response and a theory of identification in fictional narrative. *Poetics, 23,* 53–74.

Oatley, K. (1999). Meeting of minds: Dialogue, sympathy, and identification in reading fiction. *Poetics, 26,* 439–454.

Oatley, K. & Gholamain, M. (1997). Emotions and identification. Connections between Readers and Fiction. In M. Hjort & S. Laver (Hrsg.), *Emotion and the Arts* (S. 263–281). New York: Oxford University Press.

Paus-Haase, I., Schnatmeyer, D. & Wegener, C. (Hrsg.). (2000). *Information, Emotion, Sensation: Wenn im Fernsehen die Grenzen zerfließen.* Bielefeld: Vorstand der GMK.

Potter, W. J. (1988). Perceived reality in television effects research. *Journal of Broadcasting and Electronic Media, 32* (1), 23–41.

Rager, G. (1993). Unterhaltung – Missachtete Produktstrategie? In G. Rager, S. Müller-Gerbes & B. Weber (Hrsg.), *Leselust statt Pflichtlektüre. Die unterhaltsame Tageszeitung* (S. 7–19). Münster: Lit.

Rager, G., Oestmann, I. & Werner, P. (2000). Zeitungslesen lernen – wie Jugendliche zu Lesern oder Nichtlesern von Tageszeitungen werden. In H.-B. Brosius (Hrsg.), *Kommunikation über Grenzen und Kulturen* (S. 327–340). Konstanz: UVK Medien.

Reinking, D. & Wu, J.-H. (1990). Reexamining the research on television and reading. *Reading Research and Instruction, 29* (2), 30–43.

Ritterfeld, U. (2000). Welchen und wieviel Input braucht das Kind? In H. Grimm (Hrsg.), *Sprachentwicklung. Enzyklopädie der Psychologie, Band C3/3* (S. 403–432). Göttingen: Hogrefe.

Ritterfeld, U. & Vorderer, P. (2000). Beeinträchtigen unterhaltsame Medienangebote den Spracherwerb? Klischees, Fakten und Vermutungen. *Sprache – Stimme – Gehör. Zeitschrift für Kommunikationsstörungen, 24,* 146–153.

Roters, G., Klingler, W. & Gerhards, M. (Hrsg.). (1999). *Information und Informationsrezeption*. Baden-Baden: Nomos.

Rothmund, J., Schreier, M. & Groeben, N. (2001). Fernsehen und erlebte Wirklichkeit I: Ein kritischer Überblick über die Perceived Reality-Forschung. *Zeitschrift für Medienpsychologie, 13* (1), 33–44.

Salomon, G. (1984). Television is „easy" and print is „tough": The differential investment of mental effort in learning as a function of perceptions and attributions. *Journal of Educational Psychology, 76,* 647–658.

Schanze, H. & Kammer, M. (Hrsg.). (1998). *Interaktive Medien und ihre Nutzer. Band 1: Voraussetzungen, Anwendungen, Perspektiven.* Baden-Baden: Nomos.

Schön, E. (1999). Lesen zur Information, Lesen zur Lust – schon immer ein falscher Gegensatz. In G. Roters, W. Klingler & M. Gerhards (Hrsg.), *Information und Informationsrezeption* (S. 187–212). Baden-Baden: Nomos.

Schön, E. (2000). Kinder und Jugendliche im aktuellen Medienverbund. In G. Lange (Hrsg.), *Taschenbuch der Kinder- und Jugendliteratur Band 2: Medien und Sachbuch, Ausgewählte thematische Aspekte, Ausgewählte poetologische Aspekte, Produktion und Rezeption, KJL im Unterricht* (S. 921–940). Hohengehren: Schneider.

Schneider, W., Ennemoser, M. & Reinsch, C. (1999). Zum Einfluß des Fernsehens auf die Entwicklung von Sprach- und Lesekompetenzen. In N. Groeben (Hrsg.), *Lesesozialisation in der Mediengesellschaft. Internationales Archiv für Sozialgeschichte der deutschen Literatur, 10. Sonderheft* (S. 56–66). Tübingen: Niemeyer.

Schramm, H. (2001). Unterhaltungsmusik – Musik zur Unterhaltung? Terminologische und funktionelle Annäherung an eine omnipräsente Musikkategorie. *Zeitschrift für Medienpsychologie* (im Druck).

Schreier, M. & Groeben, N. (1991). „Death Enemy" or „Promoter"? On the relation between film-/television-consumption and motivation to read. *Siegener Periodicum zur Internationalen Empirischen Literaturwissenschaft (SPIEL), 10* (1), 5–43.

Schreier, M., Groeben, N., Nickel-Bacon, I. & Rothmund, J. (1999). Realitäts-Fiktions-Unterscheidung(en): Ausprägungen, Bedingungen, und Funktionen. In N. Groeben (Hrsg.), *Lesesozialisation in der Mediengesellschaft. Internationales Archiv für Sozialgeschichte der deutschen Literatur, 10. Sonderheft* (S. 233–247). Tübingen: Niemeyer.

Schulz, W. (1976). *Die Konstruktion von Realität in den Nachrichtenmedien. Analyse der aktuellen Berichterstattung.* Freiburg i. Br.: Alber.

Schulz, R. (1998). Printmedien und junge Leser – Beiträge der Forschung zur Stabilisierung einer labilen Beziehung. In Stiftung Lesen (Hrsg.), *Lesen im Umbruch – Forschungsperspektiven im Zeitalter von Multimedia* (S. 134–137). Baden-Baden: Nomos.

Spinner, K. H. (1995). Die Entwicklung literarischer Kompetenz beim Kind. In C. Rosebrock (Hrsg.), *Lesen im Medienzeitalter. Biographische und historische Aspekte literarischer Sozialisation* (S. 81–95). Weinheim: Juventa.

Staab, J. F. (1990). *Nachrichtenwert-Theorie: formale Struktur und empirischer Gehalt.* Freiburg i. Br.: Alber.

Steinberg, H. (1990). *Gutenbergs Zukunft: An- und Aussichten zu Buch und Lesen.* Berlin: Spiess.

Stiftung Lesen (Hrsg.). (1998). *Lesen im Umbruch – Forschungsperspektiven im Zeitalter von Multimedia*. Baden-Baden: Nomos.
Tacke, G. (2000). Die Lese-Rechtschreibleistungen werden immer schlechter – Tatsache oder Legende? *Unterrichtswissenschaft, 28* (4), 304–333.
Thomas, G. & Storey, R. (1999). *TV production in the year 2005* [Online]. Verfügbar unter : http://www.bbc.co.uk/rd/pubs/papers/pdffiles/mntx99gat.pdf [10.02.2001].
Vincent, R. C. & Basil, M. D. (1997). College student's news gratifications, media use, and current events knowledge. *Journal of Broadcasting and Electronic Media, 41* (3), 380–392.
von der Lahr, H. (1996). Lesen: Verlust einer Schlüsselqualifikation für die Informationsgesellschaft. *Media Perspektiven, o. Jg.* (1), 2–7.
Vorderer, P. (1991). Von der Lese- zur Rezeptionsmotivation? *Siegener Periodicum zur Internationalen Empirischen Literaturwissenschaft (SPIEL), 10* (1), 1–3.
Vorderer, P. (1994). „Spannung ist, wenn's spannend ist". Zum Stand der (psychologischen) Spannungsforschung. *Rundfunk und Fernsehen, 42* (3), 323–339.
Vorderer, P. (Hrsg.). (1996a). *Fernsehen als „Beziehungskiste". Parasoziale Beziehungen und Interaktionen mit TV-Personen*. Opladen: Westdeutscher Verlag.
Vorderer, P. (1996b). Rezeptionsmotivation: Warum nutzen Rezipienten mediale Unterhaltungsangebote? *Publizistik, 41,* 310–326.
Vorderer, P. (1998a). Unterhaltung durch Fernsehen: Welche Rolle spielen parasoziale Beziehungen zwischen Zuschauern und Fernsehakteuren? In G. Roters, W. Klingler & O. Zöllner (Hrsg.), *Fernsehforschung in Deutschland. Themen, Akteure, Methoden* (S. 689–707). Baden-Baden: Nomos.
Vorderer, P. (2000). Interactive entertainment and beyond. In D. Zillmann & P. Vorderer (Hrsg.), *Media entertainment: The psychology of its appeal* (S. 21–36). Mahwah, NJ: Lawrence Erlbaum Associates.
Vorderer, P. (2001). It's all entertainment, sure. But what exactly is entertainment? Communication research, media psychology, and the explanation of entertainment experiences. *Poetics* (im Druck).
Vorderer, P., Klimmt, C. & Liebetruth, D. (2001, Januar). *Spaß, Spannung, Spiel. Eine Beobachtungsstudie zum Unterhaltungserleben drei- bis vierjähriger Kinder während der Rezeption formal unterschiedlich unterhaltsamer Varianten eines Hörspiels*. Vortrag auf der Jahrestagung der Fachgruppe Rezeptionsforschung der Deutschen Gesellschaft für Publizistik- und Kommunikationswissenschaft, 26.–27. Januar 2001, Berlin.
Voss, C. (1999). *Textgestaltung und Verfahren zur Emotionalisierung in der BILD-Zeitung*. Frankfurt/M.: Lang.
Weidenmann, B. (1989). Der mentale Aufwand beim Fernsehen. In J. Groebel & P. Winterhoff-Spurk (Hrsg.), *Empirische Medienpsychologie* (S. 134–149). München: Psychologie Verlags Union.
Wilke, J. (1994). Lokal, regional, national, international – zu Angebot und Nutzung der Tageszeitung. In M. Jäckel & P. Winterhoff-Spurk (Hrsg.), *Politik und Medien: Analysen zur Entwicklung der politischen Kommunikation* (S. 89–102). Berlin: Vistas.
Winterhoff-Spurk, P., Heidinger, V. & Schwab, F. (1994). *Reality-TV: Formate und Inhalte eines neuen Programmgenres*. Saarbrücken: Logos Verlag.

Wittwen, A. (1995). *Infotainment. Fernsehnachrichten zwischen Information und Unterhaltung.* Frankfurt/M.: Lang.

Wössner, F. (1997). Lesekompetenz schafft Medienkompetenz. In K. Ring, K. von Trotha & P. Voß (Hrsg.), *Lesen in der Informationsgesellschaft, Perspektiven der Medienkultur* (S. 77–82). Baden-Baden: Nomos.

Zillmann, D. (1991). Empathy: Affect from bearing witness to the emotions of others. In J. Bryant & D. Zillmann (Hrsg.), *Responding to the screen: Reception and reaction processes* (S. 135–168). Hillsdale, NJ: Lawrence Erlbaum Associates.

Zillmann, D. (1994). Mechanism of emotional involvement with drama. *Poetics, 23,* 33–51.

Zillmann, D. (1996). The psychology of suspense in dramatic exposition. In P. Vorderer, H. J. Wulff & M. Friedrichsen (Hrsg.), *Suspense: Conceptualizations, theoretical analyses, and empirical explorations* (S. 199–231). Mahwah, NJ: Lawrence Erlbaum Associates.

Zillmann, D. & Brosius, H.-B. (Hrsg.). (2000). *Exemplification in communication: The influence of case reports on the perception of issues.* Mahwah, NJ: Lawrence Erlaum Associates.

Zillmann, D. & Vorderer, P. (Hrsg.). (2000). *Media entertainment. The psychology of its appeal.* Mahwah, NJ: Lawrence Erlbaum Associates.

Marco Ennemoser, Kathrin Schiffer & Wolfgang Schneider

Empirisches Beispiel: Die Rolle des Fernsehkonsums bei der Entwicklung von Lesekompetenzen

1 Einführung

In der Literatur finden sich vielfach Hinweise auf negative Zusammenhänge zwischen dem Fernsehkonsum von Kindern und deren sprachlichen bzw. schriftsprachlichen Leistungen (vgl. Koolstra, van der Voort & van der Kamp, 1997; Comstock & Paik, 1991; Williams et al., 1982). Allerdings sind diese Zusammenhänge häufig sehr gering ausgeprägt, so dass sie von einigen Forschern als vernachlässigbar bezeichnet werden (Morgan, 1993). Differenziertere Betrachtungen liefern jedoch Hinweise darauf, dass bei einer kleinen Gruppe von Kindern mit extrem hohem Fernsehkonsum teilweise deutlich schwächere Leistungen zu verzeichnen sind als bei Kindern mit gemäßigtem Fernsehkonsum. So berichten Williams et al. (1982) in einer 23 Studien umfassenden Metaanalyse über eher positive Zusammenhänge zwischen Fernsehkonsum und Leistungen unterhalb eines ersten Schwellenwertes von zehn Stunden Fernsehen pro Woche. Erst ein extremer Fernsehkonsum von mehr als 35 bis 40 Stunden geht dann mit deutlichen Leistungseinbußen einher. Dies wurde im Wesentlichen auch in einer Studie von Potter (1987) bestätigt, der negative Korrelationen mit Schulleistungen erst bei einem wöchentlichen Fernsehkonsum von mehr als 30 Stunden berichtete.

Allerdings fehlen bisher einschlägige Studien aus der Bundesrepublik. Eine Übertragung auf deutsche Verhältnisse erscheint insofern schwierig, als die bestehenden kulturellen Unterschiede in der Fernsehlandschaft offensichtlich sind. Beispielsweise werden die in amerikanischen Studien genannten extrem hohen Fernsehzeiten von Kindern in der Bundesrepublik kaum erreicht (vgl. Böhme-Dürr, 1990). Dementsprechend wird der *Vielseher* hierzulande anders definiert, wobei die Kriterien alles andere als einheitlich sind. Während der kritische Wert für die Kategorie der Vielseher in amerikanischen Studien häufig etwa vier Stunden täglich beträgt (Neuman, 1991; Potter, 1987; Searls et al., 1985), liegen die Angaben im deutschen Sprachraum etwa zwischen zwei und drei Stunden (Hurrelmann, Hammer & Stelberg, 1986). Andere Autoren bezeichnen jene Kinder als Vielseher, die „täglich vor dem Bildschirm sitzen und dabei auch mehrere Genres intensiv nutzen" (Klingler & Groebel, 1994, S. 141). Die Definition des Vielsehers wird in der Literatur nicht nur uneinheitlich gehandhabt, sondern sie ist teilweise auch sehr problembehaftet, wobei sich definitorische und primär methodische Probleme überlagern. Ein zentrales methodisches Problem stellen die verwendeten Verfahren zur Erfassung des Fernsehkonsums dar. In den meisten Untersuchungen wurden lediglich globale Einschätzungen der täglichen Fernsehdauer durch die Eltern oder durch die Kinder selbst vorgenommen (Burton, Calonico & McSeveney, 1979; Morgan & Gross, 1980). Tagebuchverfahren scheinen in diesem Zusammenhang wesentlich besser geeignet zu sein. Sie korrespondieren sehr gut mit Videobeobachtungen in den Haushalten (Anderson et al., 1985) und gelten im Allgemeinen als das zuverlässigste Maß zur Erfassung des Freizeitverhaltens (Reinsch, Ennemoser & Schneider, 1999). Ein weiteres Problem ist die Klassifikation des Vielsehers aufgrund eines einzigen Messwerts. Ein zeitweise erhöhter Fernsehkonsum etwa aufgrund eines sportlichen Großereignisses bleibt dabei ebenso unberücksichtigt wie die vielfach belegten saisonalen Schwankungen im Fernsehkonsum (Klingler & Groebel, 1994). Demzufolge würde die Festlegung eines kritischen Absolutwerts ohne Berücksichtigung des in den Wintermonaten erhöhten Fernsehkonsums beinhalten, dass im Winter deutlich mehr Kinder als Vielseher klassifiziert werden als im Sommer.

Die Befunde zum Zusammenhang zwischen dem Fernsehkonsum von Kindern und ihren schriftsprachlichen Leistungen basieren in erster Linie auf Querschnittsuntersuchungen. Dabei wird in der Literatur durchaus die Annahme geäußert, dass sich die negativen Effekte des Fernsehens über mehrere Jahre hinweg kumulieren (Koolstra et al., 1997). In diesem Zusammenhang sind längsschnittliche Analysen von Entwicklungsverläufen besonders interessant. Da in der Lese-Rechtschreibforschung ein breiter Konsens darüber herrscht, dass der Grundstein für den erfolgreichen Erwerb des Lesens und Schreibens bereits vor dem Schuleintritt gelegt wird (vgl. Schneider, 1997), sind auch mögliche Zusammenhänge des Fernsehens mit bereits im Kindergarten erhobenen spezifischen Vorläuferfertigkeiten des Schriftspracherwerbs (phonologische Bewusstheit, vorschulische Buchstabenkenntnisse) von Interesse. Die kausale Bedeutung der phonologischen Bewusstheit für den späteren Erwerb des Lesens und Rechtschreibens konnte in den letzten Jahren durch eine Reihe von Trainings- und Längsschnittstudien hinreichend belegt werden (Bradley & Bryant, 1985, Lundberg, Frost & Petersen, 1988; Schneider & Näslund, 1992; Schneider, Roth & Ennemoser, 2000). Zusammenhänge der phonologischen Bewusstheit mit dem Fernsehkonsum von Kindern wurden bisher allerdings nicht untersucht.

2 Fragestellung

In der vorliegenden Arbeit sollte zunächst überprüft werden, inwiefern ein über einen längeren Zeitraum hinweg erhöhter Fernsehkonsum mit schwächeren Lesekompetenzen bzw. mit schwächer ausgeprägten spezifischen Vorläuferfertigkeiten des Schriftspracherwerbs einhergeht. Im Hinblick auf die Annahme möglicher kumulativer Effekte sollten dabei die Entwicklungsverläufe über einen Zeitraum von insgesamt zwei Jahren erfasst werden. Die längsschnittliche Analyse sollte es ermöglichen zu überprüfen, ob der Schriftspracherwerb bei Vor- und Grundschulkindern mit überdurchschnittlichem Fernsehkonsum einem möglicherweise ungünstigeren Entwicklungsverlauf unterliegt.

3 Stichprobe und methodisches Vorgehen

3.1 Stichprobe

Es wurden zwei Altersgruppen rekrutiert, die im Verlauf von zwei Jahren viermal untersucht werden sollten. Während die ältere Kohorte ($n = 157$) zu Beginn der Studie bereits die zweite Klasse besuchte, befanden sich die jüngeren Kinder ($n = 155$) gerade am Ende des letzten Kindergartenjahres. Die Datenerhebung erfolgte im Zeitraum von Juni 1998 bis Juli 2000 zu vier Messzeitpunkten, wobei die ersten drei Erhebungen im Abstand von jeweils einem halben Jahr durchgeführt wurden. Die letzte Erhebung erfolgte schließlich ein Jahr später, als die jüngere Kohorte gerade die zweite Klasse absolviert hatte und die älteren Kinder am Ende des vierten Schuljahres bereits vor dem Übertritt in die weiterführenden Schulen standen.

3.2 Instrumente

Erfassung des Fernsehkonsums:
Der Fernsehkonsum wurde im Verlauf des ersten Erhebungsjahres über Tagebücher erhoben, da diese in der Literatur als die zuverlässigste Methode zur Erfassung des Freizeitverhaltens von Kindern gelten (Reinsch et al., 1999). Die Kinder wurden zu den ersten drei Messzeitpunkten entsprechend ihrem Fernsehkonsum in drei Gruppen unterteilt. Als konsistente „Vielseher" wurden jene Kinder kategorisiert, die bezüglich ihres Fernsehkonsums zu allen drei Messzeitpunkten im oberen Drittel der jeweiligen Kohorte lagen. Analog dazu setzt sich die Gruppe der „Wenigseher" aus jenen Kindern zusammen, deren Fernsehkonsum zu allen Messzeitpunkten im unteren Drittel angesiedelt war. Kinder mit durchschnittlichem Fernsehkonsum wurden als „Normalseher" kategorisiert. Die vorgenommene Einteilung in drei Sehergruppen diente als Faktor in den durchgeführten Varianzanalysen mit Messwiederholung.

Erfassung der Lesekompetenzen und Vorläuferfertigkeiten:
Jüngere Kohorte: Die phonologische Bewusstheit und die Buchstabenkenntnis wurden im Vorschulalter und Mitte der ersten Klasse (Messzeitpunkt 1 und 2) erfasst. Als Maß für die *phonologische Bewusstheit* diente eine deutsche Version der klassischen Reimaufgaben von Bradley und Bryant (1985), bei der aus einer Reihe von vier vorgegebenen Wörtern jeweils das Wort ausgewählt werden

muss, das sich nicht mit den anderen reimt bzw. nicht mit dem gleichen Anfangslaut beginnt. In einer weiteren Aufgabe von Lundberg, Frost und Petersen (1988) müssen verschiedene Wörter zunächst mit gedehntem Anlaut artikuliert werden, danach ist das verbleibende Restwort zu benennen. Zur Erfassung der *Buchstabenkenntnis* wurden den Kindern die Buchstaben des Alphabets auf Kärtchen dargeboten. Die Anzahl der richtig benannten Buchstaben diente als abhängige Variable.

Am Ende des ersten und zweiten Schuljahres (Messzeitpunkt 3 und 4) wurde schließlich die Erfassung spezifischer Vorläuferfertigkeiten durch Lesetests ersetzt. Als Maß für die *Lesegeschwindigkeit* diente die Würzburger Leise Leseprobe (WLLP; Küspert & Schneider, 1998). Hierbei handelt es sich um einen sehr ökonomischen Test, der in Form eines Gruppentests in nur zehn Minuten durchgeführt werden kann. Die Kinder hatten dabei Wörter zu lesen und dann aus vier Bildern das jeweils zum Begriff passende anzustreichen. Zur Erfassung des *Leseverständnisses* dienten die Leseaufgaben von Näslund (1990). In diesem Test hatten die Kinder kurze Geschichten zu lesen, zu denen anschließend Verständnisfragen im Multiple-Choice-Format zu beantworten waren.

Ältere Kohorte: Die *Lesegeschwindigkeit* wurde durchgehend von der zweiten bis zur vierten Klasse über die bereits beschriebene Würzburger Leise Leseprobe (Küspert & Schneider, 1998) erfasst. Zur Erfassung des *Leseverständnisses* wurden im Laufe der Studie verschiedene Tests verwendet, da Leseverständnistests in der Regel nur über einen begrenzten Altersbereich einsetzbar sind. Über die ersten drei Messzeitpunkte hinweg kam der Untertest „Leseverständnis" aus dem Allgemeinen Schulleistungstest (AST 2; Rieder, 1991) zum Einsatz, bei dem es darum geht, aus mehreren Wörtern dasjenige herauszufinden, das am besten zu einem vorgegebenen Satz passt. Ende der zweiten und Mitte der dritten Klassenstufe wurden außerdem die bereits beschriebenen Leseaufgaben von Näslund (1987, 1990) eingesetzt. Ab Ende der dritten Klasse wurde dieser Test durch Knuspels Leseaufgaben (Marx, 1998) ersetzt, bei dem die Kinder schriftlich gegebene Anweisungen zu befolgen hatten. Um für jeden Messzeitpunkt einen Gesamtwert für das Leseverständnis zu erhalten, wurden die Testrohwerte jeweils in Standardwerte umgewandelt und der Mittelwert gebildet. Aus diesem Grunde muss auf die Darstellung von Leistungszuwächsen im Leseverständnis über den Erhebungszeitraum hinweg verzichtet werden.

4 Ergebnisse

4.1 Der Fernsehkonsum in den Sehergruppen

In den Tabellen 1 und 2 ist, getrennt für beide Kohorten, der Fernsehkonsum von viel-, normal- und wenigsehenden Kindern über den Verlauf eines Jahres hinweg dargestellt. Erwartungsgemäß zeigt sich im Winter (Messzeitpunkt 2) in allen Gruppen ein saisonal bedingter Anstieg des Fernsehkonsums. Während der durchschnittliche Konsum in der Gruppe der Wenigseher etwa zwischen 15 und 30 Minuten täglich lag, verbrachten Vielseher im Mittel zwei bis drei Stunden pro Tag vor dem Fernseher.

Tabelle 1: Fernsehkonsum von viel-, normal- und wenigsehenden Kindern in der jüngeren Kohorte (in Minuten).

		Sommer '98	Winter '98/'99	Sommer '99
Wenigseher	M	14.1	21.3	14.9
(n = 26)	(SD)	(9.1)	(12.6)	(9.7)
Normalseher	M	53.0	78.8	53.0
(n = 98)	(SD)	(30.1)	(33.0)	(25.9)
Vielseher	M	133.8	177.0	130.3
(n = 31)	(SD)	(47.0)	(50.9)	(41.7)

Tabelle 2: Fernsehkonsum von viel-, normal- und wenigsehenden Kindern in der älteren Kohorte (in Minuten).

		Sommer '98	Winter '98/'99	Sommer '99
Wenigseher	M	16.2	33.2	20.6
(n = 29)	(SD)	(10.1)	(19.4)	(10.0)
Normalseher	M	57.6	84.3	61.8
(n = 95)	(SD)	(26.0)	(33.9)	(32.9)
Vielseher	M	126.9	166.0	148.9
(n = 33)	(SD)	(35.9)	(38.9)	(49.0)

4.2 Der Zusammenhang zwischen Fernsehkonsum und Lesekompetenzen

Jüngere Kohorte:
Da die Maße für phonologische Bewusstheit und Buchstabenkenntnis nur zu den ersten beiden Messzeitpunkten erhoben wurden, können hier lediglich Entwicklungen über den Zeitraum eines halben Jahres dargestellt werden.

Im Hinblick auf die *Buchstabenkenntnis* ergab sich dabei zunächst erwartungsgemäß ein signifikanter Effekt der Messwiederholung ($F(1,152) = 248.81; p < .01$) im Sinne einer Verbesserung aller Kinder im Verlauf des ersten Schulhalbjahres. Außerdem zeigte sich ein signifikanter Haupteffekt der Sehergruppe ($F(2,152) = 3.84; p < .05$) mit einer Effektgröße von $f = .22$. Nachgeschaltete t-Tests (Scheffé) ergaben eine signifikante Überlegenheit der Wenigseher gegenüber den beiden anderen Gruppen, welche sich nicht bedeutsam voneinander unterschieden. Wie in Abbildung 1 zu sehen ist, verfügen wenigsehende Kinder bereits im Vorschulalter über eine bessere Buchstabenkenntnis als ihre Altersgenossen mit höherem Fernsehkonsum. Im Wesentlichen bleibt dieser Vorsprung bis zur Mitte des ersten Grundschuljahres bestehen.

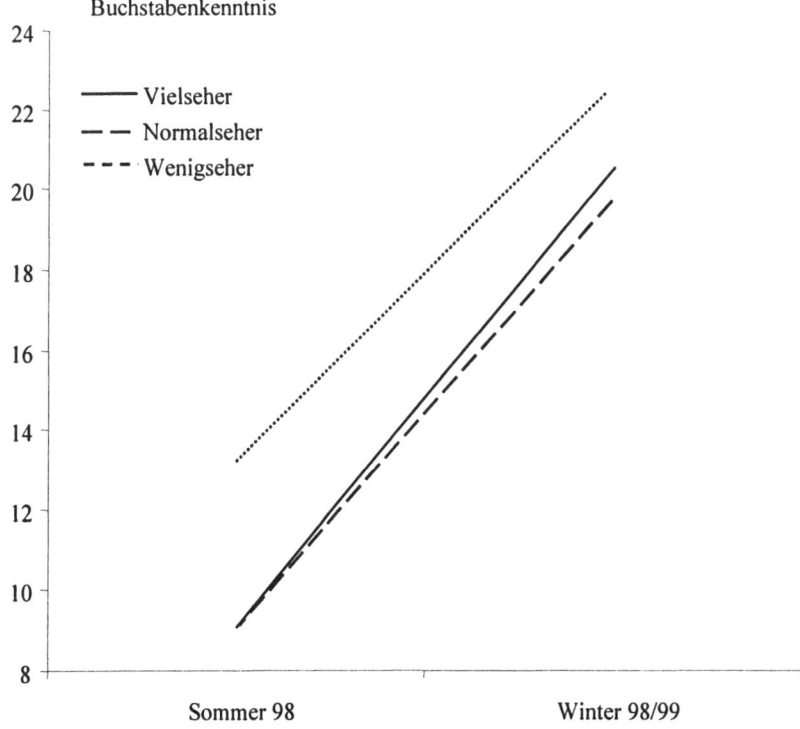

Abbildung 1: Entwicklung der Buchstabenkenntnis von viel-, normal- und wenigsehenden Kindern der jüngeren Kohorte (Anzahl der korrekt benannten Buchstaben)

In der Teilaufgabe *Anlautdehnung/Wortrestproduktion* zur Erfassung der phonologischen Bewusstheit zeigte sich lediglich eine bedeutsame Leistungsverbesserung der Kinder über die Zeit ($F(1,152) = 132.24; p < .01$). Der Haupteffekt der Sehergruppe wurde nur auf dem 10%-Niveau signifikant, die Wenigseher erwiesen sich demnach lediglich als tendenziell überlegen.

In den *Reimaufgaben* wurde der signifikante Effekt der Messwiederholung ($F(1,152) = 80.45; p < .01$) durch den Einfluss der Sehergruppe moderiert ($F(2,152) = 4.33; p < .05$; Effektgröße $f = .24$). Wie aus Abbildung 2 hervorgeht, zeigte die Gruppe der vielsehenden Kinder demnach in der Vorschulzeit noch Leistungen, die mit denen der anderen Kinder vergleichbar waren. Bis zur Mitte der ersten Klasse zeigten sich dann allerdings deutliche Leistungsunterschiede, da sich die Vielseher in diesen für den Schriftspracherwerb bedeutsamen Fertigkeiten nicht in gleichem Maße verbessern konnten wie Kinder mit einem geringeren Fernsehkonsum.

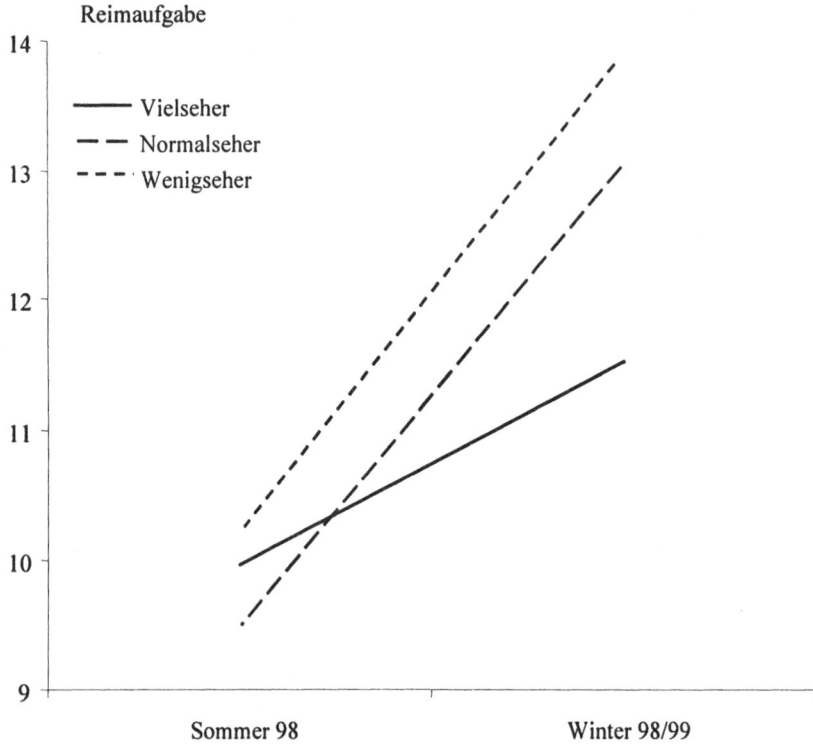

Abbildung 2: Verlauf der Leistungen in den Reimaufgaben von viel-, normal- und wenigsehenden Kindern der jüngeren Kohorte (Rohpunktwerte)

Die Maße zur Erfassung der Lesegeschwindigkeit und des Leseverständnisses wurden bei den jüngeren Kindern zum dritten Messzeitpunkt erstmalig erhoben und ein Jahr später wiederholt. Somit können zur Entwicklung der Lesekompetenzen die Leistungsveränderungen vom Ende der ersten bis zum Ende der zweiten Klasse dargestellt werden.

Für die *Lesegeschwindigkeit* zeigte sich dabei lediglich ein signifikanter Effekt der Messwiederholung ($F(1,145) = 289.16; p < .01$) im Sinne einer Verbesserung der Leistungen aller Kinder im Verlauf dieses Jahres. Im Hinblick auf die Sehergruppe ergab sich kein statistisch bedeutsamer Effekt.

Im *Leseverständnis* ergab sich ebenfalls eine signifikante Leistungsverbesserung im Erhebungszeitraum ($F(1,146) = 91.63; p < .01$). Wie Abbildung 3 verdeutlicht, hatte zwar die Gruppe der Vielseher über den Erhebungszeitraum geringere Leistungszuwächse zu verzeichnen, diese Interaktion zwischen Sehergruppe und Messwiederholung verfehlte allerdings das geforderte Signifikanzniveau ($p = .09$).

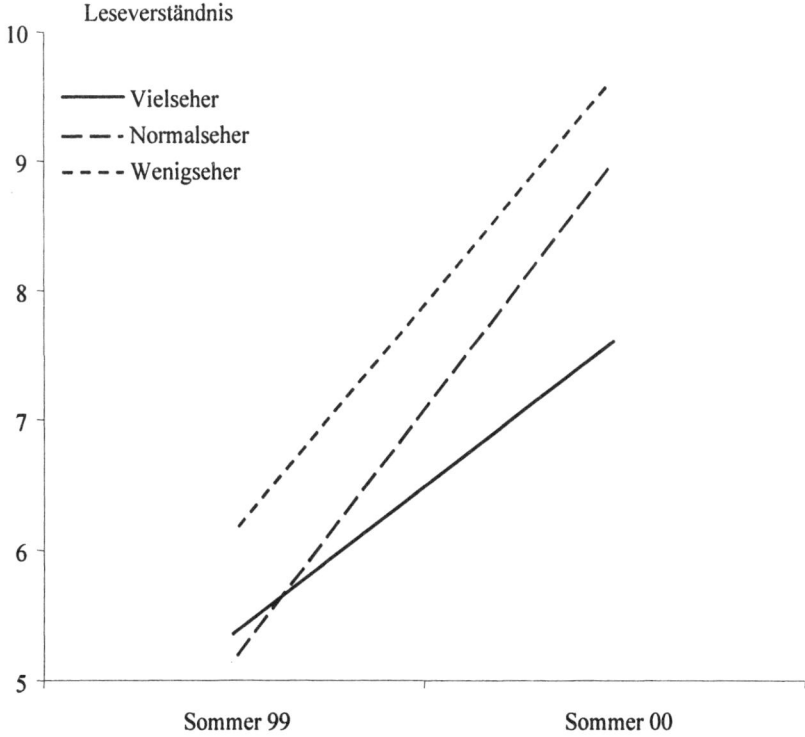

Abbildung 3: Verlauf der Leistungen im Leseverständnis von viel-, normal- und wenigsehenden Kindern der jüngeren Kohorte (Näslund, Rohpunktwerte)

Zusammenfassend lässt sich sagen, dass Effekte der Sehergruppe bereits bei Schulanfängern auftreten. Diese Effekte beschränken sich allerdings im Wesentlichen auf spezifische Vorläuferfertigkeiten des Schriftspracherwerbs, während sich noch keine klaren Effekte auf die Leseleistungen zu Beginn der Grundschulzeit nachweisen lassen.

Ältere Kohorte:
Für die Kinder der älteren Kohorte wurden die Tests zur Erfassung der Lesekompetenzen durchgehend vom Ende der zweiten bis zum Ende der vierten Klasse durchgeführt.

In der *Lesegeschwindigkeit* ergab sich neben dem Effekt der Messwiederholung ($F (3,453) = 437.80; p < .01$) auch ein signifikanter Effekt der Sehergruppe ($F (2,151) = 5.56; p < .01$). Die Effektgröße von $f = .27$ deutet dabei auf einen mittelstarken Effekt hin. Wie nachgeschaltete t-Tests bestätigten, zeigte die Gruppe der Vielseher demnach durchgehend schwächere Leistungen als ihre Altersgenossen mit einem geringeren Fernsehkonsum.

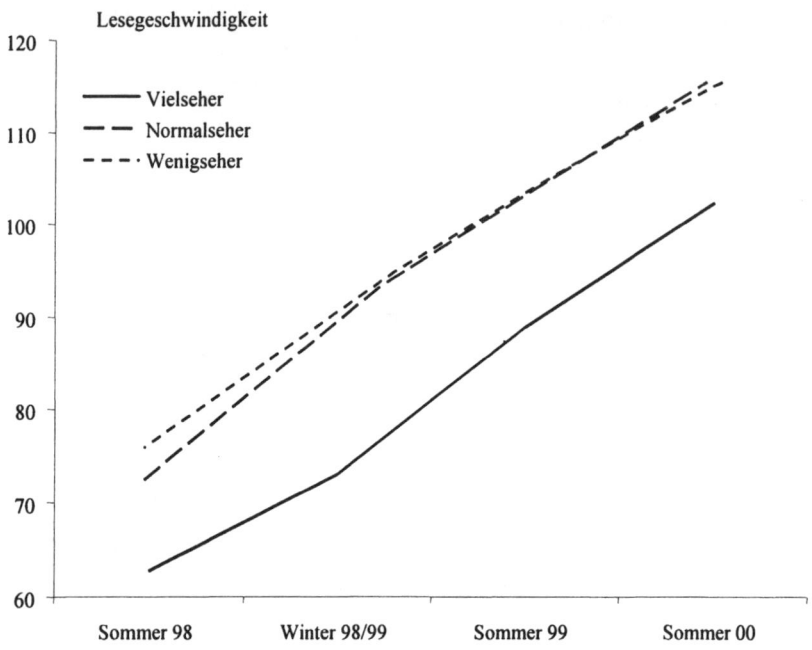

Abbildung 4: Entwicklung der Lesegeschwindigkeit von viel-, normal- und wenigsehenden Kindern der älteren Kohorte (WLLP, Rohpunktwerte).

Aus Abbildung 4 wird deutlich, dass die Kinder mit einem erhöhten Fernsehkonsum bereits zum Ende der zweiten Klasse schwächere Leistungen im Test der Dekodiergeschwindigkeit zu verzeichnen hatten und diesen Rückstand im weiteren Verlauf der Grundschulzeit auch nicht mehr aufholen konnten.

Im Hinblick auf das *Leseverständnis* war es durch die notwendige Transformation der Testleistungen in Standardwerte nicht möglich, die Leistungsverbesserungen der Kinder im Untersuchungszeitraum abzubilden. Wie Abbildung 5 deutlich macht, ergab sich jedoch ein signifikanter Effekt der Sehergruppe (F (2,151) = 13.94; $p < .01$). Dabei handelt es sich mit einer Effektgröße von $f = .43$ um einen relativ starken Effekt. Nachgeschaltete t-Tests bestätigten, dass vielsehende Kinder über alle Messzeitpunkte hinweg deutlich schwächere Leistungen erbrachten als Wenig- und Normalseher.

In der älteren Kohorte zeigte sich demnach sowohl in der Lesegeschwindigkeit als auch im Leseverständnis, dass die Gruppe der Vielseher durchgehend schwächere Leistungen erbrachte als ihre Altersgenossen mit geringerem Fernsehkonsum.

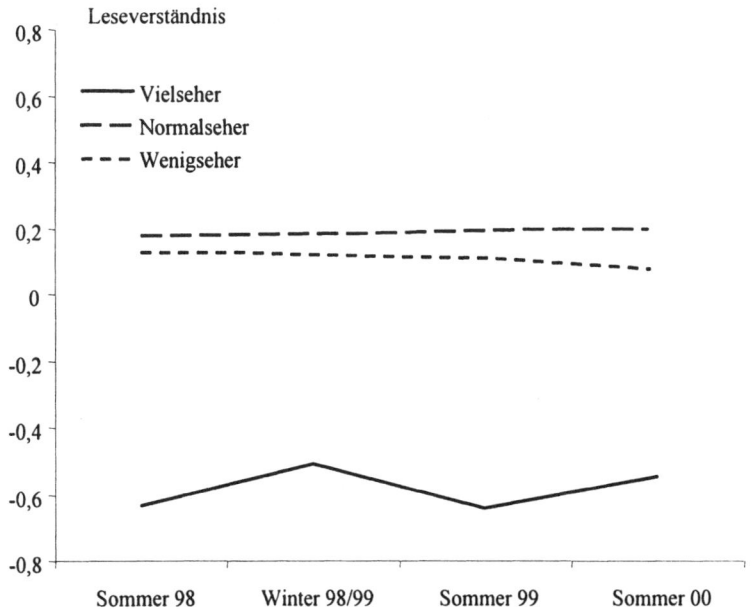

Abbildung 5: Leistungen im Leseverständnis von viel-, normal- und wenigsehenden Kindern der älteren Kohorte (mittlere Standardwerte).

5 Diskussion

Die vorliegenden Befunde zeigen, dass Vielseher im Bereich schriftsprachlicher Kompetenzen vielfach schwächere Leistungen erbringen als Kinder mit geringerem Fernsehkonsum. Während sich negative Effekte des Fernsehkonsums in der jüngeren Kohorte noch auf die Buchstabenkenntnis und einen Subtest der phonologischen Bewusstheit beschränkten, traten sie bei den älteren Kindern über den gesamten Untersuchungszeitraum hinweg sowohl in der Lesegeschwindigkeit als auch im Leseverständnis auf. Dieser Befund belegt, dass Leistungsunterschiede zwischen den Sehergruppen bei unseren älteren Kindern sehr viel konsistenter zu Tage treten und stützt die Annahme kumulativer Effekte des Fernsehkonsums auf Lesefertigkeiten. Eine aussagekräftigere Evidenz hierfür wären allerdings Wechselwirkungen zwischen Sehergruppe und Messwiederholung in dem Sinne, dass Vielseher über die Zeit hinweg ungünstigere Entwicklungsverläufe im Schriftspracherwerb zeigen. Eine solche Wechselwirkung ergab sich allerdings lediglich für unsere Reimaufgaben. Nachfolgende Erhebungen, in denen die Leistungsentwicklung dieser Kinder weiter verfolgt wird, sollten in diesem Zusammenhang aufschlussreichere Ergebnisse liefern.

Einschränkend muss erwähnt werden, dass die bisherigen Ergebnisse noch keinerlei Rückschlüsse auf kausale Effekte des Fernsehens erlauben. Ebenso plausibel ist die Annahme, dass Kinder mit sprachlich ungünstigerer Ausgangslage das Fernsehen als Freizeitbeschäftigung bevorzugen. Zudem wurde an dieser

Stelle nicht zwischen verschiedenen Formaten unterschieden. Es ist anzunehmen, dass eine Unterteilung in Unterhaltungsprogramme und Programme mit pädagogischer Intention möglicherweise differenziertere Zusammenhangsmuster ergeben wird (vgl. Anderson, 1998; Potter, 1987).

Das tatsächliche Vorliegen von Leistungsunterschieden zwischen Gruppen mit unterschiedlichem Fernsehkonsum zieht schließlich die Frage nach sich, welche Mechanismen diesem Zusammenhang zugrunde liegen. In der Literatur wird eine Reihe durchaus unterschiedlicher Hypothesen diskutiert, die bisher allerdings eher unzureichend empirisch überprüft wurden (vgl. Vorderer & Klimmt in diesem Band). Hierzu gehört beispielsweise die sogenannte Verdrängungshypothese (vgl. Neuman, 1988), der zufolge der Fernsehkonsum außerschulische Leseaktivitäten verdrängt, welche für die Lesefertigkeiten als förderlich angesehen werden. Die Hypothese zur Abwertung des Lesens besagt demgegenüber, dass Kinder durch den Fernsehkonsum eine negativere Einstellung zum Lesen entwickeln, was in der Folge zu schwächeren Leseleistungen führen soll (vgl. Beentjes & van der Voort, 1988). Einen weiteren Erklärungsansatz bietet die Konzentrationsabbau-Hypothese, der zufolge die rasche Abfolge von Information und der schnelle Bildwechsel bei Kindern zu einer Verschlechterung der Konzentrationsfähigkeit führt, die sich langfristig möglicherweise in schwächeren Leseleistungen niederschlagen könnte (Gadberry, 1980). Ein vorrangiges Ziel unserer weiteren Forschungsarbeit besteht in der Überprüfung dieser Hypothesen zum Zusammenhang zwischen dem Ausmaß täglichen Fernsehkonsums und den Lesekompetenzen von Kindern.

Literatur

Anderson, D. R. (1998). Children's television viewing and academic achievement. *Televizion, 11*, 21–24.
Anderson, D. R., Field, D. E., Collins, P. A., Lorch, E. P. & Nathan, J. G. (1985). Estimates of young children's time with television: Methodological comparison of parent reports with time-lapse video home observation. *Child Development, 56*, 1345–1357.
Beentjes, J. W. J. & van der Voort, T. H. A. (1988). Television's impact on children's reading skills: A review of research. *Reading Research Quarterly, 23*, 389–413.
Böhme-Dürr, K. (1990). Die Rolle der Massenmedien im Spracherwerb. In K. Neumann & M. Charlton (Hrsg.), *Spracherwerb und Mediengebrauch* (S. 149–168). Tübingen: Narr.
Bradley, L. & Bryant, P. (1985). *Rhyme and reason in reading an spelling*. Ann Arbor: The University of Michigan Press.
Burton, S. G., Calonico, J. M. & McSeveney, D. R. (1979). Effects of preschool television watching on first-grade children. *Journal of Communication, 29*, 164–170.
Comstock, G. A. & Paik, H. (1991). *Television and the American child*. San Diego, CA: Academic Press.
Gadberry, S. (1980). Effects of restricting first-graders' TV viewing on leisure time use, IQ change, and cognitive style. *Journal of Applied Developmental Psychology, 1*, 45–57.

Hurrelmann, B., Hammer, M. & Stelberg, K. (1996). *Familienmitglied Fernsehen. Fernsehgebrauch und Probleme der Fernseherziehung in verschiedenen Familienformen.* Opladen: Leske & Budrich.

Klingler, W. & Groebel, J. (1994). *Kinder und Medien 1990 – Eine Studie der ARD/ZDF-Medienkommission.* Berlin: Nomos Verlagsgesellschaft.

Koolstra, C. M., van der Voort, T. H. A. & van der Kamp, L. J. T. (1997). Television's impact on children's reading comprehension and decoding skills: A 3-year panel study. *Reading Research Quarterly, 32*, 128–152.

Küspert, P. & Schneider, W. (1998). *Würzburger Leise Leseprobe (WLLP).* Göttingen: Hogrefe.

Lundberg, I., Frost, J. & Petersen, O. P. (1988). Effects of an extensive program for stimulating phonological awareness in preschool children. *Reading Research Quarterly, 23*, 263–284.

Marx, H. (1998). *Knuspels Leseaufgaben (KNUSPEL-L).* Göttingen: Hogrefe.

Morgan, M. (1993). Television and school performance. *Adolescent Medicine, 4*, 607–622.

Morgan, M. & Gross, L. (1980). Television viewing, IQ and academic achievement. *Journal of Broadcasting, 24*, 117–132.

Näslund, J. C. (1987). *Leseaufgabe.* München: Max-Planck-Institut für Psychologische Forschung.

Näslund, J. C. (1990). The interrelationships among preschool predictors of reading acquisition for German children. *Reading and Writing, 2* (4), 327–360.

Neuman, S. B. (1988). The displacement effect: Assessing the relation between television viewing and reading performance. *Reading Research Quarterly, 13*, 414–440.

Neuman, S. B. (1991). *Literacy in the television age: The myth of the TV effect.* Norwood, NJ: Ablex Publishing Corp.

Potter, W. J. (1987). Does television viewing hinder academic achievement among adolescents? *Human Communication Research, 14*, 27–46.

Reinsch, C., Ennemoser, M. & Schneider, W. (1999). Die Tagebuchmethode zur Erfassung kindlicher Freizeit- und Mediennutzung. *SPIEL, 18* (1), 55–71.

Rieder, O. (1991). *Allgemeiner Schulleistungstest für 2. Klassen (AST 2).* Göttingen: Hogrefe.

Schneider, W. (1997). Rechtschreiben und Rechtschreibschwierigkeiten. In F. E. Weinert (Hrsg.), *Enzyklopädie Pädagogische Psychologie, Bd.3: Psychologie des Unterrichts und der Erziehung* (S. 327–363). Göttingen: Hogrefe.

Schneider, W., Näslund, J.C. (1992). Cognitive prerequisites of reading and spelling: A longitudinal approach. In: A. Demetriou, M. Shayer & A. Efklides (eds.). *Neo-Piagetian theories of cognitive development.* (pp. 256–274). London: Routledge.

Schneider, W., Roth, E. & Ennemoser, M. (2000). Training phonological skills and letter knowledge in children at risk for dyslexia: A comparison of three kindergarten intervention programs. *Journal of Educational Psychology, 92* (2), 284–295.

Searls, D. T., Mead, N. A. & Ward, B. (1985). The relationship of students' reading skills to TV watching, leisure time reading, and homework. *Journal of Reading, 29*, 158–162.

Williams, P. A., Haertel, E. D., Haertel, G. D. & Walberg, H. J. (1982). The impact of leisure-time television on school learning: A research synthesis. *American Educational Research Journal, 19*, 19–50.

Teil IV: Ausblick

Margrit Schreier & Gerhard Rupp

Ziele/Funktionen der Lesekompetenz im medialen Umbruch

1 Einleitung: Lesekompetenz im medialen Umfeld

Dass Lesen eine zentrale Kulturtechnik darstellt, die für die Teilhabe an einer schriftbasierten Kultur als unverzichtbare Voraussetzung gelten muss, ist in den Beiträgen in diesem Band wiederholt herausgearbeitet worden. Unsere Gesellschaft hat sich jedoch in den letzten Jahrzehnten rapide verändert, von der „Gutenberg-Galaxis" hin zur „Medien- und Informationsgesellschaft" (vgl. Charlton, 1999), in der die Printmedien sich neben den zunehmend visuell orientierten AV- und den digitalen Medien behaupten müssen. Betrachtet man Lesekompetenz als eine Form gesellschaftlich-kultureller Teilhabe, so stellt sich vor diesem Hintergrund notwendiger Weise die Frage nach den Zielen und Funktionen der Lesekompetenz innerhalb einer solchen Mediengesellschaft.

In der Literatur finden sich hier die unterschiedlichsten Positionen. Auf der einen Seite ist dies die Annahme, wie sie mit der Rede von dem Ende der Gutenberg-Galaxis einhergeht: dass die Rolle der Lesekompetenz innerhalb einer zunehmend visuell dominierten Medienkultur sukzessive bis zur Bedeutungslosigkeit absinkt (z.B. Postman, 1983, 1986; im Überblick Kloock & Spahr, 2000, S. 99–133). Andere Autoren/innen gehen dagegen davon aus, dass die Lesekompetenz auch innerhalb der Mediengesellschaft eine Schlüsselrolle einnehmen wird (z.B. Christmann & Groeben, 1999; Dahrendorf, 1995; Hurrelmann, 1992, in diesem Band); die Begründungen reichen von der Überlegung, dass der Schriftkultur auch im Rahmen der neuen Medien eine wesentliche Funktion zukommt (z.B. Groeben & Christmann, 1995), bis hin zu der Annahme, dass das Lesen und nur das Lesen wesentliche kognitive und motivationale Fähigkeiten und Fertigkeiten fördert und in dieser Hinsicht durch eine Kompetenz bei der Nutzung anderer Medien auch nicht ersetzt werden kann (z.B. Bonfadelli, 1988; Hoffmann, 1994).

Nimmt man die derzeitigen gesellschaftlichen Verhältnisse als Ausgangspunkt, so kann bei aller Konkurrenz von einer Ersetzung der Print- durch die neueren Medien sicherlich nicht die Rede sein: Der Buchhandel schreibt kontinuierlich schwarze Zahlen (vgl. Uhlig, 1999, Kap. 1.4.), die für das Lesen aufgewandte Zeit ist über die Jahrzehnte hinweg erstaunlich stabil geblieben (z.B. Berg &

Kiefer, 1996; Bonfadelli, 1999, Kap. 3.2.; Vorderer & Klimmt, in diesem Band)[1], und die Entstehung von Medienverbünden verweist eher auf eine Konvergenz, denn auf eine Konkurrenz unterschiedlicher Medien (Bonfadelli, 1998; Hurrelmann, in diesem Band). Auch ist die Nutzung anderer Medien in hohem Maß von der Lesekompetenz abhängig: Das Fernsehprogramm erscheint in gedruckter Form, und Internetseiten basieren (allein schon wegen der hohen Ladezeiten visuellen Materials) in hohem Maß auf textueller Information. Gerade am Beispiel des Internets wird aber zugleich auch deutlich, dass das Lesen speziell im Kontext der digitalen Medien über die Dekodierung geschriebener Sprache weit hinausgeht: Das Internet als multimediale Umgebung, die Schrift, Ton, Bild und Animation integriert, erfordert vielmehr die Fähigkeit, diese Informationen nicht nur zu dekodieren, sondern auch untereinander in Beziehung zu setzen. Es ist kein Verschwinden der Printmedien, das derzeit stattfindet, sondern eine Funktionsverschiebung innerhalb des Gefüges kultureller Reproduktion: Printmediengebundene Literatur, audiovisuelle sowie multimediale Kommunikation weisen eine inhaltliche und formale Homologie auf und ergänzen einander (vgl. Gross, 1994).

Vor diesem Hintergrund gehen wir davon aus, dass die Lesekompetenz durch die neueren medialen Entwicklungen keineswegs überflüssig geworden ist; allerdings kann sie auch nicht länger isoliert gesehen werden, sondern sie stellt eine kulturelle Wahrnehmungs- und Verarbeitungsform neben anderen dar und ist somit innerhalb einer generelleren Medienkompetenz zu verorten (s. auch Vorderer & Klimmt, in diesem Band). Im Folgenden gehen wir zunächst auf den Begriff der Medienkompetenz ein (2), um anschließend Ziele und Funktionen des Lesens sowohl von Informations- (3.1) als auch von literarischen Texten (3.2) im Rahmen einer solchen Medienkompetenz zu diskutieren. Im Sinne eines Fazits werden abschließend die zentralen Verschiebungen von Funktionen einer so verstandenen Lesekompetenz noch einmal zusammengefasst (4).

2 Der Begriff der Medienkompetenz

Gerade angesichts der Proliferation der neuen Medien hat der Begriff der Medienkompetenz derzeit „Konjunktur" (Baacke, 1996; Rupp, 1999). Dies ist einerseits erfreulich, bedeutet es doch, dass Pädagogik, Psychologie und Medienwissenschaft sich intensiv mit dem Phänomen der „Mediengesellschaft" auseinandersetzen einschließlich der Konsequenzen, die sich daraus für den/die einzelne/n ergeben, wenn sie als kompetente Mitglieder an dieser Gesellschaft partizipieren wollen. Andererseits hat diese „Konjunktur" jedoch zu einer Vielzahl an Begriffsbestimmungen und Explikationen von Teilkompetenzen geführt, so dass diese kaum mehr überschau- und integrierbar sind. Unter deduk-

---

[1] Die neueste Untersuchung der Stiftung Lesen (2001) ergibt zwar in der Tat einen Rückgang speziell des Buchlesens, jedoch gerade nicht in Konkurrenz zu PC und Internet (zur Relation von Lesen und der Nutzung anderer Medien s. ausführlich 3.1.).

tiver Perspektive lassen sich beispielsweise mit Tulodziecki (1998; Tulodziecki & Schöpf, 1992) fünf Traditionen unterscheiden, die z.T. auch heute noch wirksam sind und die mit je differenten Zielvorstellungen einhergehen: die bewahrpädagogisch motivierte Forderung nach dem Schutz von Rezipienten/innen vor schädlichen Medieneinflüssen; die Forderung nach dem ästhetisch gebildeten Rezipienten; die Forderung nach der Erziehung zum mündigen Umgang mit den Medien in einer demokratischen Gesellschaft; die ideologiekritische Forderung nach der Befähigung der Rezipienten/innen zur eigenen Produktion; sowie die Konzeptualisierung von Mediennutzung als sinnvolle Verwendung vorhandener Medienangebote im Hinblick auf die Befriedigung der eigenen Nutzungsbedürfnisse. Neuere Entwürfe integrieren in der Regel mehrere dieser Traditionen zu einem Gesamtkonzept.

Baacke beispielsweise bestimmt Medienkompetenz unter pädagogischer Perspektive als „die Fähigkeit, in die Welt aktiv aneignender Weise auch alle Arten von Medien für das Kommunikations- und Handlungsrepertoire von Menschen einzusetzen" (1996, S. 8). Innerhalb dieses generellen Rahmens unterscheidet er zwei Dimensionen, die der Vermittlung und die der Zielorientierung, die sich ihrerseits wiederum in zwei Teilbereiche untergliedern. Für die Vermittlung sind dies die Bereiche der Medienkritik (unter analytischen, reflexiven und ethischen Gesichtspunkten) und der Medienkunde (unter informativen und instrumentell-qualifikatorischen Gesichtspunkten); die Zielorientierung wird ausdifferenziert in Mediennutzung (sowohl rezeptiv als auch interaktiv) und Mediengestaltung (innovativ sowie kreativ).

Einen Entwurf zur Begriffsbestimmung aus medienpsychologischer Perspektive legt beispielsweise Winterhoff-Spurk vor (1997). Er verortet Medienkompetenz innerhalb einer generelleren Kommunikationskompetenz, die neben der Fähigkeit zum Umgang mit Massenmedien auch die zur adäquaten Nutzung der Informationstechnologien umfasst. Für beide Kompetenzbereiche werden in Anlehnung an Dewe und Sander (1996) jeweils drei Bereiche angesetzt: Sach-, Selbst- und Sozialkompetenz, so dass insgesamt sechs Teilbereiche einer allgemeinen Kommunikationskompetenz resultieren.

Aus der Medienwissenschaft stammt der Konzeptionsvorschlag von Groebel (1997, 1998). Er differenziert zwischen drei Ebenen der Medienkompetenz: Mediendidaktik, Medienerziehung sowie Kommunikationsbildung. Für jede dieser drei Ebenen werden je unterschiedliche technologische, kognitive, emotionale sowie kommunikative Funktionen angesetzt, so dass sich ein Schema mit 15 Zellen bzw. Teilbereichen ergibt, die hier jedoch nicht im Einzelnen ausgeführt werden sollen.

Diese Begriffsvielfalt erhöht sich noch einmal, wenn man neben solchen Definitionsvorschlägen auch die Zielsetzungen praktisch ausgerichteter Programme zur Steigerung der Medienkompetenz mit einbezieht. Unter induktiver Perspektive explizieren beispielsweise Dorr und Bannon (1992) insgesamt 14 solcher Zielsetzungen, die von Aspekten rein technischen Wissens über deren strukturelle Verbindung bis hin zur Einbeziehung sozial-kultureller Verwendungszusammenhänge reichen. Weiterhin lässt sich zwischen eindimensionalen und mehrdimensionalen (zur Diskussion vgl. Desmond, 1997; Dorr & Bannon, 1992; McClure, 1997; s. auch die Differenzierung zwischen higher und lower order literacy: Buckingham, 1993) Konzepten der Medienkompetenz unterscheiden sowie zwischen Entwürfen, die die Vielfalt medialer Angebote eher als Gefahr oder als Chance sehen (vgl. z.B. Desmonds Unterscheidung zwischen einem deficit und einem acquisition model der Medienkompetenz: 1997).

Wir wollen diese Unüberschaubarkeit hier nicht durch die Explikation eines weiteren Modells der Medienkompetenz noch erhöhen; statt dessen sollen auf der Grundlage der Vielzahl bereits vorliegender Entwürfe zusammenfassend gemeinsame Dimensionen benannt werden. Dabei fassen wir Medienkompetenz (eine minimale Begriffsbestimmung ist unumgänglich) in Analogie zur Lesekompetenz als die Fähigkeit zur gesellschaftlich-kulturellen Teilhabe an der Mediengesellschaft auf, d.h. als das Ergebnis eines Enkulturationsprozesses im Sinne des Erwerbs „geteilter Bedeutungen, Verständigungsmuster, Kommunikationsbedürfnisse und Werthaltungen" (Hurrelmann, 1999, S. 110), wie sie dem Individuum in Form von „Mitgliedschaftsentwürfen" (l.c.) zur Verfügung stehen.

Vor diesem generellen Hintergrund lassen sich zusammenfassend (in Anlehnung an Barth, 1999; Rupp, 1999) die folgenden Teilbereiche der Medienkompetenz explizieren:

- technische Kompetenz bzw. Medienwissen: Wissen darüber, welche Medien es gibt und welcher Mittel, welcher Techniken sie sich bedienen;

- instrumentelle bzw. Nutzungskompetenz: Fähigkeit, verschiedene Medien gemäß individuellen Bedürfnissen und situativen Anforderungen/ Bedingungen flexibel zu nutzen, die Passung zwischen Angebot und Bedürfnis metakognitiv zu bewerten (zum Metakognitionsbegriff vgl. Christmann, 1999; Christmann & Groeben, 1999, Kap. 4.4.) und die Nutzung entsprechend entweder fortzusetzen oder abzubrechen;

- analytisch-kritische Kompetenz: Fähigkeit zur kritischen Beurteilung und Bewertung von Informationen, wie sie in den (verschiedenen) Medien (und Verbreitungsformen) vermittelt werden;

- ästhetisch-genussbezogene Kompetenz: Fähigkeit, Medienprodukte gemäß den eigenen Bedürfnissen optimal auszuwählen und sich auf ein Medienprodukt auch emotional einzulassen;

- produktiv-verarbeitungsbezogene Kompetenz: Fähigkeit, an der Mediengesellschaft selbst aktiv teilzunehmen, wobei die Grenze zwischen Rezeption und Produktion speziell im Kontext der neuen Medien als fließend aufgefasst wird (von der Fähigkeit zur Bedienung des Videorecorders bis hin zum Schreiben von E-Mails oder dem Erstellen einer eigenen Homepage; s. auch Rupp, 1999; Vorderer, 1998).

Diese Dimensionen umfassen das gesamte Spektrum von eher deskriptiv-technisch orientierten Konzeptionen der Medienkompetenz bis hin zu normativen Entwürfen, die die Rolle der Mediennutzung im Kontext der Persönlichkeitsentwicklung betonen. In jedem Fall sind sie – über die Anbindung der Medienkompetenz an den Begriff der Enkulturation – jedoch eingebunden in die Vorstellung der gesellschaftlich-kulturellen Teilhabe des Individuums, die sich normativ auch als die Zielvorstellung des (medien)gesellschaftlich handlungsfähigen Subjekts formulieren lässt (s. Hurrelmann, 1999, S. 107).

3 Funktionen der Lese- im Rahmen einer generellen Medienkompetenz

Im Folgenden soll nun genauer auf die Funktionen der Lese- vor dem Hintergrund einer generellen Medienkompetenz eingegangen werden. Ob und inwieweit die Lese- als Teilbereich einer generellen Medienkompetenz auch im Rahmen der Mediengesellschaft weiterhin von Bedeutung sein wird, hängt im Wesentlichen von zwei Bedingungen ab (vgl. auch oben 1). Die erste dieser Bedingungen bezieht sich auf die Frage, welche Rolle textueller Information heute in unserer Mediengesellschaft zukommt; die Bedeutung der Lesekompetenz steigt und fällt notwendiger Weise mit dem Gewicht textueller Information insgesamt. Mit der zweiten Bedingung ist die Frage nach der Exklusivität der kognitiven und emotionalen Funktion des Lesens gemeint. So wird dem Lesen beispielsweise die Förderung der Fähigkeit zum abstrakten Denken (Bonfadelli, 1988; Dahrendorf, 1995), der Distanzierung vom Handlungsdruck des Alltags (Hoffmann, 1994), der Selbsterkenntnis (Graf, 1995) usw. zugeschrieben. Hier wird zu fragen sein, inwieweit die Kompetenz zur Nutzung anderer Medien solche Funktionen ebenfalls erfüllen kann, oder ob diese in der Tat speziell auf die Lesekompetenz beschränkt sind.

Zwar nehmen wir mit Christmann und Groeben (1999) an, dass Lesen ganz grundsätzlich und unabhängig vom jeweiligen Texttyp eine kognitiv-konstruktive Aktivität darstellt. Dennoch unterscheiden wir hier zwischen Funktionen der Lesekompetenz im Bereich von Informations- bzw. pragmatischen Texten einerseits (3.1) und literarischen Texten andererseits (3.2). Dies ergibt sich zunächst aus der konstitutiven Offenheit von literarischen gegenüber pragmatischen Texten, weshalb das Merkmal der kognitiven Konstruktivität für die Rezeption literarischer Texte noch einmal in verstärktem Maß anzusetzen ist (o.c.); darüber hinaus ist gerade im Rahmen der Mediengesellschaft auch von einer zunehmenden Diversifizierung der Funktionen auszugehen, was eine getrennte Diskussion der Lesekompetenz für die beiden Bereiche im Rahmen der vorliegenden Fragestellung nahe legt.

3.1 Funktionen der Lesekompetenz im Bereich von Informationstexten

Bei den Informationstexten geht mit der Bezeichnung des Texttyps zugleich auch schon eine quasi-definitorische Funktionszuschreibung einher: eben die des Informierens, der Wissensvermittlung. Innerhalb dieses sehr umfassenden Bereichs unterscheiden Christmann und Groeben (in diesem Band) weiter drei Texttypen, denen schwerpunktmäßig je verschiedene Funktionen zuzuordnen sind: didaktische Texte mit den zentralen Funktionen des Behaltens und kritischen Bewertens, Persuasionstexte mit den Funktionen des Bewertens und Umsetzens sowie Instruktionstexte mit der Funktion des Umsetzens und der Anschlussfunktion der Persönlichkeitsentwicklung (vgl. auch die weitergehenden Konkretisierungen im Beitrag von Rager et al., in diesem Band).

Zur Kennzeichnung kontemporärer gesellschaftlicher Entwicklungstendenzen findet sich eine Reihe von Schlagworten, unter denen „Mediengesellschaft" lediglich eines darstellt; ebenso häufig ist die Rede von der Informations- und der Wissensgesellschaft (z.B. Löffelholz & Altmeppen, 1994; Winterhoff-Spurk, 1997). Die „Wissensexplosion" vervielfacht nicht nur die Menge des insgesamt verfügbaren Wissens, sondern verringert zugleich dessen Geltungsdauer: Was heute gelernt wurde, ist morgen schon obsolet. Mit der Menge verfügbarer Informationen geht auch ein Anstieg der Anzahl der Verbreitungsformen und -möglichkeiten einher, die von einem zunehmend diversifizierten Buch- und Verlagswesen über eine ausgesprochen vielfältige und individualisierte Presselandschaft bis hin zum World Wide Web (WWW) reicht, innerhalb dessen alle, die über die Fähigkeiten verfügen, eine eigene Homepage zu erstellen und zu publizieren, Informationen zu beliebigen Themen „ins Netz stellen" können.

Natürlich werden Informationen auch über Fernsehen und Hörfunk verbreitet, sind also nicht notwendig an die Printmedien gebunden (vgl. ausführlich Vorderer & Klimmt, in diesem Band); „Multimedia" nimmt bei der Gestaltung didaktischer „Texte" bzw. CD-ROMs einen immer höheren Stellenwert ein (z.B. Haack, 1997), und auch das WWW ist auf die Verknüpfung unterschiedlicher Medien hin angelegt (vgl. auch oben 1). Dennoch erfolgt die Verbreitung und die Rezeption von Informationen weiterhin zumindest auch auf textueller Basis. Diese anhaltende Bedeutung textueller Information und damit einhergehend der Lesekompetenz zeigt sich gerade auch anhand neuerer Entwicklungen, wie beispielsweise der „Zeitung im Internet". Noch deutlicher wird die persistierende Relevanz der Informationstexte in der Mediengesellschaft jedoch am Beispiel von Entwicklungen im Bereich der „Meta-Informationen" im Kontext der digitalen Medien: Angesichts der Proliferation von Informationen wird es zunehmend weniger wichtig, über eine bestimmte Information als solche zu verfügen als vielmehr über Strategien, diese – oder eine neuere – Information bei Bedarf auch finden zu können.

Um dieser Situation Rechnung zu tragen, hat die Informationsgesellschaft inzwischen einen ganzen Teilbereich ausgebildet, der der Organisation und somit der Erleichterung des Auffindens von Informationen (vor allem im Internet) dient. Hierzu zählen beispielsweise: Datenbanken, sog. Link-Verzeichnisse (d.h. (meist private) Sammlungen von Internet-Adressen zu einem bestimmten Thema), Internet-Kataloge (d.h. Zusammenstellungen von Internet-Adressen zu unterschiedlichen Themen, die auf Grund von Qualitätskriterien systematisch ausgewählt werden, z.b. Yahoo), Internet-Suchmaschinen (Altavista, Lycos, Fireball etc.) und -Newsletter, personalisierte Eingangsseiten (auf denen Informationen zu vorher ausgewählten Themen zur Verfügung gestellt werden, z.B. MyYahoo, MyNetscape), thematisch geordnete und kommentierte Verzeichnisse von Internet-Adressen in Buchform (zu verschiedensten Themen: Reisen, Gesundheit, Frauen...) sowie natürlich Publikationen zu Suchstrategien im Internet (z.B. Babiak, 1999; Hooffacker, 2000). Damit sind nur einige der Dienstleistungen benannt, die in diesem Zusammenhang entwickelt wurden – Dienstleistungen, die sämtlich textbasiert sind und Lesekompetenz somit notwendig voraussetzen. Während bei den bisher aufgezählten Dienstleistungen die Selektionsfunktion dominiert, spiegelt sich in neueren Entwicklungen ein zunehmendes Bedürfnis auch nach Orientierung wieder: So sind an die Seite der klassischen Internet-Kataloge mit ihren unkommentierten Zusammenstellungen von Link-Listen die sog. Internet-Portale (wie beispielsweise Clickfish) getreten, in denen Informationen nicht nur zusammengestellt, sondern auch kommentiert und bewertet werden; darüber hinaus ist hier die Möglichkeit einer Rückfrage bei „Experten/innen" vorgesehen. Auch die Möglichkeit, eine eigene Kurzrezension von Büchern zu verfassen sowie die Rezensionen anderer hinsichtlich ihrer Nützlichkeit zu bewerten (wie etwa bei Amazon realisiert), trägt diesem Orientierungsbedürfnis Rechnung.

An solchen Entwicklungen werden zugleich auch Funktionsverschiebungen der Lesekompetenz in Bezug auf Informationstexte in einer Mediengesellschaft deutlich. Das Lesen von Informationstexten dient dem Wissenserwerb – setzt aber seinerseits auch Wissen voraus, und zwar sowohl themenrelevantes Vorwissen (vgl. Christmann & Groeben, in diesem Band) als auch Medienwissen als Teilbereich der Medienkompetenz (s.o. 2). Gerade diese letztere, medienbezogene Wissensform gewinnt in der Medien- und Informationsgesellschaft an Bedeutung: Mehr denn je erfordert das Finden von relevanten Informationen ein Wissen darüber, welche Medien und welche Verbreitungsformen innerhalb dieser Medien hier als „Träger" in Frage kommen und – unter prozeduralem Gesichtspunkt – welche Suchstrategien ggf. erforderlich sind, um auf die Information zugreifen zu können. Wenn für mich morgens um drei die Neuigkeit einer Information an oberster Stelle steht (z.B. der Ausgang der Wahlen), dann habe ich mittels Internet Zugriff auf die neuesten dpa-Meldungen – auf das gedruckte Exemplar meiner Zeitung muss ich dagegen bis um sechs Uhr warten. Will ich dagegen wissen, was es in der Lokalpolitik Neues gibt, ist das Blättern in der Tageszeitung der

Suche im Internet überlegen (was sich aber im Zuge neuerer Entwicklungen innerhalb weniger Monate auch ändern kann).

Weitaus deutlicher sind jedoch die Funktionsverschiebungen im Hinblick auf den Bereich der analytisch-kritischen Kompetenz, und zwar insbesondere im Hinblick auf die Fertigkeit der Beurteilung von Glaubwürdigkeit (zu Konzeptionen des kritischen Denkens s. Christmann & Groeben, in diesem Band). Während Informationen in den klassischen Printmedien in der Regel mit Quellenangaben versehen sind, deren Vertrauenswürdigkeit entweder bekannt oder doch prinzipiell nachprüfbar ist, ist dies im Internet nicht der Fall: Hier können beliebige Personen Informationen zu beliebigen Themen verbreiten. Zwar sind auch Homepages im WWW an Personen oder Institutionen rückgebunden, und es besteht in der Regel die Möglichkeit einer Kontaktaufnahme und Rückfrage, doch existieren kaum Anhaltspunkte für die Beurteilung der Vertrauenswürdigkeit dieser Personen oder Institutionen. Presseagenturen, Verlage, Zeitschriften und Zeitungen sind mehrheitlich bekannt oder doch von ihrer Anzahl her überschaubar; für Einzelpersonen oder Vereine, wie sie im Internet auftreten, gilt dies, wenn überhaupt, in wesentlich geringerem Maß. Ob die Person, die hier Informationen zur Prophylaxe von Rheuma oder über Hundehaltung zusammenstellt, für diese Gegenstandsbereiche auch über das einschlägige Wissen verfügt, ist der Webseite häufig nicht anzusehen (bzw. müssen entsprechende Indikatoren glaubhafter Webseiten überhaupt erst identifiziert und gelernt werden: vgl. Dzeyk, 2000; Rössler & Wirth, 1999). Das Problem wird durch die partiell anonymen Strukturen im Internet noch verschärft – die Authentizität von Personeninformationen muss zumindest als fraglich gelten. Die Bedeutung des kritischen Denkens im Sinne der Beurteilung der Qualität von Informationen insbesondere in den digitalen Medien ist vor dem Hintergrund dieser Strukturen offensichtlich und spiegelt sich in den oben explizierten Bedürfnissen nach Selektion und Orientierung wieder, die in den genannten Dienstleistungen ihren Ausdruck finden (und die natürlich ihrerseits ebenfalls der Bewertung bedürfen). Diese Funktionsverschiebungen im Bereich des Medienwissens und der analytisch-kritischen Kompetenz wirken sich wiederum auf die instrumentelle bzw. Nutzungskompetenz aus; hier besteht zugleich ein Desiderat für weitere Forschung.

Noch bedeutsamer erscheinen Funktionsverschiebungen im Bereich der produktiv-verarbeitungsbezogenen Kompetenz, wie sie in dem Schlagwort „vom Leser zum User" zum Ausdruck kommen (wobei auch hier wieder die Relation zwischen den Print- und den digitalen Medien im Vordergrund steht: Vorderer, 1998). Das klassische Informationslesen ist – bei aller kognitiven Aktivität, die damit verbunden sein kann – in der Regel doch auf die Rezeption beschränkt; die Nutzung des Internet umfasst dagegen meist auch Produktionskomponenten (zu den verschiedenen Netzdiensten vgl. Döring, 1999, Kap. 2 u. 3): Das „Surfen" im Web ist zwar rein rezeptiv möglich; immer mehr Menschen nutzen jedoch die Möglichkeit, eine eigene Homepage zu erstellen. Die Beteiligung an Diskussionsgruppen im Internet lässt zwar das „lurking" zu, d.h. die Verteilung der Beiträge auch an solche Personen, die diese nur lesen und selbst keine Beiträge verfassen; die meisten Gruppen erfordern jedoch zumindest bei der Anmeldung eine Art „Vorstellung" gegenüber den anderen Mitgliedern. Die Nutzung von E-Mail schließlich ist kaum anders als reziprok vorstellbar: Wer Nachrichten nur lesen, nicht aber selbst verfassen möchte, wird bald keine Gelegenheit zum Lesen mehr haben. Die Nutzung der digitalen Medien ist somit zumindest z.T. auch produktionsorientiert, wobei der Produktionsaspekt neben dem Verfassen von Texten je nach Nutzungsart auch sophistiziertes technisches Computer- und Programmierwissen umfassen kann.

Insgesamt hat dies zur Folge, dass das Lesen von Informationstexten gerade im Kontext der digitalen Medien keineswegs an Bedeutung verliert – ganz im Gegenteil gewinnen das Medienwissen, analytisch-kritische sowie produktivverarbeitungsbezogene Kompetenzen als Aspekte der Lese- im Kontext einer übergreifenden Medienkompetenz in der Informationsgesellschaft noch an Relevanz. Allerdings löst sich das Informationslesen dabei von den Printmedien im engeren Sinn und bezieht sich zunehmend auch auf elektronische Textformen wie beispielsweise Hypertexte sowie hypermediale „Texte" im WWW.

Im Folgenden soll nun der – vor dem Hintergrund der fortdauernden Bedeutung des Informationslesens in der Mediengesellschaft nurmehr hypothetischen – Frage nachgegangen werden, ob die Funktionen der Lesekompetenz in diesem Bereich auch von anderen medialen Kompetenzen (insbesondere einer visuellen oder „TV"-Kompetenz: Messaris, 1997) erfüllt werden könnten. Die medientheoretische Antwort lautet mit seltener Einstimmigkeit „nein" (im Überblick Kloock & Spahr, 2000) – wobei sich diese Einstimmigkeit allerdings nicht bis in die diversen Wertungskonsequenzen dieser Einschätzung hinein fortsetzt: Wo McLuhan die einseitig auf Rationalität und Abstraktion ausgerichtete Gutenberg-Galaxis freudig zu Gunsten des „global village" verabschiedet und das Fernsehen als ein Medium begrüßt, das nach aktiver Rezeption und Beteiligung der Gesamtperson am Gezeigten verlangt, sieht etwa Postman mit der Ablösung des Buchs als Leitmedium zugleich auch das Ende einer konzentrierten, analytischen, vernünftigen Denkweise gekommen, die im Zuge der Verbreitung des Fernsehens zunehmend durch eine oberflächliche, dem Augenblick verhaftete und auf kurzfristige Unterhaltung ausgerichtete Rezeptionsweise abgelöst wird. Es dominiert also die Einschätzung, dass die visuelle die Lese-Kompetenz nicht nur nicht ersetzen kann, sondern dass sich die TV-Rezeption sogar negativ auf die Entwicklung von Denk- und Sprachfähigkeiten auswirkt, wie sie für das Lesen Voraussetzung sind. Damit geht die Annahme einher, dass die Rezeption der audiovisuellen Medien nichts ist, was erlernt werden müsste, sondern einen sich ohne Anstrengung vollziehenden Vorgang darstellt (Weidenmann, 1989; kritisch: Vorderer, 1998). In der Medienpsychologie spiegelt sich diese Einschätzung in der sog. Hemmungs-Hypothese zur Relation zwischen TV-Rezeption und Lesen wieder, d.h. der Annahme, dass Fernsehen, insbesondere Vielsehen, sich negativ auf die Entwicklung der Lesekompetenz und das Lesen insgesamt auswirkt (vgl. Bonfadelli, 1999, Kap. 3.3.; Schneider, Ennemoser & Reinsch, 1999; im Einzelnen Vorderer & Klimmt, in diesem Band).

Der kulturpessimistischen Vehemenz zum Trotz, mit der diese Hypothese zum negativen Einfluss der Fernseh-Rezeption auf das Lesen gelegentlich vertreten wird, sind empirische Überprüfungen bisher eher selten (s. aber Schneider, Ennemoser & Reinsch, 1999); zur Beurteilung der Hypothese wird daher hier auf Daten zur Nutzung von Print- und AV-Medien zurückgegriffen. Diese zeigen vor allem, dass sich die Relation zwischen Fernsehen und Lesen nicht als einfache Substitutionsrelation begreifen lässt. Wer viel liest, tut dies nicht notwendiger Weise auf Kosten des Fernsehens (oder anderer Medien) – und umkehrt. Dieser Befund gilt sowohl für Kinder (Schneider et al., 1999) als auch für Erwachsene (zusammenfassend: Groeben & Vorderer, 1988, Kap. 1.2; Hurrelmann, in diesem Band). Als bedeutsam erweist sich dabei nicht in erster Linie das genutzte Medium selbst, sondern die Art und Weise der Nutzung bzw. die Interessenstruktur, die dieser Nutzung zugrunde liegt: eine aktive, auf Information und Unterhaltung gleichermaßen ausgerichtete Struktur, die die flexible Nutzung unterschiedlicher Medien – darunter auch der Printmedien – beinhaltet, oder eine passive, unterhaltungsorientierte Interessenstruktur. Wer Medien in erster Linie unterhaltungsorientiert nutzt, wird demnach auch viel fernsehen; wer Medien dagegen sowohl zu Informations- als auch zu Unterhaltungszwecken rezipiert, wird – je nach Bedürfnislage und Situation – unterschiedliche Medien heranziehen, darunter auch textbasierte Medien. Diese differenzielle Nutzungs- und Interessenstruktur hat sich ihrerseits in hohem Maße als schicht- und bildungsabhängig erwiesen, und zwar derart, dass Personen aus einer höheren sozialen Schicht mit höherer Bildung auch eher eine aktive Interessenstruktur aufweisen, die die Nutzung der Printmedien einschließt, während Personen aus einer niedrigeren sozialen Schicht ohne Abitur eher zu einer passiv-unterhaltungsorientierten Interessenstruktur verbunden mit einer bevorzugten Nutzung des Fernsehens tendieren (Bonfadelli, 1988; Groeben & Vorderer, 1988, Kap. 1.; Hurrelmann, in diesem Band).

Dieser „Perpetuierungszirkel der eingeschränkten Motivations- und Entwicklungsbedingungen in der Unterschicht" (Groeben & Vorderer, 1988, S. 99) erweist sich allerdings gerade angesichts der Proliferation von Information und der wachsenden Bedeutung von Medienwissen und metakommunikativen Kompetenzen zu ihrer Nutzung potenziell als fatal. Wer in erster Linie AV-Medien in primär unterhaltungsorientierter Form rezipiert, baut die entsprechenden Kompetenzen u.U. gar nicht erst auf und kann folglich relevante Informationen nicht nutzen. Dies gilt auch dann, wenn diese Informationen nicht in textueller Form, sondern mittels der AV-Medien verbreitet werden: Auch das Fernsehen kann durchaus eine Informationsfunktion erfüllen – von der allerdings wiederum in erster Linie Personen mit einer aktiven Nutzungsstruktur profitieren, die neben den AV- auch die Printmedien nutzen. Diese Argumentationsrichtung ist vor allem im Rahmen der sog. Wissensklufthypothese ausgearbeitet worden: Je mehr Informationen in einer Gesellschaft verbreitet werden, desto größer wird, so die Hypothese, die Kluft zwischen den gut und den schlecht Informierten. Die Hypothese kann inzwischen (zumindest in Bezug auf Strukturwissen; für einfaches Faktenwissen ist die Befundlage weniger eindeutig) als gut bewährt gelten (vgl. Bonfadelli 1994, 1999; Jäckel, 1999, Kap. 11.), wobei sich auch hier die Spezifik der Befunde im Hinblick auf Bildung/Schicht sowie Interessenlage bestätigt: Weniger gut informierte Personen finden sich eher in den unteren (Bildungs-)Schichten; zugleich verringert sich die „Wissenskluft" in dem Maß, in dem die entsprechenden Informationen auch für persönlich relevant erachtet werden.[2]

Die Befundlage lässt somit zwar nicht den Schluss zu, dass die Printmedien durch die neueren Medien ersetzt werden; noch ist die Annahme gerechtfertigt, dass das Fernsehen sich negativ auf die Lesekompetenz auswirkt. Allerdings korreliert das Lesen eindeutig mit einer aktiven Interessen- und Nutzungsstruktur, und diese scheint wiederum eine Voraussetzung für den Aufbau nicht zuletzt der Teilbereiche der Medienkompetenz darzustellen, wie sie oben als für das Informationslesen in der Mediengesellschaft relevant herausgearbeitet wurden. Vor diesem Hintergrund ist davon auszugehen, dass die Kompetenz zur Rezeption insbesondere der audiovisuellen Medien die Kompetenz zum Informationslesen in der Mediengesellschaft nicht ersetzen kann. Im Gegenteil bietet das (Informations-)Lesen gerade die Möglichkeit zum Aufbau einer aktiven Interessen- und Nutzungsstruktur, die die Voraussetzung für die Aufnahme und konstruktive Verarbeitung jeglicher Information zu sein scheint, unabhängig davon, über welches Medium diese Information verbreitet wird. Auf diese Weise ist das habituelle Lesen sogar in der Lage, zum Aufbrechen des schicht- und bildungsspezifischen Perpetuierungszirkels eingeschränkter Entwicklungsbedingungen sowie zum Abbau von „Wissensklüften" beizutragen. Allerdings ist auch davon auszugehen, dass das Lesen in der Mediengesellschaft nicht mehr notwendig an die klassischen Printmedien gebunden ist; hier gewinnt vielmehr die Verbreitung (auch) textueller Information über die digitalen Medien im Rahmen hypermedialer Strukturen an Bedeutung.

3.2 Funktionen der Lesekompetenz im Bereich literarischer Texte

Die Frage nach der Rolle speziell des literarischen Lesens in der Mediengesellschaft hängt nicht zuletzt von der Definition dieses Begriffs bzw. der Bestimmung des Literarischen gegenüber dem Nicht-Literarischen ab (vgl. Eggert, in diesem Band; Groeben & Schreier, 1998; Schmidt, 1980). Als Ergebnis der verschiedenen Definitions- und Abgrenzungsversuche ist jedoch festzuhalten, dass eine eindeutige Abgrenzung nicht möglich ist, die Systeme des literarischen und des Alltags-Handelns vielmehr eine Reihe von Überschneidungen aufweisen (vgl. Groeben, 1993; Schreier, 1996). Wir wollen daher hier nicht

---

[2] Als Konsequenz insbesondere der Rolle der Interessensvariable wurde die Wissensklufthypothese inzwischen von ihrer anfänglichen Formulierung als Defizit- in eine Differenzhypothese überführt: Danach sind es nicht unbedingt fehlende Kompetenzen, die dem „knowledge gap" zugrunde liegen, sondern in erster Linie unterschiedliche Relevanzstrukturen und Interessenslagen.

versuchen, eine Begriffsbestimmung vorzunehmen, sondern gehen vielmehr von einer „operationalen Definition" derart aus, dass wir unter „das Literarische" solche Textsorten fassen, wie sie auch in der Lese- und Freizeitforschung als „literarisch" behandelt werden, nämlich fiktionale Genres (Gesellschafts-, Liebesroman, Science Fiction, Krimi etc.) sowie Dichtung.

Dem literarischen Lesen wird eine Vielzahl von Funktionen zugeschrieben, die sich mit Schmidt (1980: für den gesamten Bereich ästhetisch-kommunikativen Handelns) unterteilen lassen in kognitiv-reflexive, moralisch-soziale sowie hedonistisch-individuelle, die jeweils den kognitiven, den normativ-verhaltensorientierten sowie den emotionalen Bereich betreffen (Groeben & Vorderer, 1988, S. 245). Zu den kognitiven Funktionen, die dem (literarischen) Lesen zugeschrieben werden, zählen beispielsweise die Erhöhung der Abstraktions- und der Konzentrationsfähigkeit (Postman, 1986), die Ausbildung der primären Fantasie (Berghaus, 1986), die Fähigkeit zur Antizipation von Handlungsverläufen (Rupp, 1987), die Fähigkeit zum Umgang mit fiktiven Welten (Eggert, in diesem Band; Schön, 1999) sowie die Befähigung zum Aufbau mehrschichtiger und flexibler Repräsentationen von fiktiven Situationen und Charakteren (Andringa & Davis, 1994; Andringa, 2000); auch die Fähigkeit zur Unsicherheitstoleranz im Sinne der Akzeptanz unterschiedlicher Interpretationsmöglichkeiten desselben Textes (Polyvalenz), wie sie sich aus der konstitutiven Offenheit literarischer Texte (Polysemie) ergibt, fällt in diesen Bereich (Groeben & Schreier, 1992). Unter den emotionalen Funktionen ist zunächst das Leseerlebnis selbst zu nennen – die Funktion literarischen Lesens wird nicht zuletzt in der Qualität dieses Lesens gesehen (z.B. Birkerts, 1994, S. 84); s. auch das Konzept des „Leseglücks": Bellebaum & Muth, 1996). Daneben spielen in der Diskussion vor allem die Funktionen der Unterhaltung (bis hin zum Eskapismus: Groeben & Vorderer 1988, Kap. 2) sowie der Identifikation eine zentrale Rolle (Groeben & Vorderer, 1988, Kap. 3.1.2.; Schön, 1990), die ihrerseits als Voraussetzung für Empathie im Sinne des Einfühlens in literarische Charaktere gelten kann (Andringa, 1989, 1984; vgl. auch Vorderer & Klimmt, in diesem Band). Steigerung der Empathiefähigkeit markiert zugleich den Übergang von den emotionalen zu den normativ-verhaltensorientierten Funktionen: Empathie ist ihrerseits Voraussetzung für die Herstellung von gerade auch moralischen Bezügen zur Realität und für Rollenflexibilität (s. ebenfalls Andringa 1989; 1984; Hakemulder, 2000), wie sie beispielsweise in den Funktionen des Probehandelns oder auch der utopischen oder der ideologiekritischen Funktion von Literatur und literarischem Lesen zum Ausdruck kommt (Wild, 1982). Als letzter Schritt sind die Persönlichkeitsentwicklung durch literarisches Lesen (Graf, 1995; Rosebrock, 1995) sowie die Funktionalisierung von Literatur z.B. in Form der Bibliotherapie (z.B. Werder, 1986) hier einzuordnen. Insbesondere die kognitiven Funktionen lassen sich zugleich auch als Bedingungen des (literarischen) Lesens begreifen.

Betrachtet man die Zahlen der Leseforschung, so hat sich das literarische Lesen auch in der Mediengesellschaft zwar einerseits durchaus behaupten können; deutlich wird aber andererseits auch, dass das Fernsehen das Lesen als wichtige

Freizeitbeschäftigung inzwischen verdrängt hat, und zwar insbesondere im Hinblick auf die Unterhaltungsfunktion (zusammenfassend Bonfadelli, 1999, Kap. 3; Groeben & Vorderer, 1988, Kap. 1; s. auch Vorderer & Klimmt, in diesem Band): Wer abends abschalten und entspannen möchte, tut dies (die Gruppe der sog. „Vielleser" ausgenommen) zunehmend häufiger vor dem Fernseher als mit einem Buch in der Hand. Damit deutet sich zugleich auch schon eine zentrale Verschiebung des Literarischen in der Mediengesellschaft an: Das Literarische, insbesondere das Narrativ-Literarische, wird nicht mehr nur bzw. nicht in erster Linie durch „Literatur" im klassischen Sinne vermittelt: Träger des Literarischen sind schon längst auch die AV-Medien Film, Fernsehen, Video; außerdem ist absehbar, dass auch den digitalen Medien in diesem Zusammenhang eine zunehmend bedeutsamere Rolle zukommen wird: Interaktive MUDs (Döring, 1999, Kap. 3.4.) sind Gegenstand von Rollenspielen mit z.T. elaborierten Storylines, die partiell von den Nutzern/innen selbst entwickelt werden; im Rahmen von Strategiespielen am PC werden die Nutzer/innen zunehmend zu Ko-Akteuren in narrativ-fiktionalen Umgebungen (Brante, 2000); und virtuelle Umgebungen werden in absehbarer Zeit Simulationen auch fiktionaler Wirklichkeiten zur Verfügung stellen (Hawkins, 1995).[3]

Eine zweite Verschiebung des Literarischen in der Mediengesellschaft betrifft die Relation von Unterhaltung und Information. Während in der Vergangenheit eine schwerpunktmäßige Zuordnung von Text- oder Sendeformen einerseits und Funktionen andererseits möglich war, ist in der heutigen Medienlandschaft eine zunehmende Tendenz zur „Unterhaltung durch Realitätsdarstellung" (oder auch umgekehrt) erkennbar (Jonas & Neuberger, 1996), wie sie beispielsweise auch in den Begriffen des Infotainment und Edutainment zum Ausdruck kommt. Im Bereich der Printmedien manifestiert sich diese Tendenz nicht zuletzt in dem Interesse an „Doku-Fiction" und der Etablierung entsprechender Verlagsreihen; noch deutlicher wird diese Funktionsverschiebung jedoch in Form einer Proliferation von „Doku-Soaps" (Tierklinik; You drive me crazy) und „Reality-Soaps" (Big Brother; Inselduell; etc.) im AV-Bereich. Mit diesen neuen Programmformen geht wesentlich eine Veränderung der Relation von Realität und Fiktion einher: In manchen Reality TV-Sendungen sind fiktionale und reale Ausschnitte gemischt; einige Personen spielen sich selbst, andere werden von Schauspielern/innen dargestellt (vgl. Jonas & Neuberger, 1996). In Reality-Soaps wie Big Brother sind die gezeigten Ereignisse zwar authentisch; diese Authentizität ist jedoch eine sorgfältig inszenierte (vgl. auch Vorderer & Klimmt, in diesem Band).

---

[3] Auch literarische Hypertexte sind hier anzuführen (zum Konzept literarischer Hypertexte vgl. Rupp, 2001b; für einen Überblick über verfügbare Texte s. z.B. http://www.eastgate.com). Bei der Nutzung digitaler Medien kommt literarischen Hypertexten allerdings im Vergleich zu Computerspielen, Internetdiensten etc. eine ungleich geringere Rolle zu, weshalb auf diesen Aspekt der Verschiebung des Literarischen hier nicht weiter eingegangen werden soll.

Auch diese Veränderungen im Bereich des Literarischen führen zu gewissen Umakzentuierungen in der Rolle der Lese- als Teil einer generellen Medienkompetenz. Dabei gewinnt insbesondere die Komponente des Medienwissens an Bedeutung: Angesichts der Entstehung neuer Gattungen erhöht sich die Relevanz des Gattungswissens und der Fähigkeit zur Unterscheidung zwischen Realität und Fiktion (Schreier, Groeben, Nickel-Bacon & Rothmund, 1999); dem tragen auch Programme zum Training der Medienkompetenz Rechnung, die die Fähigkeit zur Realitäts-Fiktions-Unterscheidung explizit mit berücksichtigen (z.b. Austin & Johnson, 1997; Sprafkin, Watkins & Gadow, 1990; Vooji & Van der Voort, 1993). Als Teilaspekt des Medienwissens gewinnt im Kontext der Entwicklung neuer Technologien insbesondere das Medienbewusstsein an Relevanz: Indikatoren dafür, wann sie sich in der „realen", wann in einer virtuell-simulierten Welt befinden, müssen von den Nutzer/innen im Zuge der Exploration neuer Technologien überhaupt erst gelernt werden (Schreier & Groeben, 2001). Eine zweite Umakzentuierung der Rolle der Lesekompetenz betrifft den Bereich der produktiv-verarbeitungsbezogenen Fähigkeiten: Mit der Verlagerung des Literarischen in MUDs oder Computerspiele im Rahmen digitaler Medien werden auch die „Leser/innen" des Fiktional-Literarischen zunehmend zu User/innen, die am Geschehen aktiv mit beteiligt sind. Dieser zunehmenden Bedeutung partizipativer Komponenten tragen neuere Modellierungen der literarischen Kompetenz explizit Rechnung (so z.B. Rupp, der literarische Rezeptionskompetenz als analytische und produktive Verarbeitungskompetenz fasst: 1999, 2001a); auch in die Literaturdidaktik haben partizipative Gesichtspunkte in Form von Entwürfen eines handlungs- und produktionsorientierten Deutschunterrichts Eingang gefunden (vgl. Hurrelmann, in diesem Band).

Insgesamt führt dies zu der Konsequenz, dass das Literarische auch in der Mediengesellschaft zwar seine Bedeutung behält, dabei jedoch in noch stärkerem Maß von den Printmedien abgekoppelt wird, als dies für die Informationsfunktion der Fall ist. Vor diesem Hintergrund stellt sich als nächstes die Frage, inwieweit die Funktionen, wie sie dem literarischen Lesen zugeschrieben werden, auch durch die Rezeption anderer Medien erfüllt werden können; dabei ist zwischen den o.g. drei Gruppen von Funktionen zu unterscheiden.

Was die emotionalen Funktionen der Identifikation und der Empathie betrifft, so besteht keinerlei Grund zu der Annahme, dass diese für das literarische Lesen und die literarische Kompetenz spezifisch sein sollten. Es ist lediglich die Identifikationsfunktion – da die Print- den AV-Medien eben zeitlich vorausgegangen sind – zunächst für die Rezeption des Literarischen in Printform expliziert und untersucht worden (vgl. zusammenfassend Andringa, 1984; Groeben & Vorderer, 1988, Kap. 3.1.2.). Mit dem Aufkommen neuer Medien und neuer Forschungstraditionen wurden in der Folge neue Begriffe geschaffen, die jedoch konzeptuell mit dem Identifikationsbegriff durchaus Überlappungen aufweisen. Für die AV-Medien ist dies der Begriff der Involviertheit (z.B. Vorderer, 1992), und im Zusammenhang mit den digitalen Medien wird von „Immersion" (z.B. Rötzer, 1996) oder auch vom „Präsenzerleben" gesprochen (z.B.

Lombard & Ditton, 1997; Steurer, 1996). Ein Unterschied zwischen diesen Konzepten besteht allerdings dahingehend, dass Involviertheit und Präsenzerleben nicht in dem Maße als Voraussetzung darüber hinausgehender Funktionen (etwa Empathie, Rollenflexibilität) reklamiert werden, wie dies für die Identifikation der Fall ist; empirische Untersuchungen dazu fehlen bisher allerdings weitgehend. Was die Empathiefunktion betrifft, so konnte in zahlreichen Untersuchungen eine prosoziale Wirkung der Fernsehrezeption nachgewiesen werden (zusammenfassend Hearold, 1988; Winterhoff-Spurk, 1999, Kap. 5.2.). Im Übrigen lässt sich hier anführen, dass Identifikation und Empathie auch bereits innerhalb der (auf die Theaterrezeption bezogenen) Katharsis-Konzeption eine zentrale Rolle spielen (Scheele, 1999), diese beiden Funktionen also von vornherein nicht an die Lese-Rezeption literarischer Texte gebunden waren: Es handelt sich hier also um Funktionen der generellen Rezeption des Literarischen, nicht aber notwendiger Weise in Form der traditionellen Lesekompetenz.

Ähnlich lässt sich in Bezug auf die Mehrzahl der kognitiven und verhaltensbezogen-normativen Funktionen argumentieren, wie sie der literarischen Kompetenz zugeschrieben werden: Der Umgang mit fiktionalen Welten, die Erstellung komplexer mentaler Repräsentationen solcher Welten, die Antizipation von Handlungsverläufen, Unsicherheitstoleranz, Rollenflexibilität, Persönlichkeitsentwicklung, Selbsterkenntnis – warum sollten diese Fähigkeiten durch die Rezeption von Spielfilmen nicht ebenso gefördert werden wie durch die Rezeption literarischer Texte? Was die Repräsentation des Literarisch-Fiktionalen im Rahmen digitaler Medien betrifft, wäre sogar zu überlegen, ob diese Fähigkeiten im Zuge der vermehrten aktiv-partizipatorischen Einbindung der User/innen hier nicht sogar stärker ausgebildet werden als bei der Rezeption literarischer Texte.

Damit bleiben im Grunde lediglich vier Funktionen, die möglicherweise in der Tat an das Printmedium und mithin an die literarische Lesekompetenz gebunden sind: die emotionale Funktion des Leseerlebnisses selbst sowie die kognitiven Funktionen einer Förderung der Sprach-, der Konzentrationsfähigkeit und der primären Fantasie. Was die Qualität des Leseerlebnisses betrifft (vgl. auch Eggert, in diesem Band; Vorderer & Klimmt, in diesem Band), so scheint es sich in der Tat um eine Printmediums-spezifische Erlebensweise zu handeln, die durch andere Medien nicht zu ersetzen ist: Natürlich kann auch ein Film so spannend sein, dass man alles andere um sich herum vergisst, und im Sog von Computerspielen können schnell halbe oder auch ganze Nächte vorübergehen – aber diese Rezeptionserfahrungen sind qualitativ anders als das „Versinken" in einem Buch: Hier ist es die Leseerfahrung selbst, der Rückzug der Leserin oder des Lesers von der Umgebung, das Alleinsein mit dem Buch, was z.T. höher geschätzt wird als der Inhalt des Gelesenen selbst (z.B. Birkerts, 1994, S. 84; Graf, 1995).

Was die Funktion der primären Fantasie betrifft, so ist davon auszugehen, dass deren Förderung zumindest in bestimmten Bereichen an die Rezeption des Literarischen speziell in textueller Form gebunden ist – etwa dann, wenn es um sinnliche Details geht (vgl. Berghaus, 1986): Anders als bei der Rezeption des

Literarischen in den AV- oder den digitalen Medien sind beim literarischen Lesen Bildimaginationen in der Regel nicht vorgegeben (Comics und Foto-Stories ausgenommen), sondern müssen von den Rezipienten/innen selber geschaffen werden. Vergleichbar sind hier allenfalls Radio und Hörkassetten, wobei Untersuchungen zur differenziellen Anregung der primären Fantasie im Vergleich von Print- und Hörmedien jedoch bisher weitgehend fehlen. Allerdings geht Berghaus (o.c.) davon aus, dass durchaus auch Bereiche existieren (z.B. Normen, Rollen oder Bewertungen), in denen die Sprache eher einengend auf die Fantasietätigkeit wirken kann. Auch ist derzeit noch ungeklärt, ob und inwieweit die Rezeption von bzw. Beteiligung an Rollenspielen im Internet in der Lage sind, die primäre Fantasie anzuregen.

Was die verbleibenden kognitiven Funktionen einer Förderung der Denk- und Sprachfähigkeit betrifft, so ist zwar davon auszugehen, dass diese in der Tat in einem positiven Zusammenhang mit dem Lesen stehen, nicht aber notwendiger Weise mit dem literarischen Lesen; entsprechend wurde auf diese Funktionen bereits im Zusammenhang mit dem Informationslesen eingegangen (vgl. oben 3.1). Was dagegen die Förderung der Konzentrationsfähigkeit, die Ausbildung eines „langen Atems" betrifft, so ist die Situation ungleich komplexer. Einerseits ist Informationslesen zumindest potenziell selektives Lesen; Lesekompetenz kann hier gerade darin bestehen, in möglichst effizienter Weise exakt die zwei aus insgesamt 375 Seiten zu identifizieren, die für die eigenen Zwecke relevant sind, und auch nur diese zwei Seiten im Detail zu rezipieren. Literarisches Lesen ist dagegen wesentlich auf Vollständigkeit hin angelegt – zumindest dann, wenn in dem literarischen Text eine narrative Struktur entfaltet wird; ein „Überspringen" kann hier dazu führen, dass wesentliche Aspekte des Handlungszusammenhangs verloren gehen. Informationslesen, so scheint es, ist somit nicht in demselben Maß auf einen „langen Atem" angewiesen, wie dies für das literarische Lesen gilt.

Unter kulturpessimistischer Perspektive wird befürchtet, dass sich dieser Unterschied zwischen dem literarischen und dem Informations-Lesen mit der Etablierung der digitalen Medien noch verstärkt. Die Verbreitung von Texten im WWW erfordert, dass diese in eine Hypertextstruktur überführt werden, d.h. in relativ kurze Textteile, die untereinander durch sog. „links" verbunden sind und ein „Springen" zwischen verschiedenen Textteilen oder auch ganzen Texten ermöglichen (zum Konzept von Hypertext vgl. Gerdes, 1997; Kuhlen, 1991). Diese Präsentationsform, so lautet die Befürchtung, begünstigt eine oberflächliche Rezeptionsweise, die auf das „Herauspicken" einzelner Informationsbröckchen ausgerichtet ist; in dem Maß, in dem diese Rezeptionsweise zur kulturell dominanten wird, könnten Rezipienten/innen es zugleich verlernen, ihre Konzentration über längere Zeit aufrecht zu erhalten, ganze Gedankengänge zu verfolgen etc. (z.B. Birkerts, 1994, S. 27; Postman, 1986; s. auch Vorderer & Klimmt, in diesem Band). Zudem erfordert das Lesen literarisch-narrativer Texte Zeit im Sinne von Muße – die in unserer schnelllebigen Gesellschaft nicht mehr ohne Weiteres gegeben ist bzw. die zumindest einige von uns sich zunehmend weniger nehmen (vgl. Stiftung Lesen, 2001).

Diese Argumentationslinie ist jedoch in einseitiger Weise auf eine bestimmte Form von Literatur und von literarischem Lesen ausgerichtet, nämlich auf die Rezeption narrativer Strukturen, und vernachlässigt darüber andere Strukturmerkmale literarischer Texte. So verweist etwa Groeben (2000, S. 306f.) auf die Bedeutung einer assoziativ-konzeptuellen Tiefenstruktur im literarischen Bereich, wie sie sich beispielsweise im Dadaismus, in Arno Schmidts Zettels Traum oder in James Joyces Finnegan's Wake manifestiert – eine Struktur, die sich als Realisation von Einzelassoziationen begreifen lässt, die eine lineare Rezeption gerade nicht voraussetzen, sondern zumindest potenziell dadurch unterlaufen, dass sie immer neue Rezeptionsformen in immer neuen Kombinationen zulassen. Es handelt sich dabei also um eine Strukturform, die bereits im Rahmen des traditionellen Printmediums mit Elementen dessen operiert, was heute als Hypertextstruktur gilt; diese Strukturform ist zugleich – im Sinne einer poetischen Avantgarde – gerade nicht auf die Ausbildung traditioneller Kompetenzen wie beispielsweise der Konzentrationsfähigkeit ausgerichtet, sondern im Gegenteil auf ein Unterlaufen traditionell-linearer Denk- und Rezeptionsgewohnheiten. Für die kulturpessimistische Befürchtung des Verlusts der Fähigkeit zum „langen Atem" in Folge der zunehmenden Etablierung von Hypertext-Strukturen im Rahmen digitaler Medien bedeutet dies, dass die Befürchtung auf einer falschen Voraussetzung basiert: Wer Informationstexte rezipiert, wird dies, auch in den Printmedien, häufig selektiv tun; wer literarische Texte in den Printmedien rezipiert, benötigt für einen Teilbereich dieser Texte in der Tat einen „langen Atem", für einen anderen Teilbereich dagegen eher die Fähigkeit zum Aufbau von unterschiedlichen Assoziationen einschließlich des kognitiven „Springens" zwischen ihnen. Dass die Fähigkeit zum Aufbau von Konzentrationsfähigkeit grundsätzlich durch die Rezeption (literarischer) Texte in den Printmedien gefördert wird, muss also zumindest als fraglich gelten.

Für die literarische Kompetenz ist somit festzuhalten, dass diese in der Mediengesellschaft zwar weiterhin eine Rolle spielt, wobei die Funktionen des Literarischen allerdings zunehmend auch von anderen Medien übernommen werden. Damit gehen einerseits Funktionsverschiebungen der literarischen Kompetenz in Richtung auf eine vermehrte Bedeutung von Medienwissen (insbesondere Medienbewusstsein) sowie eine Ausweitung in Richtung auf Aspekte produktiv-verarbeitungsbezogener Fähigkeiten einher. Andererseits ist aber zumindest partiell und potenziell auch von einer Ersetzbarkeit von Funktionen der literarischen Kompetenz speziell bezogen auf die Printmedien auszugehen – was jedoch nicht auch eine Ersetzbarkeit des Literarischen bedeutet. Als Funktionen einer literarischen Kompetenz, die speziell an die Printmedien gebunden sind, erweisen sich bei genauerer Betrachtung lediglich die spezifische Qualität des Leseerlebnisses selbst sowie in Teilen die primäre Fantasietätigkeit.

4 Fazit

Welche Rolle spielt also die Lesekompetenz in der Mediengesellschaft – verliert das Lesen an Bedeutung, oder bleibt es auch angesichts der Medienvielfalt eine Schlüsselkompetenz? Auf der Grundlage der hier skizzierten Überlegungen zu medialen Veränderungen und resultierenden Funktionsverschiebungen des Lesens zeichnet sich als Antwort ein „sowohl – als auch" ab: Sprach- und Denkfähigkeiten, wie sie im Grunde schon als Voraussetzungen in die Lesekompetenz eingehen, werden auch durch das Lesen weiter gefördert; darüber hinaus korreliert das Lesen mit der Ausbildung einer aktiven Interessen- und Nutzungsstruktur, die es erlaubt, unterschiedliche Medien flexibel und bedürfnisgerecht auszuwählen. In diesem Sinne ist und bleibt die Lese- eine Basiskompetenz auch in der Mediengesellschaft; und wer liest, scheint auch am meisten von der Nutzung anderer Medien zu profitieren. In der Tat weiten sich die Funktionsbereiche der Lese- als Teil einer Medienkompetenz sogar noch aus: Dies betrifft insbesondere die vermehrte Bedeutung des Medienwissens, der analytisch-kritischen Fähigkeiten sowie die zunehmende Einbeziehung produktiv-verarbeitungsbezogener Aspekte speziell im Kontext der Nutzung digitaler Medien. Allerdings geht mit dieser Erweiterung zugleich auch eine Funktionsverschiebung des Lesens einher: Zum einen ist das Lesen zunehmend weniger an die Printmedien gebunden; statt dessen steigt die Relevanz der digitalen Verbreitung textueller Information. Zum anderen werden die Funktionen des Literarischen zunehmend auch von anderen Medien übernommen, so dass speziell das literarische Lesen, das über lange Zeit den normativen Kern des Begriffs der Lesekompetenz bildete, in der Mediengesellschaft eher an Bedeutung verliert bzw. in einer generellen literarischen Rezeptionskompetenz aufgeht.

Der Schwerpunkt der Lesekompetenz in der Mediengesellschaft dürfte sich also in Richtung auf das Informationslesen verlagern. Zugleich aber verändern sich auch die Informationstexte selbst: Mit der Präsentation von Informationen als Hypertexte im WWW erhalten Informationstexte eine neue Struktur, die nicht zuletzt durch assoziativ-konzeptuelle Elemente gekennzeichnet ist – durch Elemente also, wie sie in der Vergangenheit für (bestimmte) literarische Texte charakteristisch waren; auch szenische Elemente werden zunehmend als Vorbild genommen und metaphorisch auf die Navigation in Hypermedia-Umgebungen übertragen (vgl. etwa den Begriff der „szenischen Theatralität" im Internet: Sandbothe, 1997). Im Zuge der Verbreitung der digitalen Medien wird somit auch die Grenze zwischen Informations- und literarischen Texten fließend. Mit dieser Grenzverschiebung geht zugleich eine Veränderung der Rezeptionsweise einher: Die geschlossene Instruktionssemantik von Informationstexten wird durchlässiger gegenüber rezeptionsseitigen Aktivitäten, durchaus auch in Form einer Ergänzung oder Kommentierung der Texte. Die Rezipienten/innen informationeller Hypertexte werden mit Anforderungen in Richtung auf eine erhöhte kognitive Aktivität bis hin zur „Komplettierung" der Hypertexte konfrontiert, wie sie bisher eher für literarische Texte im Sinne des „offenen Kunstwerks"

(Eco) charakteristisch waren. Damit verliert sowohl die Unterscheidung zwischen Informations- und literarischen Texten als auch zwischen Informations- und literarischem Lesen im Rahmen einer Mediengesellschaft an Bedeutung: Was bleibt, ist in erster Linie das Lesen selbst als kognitiv-konstruktive Aktivität – unabhängig davon, auf welche Art von Text in welchem Medium diese Aktivität sich bezieht.

Literatur

Andringa, E. (1984). Wandel der literarischen Identifikation. *SPIEL, 3* (1), 27–65.
Andringa, E. (1989). Developments in literary reading. Aspects, perspectives, and questions. *SPIEL, 8,* 1–24.
Andringa, E. (2000). The dialogic imagination Literarische Komplexität und Lesekompetenz. In H. Witte, C. Garbe & K. Holle (Hrsg.), *Deutschunterricht zwischen Kompetenzerwerb und Persönlichkeitsbildung* (S. 85–97). Hohengehren: Schneider.
Andringa, E. & Davis, S. (1994). Literary narrative and mental representation or how readers deal with „A Rose for Emily". In H. van Oostendorp & R. Zwaan (Eds.), *Naturalistic text comprehension* (Advances in discourse processes. vol. LIII, pp. 247–268). Norwood, NJ: Ablex.
Austin, E. W. & Johnson, K. K. (1997). Immediate and delayed effects of media literacy training on third graders' decision making for alcohol. *Health Communication, 9* (4), 323–349.
Baacke, D. (1996). Medienkompetenz als Netzwerk. Reichweite und Fokussierung eines Begriffs, der Konjunktur hat. *Medienpraxis, 2,* 4–10.
Babiak, U. (1999). *Effektive Suche im Internet. Suchstrategien, Methoden, Quellen* (3. akt. u. erw. Aufl.). Beijing etc.: O'Reilly.
Barth, S. (1999). Medien im Deutschunterricht. *Praxis Deutsch, 153,* 11–19.
Bellebaum, A. & Muth, L. (Hrsg.) (1996). *Leseglück. Eine vergessene Erfahrung?* Opladen: Westdeutscher Verlag.
Berg, K. & Kiefer, M.-L. (Hrsg.) (1996). *Massenkommunikation V. Eine Langzeitstudie zur Mediennutzung und Medienbewertung 1964–1995.* Baden-Baden: Nomos.
Berghaus, M. (1986). Zur Theorie der Bildrezeption. Ein anthropologischer Erklärungsversuch für die Faszination des Fernsehens. *Publizistik, 31,* 278–295.
Birkerts, S. (1994). *The Gutenberg elegies. The fate of reading in an electronic age.* New York: Fawcett Columbine.
Bonfadelli, H. (1988). Lesen, Fernsehen und Lernen. Eine Studie über differentielle Kommunikationseffekte bei 15jährigen Zürcher Jugendlichen. *Publizistik, 33* (2–3), 437–455.
Bonfadelli, H. (1994). *Die Wissenskluft-Perspektive. Massenmedien und gesellschaftliche Information.* Konstanz: UVK Medien.
Bonfadelli, H. (1999). Leser und Leseverhalten heute – Sozialwissenschaftliche Buchlese(r)forschung. In B. Franzmann et al. (Hrsg.), *Handbuch Lesen* (S. 86–144). München: Saur.
Brante, A. (2000). Virtuelle Welten. Zur Zukunft der Bildschirmspiele. In H. Baumann & C. Schwender (Hrsg.), *Kursbuch neue Medien 2000. Ein Reality-Check* (S. 322–335). Stuttgart/München: Deutsche Verlags Anstalt.

Buckingham, D. (1993). *Children talking television: The making of television literacy*. London/Washington, DC: Falmer.

Charlton, M. (1999). Kultur und Gesellschaft, Informations-/Mediengesellschaft. In N. Groeben (Hrsg.), *Lesesozialisation in der Mediengesellschaft. Zentrale Begriffsexplikationen* (S. 50–56). Kölner Psychologische Studien [Themenheft], IV (1).

Christmann, U. (1999). Wahrnehmung, Kognition, Metakognition. In N. Groeben (Hrsg.), *Lesesozialisation in der Mediengesellschaft. Zentrale Begriffsexplikationen* (S. 6–12). Kölner Psychologische Studien [Themenheft], IV (1).

Christmann, U. & Groeben, N. (1999). Psychologie des Lesens. In B. Franzmann et al. (Hrsg.), *Handbuch Lesen* (S. 145–223). München: Saur.

Dahrendorf, M. (1995). Lesesozialisation und Kinder- und Jugendliteratur. In C. Rosebrock (Hrsg.), *Lesen im Medienzeitalter. Biographische und historische Aspekte literarischer Sozialisation* (S. 31–44). Weinheim/München: Juventa.

Desmond, R. (1997). Media literacy in the home: acquisition versus deficit models. In R. Kubey (Ed.), *Media literacy in the information age* (pp. 323–343). New Brunswick, London: Transaction Publishers.

Dewe, B. & Sander, U. (1996). Medienkompetenz und Erwachsenenbildung. In A. v. Rein (Hrsg.), *Medienkompetenz als Schlüsselbegriff* (S. 125-142). Bad Heilbrunn: Klinkhardt.

Döring, N. (1999). *Sozialpsychologie des Internet*. Göttingen etc.: Hogrefe.

Dorr, A. & Bannon, C. (1992). Media education in American schools at the end of the twentieth century. In Bertelsmann Stiftung (Hrsg.), *Medienkompetenz als Herausforderung an Schule und Bildung. Ein deutsch-amerikanischer Dialog* (S. 69–103). Gütersloh: Verlag Bertelsmann Stiftung.

Dzeyk, W. (2000). *Glaubwürdigkeitsindikatoren im Internet: Heuristiken zur Orientierung in der Mediengesellschaft*. Vortrag auf dem 30. Kongress der Deutschen Gesellschaft für Soziologie, 26.–29. September, Köln.

Gerdes, H. (1997). Hypertext. In B. Batinic (Hrsg.), *Internet für Psychologen* (S. 137–160). Göttingen: Hogrefe.

Graf, W. (1995). Fiktionales Lesen und Lebensgeschichte. Lektürebiographien der Fernsehgeneration. In C. Rosebrock (Hrsg.), *Lesen im Medienzeitalter. Biographische und historische Aspekte literarischer Sozialisation* (S. 97–128). Weinheim/München: Juventa.

Groebel, J. (1997). Medienkompetenz und Kommunikationsbildung. Anmerkungen zur Rolle von Politik, Produzenten, Pädagogik und Prosumenten. *Medienpsychologie, 9* (3), 235–41.

Groebel, J. (1998). Medienkompetenz: universell und unmittelbar. *televizion, 11* (1), 36–44.

Groeben, N. (1993). Nicht-/Wörtlichkeit als Ästhetik von Alltagskommunikation. *SPIEL, 12* (2), 252–275.

Groeben, N. (2000). Fragen zur (gesellschaftlichen) Funktion der Literaturwissenschaft als Sozialgeschichte medialen Wandels. In M. Huber & G. Lauer (Hrsg.), *Nach der Sozialgeschichte. Konzepte für eine Literaturwissenschaft zwischen Historischer Anthropologie, Kulturgeschichte und Medientheorie* (S. 305–316). Tübingen: Niemeyer.

Groeben, N. & Christmann, U. (1995). Lesen und Schreiben von Informationstexten. Textverständlichkeit als kulturelle Kompetenz. In C. Rosebrock

(Hrsg.), *Lesen im Medienzeitalter. Biographische und historische Aspekte literarischer Sozialisation* (S. 165–194). Weinheim/München: Juventa.

Groeben, N. & Schreier, M. (1992). The hypothesis of the polyvalence convention: a systematic survey of the research development from a historical perspective. *Poetics, 21*, 5–32.

Groeben, N. & Schreier, M. (1998). Descriptive vs. prescriptive aspects of the concept of literature: the example of the polyvalence convention. *Poetics, 26*, 55–62.

Groeben, N. & Vorderer, P. (1988). *Leserpsychologie: Lesemotivation – Lektürewirkung*. Münster: Aschendorff.

Gross, S. (1994). *Lese-Zeichen. Kognition, Medium und Materialität im Leseprozess*. Darmstadt: Wissenschaftliche Buchgesellschaft.

Haack, J. (1997). Interaktivität als Kennzeichen von Multimedia und Hypermedia. In L. J. Issing & P. Klimsa (Hrsg.), *Information und Lernen mit Multimedia* (S. 150–166). Weinheim: PVU.

Hakemulder, J. (2000). *The moral laboratory*. Amsterdam etc.: Benjamins.

Hawkins, D. (1995). Virtual reality and passive simulators; the future of fun. In F. Biocca & M. R. Levy (Eds.), *Communication in the age of virtual reality* (pp. 159–189). Hillsdale, NJ: Erlbaum.

Hearold, S. (1986). A synthesis of 1043 effects of television on social behavior. In G. Comstock (Ed.), *Public communication and behavior* (Vol. 1, pp. 66–135). Orlando: Academic.

Hoffmann, H. (1994). Auf Gutenbergs Schultern. Plädoyer für das Lesen als Basiskulturtechnik im Fernsehzeitalter. In H. Hoffmann (Hrsg.), *Gestern begann die Zukunft* (S. 260–273). Darmstadt: Wissenschaftliche Buchgesellschaft.

Hooffacker, G. (2000). *Informationen gewinnen im Internet. Zielgenau suchen und auswerten*. Reinbek: Rowohlt.

Hurrelmann, B. (1992). Lesen als Schlüssel zur Medienkultur. In Bertelsmann Stiftung (Hrsg.), *Medienkompetenz als Herausforderung an Schule und Bildung. Ein deutsch-amerikanischer Dialog* (S. 249–265). Gütersloh: Bertelsmann Stiftung.

Hurrelmann, B. (1999). Sozialisation: (individuelle) Entwicklung, Sozialisationstheorien, Enkulturation, Mediensozialisation, Lesesozialisation (-erziehung), literarische Sozialisation. In N. Groeben (Hrsg.), *Lesesozialisation in der Mediengesellschaft. Zentrale Begriffsexplikationen* (S. 105–115). Kölner Psychologische Studien [Themenheft], IV (1).

Jäckel, M. (1999). *Medienwirkungen. Ein Studienbuch zur Einführung*. Opladen: Westdeutscher Verlag.

Jonas, M. & Neuberger, C. (1996). Unterhaltung durch Realitätsdarstellungen: ‚Reality TV' als neue Programmform. *Publizistik, 41*, 187–202.

Kloock, D. & Spahr, A. (2000). *Medientheorien. Eine Einführung* (2. Aufl.). München: Fink.

Kuhlen, R. (1991). *Hypertext. Ein nicht-lineares Medium zwischen Buch und Wissenschaft*. Berlin/Heidelberg: Springer.

Löffelholz, M. & Altmeppen, K.-D. (1994). Kommunikation in der Informationsgesellschaft. In K. Merten, S.J. Schmidt & S. Weischenberg (Hrsg.), *Die Wirklichkeit der Medien* (S. 570–591). Opladen: Westdeutscher Verlag.

Lombard, M. & Ditton, T. (1997). At the heart of it all. The concept of presence. *Journal of Computer-Mediated Communication, 3* (2), http://www.ascusc.org/jcmc/vol3/issue2/lombard.html.

McClure, C. R. (1997). Network literacy in an information society: an educational discontent? In R. Kubey (Ed.), *Media literacy in the information age* (pp. 403–439). New Brunswick, London: Transaction Publishers.

Messaris, P. (1997). Visual „literacy" in cross-cultural perspective. In R. Kubey (Ed.), *Media literacy in the information age* (pp. 135–162). New Brunswick, London: Transaction Publishers.

Postman, N. (1983). *Das Verschwinden der Kindheit* (2. Aufl.). Frankfurt/M.: Fischer.

Postman, N. (1986). *Amusing ourselves to death. Public discourse in the age of showbusiness.* London: Heinemann.

Rössler, P. & Wirth, W. (1999). *Glaubwürdigkeit im Internet. Fragestellungen, Modelle, empirische Befunde.* München: Verlag Reinhard Fischer.

Rötzer, F. (1996). Interaktion – das Ende herkömmlicher Massenmedien. In S. Bollmann (Hrsg.), *Kursbuch Neue Medien. Trends in Wirtschaft und Politik, Wissenschaft und Kultur* (S. 57–78). Mannheim: Bollmann.

Rosebrock, C. (1995). Literarische Sozialisation im Medienzeitalter. Ein Systematisierungsversuch zur Einleitung. In C. Rosebrock dies. (Hrsg.), *Lesen im Medienzeitalter. Biographische und historische Aspekte literarischer Sozialisation* (S. 9–30). Weinheim/München: Juventa.

Rupp, G. (1987). Rezeptionshandlungen und Alternativ-Versionen zu Hacks' „Bär auf dem Försterball" und Kaschnitz' „Dickem Kind". Aspekte fachdidaktischer Handlungsforschung im Grundkurs der Sekundarstufe II. In H. Willenberg et al. (Hrsg.), *Zur Psychologie des Literaturunterrichts* (S. 156–169). Frankfurt/M.: Diesterweg.

Rupp, G. (1999). Medienkompetenz, Lesekompetenz. In N. Groeben (Hrsg.), *Lesesozialisation in der Mediengesellschaft. Zentrale Begriffsexplikationen* (S. 27–44). Kölner Psychologische Studien [Themenheft], IV (1).

Rupp, G. (2001a). Literarisches Lesen im Rückwärtsgang? „Standpunkt". *Deutschunterricht, 1* (im Druck).

Rupp, G. (2001b). Webfiction – interaktiv? Aspekte des Literarischen im Netz. In P. Wiesinger (Hrsg.), *Akten des X. Internationalen Germanistenkongresses Wien 2000. Zeitenwende – Die Germanistik auf dem Weg vom 20. ins 21. Jahrhundert* (Reihe Jahrbuch für Internationale Germanistik, Reihe A: Kongressberichte, Bd. 62). Bern: Lang (im Druck).

Sandbothe, M. (1997). Interaktivität – Hypertextualität – Transversalität. Eine medienphilosophische Analyse des Internet. In S. Münker & A. Rösler (Hrsg.), *Mythos Internet* (S. 56–82). Frankfurt/M.: Suhrkamp.

Scheele, B. (1999). Theoriehistorische Kontinuität: Lernen von Aggression oder Möglichkeiten zur Katharsis?! In N. Groeben (Hrsg.), *Zur Programmatik einer sozialwissenschaftlichen Psychologie* (Bd. I Metatheoretische Perspektiven, 2. Halbband, S. 1–83). Münster: Aschendorff.

Schmidt, S. J. (1980). *Grundriß der empirischen Literaturwissenschaft.* Braunschweig: Vieweg.

Schneider, W., Ennemoser, M. & Reinsch, C. (1999). Zum Einfluß des Fernsehens auf die Entwicklung von Sprach- und Lesekompetenzen. In N. Groeben (Hrsg.), *Lesesozialisation in der Mediengesellschaft* (Internationales Archiv für Sozialgeschichte der deutschen Literatur, 10. Sonderheft, S. 56–66). Tübingen: Niemeyer.

Schön, E. (1990). Die Entwicklung literarischer Rezeptionskompetenz. Ergebnisse einer Untersuchung zum Lesen bei Kindern und Jugendlichen. *SPIEL, 9* (2), 229–276.

Schön, E. (1999). Geschichte des Lesens. In B. Franzmann et al. (Hrsg.), *Handbuch Lesen* (S. 1–85). München: Saur.

Schreier, M. (1996). Towards an internal differentiation of the aesthetics and the polyvalence conventions in (literary) communication. In M. Losa, I. de Sousa & G. Vias-Boas (Eds.), *Comparative literature: the new paradigms* (pp. 323–327). Oporto: Associacao Portuguesa de Literatura Comparada.

Schreier, M. & Groeben, N. (2001). Experiencing reality in virtual environments. In T. Köhler (Ed.), *Proceedings of the 2nd IN-TELE Conference, Jena, Sept. 1999*. Bern etc.: Lang (im Druck).

Schreier, M., Groeben, N., Nickel-Bacon, I. & Rothmund, J. (1999). Realitäts-Fiktions-Unterscheidung(en): Ausprägungen, Bedingungen und Funktionen. In N. Groeben (Hrsg.), *Lesesozialisation in der Mediengesellschaft* (Internationales Archiv für Sozialgeschichte der deutschen Literatur, 10. Sonderheft, S. 233–247). Tübingen: Niemeyer.

Sprafkin, J., Watkins, Th. L. & Gadow, K. D. (1990). Efficacy of a television literacy curriculum for emotionally disturbed and learning disabled children. *Journal of Applied Developmental Psychology, 11*, 225–244.

Steurer, S. (1996). *Schöne neue Wirklichkeiten. Die Herausforderung der virtuellen Realität*. Wien: WUV.

Stiftung Lesen (2001). *Leseverhalten in Deutschland im neuen Jahrtausend*. Mainz: Stiftung Lesen.

Tulodziecki, G. (1998). Entwicklung von Medienkompetenz als Erziehungs- und Bildungsaufgabe. *PR, 52*, 693–709.

Tulodziecki, G. & Schöpf, K. (1992). Zur Situation der schulischen Medienpädagogik in Deutschland: Konzepte, Materialien, Praxis und Probleme. In Bertelsmann Stiftung (Hrsg.), *Medienkompetenz als Herausforderung an Schule und Bildung. Ein deutsch-amerikanischer Dialog* (S. 104–176). Gütersloh: Bertelsmann Stiftung.

Uhlig, C. (1999). Buchhandel. In B. Franzmann et al. (Hrsg.), *Handbuch Lesen* (S. 356–393). München: Saur.

Vooji, M. W. & Voort, T. H. A. van der (1993). Learning about television violence: The impact of a critical viewing curriculum on children's attitudinal judgments of crime series. *Journal of Research and Development in Education, 26* (3), 133–142.

Vorderer, P. (1992). *Fernsehen als Handlung: Fernsehrezeption aus motivationspsychologischer Perspektive*. Berlin: edition sigma.

Vorderer, P. (1998). Vom Leser zum User – Thesen zur Konkurrenz von Buch und neuen Medien. In Stiftung Lesen (Hrsg.), *Lesen im Umbruch – Forschungsperspektiven im Zeitalter von Multimedia* (S. 180–186). Baden-Baden: Nomos.

Weidenmann, B. (1989). Der mentale Aufwand beim Fernsehen. In J. Groebel & P. Winterhoff-Spurk (Hrsg.), *Empirische Medienpsychologie* (S. 134–149). München: PVU.

Werder, L. v. (1986). *... Triffst Du nur das Zauberwort. Eine Einführung in die Schreib- und Poesietherapie*. München: PVU.

Wild, R. (1982). *Literatur im Prozess der Zivilisation. Entwurf einer theoretischen Grundlegung der Literaturwissenschaft*. Stuttgart: Metzler.
Winterhoff-Spurk, P. (1997). Medienkompetenz: Schlüsselqualifikation der Informationsgesellschaft? *Medienpsychologie, 9* (3), 182–190.
Winterhoff-Spurk, P. (1999). *Medienpsychologie. Eine Einführung*. Stuttgart: Kohlhammer.

Bettina Hurrelmann

Prototypische Merkmale der Lesekompetenz

1 Perspektiven der Konzept-Explikation

Von „Lesekompetenz" zu sprechen, vor allem in Verbindung mit „Medienkompetenz", hat seit einigen Jahren Konjunktur. In der Pädagogik und in den Medienwissenschaften, der Psychologie, den Sprach- und Literaturwissenschaften und in der Didaktik ist die Vokabel geläufig. Mittlerweile findet man sie auch in Elternratgebern und pädagogisch-praktischen Programmen. Sie ist auf dem Weg in die Alltagssprache. Das Interesse an Wort und Sache lässt sich leicht erklären: Angesichts des Medienwandels steht die Zukunft des Lesens in Frage. Während die einen den Verlust der Lesekultur beklagen und manche die Beständigkeit dessen zu beschwören versuchen, was ihnen vertraut ist, fassen die anderen die Veränderungen der Ansprüche an das Lesen in der Mediengesellschaft ins Auge. Die Verständigung zwischen allen Beteiligten ist schwierig, weil je nach Kontext und Interesse der mit dem Wort verbundene Begriff von „Lesekompetenz" mehr oder weniger unausgesprochen ein anderer ist.

Das galt bislang auch für seinen wissenschaftlichen Gebrauch. Es fehlte eine Explikation des Begriffs, d.h. eine Beschreibung der zentralen Dimensionen oder Teilkomponenten dieser Kompetenz, die Bestimmung der wichtigsten Einflussfaktoren auf ihre Ausprägung und ihren Erwerb sowie die Kennzeichnung der historisch-normativen Implikationen, die der „Lesekompetenz" als einem wertenden Konstrukt innewohnen. Erst von einem ausgearbeiteten Konzept aus sind aber mögliche qualitative Veränderungen und Funktionsverschiebungen des Lesens im sich erweiternden und verändernden individuellen und gesellschaftlichen Mediengebrauch angemessen zu beschreiben und zu bewerten.

Der vorliegende Band hatte die Aufgabe, eine theoretisch differenzierte und empirisch brauchbare Konzeptualisierung von „Lesekompetenz" zu entwickeln und in ihren zentralen Dimensionen inhaltlich zu entfalten. Dazu wurde in der Einleitung die Aufmerksamkeit zunächst auf den Kompetenz-Begriff selbst gerichtet (Beitrag Groeben). Es wurde betont, dass es – anders als in Chomskys Gegenüberstellung der Sprachkompetenz des idealen Sprechers/Hörers und der Performanz der empirischen Sprachteilnehmer – bei der Konzeptualisierung von „Lesekompetenz" nicht um die Etablierung einer Kompetenz-Performanz-

Dichotomie geht. Denn Lesekompetenz lässt sich nicht sinnvoll als angeborene Ausstattung modellieren, sondern ist als Ergebnis von Sozialisation zu verstehen, in der interindividuell unterschiedliche Dispositionen (Persönlichkeitseigenschaften), bereits erworbene (schrift-)sprachliche Rezeptionsfähigkeiten und neue Situationsanforderungen der Lektüre miteinander interagieren. Zur Lesekompetenz gehören neben den generellen Fähigkeiten der Bedeutungskonstitution aus schriftlichen Texten also auch die ganz konkreten, situations- und aufgabengebundenen Lesefertigkeiten. Unterschiedliche Personen erreichen unterschiedliche Niveaus von Lesekompetenz, und die Auswahl weiterer Lesesituationen erfolgt nicht unabhängig vom schon erreichten individuellen Entwicklungsstand. Aufgrund dieser mehrfachen Wechselwirkungen zwischen Dispositionen, Fähigkeiten und situationsspezifischen Anforderungen liegt dem hier vertretenen Konzept von „Lesekompetenz" ein interaktionstheoretischer Ansatz zugrunde, der den Aufbau allgemeiner Leistungsfähigkeiten im Lesen in Zusammenhang mit situationalen Bedingungen bringt.

Postulierte das nativistische Kompetenz-Konzept der generativen Grammatik zweitens eine einzige, abstrakte Ausstattungsbasis für den menschlichen Sprachgebrauch, so geht das Lesekompetenz-Konstrukt von dimensional durchaus unterscheidbaren Fähigkeitskomponenten aus. Danach gehören zur Lesekompetenz nicht nur bestimmte kognitive Leistungen, sondern auch emotionale und motivationale Fähigkeiten, außerdem Fähigkeiten zur Reflexion und zur Weiterverarbeitung des Verstandenen in Anschlusskommunikationen im Rahmen sozialer Interaktion. Zwischen diesen Fähigkeitskomponenten oder Dimensionen der Lesekompetenz werden Wechselwirkungen angenommen, die sowohl die einzelnen Leseleistungen prägen, als auch die Erfüllung der Ziele und Funktionen regulieren, denen Leseprozesse in individuellen und gesellschaftlichen Handlungszusammenhängen dienen.

Trotz der Beachtung des Situationsbezugs und der Unterscheidung von Teilkomponenten bleibt das hier vertretene Konstrukt von Lesekompetenz relativ abstrakt. Denn allgemein geht es bei Kompetenzen um „ein individuelles Potenzial dessen, was eine Person unter idealen Bedingungen zu leisten imstande ist" (Beitrag Groeben, S. 13). Im Kompetenz-Konzept stecken die Annahmen, dass es sich erstens um universelle Leistungsvoraussetzungen handelt (d.h., bei mehreren Personen vorfindlich), zweitens, dass diese von generellem Charakter sind (d.h., in verschiedenen Aufgabensituationen zur Anwendung kommen), drittens, dass sie zeitlich relativ stabil sind (l.c.). Damit hängt zusammen, dass es nicht sinnvoll ist, den Begriff vom Schriftspracherwerb der Leseanfänger her zu entwickeln, deren Fertigkeiten und Lesestrategien das Komplexitätsniveau noch nicht erreicht haben, das den ausgebildeten Leser kennzeichnet. Außerdem folgt daraus, dass als Kern der Lesekompetenz generelle Lesefähigkeiten anzusprechen sind, so dass der traditionellen Unterscheidung zwischen dem Lesen pragmatischer und literarischer Texte eine systematisch nachgeordnete Bedeutung zukommt (Beitrag Groeben, S. 12f.).

Es interessieren also zunächst einmal die zentralen Merkmale einer allgemeinen Lesekompetenz, gegliedert nach den angegebenen deskriptiven Dimensionen der Kognitionen, Motivationen und Emotionen, Reflexionen und Anschlusskommunikationen. Zur weiteren Explikation des Konstrukts gehört zweitens die Kennzeichnung der wichtigsten Einflussfaktoren auf die Ausprägung und den Erwerb von Lesekompetenz. Die vorliegende Konzeptionalisierung berücksichtigt unter dieser Perspektive neben den personalen und sozialen Voraussetzungen auch die text- bzw. medienseitigen Anforderungen. Da es sich bei „Lesekompetenz" um ein letztlich wertendes Konzept handelt, verlangt seine Explikation drittens die Diskussion der historisch-normativen Rahmenbedingungen und Legitimationen der impliziten Wertung. Bestimmungen zur inhaltlichen Ausfüllung der hier skizzierten Struktur sind in den Beiträgen des vorliegenden Bandes erarbeitet worden. Die folgenden drei Abschnitte versuchen eine Synopse der Ergebnisse, geordnet nach den genannten Beschreibungs-, Erklärungs- und normativen Begründungsperspektiven. Der Überblick endet mit einem Fazit zur Synopse im Hinblick auf die prototypischen Merkmale der Lesekompetenz.

2 Deskriptive Merkmale von Lesekompetenz

Lesen – darin stimmen alle Beiträge dieses Bandes überein – ist, unabhängig von der Art der gelesenen Texte, ein konstruktiver Akt. Textverstehen verlangt kognitive Leistungen, motivationale und emotionale Beteiligung, die reflexive Begleitung des Rezeptionsprozesses auf Metaebene und als kulturelle Praxis auch die Fähigkeit zur Teilnahme an Anschlusskommunikationen in sozialer Interaktion.

2.1 Kognitionen

Ergebnisse der kognitionspsychologischen Leseforschung geben Auskunft darüber, welche Teilleistungen als zentrale kognitive Komponenten einer allgemeinen Lesekompetenz anzusprechen sind (Beitrag Richter & Christmann). Danach sind beim Lesen Prozesse auf mindestens fünf Ebenen zu bewältigen und zu verknüpfen, die sich unterteilen lassen in eher automatisierte, hierarchieniedrige Prozesse (Wort- und Satzidentifikation; Verknüpfung von Satzfolgen) und eher strategisch-zielbezogene, hierarchiehöhere Prozesse (globale Kohärenzherstellung; Makrostrukturbildung auf der Basis von Textsortenkenntnis; Erkennen von Darstellungsstrategien im Hinblick auf die Textintention). Aus dem Zusammenspiel der Operationen auf den verschiedenen Prozessebenen und unter Einbezug seines Vorwissens gewinnt der Leser eine mentale Repräsentation des im Text beschriebenen Sachverhalts (mentales Modell bzw. Situationsmodell). Interindividuelle Unterschiede der Lesekompetenz ergeben sich vor allem aus unterschiedlichen Fähigkeiten im Bereich der hierarchiehöheren Prozesse, wobei leseunspezifische Komponenten wie Vorwissen, Kapazität des Arbeitsgedächtnisses und allgemeine Denkfähigkeiten eine wichtige Rolle spielen. Mängel in lesespezifischen Fertigkeiten – wie z.B. bei der Worterkennung – können unter Umständen durch

Leistungen auf hierarchiehöheren Ebenen kompensiert werden. Insgesamt erweist sich die auf Vorwissen gestützte Bildung einer kohärenten Textrepräsentation als die mit dem Lesen verbundene zentrale kognitive Leistung (vgl. auch Beitrag Christmann & Groeben). Es handelt sich dabei stets um einen konstruktiven Akt, da kein Text alle Informationen explizit machen kann, die zu seinem Verständnis nötig sind. Von diesen Prämissen her ist es plausibel, für die Fähigkeit des Lernens aus Hypertexten anzunehmen, dass an linearen Texten geschulte allgemeine Lesefähigkeiten so weit entwickelt sein müssen, dass noch genügend kognitive Ressourcen für die zielgerichtete Orientierung im nicht-linearen Textverweissystem frei sind (Beitrag Flender & Naumann).

3.1 Motivationen und Emotionen

Die motivationale Dimension des Kompetenzkonstrukts betrifft die Bereitschaft, Leseprozesse aufzunehmen und den jeweiligen Textanforderungen entsprechend zu gestalten. Die Fähigkeit, Lesebereitschaft zu mobilisieren und „bei der Sache zu bleiben", kann sich aus Zielsetzungen speisen, für die das Lesen primär instrumentellen Charakter hat. So wird im Bereich der Sach- und Informationstexte die Lektüre im Wesentlichen von entsprechenden Zwecken geleitet sein. Eine aktivierende Zielausrichtung kann aber auch aus der Aussicht auf Anschlusskommunikationen, z.B. mit Gleichaltrigen, gewonnen werden (Beitrag Rager, Linsdorf & Werner), unmittelbar dem Bedürfnis der „kognitiven Durchdringung" der Texte entspringen (Beitrag Christmann & Groeben) oder aus dem Bedürfnis nach emotionaler Anregung und Genusserleben durch das Lesen selbst erfolgen (Beitrag Pette & Charlton). In jedem Falle ist damit zu rechnen, dass die Stärke und Ausprägung der motivationalen Komponente von Lesekompetenz mitbestimmt wird von typischen Handlungskontexten, verfügbaren sozialen Kontexten und der Qualität bereits gemachter Leseerfahrungen.

Die emotionale Komponente steht in engem Zusammenhang mit der motivationalen. Vermutlich läuft bei jedem Leseprozess eine emotionale Selbstbeobachtung mit, die Lust oder Unlust während der Lektüre registriert. Entsprechend werden von den Lesenden Strategien der Balancierung der Gefühle oder der Stabilisierung der Motivation eingesetzt; falls aus Frustrationen nicht negative Textbewertungen resultieren, die zum Leseabbruch führen. Zur emotionalen Dimension der Lesekompetenz gehört im Übrigen die Fähigkeit, Lesebedürfnisse und Leseangebote aufeinander abzustimmen bzw. die eigenen Gratifikationserwartungen an den textseitigen Bedingungen vorzuorientieren, z.B. durch Wahl des Autors, der Textsorte, des Textthemas etc. (Beitrag Pette & Charlton).

2.3 Reflexionen und Anschlusskommunikationen

Zur Lesekompetenz gehört schließlich eine reflexionsbezogene Fähigkeitskomponente, die nicht nur zuständig ist für die fortlaufende Überprüfung der Bedeutungskonstruktionen beim Lesen auf eventuelle Verständnislücken, sondern auch für die retrospektive Überprüfung des Verstandenen durch Vergleich mit dem (inter)textuellen Wissen, dem Weltwissen, den emotionalen Erfahrungen, den normativen Orientierungen der Lesenden. Textreflexion kann in eine kritische Auseinandersetzung mit dem Gelesenen, in Textvergleiche und -bewertungen münden, sie kann auch eher selbstreflexive Züge annehmen (*Warum spricht gerade dieser Text mich besonders an?*). Die Fähigkeit, zwischen Textrezeption und Selbstreflexion hin und her zu pendeln, scheint eine Komponente der Lesekompetenz zu sein, die in besonders starkem Maße beim Lesen literarischer Texte in Anspruch genommen wird (Beitrag Pette & Charlton; Beitrag Eggert).

Individuelle Bedeutungskonstruktionen und Textreflexionen werden durch Anschlusskommunikationen in soziale Kontexte zurückgebunden. Zum Lesen als kultureller Praxis gehört die Fähigkeit, mit anderen in einen diskursiven Austausch über subjektive Textverständnisse einzutreten. In der in diesem Band vorgenommenen Konzeptionalisierung von „Lesekompetenz" wird insbesondere die Fähigkeit zum Aushandeln von Textbedeutungen in unmittelbarer sozialer Interaktion zum Kernbereich der Kompetenzdimensionen des Lesens gerechnet (Beitrag Sutter). Wie theoretisch dargelegt und empirisch am Literaturunterricht als institutionalisierter Form der Anschlusskommunikation gezeigt (Beitrag Rupp), handelt es sich bei den Anschlusskommunikationen um Prozesse, die eigenen und anderen Gesetzmäßigkeiten folgen als das individuelle Verstehen, gleichwohl auf dieses orientierend wirken. Lesebegleitende oder anschließende Kommunikationen sorgen durch strukturelle „Kopplung" mit subjektiven Rezeptionen z.B. für die Reduktion der Bedeutungsoffenheit der Texte und die Vermittlung von kulturell etablierten Mustern der Bedeutungskonstitution. In Anschlusskommunikationen manifestiert sich die soziale Dimension von Lesekompetenz.

3 Einflussfaktoren und Bedingungen der Lesekompetenz

Zur Konstruktexplikation gehört im zweiten Schritt die Verortung von „Lesekompetenz" im Netzwerk von Einflussfaktoren und Bedingungen, durch die ihre Ausprägung erklärt werden kann. In interindividuell vergleichender wie ontogenetischer Perspektive sind zunächst personale Voraussetzungen sowie soziale Bedingungen als Einflussgrößen zu berücksichtigen. Hinzu kommen als situational bestimmende Einflussfaktoren die textseitigen Anforderungen und medialen Bedingungen, denen die Lesenden gerecht werden müssen, wobei zu beachten ist, dass – im Sinne der bidirektionalen Interaktion – die Art der gewählten Rezeptionssituationen wiederum durch personale Voraussetzungen mitbestimmt ist (vgl. Beitrag Groeben).

3.1 Personale Einflussfaktoren

Nach Erkenntnis der kognitionspsychologischen Forschung sind für das Lesekompetenzniveau, das eine Person erreicht, nicht nur lesespezifische, sondern auch generellere Leistungsfähigkeiten verantwortlich. Gute und schlechte Leser/innen unterscheiden sich z.b. in Bezug auf die Breite und Differenziertheit ihres Vorwissens und die Kapazität ihres Arbeitsgedächtnisses, auch allgemeine Denkfähigkeiten spielen eine Rolle (Beitrag Richter & Christmann). Neben Persönlichkeitsmerkmalen im kognitiven Bereich beeinflussen auch personale Voraussetzungen motivationaler und emotionaler Art die Ausprägung der Lesekompetenz. So zeigt sich z.b., dass die Zuwendungsbereitschaft zu Texten durch altersspezifische Interessenstrukturen geprägt ist (Beitrag Rager, Rinsdorf & Werner) und dass Rezeption und Bewertung desselben Textes je nach biographisch-emotionaler Situation verschiedener Leser/innen sehr unterschiedlich ausfallen kann (Beitrag Pette & Charlton). In ontogenetischer Perspektive ist deutlich, dass personale Voraussetzungen der Lesekompetenz immer schon durch vorgängige Leseerfahrungen beeinflusst sind. Auf der Fertigkeitsebene unterscheiden sich erfahrene von weniger erfahrenen Leser/innen z.b. durch das Verfügen über eine größere Variationsbreite von Strategien zur Emotionsregulation und zur flexiblen Selbstmotivation beim Lesen (Beitrag Pette & Charlton). Zu den personalen Voraussetzungen gehören schließlich auch Rezeptionsfähigkeiten und -erwartungen, die durch die Nutzung anderer Medien geprägt sind. Diese können die Entwicklung der Lesekompetenz stützen, wie am Beispiel unterhaltsamer Kinder-Hörkassetten dargelegt (Beitrag Vorderer & Klimmt), unter Umständen aber auch beeinträchtigen, wie die Untersuchung über das Fernsehen und Lesen der Kinder zeigt (Beitrag Ennemoser, Schiffer & Schneider).

3.2 Soziale Bedingungen

Lesekompetenz wird im Allgemeinen mit Hilfe kompetenterer Anderer in Situationen erworben, die mit lesebegleitenden bzw. retrospektiven Anschlusskommunikationen verbunden sind. Institutionell organisiert und planmäßig geschieht dies im schulischen Lese- und Literaturunterricht (Beitrag Rupp), alltäglich und als eher impliziter Prozess kulturellen Lernens in der familialen Sozialisation (Beitrag Hurrelmann), teilweise auch im Rahmen der Kommunikation in der Altersgruppe (Beitrag Rager, Rinsdorf & Werner). Prinzipiell besteht in der Mediengesellschaft ein offenes „Mitgliedschaftsangebot" zur Selbstsozialisation im Lesen (Beitrag Sutter), andererseits sind – selbst unter den Bedingungen gesellschaftlicher Individualisierung und Pluralisierung – schichtspezifische Sozialisations- und Kommunikationsbedingungen wirksam, so dass sowohl in Kindheit und Jugend als auch im Erwachsenenalter soziokulturell unterschiedliche Ausprägungen von Lesekompetenz deutlich zu beobachten sind. Soziale Bedingungen beeinflussen nicht nur das quantitative Ausmaß (Häufigkeit, Dauer) und die qualitative Substanz (Textauswahl, Gesprächspartner, Gratifikationen) zugänglicher Lesesituationen, sie prägen darüber hinaus auch die Interessenstrukturen, die dem Mediengebrauch insgesamt zugrunde liegen, und den Stellenwert des Lesens in diesem Zusammenhang (Beitrag Hurrelmann).

3.3 Text- und medienseitige Einflussfaktoren

Lesesituationen fordern und fördern textbezogen-konkrete Lesefertigkeiten, von denen man annehmen darf, dass sie auf generellere Lesefähigkeiten zurückwirken. Dass textseitige Anforderungen ihrerseits mit personalen Kompetenzvoraussetzungen interagieren, wurde bereits erwähnt: Kompetentere Leser/innen bevorzugen in der Regel im Hinblick auf die Texte anspruchsvollere Rezeptions- und Verarbeitungssituationen als weniger kompetente. Für einen Überblick über die textseitigen Anforderungen ist es sinnvoll, im Universum verfügbarer Texte zu unterscheiden zwischen Textbereichen, -gattungen und Genres, denen strukturell unterschiedliche Leseweisen zukommen.

Im vorliegenden Band wird an dieser Stelle die traditionelle Unterscheidung zwischen Sach- und Informationstexten auf der einen und literarischen Texten auf der anderen Seite berücksichtigt, ohne dass eine gegenstandsfundierte prinzipielle Differenz zwischen den Anforderungen an die Lektüre in beiden Domänen behauptet würde. Die für die Lektüre benötigten Fähigkeiten und Fertigkeiten unterscheiden sich jedoch in der Akzentuierung bestimmter Komponenten der Leseleistungen. So handelt es sich im Bereich der Sach- und Informationstexte, je nach Funktion, insbesondere um folgende Anforderungen: Aufbau eines Konzeptrahmens für die Verbindung zwischen Vorwissen und neuer Information sowie kritische Bewertung (vor allem bei Lehr- und Fachtexten), Aktualisierung persönlicher Relevanz und des Bedürfnisses nach „denkender Durchdringung" (vor allem bei persuasiven Texten), Aktivierung von Handlungswissen und Handlungskompetenz, im Optimalfall bis hin zur Persönlichkeitsentwicklung (vor allem bei handlungsanleitenden Texten) (Beitrag Christmann & Groeben). Bei literarischen Texten verlangt die textseitige Berücksichtigung literaturspezifischer Konventionen (Polyvalenzkonvention; Ästhetikkonvention) von den Lesern/innen eine vergleichsweise größere Unsicherheitstoleranz des Verstehens, Sensibilität für alltagssprachlich noch nicht konventionalisierte Bedeutungen, verbunden mit einer vergleichsweise stärkeren Beachtung der ästhetischen Strukturmerkmale der Sprache als Sinnträger eigener Art. Im Einzelnen aber ist die für literarische Texte charakteristische Offenheit der Bedeutungsmöglichkeiten durch Intertextualität, Gattungswissen, historisches Kontextwissen, Bildungswissen eingrenz- und strukturierbar, so dass Irritation und Verstehen sich ausbalancieren können (Beitrag Eggert). Die Fähigkeit zum Genusserleben, die auch zu den besonderen Charakteristika literarischer Lesekompetenz gehört, ist in ihrer anspruchsvollsten Form ebenfalls durch eine Balance charakterisiert, nämlich die zwischen emotionaler Involviertheit (Identifikation) und reflexiver Distanz (Beitrag Pette & Charlton). Insgesamt scheinen pragmatische und literarische Texte aber nur graduell unterschiedliche Anforderungsprofile für die Ausbildung von Lesekompetenz zu bieten. Allgemeine Lesefähigkeiten, wie unter den „deskriptiven Merkmalen" beschrieben, sind jedenfalls ihre gemeinsame Basis. Angesichts der zeitgenössischen Literatur- und Medienentwicklungen ist darauf besonders hinzuweisen, da literarische Kompetenz mittlerweile auch die Fähigkeit umfassen muss, unterschiedliche Übergänge und Abstufungen zwischen fiktionalen bzw. poetischen und informatorischen Texten als Möglichkeiten der Modalisierung von Realitätskonzepten in Rechnung zu stellen (Beitrag Rupp; Beitrag Schreier & Rupp).

Zu den Einflussfaktoren der Lesekompetenz gehören in der Gegenwart schließlich die Rezeptionsstrukturen, die durch die Kommunikationsofferten der modernen elektronischen und digitalen Medien geprägt sind. So darf man annehmen, dass nicht-lineare, multimediale und interaktive Textangebote des Computers nicht nur allgemeine Lesekompetenzen voraussetzen, sondern diese auch in spezifischer Weise modifizieren und erweitern (Beitrag Flender & Naumann). Wechselwirkungen sind ebenfalls anzunehmen zwischen der Nutzung von Hörmedien und dem Lesen, vor allem bei jüngeren Kindern (Beitrag Vorderer & Klimmt). Insbesondere für das Verhältnis zwischen Fernsehen und Lesen ist anzunehmen, dass mit dem Vielsehen eine Beeinträchtigung des Erwerbs wichtiger Komponenten der Lesekompetenz verbunden ist (Beitrag Ennemoser, Schiffer & Schneider).

4 Historisch-normative Rahmenbedingungen der Lesekompetenz und die Zukunft des Lesens in der Mediengesellschaft

Die Rede von der „Lesekompetenz" hat nicht nur in der Alltagssprache normative Implikationen. Auch als wissenschaftliches Konstrukt ist „Lesekompetenz" ein wertendes Konzept. Entsprechend sind auch in dessen gegenstandstheoretischer Explikation Wertungen enthalten, die darauf hinauslaufen, dass Individuen über Lesekompetenz verfügen *sollten* und dass Bedingungen und Einflüsse *positiv* einzuschätzen sind, die deren *Verbesserung* dienen. Die wissenschaftstheoretische Problematik entsprechender normativer Implikationen objekttheoretischer Beschreibungen wurde in der Einleitung bereits diskutiert: Wertaussagen können durchaus als wissenschaftlich zulässig gelten –, allerdings nur dann, wenn sie explizit und z.B. durch Ziel-Mittel-Argumente (praktische Implikation) der kritischen Überprüfung zugänglich gemacht werden (Beitrag Groeben). Im vorliegenden Zusammenhang heißt dies, dass es zu explizieren gilt, für welche Ziele die Lesekompetenz unverzichtbar ist bzw. welche Funktionen sie für Individuen und Gesellschaft erfüllt.

4.1 Geschichte des Lesens: normativ-historische Rahmenbedingungen der Lesekompetenz

Der Rückblick in die Geschichte des Lesens zeigt, dass die Bedeutung der Fähigkeit, Schrifttexte zu verstehen, sich mit dem Wandel der Gesellschaftsformationen verändert. Vormoderne Gesellschaften sind kaum auf Distanzkommunikation angewiesen, mit dem sich beschleunigenden Modernisierungsprozess wird es immer nötiger, räumliche, zeitliche, mentalitäre und wissensbezogene Beschränkungen durch die Teilnahme vieler an medialer Kommunikation zu überwinden. Wer lesen kann, erhält damit Zugang zu einer politisch, wirtschaftlich, sozial und kulturell folgenreichen Form von gesellschaftlicher Kommunikation. Gleichwohl stehen Lesepropaganda, Lesepädagogik und Leseverhinderung über Jahrhunderte in einer komplizierten Wechselbeziehung: Historisch-normative Lesemuster wie die der religiösen Erbauung, der „verhältnismäßigen" Aufklärung, der volkstümlichen oder hochliterarischen Bildung tragen allesamt zugleich das Vorzeichen klassenspezifischer Partialisierung der erwünschten Lesekompetenzen. Die Dynamik der Gesellschaftsentwicklung und der Medienentwicklung hat solche Eingrenzungen weitgehend aufgehoben. In demokratischen Gesellschaften ergeht das „Mitgliedschaftsangebot" zur Teilnahme an der Lesekultur prinzipiell an jeden, und dies nicht nur deshalb, weil diese Gesellschaften praktisch-politisch auf Integration angewiesen sind, sondern weil die möglichst chancengleiche Beteiligung aller Bürgerinnen und Bürger an den gemeinsamen Angelegenheiten zu ihren obersten normativen Zielideen gehört. Bis zur Gegenwart konnte man sagen und unter verschiedensten Perspektiven auch empirisch zeigen: Lesekompetenz ist eine notwendige Bedingung für soziale Teilhabe (Beitrag Hurrelmann). Für die zukünftige Entwicklung der Mediengesellschaft aber muss es durchaus als offene Frage gelten, ob die Funktionen, die das Lesen in Bezug auf die Beteiligung an gesellschaftlichen Prozessen herkömmlicherweise erfüllt, nicht durch andere Formen der Medienkommunikation übernommen werden können. Zu den mit dem Medienwandel verbundenen Problemen gehört auch die Frage, wie sich die Strukturen und Funktionen von Lesekompetenz verändern angesichts der Integration von Printtexten in übergreifende Medienverbünde und angesichts der Zunahme neuer Textformen in den neuen Medien.

4.2 Zukunftsperspektiven: Funktionen und Formen des Lesens in der Mediengesellschaft

Die Frage nach der Ersetzbarkeit der Funktionen der Lesekompetenz durch andere Formen der Medienkommunikation (z.B. Nutzung von Hörmedien, Film, Fernsehen) und die Frage nach der Veränderung der Merkmale von Lesekompetenz im Kontext neuer Medien (multimediale Texte, interaktive Texte, Hypertexte) werden im letzten thematischen Kapitel dieses Bandes erörtert und – soweit möglich – einer auch empirisch begründeten Antwort zugeführt (vgl. Schreier & Rupp).

Zur Frage der Ersetzbarkeit der Lesekompetenz: Ausgegangen wird von den beiden dem Lesen im Allgemeinen zugeschriebenen Funktionen, der Informations- und der Unterhaltungsfunktion und den ihnen üblicherweise zugeordneten Textbereichen, den Sachtexten auf der einen, den literarischen Texten auf der anderen Seite. Die Frage nach der Substituierbarkeit des Lesens durch andere Formen der Medienkommunikation wird für die Informations- und die Unterhaltungsfunktion unterschiedlich beantwortet. Informationsfunktionen können zwar teilweise durch andere Medien übernommen werden. Allerdings hat sich gezeigt, dass z.B. die

Fernsehrezeption informativen Charakter nur im Rahmen einer aktiven, vielfältigen Interessen- und Nutzungsstruktur gewinnt, die auch die Rezeption von Printmedien, d.h. das Verfügen über Lesekompetenz, einschließt. Lesen scheint den Aufbau einer Interessenstruktur zu fördern, die die Informationsaufnahme aus verschiedensten Medien unterstützt. In dieser Schlüsselfunktion ist Lesekompetenz vermutlich auch in Zukunft unverzichtbar und ein grundlegendes Moment der Teilnahmefähigkeit an der gesellschaftlichen Kommunikation. Schwieriger ist die Frage nach der Substituierbarkeit der Unterhaltungsfunktion des Lesens durch andere Medien zu beantworten. Literarischer Lesekompetenz werden in der Literaturwissenschaft und teilweise auch in diesem Band eine Anzahl spezifischer Funktionen zugeschrieben (z.B. sprachästhetische Sensibilisierung, Erweiterung der Vorstellungsfähigkeit, Einübung von Empathiefähigkeit, Anleitung zur Selbstreflexion, kulturelles Gedächtnis), die im Unterhaltungsbegriff kaum angemessen repräsentiert sind. Empirische Untersuchungen zur Realisierung dieser Funktionen fehlen allerdings, während „Unterhaltung" als kommunikationswissenschaftliche Funktionskategorie (primär in Medienrezeptionsstudien) empirisch bewährt ist. Zieht man also die basalen Teilfunktionen von „Unterhaltung" im kognitiven, sozial-moralischen und emotionalen Bereich heran, um zu entscheiden, ob diese Funktionen literarischer Lesekompetenz auch durch die Rezeption von Literatur in anderen Medien erfüllt werden können, so wird in der Tat eine weitgehende Ersetzbarkeit deutlich. Die Repräsentation fiktionaler Welten, der Diskurs über Normen und Konflikte, die Identifikation mit fremden Figuren ist nicht an den Schrifttext als Medienform und an das Lesen als Rezeptionsweise gebunden. So scheinen für das literarische Lesen als nicht substituierbare, spezifische Funktionen nur das Genusserleben durch die Lektüre selbst, die Aktivierung der primären Fantasie und die Ausbildung der Konzentrationsfähigkeit (des „langen Atems") übrig zu bleiben, von deren Notwendigkeit für die Teilhabe an gesellschaftlicher Kommunikation nicht ohne Weiteres auszugehen ist. Hier ist jedoch dringend weitere empirische Forschung nötig, und zwar solche nicht nur quantitativer, sondern auch qualitativer Art. Im vorliegenden Band werden aus der Fragilität der Rechtfertigung literarischer Lesekompetenz keine kulturpessimistischen Schlüsse gezogen. Vielmehr wird mehrfach auf die fließenden Übergänge zwischen informatorischen und literarischen Texten hingewiesen, die z.B. im Bereich der digitalen Medien eine zunehmende Konvergenz der Informations- und Unterhaltungsfunktionen der Lesekompetenz nach sich ziehen.

Zur Frage nach der Veränderung der Kompetenzanforderungen an das Lesen in der Mediengesellschaft: Betrachtet man Lesen als eine Rezeptionsform innerhalb ausdifferenzierter Medienverbünde, so wird deutlich, dass Funktionsverschiebungen schon heute stattfinden und weiter erfolgen werden, indem ein Teil der Funktionen des Lesens durch andere Medientätigkeiten ersetzt wird. Wie dargelegt, ist dies weniger für die Informationsfunktion als für die Unterhaltungsfunktion zu erwarten. Damit steht in Aussicht, dass der normative Kern der Lesekompetenz in Zukunft stärker als bislang von den Fähigkeiten bestimmt sein wird, die das informatorische Lesen verlangt. Veränderungen der Kompetenzanforderungen ergeben sich weiterhin aus der Tatsache, dass in der Mediengesellschaft Texte auch über Non-Printmedien verbreitet werden, und zwar in großer Zahl und in neuen Formen. Lesen wird so zum integralen Teil einer umfassenden Medienkompetenz, wobei angesichts multimedialer Vermittlungen und nicht-linearer, interaktiver Textstrukturen die Anforderungen in den Bereichen des Medienwissens, der kritisch-analytischen und der produktiv-verarbeitenden Kompetenz sich ausweiten werden. Lesekompetenz in der Mediengesellschaft hat es in Zukunft mit wachsender Komplexität und Diversifikation der Kommunikationsverhältnisse zu tun. Man wird vor allem die aktiven Orientierungs-, Verstehens- und Verarbeitungsleistungen betonen müssen, wenn man der Lesekompetenz unter sich verändernden Kommunikationsbedingungen nach wie vor die Funktion zuschreiben will, zu gesellschaftlicher Teilhabe zu befähigen.

5 Fazit: Prototypische Merkmale der Lesekompetenz

In den vorangehenden Abschnitten wurde ein Überblick über die Beiträge dieses Bandes gegeben in der Absicht, die Merkmale, Einflussfaktoren und Rahmenbedingungen der Lesekompetenz synoptisch zusammenzufassen, die in den einzelnen Forschungsberichten und empirischen Beispielen herausgearbeitet wurden. Das Resultat ist ein inhaltlich ausgefülltes Konzept von „Lesekompetenz", das auch zukünftige Wandlungsprozesse berücksichtigt.

Allerdings stellt sich die Frage nach dem prototypischen Kern der vielen Teilfähigkeiten, die für die Lesekompetenz beschrieben wurden, denn es wäre ein Missverständnis, diese als „Liste" von Merkmalen aufzufassen, nach denen sich lesekompetente von -inkompetenten Personen durch eine ausschließende Grenzziehung unterscheiden ließen. So sind in der kognitiven Dimension z.B. Worterkennung und Satzidentifikation, Satzverknüpfung und globale Kohärenzherstellung, Textsortenkenntnis, Erkennen der Autorintention und die Fähigkeit wichtig, Textinformationen mit eigenem Vorwissen zu einem mentalen Modell zu verbinden. Aber offenbar sind nicht alle gleichermaßen wichtig – hierarchiehöhere Teilfähigkeiten und übergeordnete Kompetenzen wie Arbeitsgedächtnis und allgemeine Denkfähigkeiten können Mängel in den hierarchieniedrigeren Teilfähigkeiten zumindest teilweise kompensieren. Analog wäre bei den anderen Dimensionen nach dem Verhältnis der genannten Einzelkompetenzen zum charakteristischen Kern der Lesekompetenz zu fragen. Weitere Einzelkompetenzen sind in der Dimension der Motivationen Zielstrebigkeit, Ausdauer, Aktivierung positiver Gratifikations- und Nutzenerwartungen sowie das Bedürfnis nach kognitiver Durchdringung, in der Dimension der Emotionen die Fähigkeiten, Texte bedürfnisbezogen auszuwählen, positive Gefühlserlebnisse mit der Lektüre zu verbinden, Unlust zu balancieren, die Lesesituation zu genießen. In der Dimension der Reflexionen sind es die Fähigkeiten, über Textinhalte, -intentionen und Darstellungsformen, intertextuelle und historische Kontexte und die eigenen Erfahrungsbezüge zu Texten nachzudenken und Texte unter diesen Perspektiven zu bewerten sowie gegebenenfalls zur Verbesserung eigener Handlungskompetenzen bis hin zur Persönlichkeitsentwicklung einzusetzen. Unter der Perspektive der Anschlusskommunikationen schließlich sind es die Kompetenzen, während und nach dem Rezeptionsprozess in Kommunikationen mit anderen über Texte einzutreten, andere Textrezeptionen zu tolerieren oder Bedeutungskonsense auszuhandeln bzw. Texte auch produktiv zu verarbeiten.

In erster Annäherung kann man sagen, dass die Lesekompetenz umso ausgeprägter ist, je mehr dieser Merkmale zusammentreffen. So gibt es in einem breiten Feld von Kompetenzvoraussetzungen Abstufungen, aber keine strikten Grenzziehungen zwischen Lesekompetenz und -inkompetenz. Dennoch muss man im Sinne der Prototypentheorie von zentralen, konzeptbestimmenden, und eher peripheren, weiteren Merkmalen von „Lesekompetenz" ausgehen. Zwischen den empirischen Ausprägungen bestehen „Familienähnlichkeiten", aber im Hinblick auf den „Prototyp" wird die Nähe oder Ferne der Erscheinungsformen zum Kern des Konzeptes bestimmt. Zum prototypischen Kern von „Lesekompetenz" gehören nach den Ausführungen dieses Bandes vor allem die kognitiven Fähigkeiten der Bildung kohärenter mentaler Textrepräsentationen unter Einschluss von (Vor-) Wissen, die motivationalen und emotionalen Fähigkeiten zur Stützung dieses Prozesses, die Fähigkeiten zu seiner Reflexion und die Fähigkeiten zu Anschlusskommunikationen. Lesekompetenz in der Mediengesellschaft erfordert Anpassung an neue mediale Textstrukturen. Dies wird vermutlich analytisch-kritische und produktiv-verarbeitende Fähigkeiten zusätzlich herausfordern. Spezifisch literarästhetische und -historische Kompetenzen, wie sie lange Zeit den (normativen) Kern von „Lesekompetenz" gebildet haben, scheinen hingegen eher an die Peripherie des Konstrukts zu rücken, weil ihre Funktionen auf andere Medien übergehen und die Grenzen zwischen Fiktionalität und Realitätsbezug zunehmend verschwimmen.

Zukunftsprognosen sind heikel, insbesondere wenn sie, wie dies hier geschehen ist, synoptisch aus verschieden perspektivierten Beiträgen herausdestilliert werden. Deshalb sei betont, dass nach übereinstimmender Auffassung aller Beiträger/innen dieses Bandes kein Anlass besteht, die Lesekompetenz selbst als eine schon bald verzichtbare, überholte Qualifikation anzusehen. Im Gegenteil: Aus der Medienentwicklung wächst ihr neue Bedeutung zu. Das wird mit Verschiebungen der prototypischen Merkmale verbunden sein. Es entspricht der Konzeptionalisierung von „Lesekompetenz" in diesem Band, dass die Klärung der Frage, welche Teilkompetenzen dabei gestärkt werden, welche an die Peripherie rücken, eine wichtige Aufgabe zukünftiger empirischer Forschung darstellt.

Autorenverzeichnis

Michael Charlton, Dr. phil., 1943, Professor für Entwicklungspsychologie und Kulturpsychologie, Psychol. Inst., Univ. Freiburg. Arbeitsschwerpunkte: Medien-Rezeptionsforschung, Wirkung von Medieninhalten (Werbung u. Gewalt) auf Kinder, Lesesozialisation im frühen Kindes- sowie im Erwachsenenalter, theoretische Fragen der Medienkommunikation, qualitative Sozialforschung.

Ursula Christmann, PD Dr., Diplom Übersetzungswiss. (Englisch, Französisch; 1975), Diplom Psychologie (1980), Promotion Psychologie (1988) und Habilitation Psychologie in Heidelberg (2000); gegenwärtig: wiss.Ang. Univ. Heidelberg. Forschungsschwerpunkte: Sprach-, Kommunikations-, Kognitions- u. Denkpsychologie.

Hartmut Eggert, Jg. 1937, Dr. phil., Professor für Neuere deutsche Literatur, FU Berlin. Arbeitsschwerpunkte: Lese- und Romankultur seit dem 18. Jahrhundert und literarische Sozialisation im 20. Jahrhundert.

Marco Ennemoser, Dipl.-Psych., Studium der Psychologie, Würzburg, seit 1998 wiss. Mitarb. im Projekt „Zum Einfluss des Fernsehens auf die Entwicklung von Sprach- und Lesekompetenzen" am Lehrstuhl für Entwicklungspsychologie u. Pädagogische Psychologie der Univ. Würzburg.

Jürgen Flender, Dipl.-Psych., 1. Staatsex. f. Lehramt Sek. I (Musik/Ev. Religionslehre), wiss. Mitarb. im DFG-Projekt „Hypertext" (Univ. Heidelberg/Köln). Forschungsinteressen: Lehr-Lern-Prozesse, insbes. Lernen mit neuen Bildungsmedien; Musikpsychologie.

Norbert Groeben, Prof. Dr., Prof. für Allg. Psychologie und Kulturpsychologie, Psychol. Inst., Univ. zu Köln, Hon.Prof. für Allg. Lit.wiss., Univ. Mannheim. Aktuelle Forschungsschwerpunkte: Medien-, Sprach-, Denkpsychologie; Wissenschaftstheorie, Methodologie, Anthropologie; Empirische Literaturwiss.

Bettina Hurrelmann, Prof. Dr., Jg. 1943, Professorin, Erziehungswissenschaftliche Fakultät, Univ. zu Köln, zusammen mit Prof. Dr. G. Wilkending Leiterin der Arbeitsstelle f. Leseforschung u. Kinder- u. Jugendmedien (ALEKI). Lehr-, Forschungs- u. Publikationsschwerpunkte: Kinder- u. Jugendliteraturforschung, Lese- u. Medienforschung, Literaturdidaktik. Mitherausgeberin der Reihe „Lesesozialisation und Medien" sowie der Zeitschriften „Praxis Deutsch" u. „Les(e)bar".

Christoph Klimmt, Jg. 1976, Dipl.-Medienwiss. 2000 in Hannover, seit Nov. 2000 wiss. Mitarb. im DFG-Projekt „Unterhaltsamer Mediengebrauch und Spracherwerb", Inst. für Journalistik und Kommunikationsforschung, Hochschule für Musik und Theater Hannover. Aktuelle Forschungsschwerpunkte: Rezeption von Kinderhörkassetten, Unterhaltung durch interaktive Medien.

Johannes Naumann, Dipl.-Psych., Studium der Soziologie u. Psychologie, Frankfurt/M. Seit 1998 wiss. Mitarb. am Lehrstuhl für Allg. Psychologie u. Kulturpsychologie, Univ. zu Köln. Forschungsinteressen: Einstellungsforschung, Lernen mit Text u. Hypertext, Lesefähigkeitsdiagnostik bei geübten Lesern/innen, Online-Forschung.

Corinna Pette, Dipl.-Psych., Dr. phil., war bis April 2001 wiss. Mitarb. am Psychologischen Institut der Univ. Freiburg. Arbeitsschwerpunkte: Psychologie des Romanlesens, Werbewirksamkeitsforschung.

Günther Rager, Prof. Dr., Prof. für Journalistik am Institut für Journalistik, Univ. Dortmund. Forscht seit zehn Jahren zum Thema Jugendliche u. Informationsmedien. Leitung des DFG-Projekts „Zeitunglesen lernen – Lesesozialisation bei Informationsmedien".

Tobias Richter, Dipl.-Psych., wiss. Mitarb. im DFG-Projekt „Hypertext" (Univ. zu Köln). 1991–1998 Studium der Philosophie, 1992–1998 der Psychologie, Univ. Frankfurt/M. Forschungsinteressen: Psychologie des Textverstehens (insbesondere Lernen mit Hypertext, Lesefähigkeiten, epistemologische Einschätzungen beim Verstehen von Sachtexten), kognitive Grundlagen von Einstellungsmessungen, Forschungsmethoden.

Lars Rinsdorf, Dipl.-Journ., kümmert sich als Projektleiter beim media consulting team, Dortmund, um Leserschaftsforschung u. die Begleitforschung zu Zeitungsprojekten in Schulen. Bis Mitte 2000 war er wiss. Mitarb. im DFG-Projekt „Zeitunglesen lernen – Lesesozialisation bei Informationsmedien".

Gerhard Rupp, Prof. Dr., Prof. f. Neuere deutsche Literaturwiss. u. ihre Didaktik, Germanist. Seminar, Univ. Düsseldorf. Schwerpunkte: Deutsche Literatur des 19. u. 20. Jahrhunderts, Literatur u. Medien, Deutschunterricht u. andere Felder kultureller Praxis.

Kathrin Schiffer, Dipl.-Psych., Studium der Psychologie in Würzburg, seit 2000 wiss. Mitarb. im Projekt „Zum Einfluss des Fernsehens auf die Entwicklung von Sprach- und Lesekompetenzen", Univ. Würzburg.

Wolfgang Schneider, Prof. Dr., Studium der Psychologie, Philosophie u. Theologie in Wuppertal u. Heidelberg, 1979 Promotion in Heidelberg, 1988 Habilitation im Fach Psychologie in München, seit 1991 Inhaber des Lehrstuhls für Entwicklungspsychologie und Pädagogische Psychologie der Univ. Würzburg.

Margrit Schreier, M.A. Anglistik 1983 in Oxford; Diplom Psychologie 1992 und Promotion Psychologie 1996 in Heidelberg; Habilitation Psychologie 2001 in Köln; gegenwärtig Wissenschaftliche Assistentin an der Univ. zu Köln. Aktuelle Forschungsschwerpunkte: Medien-, Kommunikations-, Moralpsychologie; quantitative u. qualitative Methoden; Empirische Literaturwissenschaft.

Tilmann Sutter, Dr. phil., Privatdozent am Institut für Soziologie, Univ. Hamburg u. wiss. Mitarb. am Psychologischen Inst. der Univ. Freiburg. Arbeitsgebiete: Soziologische Theorie, Medienkommunikation, Sozialisationstheorie, Methodologie und Methoden qualitativer Sozialforschung, Soziologie der Moral.

Peter Vorderer, Prof. Dr., Jg. 1959, Dipl. Psych. 1987 in Heidelberg, Dipl. Soz. 1989 in Mannheim, Promotion 1992 in Berlin; gegenwärtig Univ.-Prof. für Medienwiss., Hochschule für Musik u. Theater Hannover. Geschäftsf. Herausgeber der Zeitschrift für Medienpsychologie. Forschungsschwerpunkte: Rezeptions- und Wirkungsforschung, Unterhaltung durch Medien, interaktive Medien(-nutzung), Leserforschung.

Petra Werner, Dr., verwaltet die Prof. für Presse u. Online-Medien im Studiengang Journalistik u. PR/Öffentlichkeitsarbeit, FH Hannover. Bis zum Frühjahr 2001 war sie wissenschaftliche Mitarbeiterin im DFG-Projekt „Zeitunglesen lernen – Lesesozialisation bei Informationsmedien".